에듀윌과 함께 시작하면,
당신도 합격할 수 있습니다!

집안 사정으로 인해
오랫동안 학업을 중단했던 늦깎이 수험생

외국 생활을 앞두고
한국 학력 인정이 필요한 유학생

학교를 그만두고
미래를 스스로 준비하는 학교 밖 청소년

누구나 합격할 수 있습니다.
해내겠다는 '열정' 하나면 충분합니다.

마지막 페이지를 덮으면,

에듀윌과 함께
검정고시 합격이 시작됩니다.

eduwill

85만 권 판매 돌파
177개월 베스트셀러 1위!

에듀윌이 만든 검정고시 BEST 교재로
합격의 차이를 직접 경험해 보세요

중·고졸 검정고시 기본서

중·고졸 검정고시 5개년 기출문제집
(24년 9월 출간 예정)

중·고졸 검정고시 핵심총정리
(24년 9월 출간 예정)

중·고졸 검정고시 모의고사
(24년 12월 출간 예정)

에듀윌 검정고시 합격 스토리

박○주 합격생

에듀윌 교재로 학습하면 고득점 합격 가능!

핵심총정리와 기출문제집 위주로 학습하면서, 취약했던 한국사는 기본서도 함께 보았습니다. 암기가 필요한 개념은 노트 정리도 하였고, 기출은 맞힌 문제와 틀린 문제 모두 꼼꼼히 살폈습니다. 저는 만점이 목표였는데, 사회 한 문제를 제외하고 모두 100점을 맞았답니다!

김○늘 합격생

노베이스에서 평균 96점으로 합격!

에듀윌 핵심총정리에 수록된 요약본을 토대로 나만의 요약노트를 만들고 반복해서 살펴보았습니다. 시험이 2주가량 남았을 때는 D-7 모의고사를 풀었는데, 실제 시험장처럼 OMR 답안카드 작성을 연습할 수 있었습니다. 검정고시를 준비하는 수험생이라면 이 두 책은 꼭 보기를 추천합니다~

노○지 합격생

에듀윌 기출문제집은 합격으로 가는 필수템!

저는 먼저 부족한 과목의 개념을 집중 학습한 후 기출문제를 반복해 풀었습니다. 기출문제집에는 시험 범위에 해당하지 않는 문제가 무엇인지 안내되어 있고, 출제 경향이 제시되어 있어 유용했습니다. 시험 일주일 전부터 전날까지 거의 매일 기출문제를 풀었어요. 제가 합격하는 데는 기출문제집의 역할이 컸습니다.

박○르 합격생

2주 만에 평균 95점으로 합격!

유학을 위해 검정고시를 준비했습니다. 핵심총정리를 통해 어떤 주제와 유형이 자주 출제되는지 알 수 있어 쉽게 공부했습니다. 모의고사는 회차별·과목별로 출제의도가 제시되어 있어 좋았습니다. 다들 각자의 목표가 있으실 텐데, 모두 원하는 결과를 얻고 새로운 출발을 하시길 응원할게요!

다음 합격의 주인공은 당신입니다!

더 많은
합격 스토리

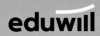

1위 에듀윌만의
체계적인 합격 커리큘럼

쉽고 빠른 합격의 첫걸음
고졸 검정고시 핵심개념서 무료 신청

원하는 시간과 장소에서, 합격 필수 콘텐츠까지
온라인 강의

① 전 과목 최신 교재 제공
② 과목별 업계 최강 교수진과 함께
③ 검정고시 합격부터 대입까지 가능한 학습플랜 제시

고졸 검정고시
핵심개념서
무료 신청

더 많은 혜택이 궁금하다면 1600-6700
* 위 내용은 서비스 개선을 위해 예고 없이 변경될 수 있습니다.

시작하라.  그 자체가 천재성이고,
힘이며, 마력이다.

− 요한 볼프강 폰 괴테(Johann Wolfgang von Goethe)

에듀윌 중졸 검정고시 기본서 국어

eduwill

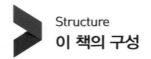
누구나 한 번에 합격할 수 있다!
이론부터 문제까지 해답은 기본서!

단원별로 이론을 학습하고 ▶ 문제로 개념을 점검하고 ▶ 모의고사로 국어를 완벽 정복!

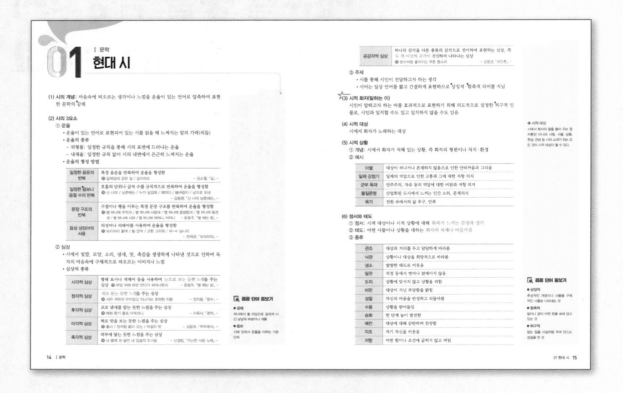

믿고 보는 단원별 이론

- 출제 범위에 해당하는 2015 개정 교육과정을 철저하게 반영하였습니다.
- 기초가 부족해도 충분히 이해할 수 있도록 내용을 쉽게 서술하였습니다.

이해를 돕는 보충 설명과 단어장

- 이론과 연관된 보충 개념을 보조단에 수록하여 바로바로 확인할 수 있습니다.
- 단어 설명을 교재 하단에 수록하여 정확한 개념의 이해를 돕습니다.

BOOK
GUIDE

이론의 상세함 정도 ■■■■■■■□
문제의 수록 정도 ■■■■■■□□
교재의 난도 ■■■□□□□□

기초부터 차근차근 학습할 수 있는 기본서

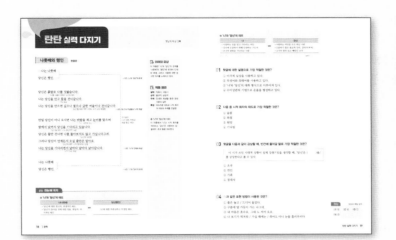

앞선 시험에 나온, 앞으로 시험에 나올!

탄탄 실력 다지기

기출문제 및 예상문제를 통해 이론을 효율적으로 복습할 수 있습니다.

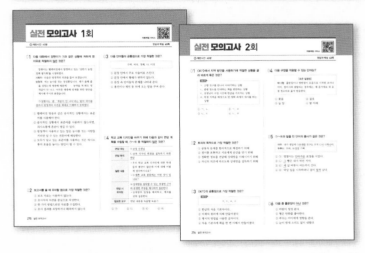

실전은 연습한 만큼 노련해지는 것!

최종 실력점검

그동안의 학습을 마무리하며 모의고사 2회분을 풀어 봄으로써 자신의 실력을 가늠하고 실전 감각을 향상시킬 수 있습니다.

BONUS STAGE

핵심만 꾹 눌러 담은!

꾹꾹이 노트

핵심만 꾹꾹 눌러 담아 완벽하게 정리하였습니다.
빈칸을 채우며 중요 내용을 다시 한 번 확인하고,
한 손에 쏙 들어오는 크기로 이동 시 들고 다니며
활용할 수 있습니다.

함께 수록한 OMR 답안카드를
활용하여 실제 시험처럼 답안지
작성 연습을 할 수 있습니다.

❙ 중졸 검정고시란

부득이한 이유로 정규 중학교 과정을 마치지 못한 사람들을 대상으로 실시하는 국가 자격 시험입니다.
중졸 검정고시에 합격한 사람은 중학교를 졸업한 사람과 동등한 자격을 인정받습니다.

시험 주관 기관
• 시·도 교육청: 시행 공고, 원서 교부 및 접수, 시험 실시, 채점, 합격자 발표를 담당합니다.
• 한국교육과정평가원: 문제 출제, 인쇄 및 배포를 담당합니다.

출제 범위
• 2015 개정 교육과정에서 출제됩니다.
• 2013년 1회부터 문제은행 출제 방식이 도입됨에 따라 과거 기출문제가 30% 내외 출제될 수 있습니다.

🖐 본서는 출제 범위를 철저하게 반영하였으니 안심하고 학습하세요!

시험 일정

구분	공고일	접수일	시험일	합격자 발표일	공고 방법
제1회	2월 초순	2월 중순	4월 초·중순	5월 초·중순	시·도 교육청 홈페이지
제2회	6월 초순	6월 중순	8월 초·중순	8월 하순	

🖐 시험 일정은 시·도 교육청 협의에 따라 변경될 수 있어요.

출제 방향
중학교 졸업 정도의 지식과 그 응용 능력을 측정할 수 있는 수준으로 출제됩니다.

응시 자격
• 초등학교 졸업자 및 이와 동등 이상의 학력이 있는 사람
• 초·중등교육법 시행령 제29조의 규정에 의하여 학적이 정원 외로 관리되는 사람
• 3년제 고등공민학교 졸업자 및 졸업예정자
• 중학교에 준하는 각종 학교의 졸업자 또는 졸업예정자
• 보호소년 등의 처우에 관한 법률 시행령 제69조 제2호에 해당하는 사람

🖐 상기 자료는 2024년 서울시 교육청 공고문 기준이에요. 2025년 시험 응시 예정자는 최신 공고문을 꼭 확인하세요.

▎시험 접수부터 합격까지

시험 접수 방법

각 시·도 교육청 공고를 참조하여 접수 기간 내에 현장 혹은 온라인으로 접수합니다.

👆접수 기간 내에 접수하지 못하면 시험을 응시할 수 없으니 주의가 필요해요!

시험 당일 준비물

• 수험표 및 신분증(만 17세 미만의 응시자는 청소년증, 주민등록번호가 포함된 여권 혹은 여권정보증명서)

• 샤프 또는 연필, 펜, 지우개와 같은 필기도구와 답안지 작성을 위한 컴퓨터용 수성사인펜,

답안 수정을 위한 수정테이프, 아날로그 손목시계 👉 디지털 손목시계는 금지되어 있어요!

• 소화가 잘 되는 점심 도시락

입실 시간

• 1교시 응시자는 시험 당일 오전 8시 40분까지 지정 시험실에 입실합니다.

• 2~6교시 응시자는 해당 과목의 시험 시간 10분 전까지 시험실에 입실합니다.

시험 진행

🚩 이제부터 실력 발휘를 할 시간!

구분	1교시	2교시	3교시	4교시	점심	5교시	6교시
시간	09:00 ~ 09:40 (40분)	10:00 ~ 10:40 (40분)	11:00 ~ 11:40 (40분)	12:00 ~ 12:30 (30분)	12:30 ~ 13:30	13:40 ~ 14:10 (30분)	14:30 ~ 15:00 (30분)
과목	국어	수학	영어	사회		과학	선택 *

* 선택 과목에는 도덕, 기술·가정, 정보, 체육, 음악, 미술이 있습니다.

유의 사항

• 수험생은 시험 시간에 휴대 전화 등의 통신기기를 일절 소지할 수 없습니다. 만약 소지할 경우 사용 여부를 불문하고 부정행위로 간주됩니다.

• 수험생은 시험 종료 시간이 될 때까지 퇴실할 수 없습니다. 다만, 불가피한 사유로 퇴실할 경우 퇴실 후 재입실이 불가능하며 별도의 지정 장소에서 시험 종료 시까지 대기하여야 합니다.

합격자 발표

• 시·도 교육청 홈페이지에서 발표합니다.

• 100점 만점 기준으로 전 과목 평균 60점 이상을 취득해야 합니다.

• 평균 60점을 넘지 못했을 경우 60점 이상 취득한 과목은 과목 합격으로 간주되어, 이후 시험에서 본인이 원한다면 치르지 않을 수 있습니다.

선생님이 알려 주는 합격 전략

Q 2015 개정 교육과정이 적용된 출제 범위를 알고 싶어요.

국어의 경우에는 교육과정이 바뀌더라도 내용의 변화는 크지 않습니다. 이전 교육과정과 비교해보아도 대부분의 개념이 보완·유지됩니다. 수록된 작품 종류의 변화가 있지만 기본 개념은 동일하기 때문에 이에 대한 학습은 여전히 중요합니다. 기존에 출제되었던 영역별 문제가 지속적으로 출제될 것으로 예상됩니다.

Q 출제 난이도가 궁금해요. 공부를 놓은 지 오래되었는데 합격할 수 있을까요?

검정고시는 정상적으로 학교를 다니기 어려운 분들에게 추가적인 교육의 기회를 제공하기 위하여 실시하는 시험입니다. 따라서 가능하면 쉽게 출제하여 어려운 여건에서 공부하시는 분들이 학업의 기회를 가질 수 있도록 하며, 이러한 출제방침은 앞으로도 계속될 거예요.

Q 지난 시험에서는 어떻게 출제되었나요?

2024년 1회 국어 시험은 이렇게 출제되었습니다.

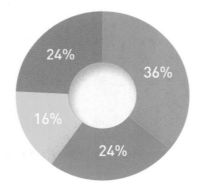

- 36%
- 24%
- 16%
- 24%

- ❶ 문학
- ❷ 비문학
- ❸ 듣기·말하기·쓰기
- ❹ 문법

이번 시험은 전체적으로 이전 시험과 비교했을 때, 유형의 변화는 크지 않으나, 기출 작품과 낯선 작품이 조화롭게 출제된 시험이었습니다. 말하기·듣기, 문법 영역은 크게 어렵지 않았으며, 쓰기 영역은 개요짜기와 고쳐쓰기 유형이 꾸준히 출제되었습니다. 문학 영역에서는 새로운 작품이 출제되거나 기출작품이 재등장하는 등 시험 범위에 해당하는 작품이 다양하므로, 작품의 주제를 바탕으로 흐름을 파악하는 데 초점을 맞추는 것이 중요합니다.

중졸 검정고시 국어는 매년 출제되는 기본 개념이 크게 달라지지 않습니다. 출제 영역 또한 기존과 다르지 않을 것으로 예상되기 때문에 기본 개념을 확실히 학습한다면, 반드시 합격할 수 있습니다.

Tip 이렇게 공부해요!

• 효과적인 학습을 위해서는 자신의 학습 수준을 체크하고 시작하는 것이 좋아요. 교재의 처음부터 순서대로 학습하는 것보다는 스스로 부족하다고 생각하는 영역부터 시작하는 것이 효율적입니다.

• 국어는 항상 주어진 지문에 정답이 있다는 사실을 기억하고 정독하는 습관을 길러야 합니다. 또한 문제 유형과 빈출 선지를 통해 정답과 오답의 이유를 명확하게 파악하고 그 과정에서 개념을 견고하게 만들어야 합니다.

기본서 학습이 끝난 후에는 자신의 현재 수준과 고민에 맞는 방법을 선택하여 진행해 주세요. 합격에 한층 더 가까워질 거예요.

Tip 이렇게 공부해요!

이론을 한 번 더 정리하고 싶다면?
에듀윌 핵심총정리로 공부해 보세요. 핵심총정리는 6과목의 주요 이론을 압축 정리하여 단 한 권으로 구성하였어요. 자주 출제되고 앞으로 출제될 중요 개념만을 모아 효율적으로 학습할 수 있답니다.

문제 푸는 연습을 더 하고 싶다면?
에듀윌 기출문제집을 풀어 보세요. 기출문제집은 최신 5개년 기출문제와 상세한 해설을 수록하였어요. 2015 개정 교육과정에 해당하지 않는 문제는 별도로 표시하여 학습의 편의를 높였답니다.

실전 감각을 높이고 싶다면?
에듀윌 모의고사를 풀어 보세요. 모의고사는 실제 시험과 동일한 난이도와 형식으로 문제를 구성하였어요. 시험 직전에 실전을 완벽하게 대비할 수 있도록 제작되었답니다.

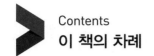
Contents
이 책의 차례

- 이 책의 구성
- 시험 정보
- 선생님이 알려 주는 합격 전략

Ⅰ 문학

Ⅱ 비문학

Ⅲ 듣기·말하기·쓰기

문법

최종 실력점검

I

문학

현대 시

(1) **시의 개념**: 마음속에 떠오르는 생각이나 느낌을 운율이 있는 언어로 압축하여 표현한 문학의 갈래

(2) **시의 3요소**

① 운율

- 운율이 있는 언어로 표현되어 있는 시를 읽을 때 느껴지는 말의 가락(리듬)
- 운율의 종류
  - 외형률: 일정한 규칙을 통해 시의 표면에 드러나는 운율
  - 내재율: 일정한 규칙 없이 시의 내면에서 은근히 느껴지는 운율
- 운율의 형성 방법

일정한 음운의 반복	특정 음운을 반복하여 운율을 형성함 예 갈래갈래 갈린 길 / 길이라도 – 김소월, 「길」 –
일정한 음보나 음절 수의 반복	호흡의 단위나 글자 수를 규칙적으로 반복하여 운율을 형성함 예 산 너머 / 남촌에는 / 누가 살길래 / 해마다 / 봄바람이 / 남으로 오네 – 김동환, 「산 너머 남촌에는」 –
문장 구조의 반복	구절이나 행을 이루는 특정 문장 구조를 반복하여 운율을 형성함 예 별 하나에 추억과 / 별 하나에 사랑과 / 별 하나에 쓸쓸함과 / 별 하나에 동경과 / 별 하나에 시와 / 별 하나에 어머니, 어머니 – 윤동주, 「별 헤는 밤」 –
음성 상징어의 사용	의성어나 의태어를 사용하여 운율을 형성함 예 보리피리 불며 / 봄 언덕 / 고향 그리워 / 피-ㄹ 닐니리 – 한하운, 「보리피리」 –

② 심상

- 시에서 빛깔, 모양, 소리, 냄새, 맛, 촉감을 생생하게 나타낸 것으로 인하여 독자의 마음속에 구체적으로 떠오르는 이미지나 느낌
- 심상의 종류

시각적 심상	형태 묘사나 색채어 등을 사용하여 눈으로 보는 듯한 느낌을 주는 심상 예 무덤 위에 파란 잔디가 피어나듯이 – 윤동주, 「별 헤는 밤」 –
청각적 심상	귀로 듣는 듯한 느낌을 주는 심상 예 서리 까마귀 우지짖고 지나가는 초라한 지붕 – 정지용, 「향수」 –
후각적 심상	코로 냄새를 맡는 듯한 느낌을 주는 심상 예 매화 향기 홀로 아득하니 – 이육사, 「광야」 –
미각적 심상	혀로 맛을 보는 듯한 느낌을 주는 심상 예 흡사 / 정처럼 옮아 오는 / 막걸리 맛 – 김용호, 「주막에서」 –
촉각적 심상	피부에 닿는 듯한 느낌을 주는 심상 예 내 볼에 와 닿던 네 입술의 뜨거움 – 신경림, 「가난한 사랑 노래」 –

📖 **꼼꼼 단어 돋보기**

● **갈래**

하나에서 둘 이상으로 갈라져 나간 낱낱의 부분이나 계통

● **음보**

시에 있어서 운율을 이루는 기본 단위

공감각적 심상	하나의 감각을 다른 종류의 감각으로 전이하여 표현하는 심상, 즉 두 개 이상의 감각이 결합하여 나타나는 심상 예 분수처럼 흩어지는 푸른 종소리 – 김광균, 「외인촌」 –

③ 주제
- 시를 통해 시인이 전달하고자 하는 생각
- 시어는 일상 언어를 짧고 간결하게 표현하므로 •상징적·•함축적 의미를 지님

☆ (3) 시적 화자(말하는 이)

시인이 말하고자 하는 바를 효과적으로 표현하기 위해 의도적으로 설정한 •허구적 인물로, 시인과 일치할 수도 있고 일치하지 않을 수도 있음

(4) 시적 대상

시에서 화자가 노래하는 대상

➕ 시적 대상

시에서 화자의 말을 들어 주는 청자뿐만 아니라 사람, 사물, 상황, 현상, 관념 등 시의 소재가 되는 모든 것이 시적 대상이 될 수 있다.

(5) 시적 상황

① 개념: 시에서 화자가 처해 있는 상황, 즉 화자의 형편이나 처지·환경
② 예시

이별	대상이 떠나거나 존재하지 않음으로 인한 안타까움과 그리움
일제 강점기	일제의 억압으로 인한 고통과 그에 대한 저항 의지
군부 독재	민주주의, 자유 등의 억압에 대한 비판과 저항 의지
물질문명	산업화된 도시에서 느끼는 인간 소외, 문제의식
목가	전원 속에서의 삶 추구, 만족

(6) 정서와 태도

① 정서: 시적 대상이나 시적 상황에 대해 화자가 느끼는 감정과 생각
② 태도: 어떤 사물이나 상황을 대하는 화자의 자세나 마음가짐
③ 종류

관조	대상과 거리를 두고 담담하게 바라봄
낙관	상황이나 대상을 희망적으로 바라봄
냉소	쌀쌀한 태도로 비웃음
달관	걱정 등에서 벗어나 얽매이지 않음
도피	상황에 맞서지 않고 상황을 피함
비판	대상이 지닌 부당함을 밝힘
성찰	자신의 마음을 반성하고 되돌아봄
수용	상황을 받아들임
승화	한 단계 높이 발전함
예찬	대상에 대해 감탄하며 찬양함
자조	자기 자신을 비웃음
저항	어떤 힘이나 조건에 굽히지 않고 버팀

🔍 꼼꼼 단어 돋보기

● 상징적
추상적인 개념이나 사물을 구체적인 사물로 나타내는 것

● 함축적
말이나 글이 어떤 뜻을 속에 담고 있는 것

● 허구적
없는 일을 사실처럼 꾸며 만드는 성질을 띤 것

조소	비웃음
지향	어떤 목표를 향해 나아가고자 함
체념	부정적 현실에서 희망을 단념함
탈속	속세를 벗어나서 살고자 함
풍류	멋스럽고 풍치 있는 태도
회의	대상에 대해 의심을 품음

(7) 어조

① 개념: 화자의 말하는 방식, 말의 억양, 강세 등 화자가 사용하는 특징적인 말의 느낌과 말투

② 종류

강인한 어조	강하고 의지적이며 씩씩한 느낌의 어조
격정적인 어조	의지적인 내용이나 격한 감정을 강하게 표현하는 어조
부드러운 어조	부드럽고 조용하며 섬세한 느낌의 어조
애상적인 어조	슬퍼하거나 가슴 아파하는 느낌의 어조

☆ (8) 표현 방법

시인이 전하고자 하는 바를 효과적으로 드러내기 위해 사용하는 방법

① 비유하기

의인법	사람이 아닌 것을 사람처럼 표현함 예 돌담에 속삭이는 햇발
활유법	생명이 없는 것을 생명이 있는 것처럼 표현함 예 꼬리를 감추며 달리는 기차
직유법	'~처럼, ~같이, ~인 듯' 등의 표현을 이용하여 직접적으로 비유함 예 밥티처럼 따스한 별
은유법	'A=B'의 형식으로 비유함(A는 B이다) 예 내 마음은 호수요
대유법	사물의 부분적인 특성으로 전체를 대신 비유함 예 펜은 칼보다 강하다

② 변화 주기

대구법	비슷하거나 동일한 문장 구조를 짝을 맞춰 늘어놓음 예 산은 높고 물은 깊다.
도치법	문장 또는 단어를 일반적인 순서와 다르게 배치함 예 사랑도 모르리 내 혼자 마음은.
설의법	일부러 의문의 형식으로 표현하여 변화를 줌 예 그 얼마나 아름다운 모습인가
반어법	참뜻과는 반대되는 말로 표현함 예 먼 후일 당신이 찾으시면 / 그때에 내 말이 '잊었노라.'
역설법	겉으로는 모순된 것처럼 보이지만 그 안에 진리를 담고 있음 예 모두 똑같이 못나서 실은 아무도 못나지 않았다.

🔍 꼼꼼 단어 돋보기

● 강세
연속된 음성에서 어떤 부분을 강하게 발음하는 일

● 배치하다
사람이나 물자 따위를 일정한 자리에 나누어 두다.

구분	반어	역설
공통점	모순성을 지님	
차이점	문법적으로 이상이 없음	표현에 논리적 모순이 있음
예시	나 보기가 역겨워/가실 때에는/죽어도 아니 눈물 흘리우리다.	아아, 님은 갔지마는 나는 님을 보내지 아니하였습니다.

③ 강조하기

반복법	단어, 어구, 문장을 반복하여 강조함 예 산에는 꽃 피네, 꽃이 피네
과장법	실제보다 크거나 작게 표현함 예 부모님의 은혜는 산같이 높다
영탄법	감탄의 형태를 사용하여 고조된 감정을 표현함 예 사랑하던 그 사람이여!
점층법	문장의 뜻을 점점 강하게, 크게 표현함 예 신록은 먼저 나의 눈을 씻고, 나의 머리를 씻고, 나의 가슴을 씻고, ~

(9) 상징

① 개념: 추상적인 관념이나 내용을 구체적으로 나타내는 것

② 종류

관습적 상징	같은 공동체의 사람들끼리 오랜 세월 동안 사용함으로써 보편적인 의미가 된 상징 예 비둘기(평화), 대나무(절개)
개인적 상징	작가가 작품 안에서 독창적으로 만들어 낸 창조적이고 문학적인 상징 예 삼월달 바다(냉혹한 현실)가 꽃이 피지 않아서 서글픈 　　나비(나약한 지식인) 허리에 새파란 초생달이 시리다. 　　　　　　　　　　　　　　　　　　　　　　－ 김기림, 「바다와 나비」 －
원형적 상징	신화나 전설 등과 관련된 것으로, 인류의 오랜 역사 속에서 형성되어 여러 사람들에게 유사한 정서나 의미를 불러일으키는 상징 예 빛(근원, 신성), 물(풍요, 생명) 등

＋ 비유와 상징의 비교

비유	• 원관념이 드러남 • 하나의 의미로 해석됨 • 원관념과 보조 관념 사이에 유사성이 있음
상징	• 원관념이 드러나지 않음 • 다양한 의미로 해석될 수 있음 • 원관념과 보조 관념 사이에 유사성이 없음

콕콕 개념 확인하기

1. 시에서 말하는 이를 '시적 화자'라고 한다. (O, X)
2. 비판적 태도는 대상에 대해 감탄하며 찬양하는 것이다. (O, X)
3. 'A는 B이다.'의 형식으로 비유하는 방법은 '직유법'이다. (O, X)
4. 시는 _____이 있는 언어로 압축하여 표현한 문학이다.
5. 시적 대상이나 시적 상황에 대해 화자가 느끼는 감정과 생각을 _____라고 한다.
6. '솜사탕 같은 구름'에 쓰인 표현법은 _____법이다.

답　1. O　2. X　3. X　4. 운율　5. 정서　6. 직유

탄탄 실력 다지기

나룻배와 행인   한용운

㉠나는 나룻배

당신은 행인.

→ 1연: '나'와 '당신'의 관계

당신은 흙발로 나를 짓밟습니다.
'나'를 소홀히 대하는 당신의 태도

나는 당신을 안고 물을 건너갑니다.
'나'의 희생

나는 당신을 안으면 깊으나 옅으나 급한 여울이나 건너갑니다.
'당신'을 위해 어떤 난관도 이겨 내고 희생함

→ 2연: '당신'의 무심함과 '나'의 희생

만일 당신이 아니 오시면 나는 바람을 쐬고 눈비를 맞으며
시련과 고난

밤에서 낮까지 당신을 기다리고 있습니다.
'당신'을 향한 '나'의 헌신적인 사랑

당신은 물만 건너면 나를 돌아보지도 않고 가십니다그려.
'당신'의 무정함

그러나 당신이 언제든지 오실 줄만은 알아요.
'당신'에 대한 '나'의 절대적인 믿음

나는 당신을 기다리면서 날마다 날마다 낡아갑니다.
'나'의 인내, 희생

수미상관
(의미 강조, 안정감,
운율 형성, 여운)

→ 3연: '나'의 인내와 희생

나는 나룻배

당신은 행인.

→ 4연: '나'와 '당신'의 관계

이해와 감상

이 작품은 '나'와 '당신'의 관계를 '나룻배'와 '행인'에 빗대어 인내와 희생, 그리고 사랑에 대한 숭고한 의지를 노래하고 있다.

작품 정리

갈래: 자유시, 서정시
성격: 불교적, 상징적
주제: 인내와 희생을 통한 참된 사랑의 실천
특징: 부드러운 어조로 시적 화자의 태도와 주제를 전달함

＋ '나'와 '당신'의 의미

이 작품에서 '나'는 시적 화자를 의미하고, '당신'은 사랑하는 임·절대자·조국 등을 의미한다.

👀 한눈에 쏙쏙

● '나'와 '당신'의 태도

나(나룻배)	당신(행인)
• '당신'에 대한 헌신적, 희생적인 태도 • '당신'이 돌아올 것에 대한 믿음, 희망적·의지적인 태도	'나'에 대한 무관심하고 무정한 태도

○ '나'와 '당신'의 의미

나		당신
• 사랑하는 임을 믿고 기다리는 여인 • 진리에 도달하기 위해 인내하는 구도자 • 조국의 광복을 기다리는 사람	⟺	• 사랑하는 여인을 두고 떠난 사람 • 도달하기 힘든 불교적 진리, 절대자(부처) • 조국의 광복 또는 빼앗긴 조국

01 윗글에 대한 설명으로 가장 적절한 것은?

① 미각적 심상을 사용하고 있다.

② 의성어와 의태어를 사용하고 있다.

③ '나'와 '당신'의 대화 형식으로 이루어져 있다.

④ 수미상관의 기법으로 운율을 형성하고 있다.

02 다음 중 시적 화자의 태도로 가장 적절한 것은?

① 슬픔

② 좌절

③ 원망

④ 기다림

03 윗글을 다음과 같이 감상할 때, 빈칸에 들어갈 말로 가장 적절한 것은?

> 이 시가 쓰인 시대적 상황이 일제 강점기임을 생각할 때, '당신'은 (   )을/를 상징한다고 볼 수 있다.

① 조국

② 연인

③ 가족

④ 절대자

04 ㉠과 같은 표현 방법이 사용된 것은?

① 풀은 눕고 / 드디어 울었다.

② 구름에 달 가듯이 가는 나그네.

③ 내 마음은 호수요, 그대 노 저어 오오.

④ 나 보기가 역겨워 / 가실 때에는 / 죽어도 아니 눈물 흘리우리다

정답   정답과 해설 **2**쪽

01 ④   02 ④   03 ①

04 ③

먼 후일   김소월

먼 훗날 당신이 찾으시면 (가정)
　　　　　그리움의 대상
그때에 내 말이 '잊었노라.'
　　　　'당신'을 잊었다고 대답하겠다는 의미(반어법)

당신이 속으로 나무라면
　　　　잊었다는 '나'의 말에 대한 '당신'의 질책
'무척 그리다가 잊었노라.'
　　　　　　反어법

그래도 당신이 나무라면

'믿기지 않아서 잊었노라.'
'당신'이 돌아올 것이라고 믿어지지 않아서

오늘도 어제도 아니 잊고
'나'는 줄곧 '당신'을 잊지 않고 그리워함
먼 훗날 그때에 ㉠'잊었노라.'

📖 이해와 감상

이 작품은 부드러운 어조와 반어적 표현을 사용하여 떠나간 임에 대한 애틋함과 그리움을 드러내고 있다.

📒 작품 정리

갈래 : 자유시, 서정시
성격 : 서정적, 애상적, 민요적
주제 : 떠난 임을 잊지 못하는 애틋함과 임에 대한 그리움
특징
• 전통적 율격(3음보)을 사용함
• 미래의 상황을 가정하여 화자의 정서를 드러냄
• 반어적 표현의 반복과 변형을 통해 시상을 전개함

👀 한눈에 콕콕

○ 시적 상황과 태도

시적 상황		태도
사랑하는 사람과 이별하고 먼 훗날에 '당신'이 자신을 찾아온다고 가정함	➡	잊었다고 하였으나 사실은 '당신'을 잊지 못함

○ 표현상 특징

마음에 품고 있는 의미를 반대로 표현하여 당신을 잊을 수 없다는 애틋하고 간절한 심정을 강조함

표면적 의미		내면적 의미
당신을 잊었다.	⬌ 반어적 표현	당신을 잊을 수 없다.

○ 운율 형성 요소

• 동일한 문장 구조 및 시어를 반복하여 운율을 형성함
• 전통적 율격인 3음보를 반복하여 운율을 형성함

05 윗글에 대한 설명으로 적절하지 <u>않은</u> 것은?

① 미래의 상황을 가정하고 있다.

② 비슷한 문장 구조를 반복하고 있다.

③ 4음보의 민요적 율격이 나타나 있다.

④ 화자의 속마음과 반대로 표현하고 있다.

06 ㉠과 같은 표현 방법이 사용된 것은?

① 나의 마음은 고요한 물결

② 그 얼마나 아름다운 모습인가

③ 꽃가루와 같이 부드러운 고양이의 털

④ 나 보기가 역겨워 / 가실 때에는 / 죽어도 아니 눈물 흘리우리다.

07 ㉠을 화자의 속마음이 직접 드러나도록 바꾸어 쓴 것은?

① 먼 훗날 그때에는 이미 당신을 잊었노라.

② 먼 훗날 그때에야 당신을 다시 찾겠노라.

③ 먼 훗날 그때에야 비로소 당신을 잊겠노라.

④ 먼 훗날 그때까지도 당신을 잊지 못하겠노라.

진달래꽃 김소월

나 보기가 역겨워
　　　　　마음에 거슬려

가실 때에는
　이별의 상황 가정

말없이 고이 보내 드리우리다.　　　　□: 반복을 통해 운율 형성　　　… 이별의 정한(기)
애원이나 원망 없이

영변에 약산
실제 지명을 사용 – 향토적, 토속적 분위기

㉠진달래꽃
　화자의 분신, 사랑의 표상, 한의 표상

아름 따다 가실 길에 뿌리우리다.　　　　　　　… 임에 대한 사랑과 축복(승)
　　　산화공덕의 전통 계승

가시는 걸음 걸음

놓인 그 꽃을
　임에 대한 '나'의 희생적 사랑

사뿐히 즈려밟고 가시옵소서.　　　　　… 자기희생을 통한 사랑의 표현(전)
　　역설적 표현

나 보기가 역겨워

가실 때에는

㉡죽어도 아니 눈물 흘리우리다.　　　　　… 슬픔의 초극과 승화(결)
　애이불비(반어법), 도치법

한눈에 콕콕

○ '진달래꽃'의 상징적 의미
• 화자의 분신
• 한(恨)의 표상
• 임을 향한 사랑과 정성

○ 음악성을 드러내는 요소
• 1연과 4연의 수미상관
• 시행의 규칙적인 배열
• 7·5조, 3음보의 민요적 율격
• 종결형 어미 '~우리다'의 반복에 의한 각운

○ 반어적 표현

> 죽어도 아니 눈물 흘리우리다.

• 표면적 의미: 떠나는 임을 축복하며 눈물을 흘리지 않겠다는 다짐
• 이면적 의미: 임이 떠나지 않기를 바라는 속마음

08 윗글의 표현상 특징과 효과로 적절하지 <u>않은</u> 것은?

① 각 연을 3행으로 배열하여 형태적 안정감을 얻었다.

② 시대적 현실에 대한 고뇌와 슬픔이 바탕에 깔려 있다.

③ 유사한 시구를 처음과 끝에 반복하여 주제를 강조했다.

④ 반어법을 사용하여 임에 대한 화자의 심정을 드러냈다.

09 ㉠의 의미로 적절하지 <u>않은</u> 것은?

① 임에 대한 화자의 사랑을 의미한다.

② 임의 앞날을 축복하기 위한 소재이다.

③ 화자가 맞이하게 될 밝은 미래를 암시한다.

④ 임이 떠나지 않기를 바라는 화자의 마음을 대변한다.

10 ㉡에 대한 설명으로 적절하지 <u>않은</u> 것은?

① 애이불비의 의지를 보이고 있다.

② 화자의 속마음과 반대로 표현하고 있다.

③ 상황과 모순되는 역설적 표현을 사용하고 있다.

④ 이별의 정한을 사랑으로 승화시키려는 의지가 나타나 있다.

고향 백석

나는 °북관(北關)에 혼자 앓아누워서
타향에서 혼자 앓아누운 시적 화자의 외로운 처지

어느 °아츰 의원을 뵈이었다

「의원은 °여래(如來) 같은 상을 하고 °관공(關公)의 수염을 드리워서
「 」: 비유적 표현을 사용하여 의원의 모습을 묘사함

먼 옛적 어느 나라 신선 같은데」

새끼손톱 길게 돋은 손을 내어

묵묵하니 한참 맥을 짚더니

문득 물어 ㉠고향이 어데냐 한다

㉡평안도 정주라는 곳이라 한즉
화자의 고향

그러면 ㉢아무개 씨 고향이란다
'나'가 아버지로 섬기는 사람이자 의원의 막역지간

그러면 ㉣아무개 씰 아느냐 한즉

의원은 빙긋이 웃음을 띠고

°막역지간(莫逆之間)이라며 수염을 쓴다

나는 아버지로 섬기는 이라 한즉

의원은 또다시 넌즈시 웃고

말없이 팔을 잡어 맥을 보는데

손길은 따스하고 부드러워
고향과 가족을 떠올리게 하는 매개체 (촉각적 심상)

고향도 아버지도 아버지의 친구도 다 있었다
의원의 따뜻한 손길을 통해 친근감과 따스함을 느낌

👀 한눈에 콕콕

● 화자의 정서 변화

외로움, 힘듦		반가움		따뜻함, 친근함
낯선 타향에서 혼자 앓아누워 있음	➡	의원이, 화자인 '나'가 아버지로 섬기는 이와 절친한 친구임을 알게 됨	➡	의원이 말없이 웃으며 진맥함

● 인물의 관계

'나'		아무개 씨		의원
	아버지로 섬기는 이		친구/막역지간	

📖 이해와 감상

이 작품은 화자가 낯선 타향에서 홀로 앓아누웠다가 한 의원을 만나면서 고향의 따뜻한 정을 느끼는 상황을 그린 시이다.

📝 작품 정리

갈래: 자유시, 서정시
성격: 서정적, 서사적
주제: 고향과 가족에 대한 그리움
특징
- 서사적 구성을 통해 한 편의 짧은 이야기를 읽는 듯한 느낌을 줌
- 시적 화자의 독백과 인물 간의 대화 형식을 통해 시적 상황과 정서를 효과적으로 표현함

🔍 꼼꼼 단어 돋보기

● **북관**
'함경도'의 다른 이름

● **아츰**
'아침'의 방언

● **여래**
'부처'를 달리 이르는 말

● **관공**
'관우'를 높여 부르는 말

● **막역지간**
서로 거스르지 않는 사이라는 뜻으로, 허물이 없는 아주 친한 사이를 이르는 말

11 윗글에 대한 감상으로 적절하지 <u>않은</u> 것은?

① '나'는 타향에서 고향과 가족을 그리워하고 있군.
② 의원의 '웃음'은 '나'에 대한 친근감의 표현이겠군.
③ '나'와 '아무개 씨', '나'와 '의원'은 절친한 사이였군.
④ '손길'은 '나'가 고향을 떠올리게 되는 매개체가 되는군.

주목
12 윗글에 나타난 시적 화자의 태도로 가장 적절한 것은?

① 현실을 비판적으로 바라보고 있다.
② 외로움을 견디지 못하고 좌절하고 있다.
③ 어린 시절로 돌아가기를 소망하고 있다.
④ 고향과 가족을 떠올리며 따뜻함을 느끼고 있다.

13 ㉠~㉣ 중에 말하는 사람이 동일한 것끼리 묶인 것은?

① ㉠, ㉡
② ㉠, ㉣
③ ㉡, ㉢
④ ㉡, ㉣

정답   정답과 해설 2쪽

11 ③   12 ④   13 ④

청포도   이육사

내 고장 칠월은
풍요롭고 평화로운 고향

청포도가 익어 가는 시절.
희망, 풍요롭고 아름다운 삶

→ 1연: 고향을 떠올림

이 마을 전설이 주저리주저리 열리고
민족의 역사   풍요롭게 많이 매달린 모양(의태어)

먼 데 하늘이 꿈꾸며 알알이 들어와 박혀,
이상   예전부터 이어져 온 평화로운 삶이 청포도의 풍성함에 어울려 떠오름

→ 2연: 고향의 모습을 청포도와 연결 지음

하늘 밑 푸른 바다가 가슴을 열고
의인법   '푸른 바다'와 '흰 돛단배'의 색채 대비

흰 돛단배가 곱게 밀려서 오면,

→ 3연: 아름다운 고향의 모습

내가 바라는 손님은 고달픈 몸으로
화자가 기다리는 대상(광복)   시련과 고난을 겪은 모습

청포를 입고 찾아온다고 했으니,

→ 4연: 청포를 입고 올 손님을 기다림

내 그를 맞아, 이 포도를 따 먹으면

두 손을 흠뻑 적셔도 좋으련.
자기희생적인 태도(정성)

→ 5연: 손님을 맞이한 후의 기쁨을 상상함

아이야 우리 식탁엔 은쟁반에
손님을 대접하려는 정성

㉠하이얀 모시 수건을 마련해 두렴.

→ 6연: 손님을 맞이할 준비를 함

이해와 감상

이 작품은 고향과 청포도를 제재로 풍요롭고 평화로운 세계에 대한 소망을 노래하고 있다.

작품 정리

갈래: 자유시, 서정시
성격: 상징적, 감각적
주제: 풍요롭고 평화로운 세계에 대한 소망(조국 광복 염원)
특징
• 푸른색과 흰색의 선명한 색채 대비를 통해 주제를 형상화함
• 각 연을 모두 2행으로 배열하여 안정감을 부여함

한눈에 콕콕

◑ 화자의 상황과 정서

상황	• 풍요롭고 평화로운 고향에 대한 기억이 있음 • 손님이 오기를 간절하게 기다리고 있음 • 손님을 맞이하기 위해 정성을 다해 준비함
정서	손님이 올 것이라는 희망과 확신

◑ 색채 대비

푸른색(희망, 동경)	흰색(순수, 정성)
청포도, 하늘, 푸른 바다, 청포	흰 돛단배, 은쟁반, 하이얀 모시 수건

14 윗글에 대한 설명으로 적절하지 <u>않은</u> 것은?

① 의성어를 사용하고 있다.
② 계절적 배경이 드러나 있다.
③ 색채 대비가 나타나고 있다.
④ 화자의 소망이 드러나 있다.

15 다음 중 화자가 기다리는 대상으로 가장 적절한 것은?

① 바다
② 손님
③ 아이
④ 은쟁반

16 ㉠과 같은 심상이 사용된 표현은?

① 향그러운 꽃지짐
② 밥 짓는 냄새 나면
③ 뻐꾹뻐꾹 우는 울음
④ 붉은 파밭의 푸른 새싹

정답　　정답과 해설 2쪽

14 ①　　15 ②　　16 ④

서시 윤동주

죽는 날까지 하늘을 우러러
윤리적 판단의 절대적 기준

한 점 부끄럼이 없기를,
순수한 삶에 대한 강한 의지

잎새에 이는 바람에도
부끄러움을 느끼게 하는 요소

나는 괴로워했다. (과거)
이상과 현실 사이의 갈등

별을 노래하는 마음으로
화자가 추구하는 순수, 양심, 희망

모든 죽어 가는 것을 사랑해야지
생명이 있는 모든 것

그리고 나한테 주어진 길을
부끄럼 없는 삶

걸어가야겠다. (미래)
화자의 의지

오늘 밤에도 별이 바람에 스치운다. (현재)
일제 강점기의 고난과 시련

한눈에 콕콕

▶ 시어의 상징적 의미

하늘		삶의 절대적이고 숭고한 기준
잎새		작은 갈등에도 흔들리는 나약한 존재
별		희망, 이상적 삶, 시적 화자가 추구하고자 하는 순수함
바람	1연 3행	내면적 갈등, 시적 화자에게 부끄러움을 느끼게 하는 요소
	2연	이상을 지키기 어렵게 하는 현실적 시련
밤		암담한 현실, 일제 강점기의 상황

▶ 대조적 심상

하늘, 별	⬌	바람, 밤
이상(밝음)		현실(어둠)

17 윗글에 대한 설명으로 적절하지 <u>않은</u> 것은?

① 자연의 아름다움을 노래하고 있다.

② 자연적 소재에 상징적 의미를 부여하고 있다.

③ 자기 성찰을 통해 삶의 태도를 드러내고 있다.

④ '과거−미래−현재'의 순서로 시상을 전개하고 있다.

18 다음 설명에 해당하는 시어는?

> 이 시에서 '바람'과 대립되며, 시적 화자가 지키려는 양심이자 절망적인 상황 속에서도 빛을 잃지 않는 희망, 이상을 의미하는 시어이다.

① 하늘

② 잎새

③ 별

④ 밤

19 윗글의 성격으로 적절하지 <u>않은</u> 것은?

① 의지적

② 반성적

③ 성찰적

④ 풍자적

정답 　 정답과 해설 **2**쪽

17 ① 　 **18** ③ 　 **19** ④

새로운 길 윤동주

내를 건너서 숲으로

고개를 넘어서 마을로

어제도 가고 오늘도 갈
쉬지 않고 나아가려는 시적 화자의 의지적 태도

나의 길 새로운 길
　　인생(삶)을 상징

「민들레가 피고 까치가 날고
「　」: 살아가면서 만나는 다양한 존재들

아가씨가 지나고 바람이 일고」

나의 길은 언제나 새로운 길
언제나 새로운 마음으로 살아가려는 시적 화자의 태도

오늘도…… 내일도……

내를 건너서 숲으로

고개를 넘어서 마을로

수미상관

👀 한눈에 콕콕

◑ 시적 화자의 상황과 태도

상황	태도
• 숲과 마을을 향해 걸어가고 있음 • 길을 걸어가며 다양한 존재를 만남	늘 새로운 마음으로 끊임없이 길을 걸어가겠다고 다짐함

◑ '길'의 상징적 의미와 효과

'길'의 상징적 의미	효과
삶, 인생	인생이라는 추상적 개념을 '길'이라는 구체적인 사물로 나타내어 머릿속에서 쉽게 떠올릴 수 있도록 도와줌

20 윗글의 표현상 특징으로 적절하지 않은 것은?

① 수미상관의 구성을 취하고 있다.

② 동일한 시어를 반복하여 사용하고 있다.

③ 어구를 점점 확장하여 표현에 변화를 주고 있다.

④ 유사한 문장 구조를 반복하여 운율을 형성하고 있다.

21 윗글에 나타난 시적 화자의 태도로 가장 적절한 것은?

① 과거의 삶에 집착하고 있다.

② 자신의 나약함을 극복하고자 한다.

③ 현실의 힘든 상황을 원망하고 있다.

④ 늘 새로운 마음으로 살아가고자 한다.

22 윗글에 나타난 시적 화자의 상황으로 가장 적절한 것은?

① 길에 우두커니 서서 누군가를 기다리고 있다.

② 부지런히 길을 걸으며 어디론가 향하고 있다.

③ 매일 반복되는 일상에 단조로움을 느끼고 있다.

④ 길에서 만난 존재를 통해 지난날을 회상하고 있다.

낙화　이형기

가야 할 때가 언제인가를

분명히 알고 가는 이의
　이별의 시기를 알고 가는 이

뒷모습은 얼마나 아름다운가.　　　　　　　　→ 1연: 이별의 아름다움
　성숙한 이미지　　　설의법

봄 한철

격정을 인내한
「　」: 의인법

나의 사랑은 지고 있다. □: 원관념 - 꽃　　　　→ 2연: 이별의 순간

분분한 낙화…….

결별이 이룩하는 축복에 싸여
　　　　역설법

㉠지금은 가야 할 때.　　　　　　　　　　→ 3연: 이별이 주는 축복

무성한 ㉡녹음과 그리고

머지않아 열매 맺는
　　'낙화'의 결과

㉢가을을 향하여
　성숙해지는 시간

㉣나의 청춘은 꽃답게 죽는다.　　　　　　→ 4연: 내적 성숙을 위한 이별
　이별(낙화)은 내적인 성숙(열매)을 위한 희생임

헤어지자

섬세한 손길을 흔들며
　의인법(꽃잎이 떨어지는 모습)

하롱하롱 꽃잎이 지는 어느 날　　　　　　→ 5연: 이별의 아름다움
　의태어

나의 사랑, 나의 결별,
　　　　낙화

샘터에 물 고이듯 성숙하는
　　직유법

내 영혼의 슬픈 눈.　　　　　　　　　　→ 6연: 이별을 통한 영혼의 성숙
　이별의 아픔을 통해 서서히 영혼이 성숙함

이해와 감상

이 작품은 꽃이 지는 모습을 통해 이별의 의미를 형상화한 시이다.

작품 정리

갈래: 자유시, 서정시
성격: 사색적, 성찰적
주제: 이별을 통한 영혼의 성숙
특징
- 인간의 삶을 자연 현상과 연관 지어 시상을 전개함
- 자연 현상을 통해 얻은 깨달음을 역설적인 표현을 사용하여 전달함

꼼꼼 단어 돋보기

● **격정**
강렬하고 갑작스러워 누르기 어려운 감정

● **낙화**
꽃이 떨어짐

● **결별**
기약 없는 이별

● **녹음**
푸른 잎이 우거진 나무나 수풀

● **하롱하롱**
작고 가벼운 물체가 떨어지면서 잇따라 흔들리는 모양

◐ 비유적 의미

자연 현상	인간의 삶
꽃이 핌	사랑
꽃이 짐	이별
열매를 맺음	영혼의 성숙, 내면적 성장

◐ 역설적 표현

결별(꽃이 짐)	축복(열매를 맺음)
슬픔, 고통스러움	기쁨, 행복함

⬇

결별이 이룩하는 축복
이별은 슬프고 고통스러운 것이지만 이별을 통해 영혼의 성숙을 이룰 수 있음

23 윗글의 내용을 참고할 때, 다음 빈칸에 들어갈 말로 가장 적절한 것은?

> 이 시는 (   )에서 얻은 삶의 깨달음을 인상적으로 형상화하고 있다.

① 젊은 시절의 꿈과 기대
② 사랑하는 임과 재회한 상황
③ 꽃이 지고 열매를 맺는 자연 현상
④ 남에게 베풀며 살아가는 존재의 모습

주목
24 윗글의 주제로 가장 적절한 것은?

① 사랑은 아름답지만 슬프고 고통스럽다.
② 아픈 체험으로 내면적 성숙을 이룰 수 있다.
③ 삶은 혼자가 아니라 함께일 때 행복할 수 있다.
④ 작고 사소한 것들에서 삶의 참된 의미를 찾아야 한다.

25 ㉠~㉢의 의미로 적절하지 않은 것은?

① ㉠: 저항의 의지
② ㉡: 내면의 성장
③ ㉢: 성숙의 계절
④ ㉣: 결실을 위한 희생

정답   정답과 해설 2쪽

23 ③   24 ②   25 ①

우리가 눈발이라면 안도현

우리가 눈발이라면
　　　　가정
허공에서 쭈빗쭈빗 흩날리는
　　　　의태어
진눈깨비는 되지 말자
불행을 주는 존재　청유형 어미(설득력 높임, 의지 강조)
세상이 바람 불고 춥고 어둡다 해도
　　　　화자의 현실 인식(삭막함, 고통스러움)
사람이 사는 마을

㉠가장 낮은 곳으로
　　　　어렵고 소외된 사람들이 사는 곳
따뜻한 ㉡함박눈이 되어 내리자
　　　　위로, 기쁨, 행복을 주는 존재
우리가 눈발이라면

잠 못 든 이의 창문가에서는
현실의 어려움 때문에 고통받고 괴로워하는 사람
편지가 되고
희망, 위로
그이의 깊고 붉은 상처 위에 돋는
　　　　현실의 절망적 고통
새살이 되자
희망, 위로

📖 이해와 감상

이 작품은 우리를 '눈발'로 가정하여, 상처받고 소외된 이웃에게 위안을 주는 존재가 되자는 따뜻한 내용을 담고 있다.

✏️ 작품 정리

갈래: 자유시, 서정시
성격: 참여적, 상징적, 의지적
주제: 이웃과 더불어 따뜻한 삶을 살고 싶은 소망
특징: 어려운 이웃에 대한 따뜻한 마음이 상징적 표현을 통해 나타남

👀 한눈에 콕콕

● 시상 전개

1행~3행	우리가 눈발이라면 진눈깨비는 되지 말자
4행~7행	사람이 사는 가장 낮은 곳에 함박눈이 되어 내리자
8행~12행	잠 못 든 이의 편지가 되고 상처 위에 돋는 새살이 되자

● 시어의 의미

긍정적 의미		부정적 의미
함박눈, 편지, 새살	⇔ 대비	진눈깨비, 바람
행복, 기쁨, 희망, 위로		불행, 슬픔, 절망, 고통

● 현실 인식 및 삶의 태도

현실 인식	삭막하고 살아가기 힘든 고달픈 세상
삶의 태도	어려운 이웃에게 위로와 희망을 주자

26 윗글에 대한 설명으로 적절하지 <u>않은</u> 것은?

① 상징적 시어를 사용하고 있다.
② 내용상 세 부분으로 나눌 수 있다.
③ 명령형 어조로 화자의 의지를 나타낸다.
④ 어려운 이웃에 대한 따뜻한 마음이 드러난다.

27 윗글의 시적 화자에 대한 설명으로 적절하지 <u>않은</u> 것은?

① 현실을 부정적으로 인식함
② 자신이 살아온 삶에 대해 후회함
③ 함박눈을 긍정적인 존재로 인식함
④ 이웃에게 희망을 줄 수 있는 삶을 지향함

28 ㉠이 의미하는 바가 <u>아닌</u> 것은?

① 소외된 사람들이 사는 곳
② 지대가 낮아 살기 불편한 곳
③ 가난하고 외로운 사람들이 사는 곳
④ 힘들게 살아가는 사람들이 모인 곳

29 ㉡과 함축적 의미가 유사한 것끼리 묶인 것은?

① 편지, 새살
② 상처, 바람
③ 마을, 창문가
④ 진눈깨비, 허공

정답　　정답과 해설 **2**쪽

26 ③　　**27** ②　　**28** ②
29 ①

엄마 걱정   기형도

열무 삼십 단을 이고
　엄마의 고단한 삶
시장에 간 우리 엄마
　시적 화자가 어린 시절 홀로 있었던 이유
안 오시네, 해는 시든 지 오래   □ : 부정적 시어의 반복과 변형(운율 형성, 시의 분위기 조성)
　　　　　　　시간이 흘렀음
나는 찬밥처럼 방에 담겨
　촉각적 심상, 직유법(외로운 처지)
아무리 천천히 숙제를 해도

엄마 안 오시네, 배춧잎 같은 발소리 타박타박
　　　　　　엄마의 지친 발소리(공감각적 심상 – 청각의 시각화)
안 들리네, 어둡고 무서워
　　　　　　　'나'의 정서
금 간 창틈으로 고요히 빗소리
　가난함(시각적 심상)　　　외로움 고조(청각적 심상)
빈방에 혼자 엎드려 훌쩍거리던
　　　　　　　어린 시절 회상(과거)

아주 먼 옛날
엄마를 기다리던 어린 시절로부터 세월이 많이 흘렀음 → 시적 화자가 어린 시절을 회상하는 어른임을 암시함
지금도 내 ㉠눈시울을 뜨겁게 하는
　　　　　　서글픔과 애틋함(촉각적 심상)
그 시절, 내 유년의 윗목
　　　　　외롭고 고단했던 어린 시절(촉각적 심상)

📖 이해와 감상

이 작품은 시장에 간 엄마를 홀로 기다리며 외로움과 쓸쓸함을 느꼈던 화자의 어린 시절에 대한 회상을 바탕으로 한 시이다.

📑 작품 정리

갈래 : 자유시, 서정시
성격 : 회상적, 감각적
주제 : 시장에 간 엄마를 기다리던 어린 시절의 외로움
특징
• 어린 시절을 회상하는 형식으로 이루어져 있음
• 감각적 이미지와 독창적인 비유를 사용하여 어린 시절의 외로움과 엄마의 고단한 삶을 효과적으로 그려 냄
• 부정적인 시어의 반복과 변화를 통해 운율을 형성하고 시의 분위기를 조성함

👀 한눈에 콕콕

○ 주된 분위기와 정서

· 시장에 간 엄마 · 해가 진 지 오래된 저녁 시간 · 찬밥처럼 남겨진 '나' · 고요한 빗소리	➡	쓸쓸함, 외로움, 차가움

○ 시적 화자의 상황과 정서

1연(과거)	엄마를 기다리는 아이 → 어린 시절의 외롭고 쓸쓸했던 감정을 생생하게 전달함
2연(현재)	어린 시절을 회상하는 어른 → 어린 시절을 회상하며 느끼는 현재의 감정을 드러냄

○ 표현상 특징

안 오시네, 안 들리네	안타까움과 절망감을 강조하는 부정적인 시어를 반복함 → 반복법
나는 찬밥처럼 방에 담겨	외로운 '나'의 처지를 '찬밥'에 빗대어 표현함 → 직유법, 촉각적 심상
배춧잎 같은 발소리 타박타박	엄마의 지친 발걸음을 배춧잎에 빗대어 표현함 → 직유법, 공감각적 심상
고요히 빗소리	'나'의 외로움을 고조시킴 → 청각적 심상
내 유년의 윗목	쓸쓸했던 어린 시절을 차가운 '윗목'에 비유함 → 은유법, 촉각적 심상

30 윗글에 대한 설명으로 적절하지 <u>않은</u> 것은?

① 혼자 말하는 듯한 어조를 사용하고 있다.
② 시적 화자가 어린 시절을 회상하고 있다.
③ 밝고 희망적인 분위기가 드러나고 있다.
④ 유사한 구절의 반복으로 운율을 형성하고 있다.

31 ㉠과 동일한 심상이 나타난 것은?

① 새파란 쪽빛 하늘
② 아가의 보드라운 뺨
③ 뜰에는 반짝이는 금모래 빛
④ 저 멀리서 들려오는 기계 굴러가는 소리

32 1연과 2연에서 나타나는 시적 화자의 정서 변화로 가장 적절한 것은?

① 절망감 → 반가움
② 그리움 → 반가움
③ 외로움 → 그리움
④ 외로움 → 서글픔

정답 정답과 해설 2쪽

30 ③ **31** ② **32** ④

꽃   김춘수

내가 그의 이름을 불러 주기 전에는
'나'가 '그'를 인식하기 전

그는 다만

㉠하나의 몸짓에 지나지 않았다.
의미 없는 존재

→ 1연: '나'가 '그'의 이름을 부르기 전의 '그'와 '나'의 관계

내가 그의 이름을 불러 주었을 때
'나'가 '그'를 인식하였을 때(이름 부르기=의미 부여 행위)

그는 나에게로 와서

㉡꽃이 되었다.
의미 있는 존재

→ 2연: '나'가 '그'의 이름을 불러 주었을 때의 '그'와 '나'의 관계

내가 그의 이름을 불러 준 것처럼

나의 이 빛깔과 향기에 알맞는
존재의 본질

누가 나의 이름을 불러 다오.

그에게로 가서 나도

그의 꽃이 되고 싶다.
누군가에게 의미 있는 존재가 되고 싶다는 화자의 소망이 드러남

□ : 반복을 통한 운율 형성, 주제 강조

→ 3연: 누군가 '나'의 이름을 불러 주기를 소망함

우리들은 모두
'나'의 소망이 '우리'의 소망으로 확대됨

㉢무엇이 되고 싶다.
의미 있는 존재

너는 나에게 나는 너에게

잊혀지지 않는 ㉣하나의 눈짓이 되고 싶다.
의미 있는 존재

→ 4연: 서로에게 잊히지 않는 눈짓이 되기를 소망함

📖 이해와 감상

이 작품에서 화자는 존재의 참된 모습을 인식함으로써 의미 있는 진정한 관계를 맺고자 하는 소망을 드러내고 있다.

📑 작품 정리

갈래 : 자유시, 서정시
성격 : 관념적, 상징적
주제 : 서로의 존재를 인식하고 서로에게 의미 있는 관계가 되기를 소망함
특징
• 간절한 어조로 소망을 드러냄
• 의미 있는 존재를 '꽃'으로 상징함

🔍 꼼꼼 단어 돋보기

● 알맞는
올바른 표기는 '알맞은'임

● 잊혀지지
올바른 표기는 '잊히지'임

33 윗글에 나타난 '꽃'의 의미로 적절하지 <u>않은</u> 것은?

① 시인의 관념을 대변하는 존재

② '나'를 둘러싼 수많은 사물들 중 하나

③ 명명 행위를 통해 의미를 부여받은 존재

④ '하나의 몸짓'과 대조되는 의미를 지닌 존재

34 ㉠~㉣ 중 의미가 <u>다른</u> 하나는?

① ㉠   ② ㉡   ③ ㉢   ④ ㉣

35 윗글의 화자가 추구하는 삶으로 가장 적절한 것은?

① 누군가와 진정한 관계를 맺는 삶

② 공동체적 삶의 자세를 회복하는 삶

③ 사람들 속에서 나만의 개성을 찾는 삶

④ 어디에서나 사람들의 주목을 받는 존재가 되는 삶

36 다음 빈칸에 들어갈 시어로 가장 적절한 것은?

> '그'는 '나'에게 무의미한 존재였지만, '나'가 '그'의 참된 모습을 인식하는 과정을 거치자 '나'에게 의미 있는 존재가 된다. 그리고 4연에서 화자는 '나'의 소망을 '(   )'의 소망으로 확대하고 있다.

① 하나   ② 무엇   ③ 너   ④ 우리

정답   정답과 해설 **2**쪽

33 ②   34 ①   35 ①

36 ④

동해 바다-후포에서   신경림

친구가 원수보다 더 미워지는 날이 많다.

티끌만 한 잘못이 맷방석만 하게

동산만 하게 커 보이는 때가 많다.

> 점층법(티끌 → 맷방석 → 동산)

그래서 세상이 어지러울수록

㉠남에게는 엄격해지고 내게는 너그러워지나 보다.

돌처럼 잘아지고 굳어지나 보다.   □: 직유법
너그럽지 못함

멀리 동해 바다를 내려다보며 생각한다.
너그러움, 이해심, 관대함, 포용력

널따란 바다처럼 너그러워질 수는 없을까

깊고 짙푸른 바다처럼.

감싸고 끌어안고 받아들일 수는 없을까
            포용적인 삶

스스로는 억센 파도로 다스리면서.
       엄격한 자기반성, 자기 절제

제 몸은 맵고 모진 매로 채찍질하면서.

👀 한눈에 콕콕

○ 시상 전개

1연	스스로에게는 관대하고 남에게는 엄격했던 자신에 대한 후회
2연	스스로에게는 엄격하고 남에게는 너그러운 마음을 갖기를 바람

○ 시어의 의미

돌	동해 바다
• 현재의 '나' • 남에게는 엄격하고, 스스로에게는 너그러운 존재	• 화자가 바라는 '나' • 남에게는 너그럽고 포용력 있고, 스스로에게는 모질게 채찍질하는 존재

37 윗글의 화자가 추구하는 삶의 모습으로 가장 적절한 것은?

① 나날이 노력하는 삶
② 타인의 잘못을 채찍질해 주는 삶
③ 친구에게 의존하지 않는 자립적인 삶
④ 남에게는 관대하고 자신에게는 엄격한 삶

38 윗글에서 현재의 '나'의 모습을 비유한 시어로 가장 적절한 것은?

① 티끌
② 맷방석
③ 돌
④ 동해 바다

39 ㉠과 유사한 의미를 지닌 속담으로 가장 적절한 것은?

① 티끌 모아 태산
② 남의 떡이 커 보인다.
③ 먼지도 쌓이면 큰 산이 된다.
④ 이웃 눈 속의 티끌은 보면서 내 눈의 대들보는 보지 못한다.

정답   정답과 해설 **2**쪽

37 ④   **38** ③   **39** ④

귀뚜라미　나희덕

높은 가지를 흔드는 ㉠매미 소리에 묻혀
<small>매미가 사는 공간</small>

내 울음 아직은 노래 아니다.
<small>귀뚜라미(의인법)　　귀뚜라미가 소망하는 것(↔ 울음)</small>

　　　　　　　　　　　　　　…→ 1연: 매미 소리에 묻힌 귀뚜라미의 울음

㉡차가운 바닥 위에 토하는 울음,

풀잎 없고 이슬 한 방울 내리지 않는

지하도 콘크리트 벽 좁은 틈에서
<small>귀뚜라미가 처한 열악한 환경</small>

숨막힐 듯, 그러나 나 여기 살아 있다
<small>고통 속에서도 자신이 살아 있음을 알리려는 의지</small>

㉢귀뚜르르 뚜르르 보내는 타전 소리가
<small>의성어　　　　살아 있음을 알리는 소리(= 울음)</small>

누구의 마음 하나 울릴 수 있을까.　□: 의문형 문장 반복(설의법)
<small>누군가에게 감동을 줄 수 있을까</small>

　　　　　　…→ 2연: 고통 속에서도 꿈과 소망을 잃지 않는 귀뚜라미

지금은 매미 떼가 하늘을 찌르는 시절
<small>계절적 배경(여름)</small>

그 소리 걷히고 맑은 가을이
<small>여름이 지나가고(청각의 시각화)</small>

어린 풀숲 위에 내려와 뒤척이기도 하고

계단을 타고 이 땅 밑까지 내려오는 날
<small>귀뚜라미가 기다리는 날</small>

발길에 눌려 우는 ㉣내 울음도
<small>억눌린 현재 상황</small>

누군가의 가슴에 실려 가는 노래일 수 있을까.
<small>다른 이에게 감동을 줄 수 있는 소리</small>

　　　　…→ 3연: 가을에는 자신의 울음이 누군가에게 감동을 주는 노래가 되길 희망함

🖋 이해와 감상

이 작품은 '귀뚜라미'를 시적 화자로 설정하여 귀뚜라미가 시련의 시간을 지나 가을이 되면 다른 존재에게 감동을 주는 노래를 들려줄 수 있기를 바라는 화자의 소망을 드러내고 있다.

📖 작품 정리

갈래: 자유시, 서정시
성격: 비유적, 미래 지향적
주제: 자신의 노래가 누군가에게 감동을 줄 수 있기를 소망함

특징
- 귀뚜라미를 의인화하여 주제를 표현함
- 다른 대상(매미)과 대조하여 화자의 처지와 소망을 드러냄
- 청각적 심상과 의성어를 사용하여 화자의 상황을 생동감 있게 드러냄
- 의문형 어미를 반복하여 운율을 형성함

🔍 꼼꼼 단어 돋보기

● 타전
전보나 무전을 침

◐ **시적 화자와 시적 상황**

시적 화자	'나(귀뚜라미)'
계절	여름
장소	지하도 콘크리트 좁은 틈
주요 상황	• 매미 소리에 묻혀 '나'의 소리가 다른 이들에게 전해지지 않음 • 열악한 환경에 처해 있지만, 자신의 소리를 전하려 포기하지 않고 노력함 • 가을이 되어 '나'의 소리가 전해져서 누군가에게 감동을 줄 수 있기를 바람

◐ **대조적 시어**

매미		귀뚜라미
하늘을 찌르는 소리		매우 작은 타전 소리
나무 높은 곳(높은 가지)	⬌	지하 낮은 곳(차가운 바닥, 콘크리트 벽 좁은 틈, 이 땅 밑)
여름(현재)		가을(미래의 소망)

40 윗글에 대한 설명으로 가장 적절한 것은?

① 묻고 답하는 형식이 드러나 있다.
② 첫 연을 마지막 연에서 다시 제시하고 있다.
③ 대상을 의인화하여 주제를 형상화하고 있다.
④ 직유법을 사용하여 화자의 정서를 표현하고 있다.

41 윗글의 '나(귀뚜라미)'의 현재 상황을 정리한 것으로 가장 적절한 것은?

① '나(귀뚜라미)'가 활발하게 활동하는 가을이다.
② 차가운 바닥과 같은 열악한 환경에 처해 있다.
③ 가을이 되면 계단을 타고 땅 밑까지 내려갈 수 있다.
④ 고통으로 인해 자신의 존재를 알리려는 의지도 없다.

42 ㉠~㉣을 감각적 이미지에 따라 분류한 것으로 가장 적절한 것은?

① ㉠, ㉢ / ㉡, ㉣
② ㉠, ㉣ / ㉡, ㉢
③ ㉠, ㉡, ㉢ / ㉣
④ ㉠, ㉢, ㉣ / ㉡

정답　정답과 해설 **2**쪽

40 ③　**41** ②　**42** ④

봄나무 　이상국

나무는 몸이 아팠다
　　의인법
눈보라에 상처를 입은 곳이나
　　나무의 몸이 아픈 자리 ①
빗방울들에게 얻어맞았던 곳들이
　　나무의 몸이 아픈 자리 ②
오래전부터 근지러웠다　　　　　　　　　　　　　　　　→ 1~4행: 몸이 아팠던 나무

땅속 깊은 곳을 오르내리며

「겨우내 몸을 덥히던 물이
「 」: 나무를 아프게 한 원인 ①
이제는 갑갑하다고

한사코 나가고 싶어 하거나」

살을 에는 바람과 외로움을 견디며
　　겨울에 나무가 견뎌 낸 시련
「봄이 오면 정말 좋은 일이 있을 거라고
　　시련 속에서도 희망을 잃지 않음
스스로에게 했던 말들이

그를 못 견디게 들볶았기 때문이다」「 」: 나무를 아프게 한 원인 ②　→ 5~12행: 나무가 아픔을 느끼게 된 원인
의인법
그런 마음의 헌데 자리가 아플 때마다

그는 하나씩 이파리를 피웠다　　　　　　　　　　　　→ 13~14행: 상처와 아픔을 견디며 이파리를 피워 낸 나무
의인법

이해와 감상

이 작품은 겨울에 상처와 아픔을 겪은 나무가 봄이 되어 마침내 이 파리를 피워 내는 과정을 형상화 하였다.

작품 정리

갈래 : 자유시, 서정시
성격 : 의지적, 교훈적
주제 : 시련을 견디며 가치 있는 것을 추구하는 삶의 자세
특징
• 나무의 모습을 의인화하여 표현함
• 몸이 아픈 나무의 상황과 나무를 아프게 한 원인, 아플 때마다 나무가 한 일을 나타냄

한눈에 콕콕

○ '나무'의 상황

나무의 상황	• 몸이 아팠음 • 눈보라에 상처를 입은 곳, 빗방울들에게 얻어맞았던 곳들이 근지러웠음
몸이 아픈 원인	• 겨우내 몸을 덥히던 물이 나가고 싶어 했음 • 봄이 오면 좋은 일이 있을 거라고 했던 말들이 스스로를 들볶았음
나무가 한 일	마음의 헌데 자리가 아플 때마다 이파리를 피웠음

○ 화자가 추구하는 삶의 자세

• 시련 속에서도 인내하며 가치 있는 것을 추구하는 삶의 자세
• 고통과 어려움을 견디며 희망을 갖는 삶의 자세

꼼꼼 단어 돋보기

● 겨우내
한겨울 동안 계속해서

● 한사코
죽기로 기를 쓰고

● 헌데
살갗이 헐어서 상한 자리

43 윗글에 대한 설명으로 가장 적절한 것은?

① 동일한 시구를 반복하여 운율을 형성하고 있다.

② 계절의 순환을 통해 나무의 삶을 나타내고 있다.

③ 대조적인 시어를 사용하여 의미를 강조하고 있다.

④ 나무를 의인화하여 추구하는 삶의 자세를 나타내고 있다.

44 윗글의 '나무'가 아팠던 이유로 적절하지 <u>않은</u> 것은?

① 눈보라에 상처를 입었기 때문에

② 헌데 자리에 이파리를 피웠기 때문에

③ 물이 한사코 나가고 싶어 했기 때문에

④ 스스로 했던 말들이 그를 들볶았기 때문에

45 다음 중 윗글의 '나무'와 같은 삶을 살고 있는 사람은?

① 버스를 타기 위해 열심히 뛰고 있는 경찰관

② 친구들과 함께 즐겁게 게임을 하고 있는 학생

③ 한여름 뙤약볕 아래서 훈련을 하고 있는 운동선수

④ 봉사 활동을 통해 삶의 보람을 느끼고 있는 의사

02 고전 시가

(1) 향가

① 신라 시대에 생겨나 고려 시대까지 향유되었던 우리 고유의 시가
② 향찰로 기록됨
③ 승려, 화랑 등이 주된 작자층이었음
④ 4구체(4줄), 8구체(8줄), 10구체(10줄)의 형식으로 구분됨
⑤ 10구체 향가는 '기(4구)−서(4구)−결(2구)'의 3단 구성으로 이루어짐
⑥ 결구의 첫 부분을 감탄사로 시작하며, 말하는 이의 정서를 집약하면서 시상을 마무리함

+ 향찰
한자의 음과 뜻을 빌려 우리말을 표기하는 방식 중 하나이다.

(2) 시조

① 고려 말부터 발달해 온 우리 고유의 •정형시(외형률)
② 3·4조 또는 4·4조의 4음보, 3장 6구 45자 내외의 기본형
③ 종장의 첫 음보는 3음절로 고정됨

```
[초장] 오백 년 / 도읍지를 / 필마로 / 도라드니 (4음보)
        3        4         3       4
          1구              2구

[중장] 산천은 / 의구하되 / 인걸은 / 간 듸 업다. (4음보)
        3        4         3       4
          3구              4구

[종장] 어즈버 / 태평연월이 / 꿈이런가 / 하노라. (4음보)
        3        5          4        3
          5구               6구
```
— 길재, 「오백 년 도읍지를」 —

④ 사설시조는 평시조보다 긴 시조로, 특히 중장이 길어진 특징을 보임
⑤ 평시조와 사설시조

평시조	구분	사설시조
주로 사대부 양반 계층	작자층	주로 중인과 평민층
3장 6구 45자 내외, 4음보	형식	평시조 틀에서 두 구 이상 길어진 형식
유교적 이념, 자연과의 조화, 풍류 사상을 주로 노래함	내용	서민들의 일상, 삶의 애환, 지배 계층에 대한 비판을 주로 노래함
유교적 세계관(충, 효, 열)에 대해 비유적, 관념적으로 표현함	표현	생활 밀착, 풍자와 해학이 두드러짐

🔍 꼼꼼 단어 돋보기

● 정형시
일정한 형식과 규칙에 맞추어 지은 시

⑥ 시대별 시조의 특징

고려 후기	유교적 충의 사상이 주제로 등장함
조선 전기	• 사대부들의 충의 사상과 자연관이 주제로 등장함 • 연시조가 등장함
조선 후기	• 충의가, 안빈낙도, 연정, 현실 비판 및 풍자가 주제로 등장함 • 시조가 점차 산문화되고, 서민 의식의 영향으로 사설시조가 등장함

(3) 대표적인 고전 시가 시험 범위에 해당하지 않지만 참고로 알아 두세요.

구분	작품	작가	내용
우국 충절	오백 년 도읍지를~	길재	망국의 한과 인생무상을 노래함
	눈 맞아 휘어진 대를~	원천석	대나무를 의인화하여 고려 왕조에 대한 절개를 드러냄
	간밤에 부던 바람에~	유응부	인재들의 희생을 개탄함
자연 친화	십 년을 경영하여~	송순	물아일체의 자연관을 표현함
	말 업슨 청산이오~	성혼	물아일체의 삶을 노래함
연정	동짓달 기나긴 밤을~	황진이	임을 기다리는 애타는 마음을 표현함
	이화우 흩뿌릴 제~	계랑	임에 대한 그리움을 노래함
연시조	강호사시가	맹사성	자연 속에서 유유자적한 삶을 살면서 임금의 은혜에 대해 감사함
	훈민가	정철	유교 윤리의 실천을 권장함
사설 시조	두꺼비 파리를 물고~	작자 미상	위정자들의 거짓된 모습을 비판함
	댁들에 동난지이 사오~	작자 미상	서민들의 상거래를 통해 현학적 태도를 비판·풍자함
	싀어마님 며느라기 낫바~	작자 미상	힘든 시집살이에 대한 여인들의 원망을 진솔하게 드러냄

콕콕 개념 확인하기

1. 향가는 한자의 음과 뜻을 빌려 우리말을 표기한 향찰로 기록되었다. (O, X)
2. 향가는 고려 시대에 평민이 창작했던 노래이다. (O, X)
3. 향가는 4구체, 8구체, 10구체의 형식으로 구분된다. (O, X)
4. 시조는 우리 고유의 정형시이다. (O, X)
5. 시조의 종장 첫 음보는 3음절로 고정된다. (O, X)
6. _____는 3장 6구 45자 내외의 형식을 갖고 있다.
7. 사설시조는 특히 _____이 길어진 특징을 보인다.

답 1. O 2. X 3. O 4. O 5. O 6. 시조 7. 중장

꼼꼼 단어 돋보기

● 충의
충성과 절의를 아울러 이르는 말

● 산문화
산문으로 만들거나 산문의 특성을 가지게 함

● 개탄
분하거나 못마땅하게 여겨 한탄함

제망매가(祭亡妹歌)

월명사 지음 / 김완진 옮김

생사(生死) 길은

예 있으매 머뭇거리고,
이승 　　　죽음에 대한 화자의 두려움

나는 간다는 말도
　　누이의 말

몯다 이르고 어찌 갑니까.
세상을 떠난 누이에 대한 안타까움을 드러냄

어느 가을 이른 바람에
　　　　　누이의 이른 죽음

이에 저에 떨어질 잎처럼,
　　　　죽은 누이

한 가지에 나고
같은 부모에게서 태어났음을 비유

가는 곳 모르온저.
　　삶의 허무함과 무상함

아아, 미타찰(彌陀刹)에서 만날 나
감탄사　　　극락세계　　　　　화자

도(道) 닦아 기다리겠노라.
종교적 힘으로 슬픔을 극복하고자 하는 화자의 의지

작품 정리

갈래: 향가
성격: 애상적, 불교적
주제: 죽은 누이를 추모하고 누이의 죽음으로 인한 슬픔을 종교적으로 극복함

특징
• 비유적 표현을 활용하여 서정성을 높임
• 불교의 윤회 사상을 바탕으로 재회에 대한 소망을 드러냄

🔍 한눈에 콕콕

● '제망매가'의 배경 설화

신라 시대의 고승인 월명사가 죽은 누이를 추모하기 위해 제사를 지낼 때였다. 월명사가 이 노래를 지어 불렀더니, 갑자기 회오리바람이 일어났다. 그러자 신기하게도 저승 가는 길에 여비로 쓰라고 관 속에 넣어 두었던 종이돈이 극락세계가 있다고 알려진 서쪽으로 날아갔다고 한다.

● 누이의 죽음에 대한 화자의 태도

1~8구	누이의 죽음에 대한 안타까움과 슬픔, 삶에 대한 무상감·허망함
9~10구	종교적 신념으로 슬픔을 극복하고 누이와의 재회를 기약함

● 시어의 의미

이른 바람	누이가 이른 나이에 죽었음을 의미함
떨어질 잎	죽은 누이를 의미함
한 가지	화자와 누이가 같은 부모에게서 태어났음을 의미함

01 윗글의 갈래상 특징으로 적절하지 <u>않은</u> 것은?

① 평민들에 의해 집단적으로 창작되고 향유되었다.

② 신라 시대에 생겨나 고려 시대까지 이어진 노래이다.

③ 한자의 음과 뜻을 빌려 우리말을 적는 향찰로 표기되었다.

④ 행의 수에 따라 4구체, 8구체, 10구체 향가로 나눌 수 있다.

02 윗글의 화자에 대한 설명으로 가장 적절한 것은?

① 부재하는 대상에 대한 원망을 노래하고 있다.

② 암울한 현실을 잊고 자연에 묻혀 살고자 한다.

③ 누이의 죽음으로 인한 슬픔을 극복하고자 한다.

④ 과거의 삶을 돌아보며 현재의 자신을 반성하고 있다.

03 다음 설명과 가장 관련이 있는 시어는?

> • 죽은 누이를 비유함
> • 하강적 이미지를 드러냄

① 어느 가을

② 떨어질 잎

③ 한 가지

④ 미타찰

가 **까마귀 싸우는 골에** 정몽주 어머니 | **나** **까마귀 검다 하고** 이직

가 까마귀 싸우는 골에 백로야 가지 마라.
　　　　　간신(부정적)　　　　충신(긍정적)
성난 까마귀 흰빛을 시샘할세라.
　　　　　　　백로가 몸을 더럽힐까 걱정함
청강(淸江)에 기껏 씻은 몸을 더럽힐까 하노라.
　　　　　　까마귀와 어울리지 말아야 하는 이유

나 까마귀 검다 하고 백로야 웃지 마라.
　　　긍정적　　　　부정적
겉이 검은들 속조차 검을쏘냐.

겉 희고 속 검은 것은 너뿐인가 하노라.
　　　　　백로의 겉과 속이 다름을 비판함

🔖 이해와 감상

이 작품들은 고려를 유지하려던 신하들과 조선을 세우려던 신하들을 각각 백로와 까마귀에 비유하며 주제를 드러내고 있다.

📝 작품 정리

가 까마귀 싸우는 골에
갈래 : 평시조
성격 : 교훈적, 경계적
주제 : 나쁜 무리와 어울리는 것에 대한 경계
특징
- 대조적 소재를 통해 주제를 돌려서 말함
- 대상을 의인화하여 화자의 정서와 주제를 드러냄

나 까마귀 검다 하고
갈래 : 평시조
성격 : 교훈적, 풍자적
주제 : 겉과 속이 다름을 비판
특징
- 대조적 소재를 통해 주제를 돌려서 말함
- 대상을 의인화하여 화자의 정서와 주제를 드러냄

🔍 한눈에 콕콕

◉ '까마귀 싸우는 골에'의 창작 배경
고려 말, 이성계는 고려 왕조를 무너뜨리고 새로운 왕조를 일으키려 하고 있었다. 이성계 일파는 정몽주를 자신들의 편으로 끌어들이려 하였는데, 이때 정몽주의 어머니가 아들에게 이성계 일파와 어울리지 말라며 이 작품을 지었다고 한다.

◉ '까마귀 검다 하고'의 창작 배경
이 작품의 지은이인 이직은 고려 말에서 조선 초에 걸쳐 활동한 문신으로, 이성계를 도와 조선의 개국 공신이 되었다. 이직은 고려의 신하였지만 새 왕조에 가담하여 높은 벼슬까지 지냈고, 고려의 충신이라 자처하는 사람들이 그를 변절자라 말하기도 하였다. 이에 이직은 이 작품을 지어서 답했다고 한다.

◉ 시어의 상징적 의미

구분	까마귀 싸우는 골에	까마귀 검다 하고
까마귀	자신의 이익을 위해 싸우거나 남을 헐뜯는 이기적인 인물	겉모습과 달리 깨끗한 양심을 지닌 인물
백로	세상의 더러움에 물들지 않는 결백한 인물	올바른 척하지만 양심은 바르지 못한 인물

🔍 꼼꼼 단어 돋보기

● **골**
산과 산 사이에 움푹 패어 들어간 곳. 골짜기

● **시샘**
자기보다 나은 대상을 공연히 미워하고 싫어함

● **청강**
맑은 물이 흐르는 강

04 가 , 나 에 대한 공통적인 설명으로 가장 적절한 것은?

① '까마귀'와 '백로'의 색깔에 주목하였다.
② 비유적 표현과 상징적 표현이 드러난 현대 시이다.
③ '까마귀'와 '백로'에 대한 말하는 이의 애정이 드러난다.
④ 작품이 너무 짧아 말하고자 하는 바를 잘 전달할 수 없다.

05 다음은 가 가 쓰인 배경에 대한 설명이다. 이를 고려할 때, '까마귀'와 '백로'가 가리키는 것으로 알맞은 것은?

> 고려 말, 이성계는 고려 왕조를 무너뜨리고 새로운 왕조를 일으키려 하고 있었다. 이성계 일파는 정몽주를 자신들의 편으로 끌어들이려고 하였는데, 이때 정몽주의 어머니가 아들에게 이성계 일파와 어울리지 말라며 이 작품을 지었다고 한다.

	까마귀	백로
①	고려 왕조	정몽주
②	이성계 일파	정몽주
③	이성계 일파	새로운 왕조
④	정몽주	새로운 왕조

정답과 해설 **5**쪽

정답

04 ① 05 ②

내 마음 베어 내어   정철

임이 확인할 수 있는 구체적인 대상
내 마음 베어 내어 저 달을 만들고자
임에 대한 그리움, 변함없는 사랑과 충성(추상적 개념)
구만 리 먼 하늘에 번듯이 걸려 있어
　　　임이 있는 곳
· 연군지정, · 우국지정
고운 임 계신 곳에 가 비추어나 보리라
사랑하는 임 또는 임금

📖 이해와 감상

이 작품은 자신의 마음을 잘라 내어 달을 만들어서 임이 계신 곳을 비추겠다는 시적 화자의 마음이 잘 드러난 시조이다.

📑 작품 정리

갈래 : 평시조, 서정시
성격 : 애상적, 연군가
주제 : 임에 대한 그리움, 변함없는 사랑과 충성
특징
• '마음'이라는 추상적인 개념을 '달'이라는 구체적인 대상으로 형상화함
• 임(임금)을 그리워하는 마음을 우회적으로 표현함

👀 한눈에 콕콕

▶ 시상 전개

초장	임을 향한 마음을 베어 내어 달을 만들고 싶음
중장	먼 하늘에 걸리고 싶음
종장	임이 계신 곳을 비추고 싶음

▶ 의미 구조

시적 화자	➡ 임에 대한 그리움 (추상적인 개념)	달(그리움)	➡ 임이 계신 곳을 비춤 (구체적인 대상)	고운 임

🔍 꼼꼼 단어 돋보기

● **연군지정**
임금을 그리워하는 마음

● **우국지정**
나랏일을 근심하는 마음

06 윗글에 대한 설명으로 적절하지 <u>않은</u> 것은?

① 3장 6구 45자 내외로 구성된다.
② 각 장은 3음보로 구성되어 운율을 형성한다.
③ 초장에서 화자는 마음을 달로 만들고자 한다.
④ 종장에서 화자는 임이 계신 곳을 비추고자 한다.

07 다음 중 시적 화자와 '임'이 멀리 떨어져 있음을 나타내는 시어는?

① 내 마음
② 달
③ 구만 리
④ 고운 임

주목

08 다음을 참고할 때, 윗글의 창작 의도로 가장 적절한 것은?

시조 「내 마음 베어 내어」를 쓴 정철은 50세가 되던 해 정치적 반대파였던 동인의 탄핵으로 조정에서 물러나 고향으로 돌아가야 했다. 정철은 약 4년 동안 창평에 머물렀는데 조정을 떠나 있으면서도 나라의 정치를 걱정하고 임금을 그리워하는 문학 작품을 많이 남겼다.

① 자연과 더불어 사는 즐거움을 노래하였다.
② 임금에 대한 그리움과 충성을 표현하였다.
③ 인간의 한계에 부딪히며 느낀 인생의 무상함을 노래하였다.
④ 달밤의 풍류를 즐기며 무욕(無慾)의 여유로움을 그리고 있다.

천만리 머나먼 길에 　왕방연

천만리 머나먼 길에 고운 임 여의옵고
임과 이별한 슬픔을 극대화　영월에 남겨진 어린 '단종'

내 마음 둘 데 없어 냇가에 앉았으니
임과 이별한 후 슬픔, 안타까움, 상실감을 느낌

저 물도 내 안 같아서 울어 밤길 예놋다
감정 이입의 대상　'물'의 의인화
(임금과 이별한 화자의
비통하고 애절한 심정)

🔭 한눈에 콕콕

○ 이 시조가 창작된 사회·문화적 배경
- 단종이 숙부인 수양 대군(세조)에게 왕위를 빼앗김
- 단종의 복위를 꾀하다 실패한 사건으로 단종이 영월로 귀양 가게 됨
- 단종을 영월까지 호송하였던 작가가 안타까운 마음을 담아 시조를 지음

○ 중요 시어의 의미

천만리	• '고운 임'과의 거리를 수량화함 • 임과 이별한 슬픔에 따른 심리적 거리감을 극대화함
물(냇물)	• 화자의 감정이 이입된 자연물 • 임과의 이별로 울고 싶은 화자의 슬픈 마음을 나타냄

09 윗글에 대한 설명으로 적절하지 <u>않은</u> 것은?

① 3장 6구의 평시조이다.
② 자연 친화적인 삶의 태도가 드러난다.
③ 시적 화자의 애절한 심정이 잘 드러난다.
④ 역사적 상황을 배경으로 창작된 시조이다.

10 윗글에 나타난 시적 화자의 주된 정서로 적절하지 <u>않은</u> 것은?

① 원망
② 슬픔
③ 상실감
④ 안타까움

11 시적 화자가 '물'에 감정을 이입하여 표현하고자 한 것은?

① 자연의 영원함
② 임과 이별한 슬픔
③ 흘러가는 세월의 무상함
④ 깨끗한 물과 동화되고 싶은 마음

정답   정답과 해설 **5**쪽

09 ②   10 ①   11 ②

두꺼비 파리를 물고   작자 미상

두꺼비 파리를 물고 두엄 위에 치달아 앉아
힘없는 존재 — 파리를 괴롭히는 존재 — 위세를 부리는 모습

건넛산 바라보니 백송골이 떠 있거늘 가슴이 끔찍하여 풀쩍 뛰어 내닫다가 두엄 아래 자빠졌구나.
두꺼비가 두려워하는 존재 — 매우 겁을 먹고 — 우스꽝스럽게 넘어진 모습

마침 날랜 나였기 망정이지 피멍 들 뻔하였도다.
두꺼비가 수모를 당하고도 잘난 체를 함(허장성세)

📖 이해와 감상

이 작품은 두꺼비, 파리, 백송골의 관계를 통해 두꺼비로 비유되는 탐관오리의 우스꽝스러운 모습을 보여 주며 풍자하고 있다.

📝 작품 정리

갈래 : 사설시조
성격 : 풍자적, 해학적
주제 : 약자에게는 강하고, 강자 앞에서는 비굴한 양반 계층을 풍자함
특징 : 의인법을 사용하여 두꺼비의 행동을 풍자함

👀 한눈에 콕콕

○ **현대어 풀이**

두꺼비가 파리를 물고 두엄 위에 뛰어올라 앉아
건너편 산을 바라보니 흰 송골매가 떠 있기에 가슴이 섬뜩하여 펄쩍 뛰어 내닫다가 두엄 아래 자빠졌구나.
다행히 날랜 나였기에 망정이지 하마터면 멍들 뻔했구나.

○ **시어의 관계**

백송골		두꺼비		파리
중앙 관리, 외세	← 두려워함	탐관오리, 양반층	→ 횡포	힘없는 백성

12 윗글에 나타난 소재들의 관계를 바르게 나타낸 것은?

① 백송골>두꺼비>파리
② 백송골>파리>두꺼비
③ 두꺼비>백송골>파리
④ 두꺼비>파리>백송골

13 윗글에서 비판하고 있는 '두꺼비'의 부정적인 모습과 가장 관계가 깊은 한자 성어는?

① 조삼모사(朝三暮四)
② 설상가상(雪上加霜)
③ 허장성세(虛張聲勢)
④ 타산지석(他山之石)

14 윗글에 대한 설명으로 적절하지 <u>않은</u> 것은?

① 당대의 사회 현실을 풍자하고 있다.
② 평시조보다 길어진 사설시조에 해당한다.
③ 초장의 첫 음보가 3음절로 고정되어 있다.
④ '두꺼비'를 의인화하여 주제를 효과적으로 드러낸다.

정답   정답과 해설 **5쪽**

12 ①   **13** ③   **14** ③

개를 여남은이나 기르되

작자 미상

개를 여남은이나 기르되 요 개같이 얄미우랴
　　　열이 조금 넘는 수　　　　　　　　얄밉다(설의법)

「미운 임 오면은 꼬리를 홰홰 치며 치뛰락 내리뛰락 반겨서 내닫고 고운 임 오면은
「 」: 개의 행동(개가 얄미운 까닭)　　　　의태어　　　뛰어올랐다 내리뛰었다

뒷발을 버둥버둥 무르락 나락 캉캉 짖어서 돌아가게 하느냐」
　　　　의태어　　　물러났다 나아갔다 의성어

쉰밥이 그릇그릇 난들 너 먹일 줄이 있으랴
　　　　　　　　　　쉰밥이 있어도 먹이지 않겠다(설의법)

이해와 감상

이 작품은 '고운 임'과 헤어져 있는 화자가 임을 그리워하고 기다리는 마음을 해학적으로 표현한 사설시조이다.

작품 정리

갈래 : 사설시조
성격 : 해학적, 사실적
주제 : 임을 그리워하고 기다리는 마음
특징
• 기다려도 오지 않는 임에 대한 원망을 개에게 전가하여 웃음을 자아냄
• 의성어와 의태어를 활용하여 개의 행동을 사실적이고 해학적으로 표현함

한눈에 콕콕

○ **시상 전개**

초장	많은 개 중 유독 얄미운 개
중장	미운 임은 반기고 고운 임은 쫓아 버리는 개
종장	개에 대한 원망

○ **의미 구조**

개	➡	미운 임을 반김	➡	오지 않는 임에 대한 원망을 고운 임을 쫓아 버리는 개에 전가하여 개를 원망함
	➡	고운 임을 쫓아냄	➡	

15 윗글의 갈래상 특징으로 적절하지 <u>않은</u> 것은?

① 평시조와 비교하여 대체로 중장이 길어진다.

② 서민들의 소박한 생활 감정이 솔직하게 표현되어 있다.

③ 종장의 첫 3음절을 지키지 않는 등 형식적 파격이 나타난다.

④ 주로 평민 계층이 창작하여 대체로 작가를 알 수 없는 경우가 많다.

16 윗글에 대한 이해로 적절하지 <u>않은</u> 것은?

① 개의 행동이 해학적으로 묘사되어 있어.

② 시적 화자는 개를 여러 마리 기르고 있어.

③ 시적 화자는 '고운 임'이 오지 않는 것이 개 때문이라고 생각하고 있네.

④ 시적 화자가 궁극적으로 바라는 것은 임이 왔을 때 개가 반갑게 짖는 것이야.

17 윗글의 시적 화자에 대한 설명으로 적절하지 <u>않은</u> 것은?

① 시적 화자는 개를 원망하고 있다.

② 시적 화자는 개의 행동을 유심히 관찰하였다.

③ 시적 화자는 '고운 임'이 오기를 기다리고 있다.

④ 시적 화자는 자신의 감정을 개에게 이입하여 표현하였다.

오우가(五友歌) 윤선도

내 벗이 몇인고 하니 수석(水石)과 송죽(松竹)이라.
물, 바위   소나무, 대나무

동산에 달 오르니 그 더욱 반갑구나.

㉠두어라, 이 다섯밖에 또 더하여 무엇하리.   ···→ 1수: 다섯 벗(물, 바위, 소나무, 대나무, 달) 소개
물, 바위, 소나무, 대나무, 달 다섯 벗만 있으면 다른 것이 없어도 만족함

구름 빛이 깨끗타 하나 검기를 자주 한다. ┐
바람 소리 맑다 하나 그칠 때가 많구나.   ├ 구름, 바람: 가변성 VS 물: 영원성
깨끗고 그칠 적 없기는 물뿐인가 하노라. ┘
영원성   ···→ 2수: 물의 영원성 예찬

꽃은 무슨 일로 피면서 쉬이 지고 ┐
풀은 어이하여 푸르는 듯 누렇게 되니   ├ 꽃, 풀: 순간성 VS 바위: 불변성
아마도 변치 아니하기는 바위뿐인가 하노라. ┘
불변성   ···→ 3수: 바위의 불변성 예찬

「더우면 꽃 피고 추우면 잎 지거늘
      의인법
솔아 너는 어찌 눈서리를 모르느냐.」 「 」: 대부분의 나무가 추우면 잎이 떨어지는 것과 대조적
소나무   고난, 시련
땅 깊이 뿌리 곧은 줄을 그로 하여 아노라.   ···→ 4수: 소나무의 절개 예찬

나무도 아닌 것이 풀도 아닌 것이

곧기는 누가 시켰으며 속은 어찌 비었는고.
              곧고 겸허함
저렇게 사철에 푸르니 그를 좋아하노라.   ···→ 5수: 대나무의 절개 예찬
          대나무(의인법)

작은 것이 높이 떠서 만물을 다 비추니

밤중에 밝은 빛이 너만 한 게 또 있느냐.
            달(의인법)
보고도 말 아니하니 내 벗인가 하노라.   ···→ 6수: 달의 광명 예찬
    과묵함

이해와 감상
이 작품은 다섯 가지 자연물을 그 특성을 근거로 예찬하고 있다.

작품 정리
갈래 : 평시조, 연시조
성격 : 예찬적, 자연 친화적
주제 : 다섯 자연물의 덕을 예찬
특징
• 다른 대상과의 대조를 통해 지향하는 바를 드러냄
• 자연물이 지닌 특성을 유교적인 이념에 빗대어 예찬함

○ 시상 전개

1수	다섯 벗 소개
2수	영원한 물
3수	변하지 않는 바위
4수	추운 계절에도 변치 않는 소나무
5수	곧고 겸허한 대나무
6수	광명하고 과묵한 달

→ 자연에 대한 예찬

○ 시어의 대조적 의미

긍정적 가치			부정적 가치	
물	영원성		구름, 바람	가변성
바위	불변성		꽃, 풀	순간성
솔	불변성, 강직함		꽃, 잎	외부의 영향에 약함

18 윗글에 대한 설명으로 적절하지 <u>않은</u> 것은?

① 글자의 수에 제약이 없다.
② 대체로 3·4조 또는 4·4조의 운율을 지니고 있다.
③ 오늘날까지 창작되고 있는 우리 고유의 정형시이다.
④ 일반적으로 3장 6구 45자 내외를 기본 형식으로 한다.

19 화자가 벗으로 삼은 대상이 <u>아닌</u> 것은?

① 물
② 돌
③ 해
④ 소나무

주목
20 ㉠에서 느껴지는 화자의 정서로 가장 적절한 것은?

① 체념
② 불안함
③ 기대감
④ 만족감

정답   정답과 해설 **5**쪽

18 ①   19 ③   20 ④

훈민가(訓民歌) 정철

어버이 사라실 제 섬길 일란 다하여라
      효도   명령형(실천 강조)

지나간 후면 애닯다 어찌하리

평생에 •고쳐 못할 일이 이뿐인가 하노라   ···→ 제4수: 부모님에 대한 효행 실천 강조
         효도

[중략]

오늘도 다 새거다 호미 메고 •가쟈스라
        날이 밝었다   청유형(실천 강조)

내 논 다 매거든 네 논 좀 매어 주마

오는 길에 뽕 따다가 누에 먹여 •보쟈스라   ···→ 제13수: 근면한 농사일과 상부상조의 강조
         청유형(근면과 상부상조)

[중략]

이고 진 저 늙은이 짐 풀어 나를 주오
               노인을 공경하는 자세

나는 젊었거니 돌이라 무거울까

늙기도 설워라커든 짐을 조차 지실까   ···→ 제16수: 노인에 대한 공경 강조
         늙은이에 대한 연민

📖 이해와 감상

이 작품은 정철이 강원도 관찰사로 부임하였을 때 백성들이 도덕을 깨치게 하기 위하여 지은 작품으로, 삼강오륜의 유교적 윤리를 담고 있는 연시조이다.

📑 작품 정리

갈래: 평시조, 연시조(총16수)
성격: 교훈적, 계몽적
주제: 효도, 근면, 경로
특징
• 쉬운 언어를 사용하여 백성의 눈높이에서 주제를 전달함
• 명령형과 청유형 어미를 사용함

🔍 한눈에 콕콕

○ **내용 및 표현상 특징**
• 윤리와 도덕의 실천을 목적으로 함
• 청유형 어미를 활용하여 설득하는 힘이 강함
• 순우리말을 사용하여 백성들의 이해와 접근이 쉽도록 하였음
• 강원도 백성들을 교화하기 위한 계몽적, 교훈적인 성격의 노래임

○ **관련 한자 성어**

제4수	풍수지탄(風樹之嘆)
제13수	상부상조(相扶相助)
제16수	장유유서(長幼有序)

🔍 꼼꼼 단어 돋보기

● **고쳐**
다시

● **가쟈스라**
가자꾸나. '~쟈스라'는 '~자꾸나'의 옛말임

● **보쟈스라**
보자꾸나

21 윗글에 대한 설명으로 적절하지 <u>않은</u> 것은?

① 백성의 교화를 위한 노래이다.
② 계몽적이고 교훈적인 성격을 갖는다.
③ 백성들의 생활과 밀접한 내용을 다루었다.
④ 명령형 어미만 사용하여 설득력을 강화한다.

22 윗글을 통해 작가가 백성들에게 궁극적으로 말하고자 하는 내용은?

① 노인에 대한 공경을 권한다.
② 상부상조하는 정신을 권한다.
③ 유교적 윤리와 도덕을 권한다.
④ 농업이 중심이 되는 사회를 권한다.

23 윗글의 표현상 특징으로 가장 적절한 것은?

① 의성어를 사용하고 있다.
② 대상을 빗대어 표현하고 있다.
③ 질문과 답을 주고받는 형식을 사용하였다.
④ 순우리말을 사용하여 백성들이 쉽게 이해할 수 있도록 하였다.

03 현대 소설

(1) 개념: 현실에서 있음 직한 일을 작가가 상상하여 꾸며 쓴 산문 문학

(2) 특징
  ① 허구성: 현실에 있음 직한 일을 상상력을 바탕으로 꾸며 냄
  ② 산문성: 운율에 구애받지 않고 줄글로 표현함
  ③ 진실성: 허구적인 내용을 통하여 인생의 참된 모습과 진실을 표현함
  ④ 서사성: 인물, 사건, 배경을 바탕으로 일정한 시간의 흐름에 따라 하나의 줄거리를
    만들어 냄
  ⑤ 예술성: 문체와 구성 등을 통해 예술적인 아름다움을 드러냄

(3) 소설의 3요소
  ① 주제: 작가가 전달하고자 하는 중심 생각으로, 주로 작가의 세계관·인생관을 반
    영함
  ② 구성: 주제를 효과적으로 구현하기 위해 소설 속의 여러 사건들을 인과 관계에 따
    라 배열한 이야기의 짜임새
  ③ 문체: 문장을 통해 드러나는 작가의 독특한 개성

＋ 소재
소재란 작가가 주제를 효과적으로 드러내기 위해 의도적으로 사용하는 글의 재료이다. 소재는 갈등을 유발하고 해소하거나, 인물의 심리나 상황을 제시하거나, 주제를 형상화하거나, 사건을 암시하는 등의 기능을 한다.

(4) 소설 구성의 3요소
  ① 인물
    • 개념: 소설 속에서 사건을 이끌어 가는 주체
    • 유형

중요도에 따른 분류	주요 인물	주인공 혹은 이야기를 이끌어 나가는 인물
	주변 인물	이야기의 진행을 도와주는 부수적 인물
역할에 따른 분류	주동 인물	주인공으로, 소설에서 주동적 역할을 하는 인물
	반동 인물	주인공과 대립하는 반대자·적대자
성격에 따른 분류	전형적 인물	어떤 특정 부류나 계층을 대표하는 인물
	개성적 인물	특정 부류나 계층에 속하지 않는 독자적 성격을 보여 주는 인물
성격 변화 여부에 따른 분류	평면적 인물	한 작품 속에서 처음부터 끝까지 성격의 변화가 없는 인물
	입체적 인물	사건의 진전에 따라 성격의 변화를 보이는 인물

- 인물 제시 방법

직접 제시 방법	작가(서술자)가 직접적으로 인물의 특색, 특성을 요약해서 설명하는 방법
간접 제시 방법	인물의 행동이나 버릇, 대화 등을 통해 인물의 성격을 짐작하도록 하는 방법

② **사건**: 일정한 배경을 두고 인물들이 벌이는 갈등과 행동 양상

③ **배경**
- **개념**: 사건이 일어나는 구체적인 시간과 장소
- **종류**

시간적 배경	어떤 행동이나 사건이 발생하는 시간
공간적 배경	어떤 행동이나 사건이 발생하는 장소
시대적 배경	사회의 현실이나 해당 시대의 역사적 상황

- **역할**
  - 작품에 현장감과 사실감을 부여함
  - 인물의 심리나 앞으로 일어나게 될 사건을 암시함
  - 작품의 전체적인 분위기를 조성하며 주제를 암시함

(5) 갈등

① **개념**: 인물의 내적인 갈등 혹은 인물 간에 어떤 정서나 의견이 서로 얽혀 있는 것으로, 사건 전개에 필연성을 부여함

② **종류**

내적 갈등		주인공 혹은 이야기를 이끌어 나가는 인물의 마음속에서 일어나는 갈등
외적 갈등	개념	인물과 그 인물을 둘러싼 외부 환경 사이에서 일어나는 갈등
	종류	• 개인과 개인: 인물과 인물 사이에 일어나는 갈등 • 개인과 사회: 개인이 살아가면서 겪는 사회 윤리나 제도와의 갈등 • 개인과 운명: 개인의 삶이 어쩔 수 없는 운명에 의하여 좌우되는 데서 오는 갈등

(6) 구성 단계

① **발단**: 인물과 배경 소개, 사건의 실마리 제시
② **전개**: 갈등 시작
③ **위기**: 갈등의 심화 및 긴장감 조성
④ **절정**: 갈등의 최고조, 갈등 해결의 실마리 제시
⑤ **결말**: 갈등 해소, 사건의 마무리

📖 **꼼꼼 단어 돋보기**

● **암시하다**
넌지시 알리다.

● **필연성**
일의 결과가 반드시 그렇게 될 수밖에 없는 요소나 성질

★(7) 시점

① 개념: 사건을 바라보는 서술자의 시각이나 관점

② 종류

서술자		서술자의 위치		특징
'나' 등장 (소설 속)	1인칭	주인공 (심리 ○)	1인칭 주인공 시점	• 나=주인공=서술자 • 주인공인 '나'가 자신의 이야기를 하는 방식
		부수적 (심리 ×)	1인칭 관찰자 시점	• 나=관찰자=서술자 • 보조 인물인 '나'가 주인공을 관찰하는 입장에서 이야기하는 방식
'나' 등장 × (소설 밖)	3인칭	전지적 (심리 ○)	전지적 작가 시점	• 서술자=신적인 존재 • 서술자가 신의 입장에서 인물의 말과 행동은 물론 심리 변화까지도 파악하여 이야기하는 방식
		관찰자 (심리 ×)	3인칭 관찰자 시점	• 서술자=관찰자 • 서술자가 관찰자의 입장에서 인물의 말과 행동을 관찰하여 이야기하는 방식

콕콕 개념 확인하기

1. 소설은 허구를 바탕으로 한 문학이다. (O, X)
2. 소설의 3요소는 '주제, 구성, 문체'이다. (O, X)
3. '간접 제시 방법'은 인물의 행동이나 버릇, 대화 등을 통해 인물의 성격을 제시한다. (O, X)
4. 외적 갈등은 한 인물의 마음속에서 일어나는 갈등이다. (O, X)
5. 전지적 작가 시점은 서술자가 항상 작품 속에 등장한다. (O, X)
6. 소설의 구성 3요소는 '인물, _____, 배경'이다.
7. _____적 인물은 어떤 특정 부류나 계층을 대표하는 인물이다.
8. 소설의 사건이 일어나는 구체적인 시간과 장소를 _____이라 한다.
9. 소설의 구성 단계는 '발단 – 전개 – 위기 – _____ – 결말'이다.
10. _____는 소설에서 이야기를 전달해 준다.

답 1. O 2. O 3. O 4. X 5. X 6. 사건 7. 전형 8. 배경 9. 절정 10. 서술자

탄탄 실력 다지기

운수 좋은 날   현진건

새침하게 흐린 품이 눈이 올 듯하더니, 눈은 아니 오고 얼다가 만 비가 추적추적 내리는 날
_{계절적 배경(작품 전반에 음산하고 불안한 분위기 형성, 비극적 사건 암시)}
이었다. 이날이야말로 동소문 안에서 ㉠인력거꾼 노릇을 하는 김 첨지에게는 오래간만에도 닥
친 운수 좋은 날이었다. 문안에(거기도 문밖은 아니지만) 들어간답시는 앞집 마마님을 전찻길
_{인력거의 벌이가 좋아서}   _{사대문 안}
까지 모셔다 드린 것을 비롯하여 행여나 손님이 있을까 하고 정류장에서 어정어정하며, 내리
는 사람 하나하나에게 거의 비는 듯한 눈결을 보내고 있다가, 마침내 교원인 듯한 양복쟁이를
_{손님을 간절하게 기다림}   _{운수 좋은 일이 연달아 일어남}
동광 학교까지 태워다 주기로 되었다.

첫 번에 삼십 전, 둘째 번에 오십 전—아침 댓바람에 그리 흉치 않은 일이었다. 그야말로 재
수가 옴 붙어서 근 열흘 동안 돈 구경도 못한 김 첨지는 십 전짜리 백통화 서 푼, 또는 다섯 푼
이 찰깍하고 손바닥에 떨어질 제 거의 눈물을 흘릴 만큼 기뻤었다. 더구나 이날 이때에 이 팔
십 전이라는 돈이 그에게 얼마나 유용한지 몰랐다. 컬컬한 목에 모주 한 잔도 적실 수 있거니
와, 그보다도 앓는 아내에게 ㉡설렁탕 한 그릇도 사다 줄 수 있음이다.
_{아내에 대한 사랑, 하층민의 궁핍한 삶}

[중략]

그의 아내가 기침으로 쿨룩거리기는 벌써 달포가 넘었다. 조밥도 굶기를 먹다시피 하는 형
편이니 물론 약 한 첩 써 본 일이 없다. 구태여 쓰려면 못 쓸 바도 아니로되, 그는 병이란 놈에
게 약을 주어 보내면 재미를 붙여서 자꾸 온다는 자기의 신조에 어디까지 충실하였다.
_{김 첨지의 고지식한 성격과 가난 때문에 생겨난 사고방식}
따라서 의사에게 보인 적이 없으니 무슨 병인지는 알 수 없으나, 반듯이 누워 가지고 일어나
기는 새로에 모로도 못 눕는 걸 보면 중증은 중증인 듯, 병이 이대도록 심해지기는 열흘 전에
_{옆으로}   _{이렇게까지}
조밥을 먹고 체한 때문이다. 그때도 김 첨지가 오래간만에 돈을 얻어서 ㉢좁쌀 한 되와 십 전
_{아내의 병세가 심해진 이유}
짜리 나무 한 단을 사다 주었더니, 김 첨지의 말에 의지하면, 그 오라질 년이 천방지축으로 냄
비에 대고 끓였다. 마음은 급하고 불길은 달지 않아, 채 익지도 않은 것을 그 오라질 년이 ㉣숟
가락은 고만두고 손으로 움켜서 두 뺨에 주먹 덩이 같은 혹이 불거지도록 누가 빼앗을 듯이 처
박질 하더니만 그날 저녁부터 가슴이 땅긴다, 배가 켕긴다고 눈을 홉뜨고 지랄병을 하였다.

중략 부분의 줄거리 김 첨지는 행운이 계속되자 불길한 예감이 들어 귀가를 망설인다. 선술집에서 친구 치삼이와 술을 마
시면서 김 첨지는 아내에 대한 불안감으로 횡설수설한다. 설렁탕을 사 들고 집으로 돌아온 김 첨지는 아내의 죽음을 확
인한다.

이러다가 누운 이의 흰창이 검은창을 덮은, 위로 치뜬 눈을 알아보자마자,
_{아내의 죽음을 확인함}
"이 눈깔! 이 눈깔! 왜 나를 바루 보지 못하고 천정만 바라보느냐, 응?"
_{비속어 사용}

📖 이해와 감상

이 작품은 1920년대 일제 강점기 하층민의 삶을 사실적으로 형상화한 작품이다. 운수 좋은 날이라고 생각했던 날에 아내가 죽으며, 제목의 반어적 의미가 드러난다.

📝 작품 정리

갈래 : 단편 소설, 사실주의 소설
성격 : 현실적, 풍자적
배경 : 일제 강점기, 서울
시점 : 전지적 작가 시점
주제 : 일제 강점기 하층민의 비참한 삶
특징
• 비속어를 사실적으로 구사하여 구체성과 현실감을 확보함
• 일제 강점기의 고통받는 하층민의 삶을 사실적으로 드러냄
• 극적인 반전(상황적 반어)을 통해 작품의 비극성을 극대화함
• '비 오는 날'이라는 배경을 통해 작품 전체의 분위기를 형성하고, 비극적 결말을 드러냄

🔍 꼼꼼 단어 돋보기

● **첨지**
나이 많은 남자를 낮잡아 이르는 말

● **댓바람**
아주 이른 시간

● **백통화**
구리, 아연, 니켈의 합금인 백통으로 만든 돈

● **모주**
술을 거르고 남은 찌꺼기에 물을 타서 뿌옇게 걸러 낸 탁주

● **달포**
한 달이 조금 넘는 기간

하는 말끝엔 목이 메었다. 그러자 산 사람의 눈에서 떨어진 닭똥 같은 눈물이 죽은 이의 뻣뻣한 얼굴을 •어룽어룽 적시었다. 문득 김 첨지는 미친 듯이 제 얼굴을 죽은 이의 얼굴에 비비대며 중얼거렸다.

아내의 죽음에서 오는 안타까움, 연민과 자책

"설렁탕을 사다 놓았는데 왜 먹지를 못하니? 왜 먹지를 못하니……? 괴상하게도 오늘은 운수가 좋더니만……."

돈을 많이 번 운수 좋은 날이 아내가 죽은 비통한 날이 된 반어적 상황(비극성 심화)

👀 한눈에 콕콕

○ 당시의 사회상을 나타내는 단어

인력거꾼, 첨지, 전찻길, 동광 학교, 전

○ '운수 좋은 날'의 반어적 의미

표면적	인력거 손님이 많아 돈을 많이 번 날	→ 표면적 의미와 내면적 의미의 괴리가 하층민의 비극적 삶과 결말의 비극성을 더욱 부각시킴
내면적	가난 때문에 아내가 죽은 날	

○ 등장인물

김 첨지	가난한 인력거꾼으로, 선량한 하층민을 대표하는 인물
아내	김 첨지의 병든 아내로, 굶주린 채 죽음을 맞이함
치삼이	김 첨지의 친구로, 김 첨지의 처지를 이해하고 위로함

🔍 꼼꼼 단어 돋보기

● 어룽어룽
눈물이 그득하여 넘칠 듯한 모양

01 윗글에 대한 설명으로 적절하지 <u>않은</u> 것은?

① 배경이 되는 날씨가 우울한 분위기를 형성한다.
② 인물 간의 대화를 중심으로 이야기가 전개된다.
③ 가난한 인력거꾼의 생활상이 사실적으로 드러난다.
④ 비속어를 사용하여 인물의 감정을 현실감 있게 보여 준다.

02 ㉠~㉣ 중, 당시의 시대적 배경이 드러나는 소재는?

① ㉠   ② ㉡   ③ ㉢   ④ ㉣

주목
03 윗글의 내용과 일치하는 것은?

① 김 첨지는 아내에게 약을 써 보았으나 차도가 없었다.
② 김 첨지는 인력거꾼을 하며 매일 적게나마 돈을 벌었다.
③ 김 첨지의 아내는 익지 않은 조밥을 먹고 병이 심해졌다.
④ 김 첨지는 인력거에 손님 두 명을 태워 오십 전을 벌었다.

이해와 감상

이 작품은 강원도 산골 마을을 배경으로 순박한 소년과 소녀의 사랑을 그려 내고 있다.

앞부분의 줄거리 '나'는 나무를 하러 가기 위해 집을 나서려다가, 점순이가 '나'의 집 수탉과 점순이네 수탉을 두고 닭싸움을 붙이고 있는 것을 본다. 놀란 '나'는 황급히 가서 닭들을 떼어 놓는다. '나'는 요즘 점순이가 자꾸 '나'를 괴롭히는 이유를 알지 못한다.

나흘 전 감자 쪼간만 하더라도 나는 저에게 조금도 잘못한 것은 없다. 계집애가 나물을 캐러
　　　　　　과거(역순행적 구성)　　　　　　　　　　　'나'가 점순이의 마음을 알아채지 못함
가면 갔지 남 울타리 엮는 데 쌩이질을 하는 것은 다 뭐냐. 그것도 발소리를 죽여 가지고 등 뒤로 살며시 와서

　"얘! 너 혼자만 일하니?"

하고 긴치 않은 수작을 하는 것이다. 어제까지도 저와 나는 이야기도 잘 않고 서로 만나도 본
　　'나'에게 관심을 보이는 점순이의 태도
척만척하고 이렇게 점잖게 지내던 터이련만 오늘로 갑작스레 대견해졌음은 웬일인가. 황차 망아지만 한 계집애가 남 일하는 놈 보고…….

　"그럼 혼자 하지 떼루 하디?"
　　무뚝뚝하고 퉁명스러운 '나'의 태도
내가 이렇게 내배알는 소리를 하니까

　"너 일하기 좋니?"

　또는

　"한여름이나 되거든 하지 벌써 울타리를 하니?"

잔소리를 두루 늘어놓다가 남이 들을까 봐 손으로 입을 틀어막고는 그 속에서 깔깔댄다. 별로 우스울 것도 없는데 날씨가 풀리더니 이놈의 계집애가 미쳤나 하고 의심하였다.
　　　　　　　　　　　　　　　점순이의 마음을 모르는 '나'의 순진함
　게다가 조금 뒤에는 즈 집께를 할금할금 돌아다보더니 행주치마의 속으로 꼈던 바른손을 뽑아서 나의 턱 밑으로 불쑥 내미는 것이다. 언제 구웠는지 아직도 더운 김이 홱 끼치는 굵은 감자 세 개가 손에 뿌듯이 쥐였다.
'나'를 향한 점순이의 마음
　"느 집엔 이거 없지?"
　'나'의 자존심을 상하게 하는 말
하고 생색 있는 큰소리를 하고는 제가 준 것을 남이 알면은 큰일 날 테니 여기서 얼른 먹어 버리란다. 그리고 또 하는 소리가

　"너 봄 감자가 맛있단다."

　"난 감자 안 먹는다, 니나 먹어라."
　　'나'가 점순이의 호의를 거절함(갈등 시작)
나는 고개도 돌리지 않고 일하던 손으로 그 감자를 도로 어깨 너머로 쑥 밀어 버렸다.

[중략]

　눈물을 흘리고 간 그담 날 저녁나절이었다. 나무를 한 짐 잔뜩 지고 산을 내려오려니까 어디서 닭이 죽는 소리를 친다. 이거 뉘 집에서 닭을 잡나 하고 점순네 울 뒤로 돌아오다가 나는 고만 두 눈이 뚱그레졌다. 점순이가 즈 집 봉당에 홀로 걸터앉았는데, 아 이게 치마 앞에다 우리 씨암탉을 꼭 붙들어 놓고는

　"이놈의 닭! 죽어라, 죽어라."
　　자신의 마음을 몰라주는 '나'에 대한 원망

작품 정리

갈래: 단편 소설
성격: 서정적, 향토적, 해학적
배경: 1930년대 봄, 강원도 산골 마을
시점: 1인칭 주인공 시점
주제: 산골 마을 남녀의 순박한 사랑
특징
- '닭싸움'을 중심으로 한 사건의 흐름을 역순행적 구성으로 표현함
- 순박하고 어수룩한 '나'를 서술자로 설정하여 해학성을 높임
- 산골 마을을 배경으로 서정적이고 향토적인 분위기를 드러냄
- 비속어와 사투리를 사용하여 토속적인 분위기를 형성함

꼼꼼 단어 돋보기

● 쪼간
어떤 사건

● 쌩이질
한창 바쁠 때에 쓸데없는 일로 남을 귀찮게 구는 짓

● 긴치 않은
꼭 필요하지 않은

● 황차
하물며

● 봉당
안방과 건넌방 사이의 마루를 놓을 자리에 마루를 놓지 않고 흙바닥 그대로 둔 곳

요렇게 ●암팡스레 패 주는 것이 아닌가. 그것도 대가리나 치면 모른다마는 아주 알도 못 낳으라고 그 볼기짝께를 주먹으로 콕콕 쥐어박는 것이다. 나는 눈에 쌍심지가 오르고 사지가 부르르 떨렸으나 <u>사방을 한 번 휘돌아보고야 그제서 점순이 집에 아무도 없음을 알았다.</u> 잡은 참

<small>◆마름과 ◆소작인이라는 관계 때문에 '나'가 주변의 눈치를 살피고 있음</small>

지게막대기를 들어 울타리의 중턱을 후려치며

"이놈의 계집애! 남의 닭 알 못 낳으라구 그러니?"

<small>비속어를 사용(생동감)</small>

하고 소리를 빽 질렀다. 그러나 점순이는 조금도 놀라는 기색이 없고 그대로 의젓이 앉아서 제 닭 가지고 하듯이 또 죽어라, 죽어라 하고 패는 것이다.

<u>이걸 보면 내가 산에서 내려올 때를 겨냥해 가지고 미리부터 닭을 잡아 가지고 있다가 너 보란 듯이 내 앞에 쥐지르고 있음이 확실하다.</u>

<small>자신의 관심을 끌기 위한 점순이의 계획적 행동을 눈치채지 못하는 '나'의 순진함</small>

중략 부분의 줄거리 점순이가 닭싸움을 붙이며 '나'의 수탉을 괴롭히자, '나'는 수탉에게 고추장 물을 먹여 닭싸움을 시키지만 점순이네 닭에게 진다. 점순이가 '나'가 없는 사이 또다시 닭싸움을 시키고, 그 모습을 본 '나'는 점순이네 닭을 때려 죽인다.

나는 비슬비슬 일어나며 소맷자락으로 눈을 가리고는 얼김에 엉하고 울음을 놓았다. 그러다

<small>점순이네의 미움을 사서 땅을 빼앗기고 집에서도 쫓겨날까 봐 두려웠기 때문에</small>

점순이가 앞으로 다가와서

"그럼, 너 이담부턴 안 그럴 테냐?"

<small>내 호의를 거절하지 않을 테냐?</small>

하고 물을 때에야 비로소 살길을 찾은 듯싶었다. 나는 눈물을 우선 씻고 뭘 안 그러는지 명색도 모르건만

"그래!"

하고 무턱대고 대답하였다.

"요담부터 또 그래 봐라, 내 자꾸 못살게 굴 테니."

"그래그래, 인젠 안 그럴 테야!"

<small>'나'는 점순이가 한 말의 의미를 이해하지 못함</small>

"닭 죽은 건 염려 마라. 내 안 이를 테니."

<small>'나'와 점순이의 화해를 암시</small>

그리고 뭣에 떠다밀렸는지 나의 어깨를 짚은 채 그대로 픽 쓰러진다. 그 바람에 나의 몸뚱이

<small>점순이의 적극적인 애정 표현('나'는 눈치채지 못함)</small>

도 겹쳐서 쓰러지며 한창 피어 퍼드러진 노란 동백꽃 속으로 폭 파묻혀 버렸다.

㉠<u>알싸한 그리고 향긋한 그 냄새에 나는 땅이 꺼지는 듯이 온 정신이 고만 아찔하였다.</u>

<small>감각적 표현(낭만적 분위기 조성), 점순이에 대한 '나'의 미묘한 감정 변화를 드러냄</small>

👀 한눈에 콕콕

◑ 갈등 양상

원인	점순이가 '나'에게 호감이 있어 건넨 감자를 '나'가 받지 않고 거절함

↓

진행	점순이가 '나'의 닭을 괴롭히는 모습을 본 '나'가 점순이네 닭을 때려 죽임

↓

해결	점순이는 '나'가 닭 죽인 사실을 이르지 않겠다고 하고, '나'와 동백꽃 속으로 쓰러짐

🔍 꼼꼼 단어 돋보기

● **암팡스레**
몸은 작아도 야무지고 다부진 면이 있게

● **마름**
지주를 대리하여 소작권을 관리하는 사람

● **소작인**
다른 사람의 농지를 빌려 농사를 짓고 그 대가로 사용료를 지급하는 사람

감자	• '나'에 대한 점순이의 마음이 담긴 소재 • '나'와 점순이의 갈등이 시작되는 원인이 되는 소재
닭싸움	• '나'와 점순이의 갈등이 심화되는 매개체 • 갈등 해소의 실마리가 되는 소재
동백꽃	• 작품의 서정성을 높이는 소재 • 산골 마을 남녀의 순박한 사랑이라는 작품의 주제를 극적으로 부각하는 소재

04 윗글에 대한 설명으로 적절하지 <u>않은</u> 것은?

① 시간적 순서가 역전되어 있다.
② 산골 농촌 마을이 공간적 배경이다.
③ 인물 간의 미묘한 감정을 다루고 있다.
④ 객관적인 시선으로 사건을 전달하고 있다.

주목
05 '감자'에 담긴 의미로 가장 적절한 것은?

① '나'에 대한 점순이의 관심
② '나'가 지니고 있는 자존심
③ 점순이와 '나'의 사회적 차이
④ 점순이와 '나'의 어려운 생활 환경

06 ㉠에 대한 설명으로 적절하지 <u>않은</u> 것은?

① 이 소설의 주제와 연관되어 있다.
② 인물의 내적 갈등이 깊어지고 있다.
③ '나'의 심정을 간접적으로 표현하고 있다.
④ 후각적 심상을 감각적으로 활용하고 있다.

정답   정답과 해설 **7**쪽

04 ④   05 ①   06 ②

사랑손님과 어머니　주요섭

가 아저씨가 사랑방에 와 계신 지 벌써 여러 밤을 잔 뒤입니다. 아마 한 달이나 되었지요. 나는 거의 매일 아저씨 방에 놀러 갔습니다. 어머니는 나더러 그렇게 가서 귀찮게 굴면 못쓴다고
아저씨와 친해짐
가끔 꾸지람을 하시지만, 정말인즉 나는 조금도 아저씨에게 귀찮게 굴지는 않았습니다. 도리어 아저씨가 나에게 귀찮게 굴었지요.
아저씨가 어머니에 대한 질문을 많이 했기 때문에
"옥희 눈은 아버지를 닮았다. 고 고운 코는 아마 어머니를 닮았지, 고 입하고! 응, 그러냐,

안 그러냐? 어머니도 옥희처럼 곱지, 응? ……."
어머니에 대한 아저씨의 관심 ①
이렇게 여러 가지로 물을 적도 있었습니다. 그래서 나는

"아저씨, •입때 우리 엄마 못 봤어요?"

하고 물었더니, 아저씨는 잠잠합니다. 그래 나는

"우리 엄마 보러 들어갈까?"
아이다운 순진함(아저씨의 심리를 모름)
하면서 아저씨 소매를 잡아당겼더니, 아저씨는 펄쩍 뛰면서,
　　　　　　　　　　　　　　　　　　　당황함
"아니, 아니, 안 돼. 난 지금 •분주해서."
아저씨의 소극적 성격
하면서 나를 잡아끌었습니다. 그러나 정말로는 무슨 그리 분주하지도 않은 모양이었어요. 그러기에 나더러 가란 말도 않고, 그냥 나를 붙들고 앉아서 머리도 쓰다듬어 주고 뺨에 입도 맞추고 하면서,

"요 저고리 누가 해 주지? …… 밤에 엄마하고 한자리에서 자니?"
어머니에 대한 아저씨의 관심 ②
하는 등 쓸데없는 말을 자꾸만 물었지요!
어린아이인 서술자의 한계
　그러나 웬일인지 나를 그렇게도 귀애(貴愛)해 주던 아저씨도, 아랫방에 외삼촌이 들어오면
　　　　　　　　　　　　　　　　　　　　　　　외삼촌에게 자신의 마음을 들킬까 봐 조심함
갑자기 태도가 달라지지요. 이것저것 묻지도 않고 나를 꼭 껴안지도 않고, 점잖게 앉아서 그림책이나 보여 주고 그러지요. 아마 아저씨가 우리 외삼촌을 무서워하나 봐요.
어른들의 심리를 알지 못함(어린아이인 서술자의 한계)

나 어떤 일요일 날, 그렇지요, 그것은 유치원 방학(放學)하고 난 그 이튿날이었어요. 그날 어머니는 갑자기 머리가 아프시다고 예배당을 그만두었습니다. 사랑에서는 아저씨도 어디 나
　　　　　　　　　　　아저씨를 사랑하는 마음으로 인한 심리적 갈등 때문에
가고 외삼촌도 나가고 집에는 어머니와 나와 단둘이 있었는데, 머리가 아프다고 누워 계시던 어머니가 갑자기 나를 부르시더니,

"옥희야, 너 아빠가 보고 싶니?"

하고 물으십니다.

"응, 우리도 아빠 하나 있으면."
아버지라는 존재를 그리워하는 옥희
　나는 혀를 까불고 어리광을 좀 부려 가면서 대답을 했습니다. 한참 동안을 어머니는 아무 말씀도 아니 하시고 천장만 바라보시더니,
옥희를 이해시키기 위해 생각을 정리하는 어머니
"옥희야, 옥희 아버지는 옥희가 세상에 나오기도 전에 돌아가셨단다. 옥희도 아빠가 없는 건 아니지. 그저 일찍 돌아가셨지. 옥희가 이제 아버지를 새로 또 가지면 세상이 욕을 한다.
어머니가 사랑을 포기하는 이유 ① 여성의 재혼을 좋지 않게 보는 봉건적 사회 분위기

📖 이해와 감상

이 작품은 사랑과 보수적 윤리관 사이에서 갈등하는 어머니와 사랑손님의 이야기를 어린아이인 옥희의 눈을 통해 묘사하고 있다.

📝 작품 정리

갈래 : 단편 소설
성격 : 서정적, 낭만적
배경 : 1930년대, 시골의 작은 마을
시점 : 1인칭 관찰자 시점
주제 : 사랑과 보수적 윤리관 사이에서 갈등하는 어머니와 사랑손님의 사랑과 이별

특징
· 시간의 흐름에 따라 이야기가 전개됨
· 어린아이를 서술자로 내세워 친밀감을 주고 사랑손님과 어머니의 사랑을 아름답게 승화시킴

🔍 꼼꼼 단어 돋보기

● 입때
지금까지, 또는 아직까지

● 분주하다
이리저리 바쁘고 수선스럽다.

옥희는 아직 철이 없어서 모르지만 세상이 욕을 한단다. 사람들이 욕을 해. '옥희 어머니는 화냥년이다.' 이러고 세상이 욕을 해. '옥희 아버지는 죽었는데 옥희는 아버지가 또 하나 생겼대. 참 *망측도 하지.' 이러고 세상이 욕을 한단다. 그리되면 옥희는 언제나 손가락질 받고. 옥희는 커도 시집도 훌륭한 데 못 가고, 옥희가 공부를 해서 훌륭하게 돼도, '에, 그까짓 화냥년의 딸.'이라고 남들이 욕을 한단다."

어머니가 사랑을 포기하는 이유 ② 옥희의 장래에 대한 염려

이렇게 어머니는 혼잣말하시듯 드문드문 말씀하셨습니다.

🔭 한눈에 쏙쏙

◎ 어린아이의 관점에서 내용을 전달하는 것의 효과와 한계

효과	• 상황을 제대로 이해하지 못하는 어린아이의 천진난만한 말투가 독자의 웃음을 자아냄 • 자칫 통속적일 수 있는 어른들의 사랑 이야기를 순수하고 아름답게 느껴지게 함 • 서술자가 어려서 알 수 없는 내용을 독자가 상상하며 읽는 즐거움을 줌
한계	• 서술자의 눈에 비친 세계만을 다룰 수 있음 • 서술의 폭이 제한되며, 등장인물의 심리를 직접적으로 알 수 없음 • 상황을 제대로 파악하지 못한 채로 사건과 인물의 심리를 전달함

◎ 전체 작품에 등장하는 소재의 의미

달걀	• '나'가 '아저씨'와 친해지는 계기가 됨 • '아저씨'에 대한 '어머니'의 관심과 애정을 나타냄
풍금	• '아버지'에 대한 '어머니'의 그리움을 드러냄 • '아저씨'에 대한 '어머니'의 심리적 갈등을 표현함
꽃	'아저씨'에 대한 '어머니'의 사랑을 나타냄
하얀 종이	'어머니'에 대한 '아저씨'의 사랑을 나타냄
하얀 손수건	• '아저씨'의 마음을 거절하는 '어머니'의 결심이 담김 • '아저씨'와 '어머니'의 이별을 상징함

◎ '어머니'의 말에 담긴 당시의 시대상

여성의 재혼을 좋지 않게 보는 전통적·봉건적·유교적 사회 분위기

🔍 꼼꼼 단어 돋보기

● 망측하다
정상적인 상태에서 어그러져 어이가 없거나 차마 보기가 어렵다.

07 윗글에 대한 설명으로 적절하지 <u>않은</u> 것은?

① 현대 소설이자 단편 소설이다.

② 1930년대를 배경으로 하고 있다.

③ 3인칭 관찰자 시점에서 서술되었다.

④ 어머니와 사랑손님의 사랑을 다루고 있다.

08 **가**에서 옥희와 아저씨의 대화를 통해 작가가 전달하고자 하는 것은?

① 어머니에 대한 아저씨의 관심

② 세상을 떠난 친구에 대한 그리움

③ 외딴곳에서 생활하는 아저씨의 무료함

④ 어린아이를 잘 돌보는 아저씨의 자상한 성격

09 **나**의 내용으로 볼 때 옥희의 어머니가 아저씨의 사랑을 거절한 이유로 가장 적절한 것은?

① 옥희의 장래가 염려되었기 때문에

② 일찍 세상을 떠난 옥희 아버지가 가여웠기 때문에

③ 아저씨의 마음이 진심이 아니라고 생각했기 때문에

④ 아저씨가 세상 사람들에게 욕을 들을 것이 두려웠기 때문에

정답   정답과 해설 **7**쪽

07 ③   08 ①   09 ①

길모퉁이에서 만난 사람　　양귀자

「북한산 자락에 둘러싸여서 사시사철 웅장한 자연의 작품을 감상하며 살 수 있는 우리 동네
「 」: '나'가 살고 있는 동네의 특징
에 오면 예술인들을 많이 만날 수 있다. 우선은 미술관이 두 개나 있어서 •자연 화가들이 자주
모이고 그림을 좋아하는 미술 •애호가들의 발길도 잦다.」

[중략]

　내가 하고자 하는 '예술가' 이야기는 지금부터가 시작이다. 나는 내게 감동을 준 두 명의 예
술가들에 관해 말하려고 여태까지 긴 서두를 펼치고 있었던 셈이다. 이 두 명의 예술가들이 만
　　　　　　　　'나'가 소개하려는 대상
드는 작품은 어떤 것이고, 또 그들은 어떤 생활을 하고 있는지에 대해서는 지금부터의 이야기
가 말해 줄 것이다. 그 전에 한 가지 미리 말해 두는 바이지만, 이 두 사람의 예술가들을 보고
싶다면 언제라도 우리 동네에 오면 된다. 그들은 이 동네의 한가운데에서 매일같이 성실하고
끈질기게 자신의 진지한 '예술'에 몰두해 있으니까.

우선 그 첫 번째 예술가

「그이는 늘 흰 가운을 입고 있다. 그리고 여자이다. 이렇게 말하면 여류 조각가를 상상할지
「 」: 첫 번째 예술가의 특징을 열거(독자의 호기심 유발)
도 모르겠다. 아니, 그 짐작이 맞을지도 모른다. 그이가 빚어내는 작품도 일종의 조각이라면
조각일 수도 있다.」

　그이는 매일 아침 9시에 일터로 나와서 다시 저녁 9시가 되면 가운을 벗고 집으로 돌아간
다. 일터에서의 그이는 다소 무뚝뚝하고 뻣뻣하다. 남하고 싱거운 소리를 나누는 일도 거의 없
다. 잘 웃지도 않는다. 오히려 늘 화를 내고 있는 것처럼 보이기도 한다.

　그런 얼굴로 그이는 늘 일을 하고 있다. 그이가 만드는 작품은 불티나게 팔리고 있으므로 하
기야 쉴 틈도 많지 않다. 묵묵히 일만 하고 있는 그이를 우리는 '김밥 아줌마'라고 부른다. 따
라서 그이가 만드는 작품은 자연히 김밥이라는 이름을 가지고 있다.「하지만 그이의 김밥은 보
　　　　　　　　　　　　　　　　　　　　　　　　　「 」: '나'의 맛 평가
통의 김밥과는 아주 다르다. 언제 먹어도 그이만이 낼 수 있는 담백하고 구수한 맛이 사람을
끌어당긴다. 그이의 김밥은 절대 맛을 속이지 않는다.」

　김밥 아줌마는 작품을 만들 때 사람들이 보고 있으면 막 화를 낸다. 누군가 쳐다보면 마음이
흔들려서 실패작만 나온다는 것이다. 김밥을 말고 있을 때는 누가 무슨 말을 해도 들은 척을
하지 않는다. 한 번 더 말을 시키면 여지없이 성질을 내며 일손을 놓아 버린다. 그이는 파는
　　　　김밥 만드는 일에만 집중함
일엔 전혀 관심이 없고 오직 김밥을 만드는 그 행위에만 몰두해 있는 사람처럼 보인다.

　언젠가 나도 무심히 김밥 마는 것을 구경하고 있다가 당했다. 쳐다보고 있으니까 김밥 옆구
리가 터지는 실수를 다 한다고 신경질을 내는 그이가 무서워서 주문한 김밥을 싸는 동안 멀찌
감치 떨어져 있었다. 그러나 집에 돌아와서 먹어 본 김밥은 그이에게 당한 것쯤이야 까맣게 잊
어버리고도 남을 만큼 그 맛이 환상적이었다. 그 김밥은 돈 몇 푼의 이익을 위해 말아진 그런
　　　　　　　　　　　　경제적 이익보다 김밥 만드는 것 자체를 중요하게 생각하고 최선을 다해 김밥을 만듦
김밥이 아니었다. 나는 그래서 그이의 김밥을 서슴지 않고 '작품'이라 부른다.

이해와 감상
이 작품은 주변에서 만날 수 있는 평범한 이웃들을 따뜻한 시선으로 그려 내고 있다.

작품 정리
갈래: 단편 소설
배경: 현대, 어느 동네
주제: 평범한 이웃들의 삶에 관한 성찰
특징
· 서술자의 관찰과 묘사로 인물의 성격과 특성을 드러냄
· 이웃을 바라보는 서술자의 따뜻한 시선이 잘 드러남
· 등장인물 사이에 뚜렷한 갈등이 나타나지 않음

꼼꼼 단어 돋보기
● 자연
자연히. 사람의 의도적인 행위 없이 저절로
● 애호가
어떤 사물을 사랑하고 좋아하는 사람

그 두 번째 예술가

그는 이제 막 오십 고개를 넘은 남자이다. 하루도 빠짐없이 머리에 얹어 놓고 있는 •빵떡모자와 아직은 듬직한 몸체, 그리고 늘 웃는 얼굴의 그이는「일 년 열두 달 거의 빠짐없이 하루에
　　　　　　　　　　　　　　　　　　　　　　　　　　　　　「　」: 성실함
두 차례씩 내가 사는 연립 주택의 마당에 나타난다. 자식들의 결혼 날이거나 아니면 길이 꽁꽁 얼어붙어 오르막인 이곳까지 트럭이 못 올라오는 한겨울 며칠을 제외하면 오전 10시 무렵과 오후 4시경에는 어김없이 주홍 •휘장을 두른 그의 트럭을 볼 수가 있다.」

[중략]

「그에게는 자신의 트럭 안에 있는 온갖 야채와 과일이 국내 최고라는 자신이 차고도 넘친다.
　「　」: 빵떡모자 아저씨는 자신이 파는 물건에 자부심을 가지고 장사를 함
최고의 품질만을 고집하고 있다는 장사에 대한 그의 •소신은 실제에 있어서도 과히 틀린 바는 없다.」

ⓒ그는 오이 하나를 사는 손님일지라도 이 오이의 산지는 어디이고 도매가격은 또 얼마나
　　　　　　　　　　자신이 파는 물건에 관한 정보를 손님에게 자세히 설명함
높은 최상품인가를 일일이 설명하느라고 늘 입이 쉴 새가 없다.

그뿐이 아니다. 지난번에 사 간 그 고구마가 과연 꿀맛이었는지, 엊그제 사 간 배추로 담근 김치가 연하고 •사근사근한지도 고객들한테 끊임없이 확인한다. ⓛ그런 과정에서 행여 고객의 불만이 포착되기라도 하면 그는 아예 장사고 뭐고 없이 그것의 •규명에만 매달린다. 그 고구마 가 달지 않은 것은 삶는 방법에 문제가 있었는지 아니면 그런 고구마를 도매 시장에서 떼 온 자신의 안목이 모자라서였는지를 속 시원하게 판가름하지 않으면 직성이 안 풀리는 사람이 바 로 주홍 트럭의 주인인 빵떡모자 아저씨인 것이다.

[중략]

「"이 마늘 보세요. 어느 한 군데도 흠이 없잖아요. 요렇게 불그스름하고 중간짜리가 상품이지
　「　」: 빵떡모자 아저씨의 강한 자신감과 자존심을 엿볼 수 있음
요. 그리고 요 반듯반듯하게 패인 줄을 보세요. 이런 것은 까개면 어김없이 여덟 쪽이지요.
　　　　　　　빵떡모자 아저씨는 채소나 과일과 관련하여 해박한 지식을 가지고 있음
이보다 더 좋은 마늘 파는 사람 있으면 어디 나와 보라고 하세요. 정말이에요. 그런 사람이
　　　　　　　　　　　　　　　　　　　　　　　　　品질이 더 좋은 물건을 파는 사람
나 말고 또 있다면, 만약 그렇다면 나 그날로 이 장사 집어치울 거예요. 아니, 정말 그렇게 한다니까요."」

내가 보기에는 만약 그런 사람이 나타나면 장사를 집어치우는 것으로 끝낼 그가 결코 아니 다. 아마 그 이상의 불행한 일이 일어날지도 모른다. 세상에서 예술가들만큼 자존심이 센 사람 은 없으니까. 그리고 최고의 가치만을 추구하는 주홍 트럭의 그는 분명 예술가임이 틀림없으
　　　　　　　　　　빵떡모자 아저씨는 자신이 파는 물건이 최고라는 자부심을 지니고 있기 때문
니까.

🔍 **꼼꼼 단어 돋보기**

● 빵떡모자
차양이 없이 동글납작하게 생긴 모자

● 휘장
넓은 천을 여러 폭으로 이어서 주 위를 빙 둘러치는 막

● 소신
굳게 믿고 있는 바. 또는 생각하 는 바

● 사근사근하다
사과나 배 따위를 씹는 것과 같이 매우 보드랍고 연하다.

● 규명
어떤 사실을 자세히 따져서 바로 밝힘

○ 인물의 특징

김밥 아줌마	• 맛이 환상적인 김밥을 만듦 • 주변을 신경 쓰지 않고 오직 김밥을 만드는 행위에만 몰두함	➡	경제적 이익보다 작품을 만드는 것 자체를 중요하게 생각하고 최선을 다함
빵떡모자 아저씨	• 최고의 품질만을 고집함 • 자신보다 좋은 물건을 파는 사람이 있으면 장사를 그만두겠다고 말함	➡	자신의 작품에 자부심이 있고 예술가적인 고집과 자존심이 있음

○ 등장인물에 대한 서술자의 태도

• 김밥 아줌마의 김밥을 '작품'이라고 부름 • 빵떡모자 아저씨를 최고의 가치를 추구하는 예술가라고 함	➡	• 우호적 • 긍정적 • 예찬적

10 윗글에 대한 설명으로 적절하지 <u>않은</u> 것은?

① 뚜렷한 갈등 없이 사건이 전개된다.
② 서술자가 인물을 관찰한 내용을 전달한다.
③ 인물에 대한 서술자의 따뜻한 시선이 드러난다.
④ 대조적인 인물을 제시하여 주제 의식을 강조한다.

11 다음 빈칸에 들어갈 답변으로 적절하지 <u>않은</u> 것은?

> 기자: 김밥 아줌마의 김밥을 '작품'이라고 부르는 까닭은 무엇인가요?
> 나: [   ]

① 좋은 재료만 넣어서 만들었기 때문입니다.
② 김밥 만드는 일에만 집중하여 만들었기 때문입니다.
③ 예술가가 작품을 만드는 것처럼 정성을 쏟아 만들었기 때문입니다.
④ 돈 몇 푼의 이익을 얻기 위한 목적으로 대충 만든 김밥이 아니기 때문입니다.

12 ㉠과 ㉡을 통해 알 수 있는 빵떡모자 아저씨의 심리로 가장 적절한 것은?

① 내가 파는 물건은 매우 저렴하다.
② 내가 파는 물건은 최고의 물건이다.
③ 손님들과 사적으로 친밀하게 지내고 싶다.
④ 좋은 물건을 파는 사람이 많아지면 좋겠다.

정답	정답과 해설 **7쪽**
10 ④ 11 ① 12 ②	

기억 속의 들꽃 윤흥길

먼저, 쫓기는 사람들의 무리가 드문드문 마을에 나타나기 시작했다. 그리고 곧이어 <u>포성</u>이
울렸다. 돌산을 뚫느라고 멀리서 터뜨리는 <u>남포의 소리처럼 은은한 포성이 울릴 때마다 집 안
의 기둥이나 서까래가 울고 흙벽이 떨었다. 포성과 포성의 사이사이를 뚫고 <u>피란민</u>의 행렬이
줄지어 밀어닥쳤고, 마을에서 잠시 머물며 <u>노독을 푸는 동안에</u> 그들은 옷가지나 금붙이 따위
물건을 식량하고 바꾸었다. 바꿀 만한 물건이 없는 사람들은 동냥을 하거나 훔치기도 했다.

: 시대적 배경을 알 수 있는 단어
전쟁으로 식량이 귀해짐

[중략]

"아가, 너 요런 것 어디서 났냐?"

옷고름의 실밥을 뜯어 그 속에 얼른 금반지를 넣고 <u>웅숭깊은</u> 저 밑바닥까지 확실히 닿도록
두어 번 흔들고 나서 어머니는 서울 아이한테 물었다. 놀랍게도 <u>어머니의 목소리는 서울 아이
의 그것보다 훨씬 더 간드러지게 들렸다.</u>
사건 전개의 중심 소재. '녀석'이 어른들의 환심을 사는 생존 수단
어머니의 성격(간사함)

"땅바닥에서 주웠어요. 숙부네가 떠난 담에 그 자리에 가 봤더니 글쎄 요게 떨어져 있잖아
요."
금반지가 더 있음을 들키지 않으려는 명선이의 거짓말

녀석이 이젠 아주 의기양양한 태도로 당당하게 대답했다. 그 말을 어머니는 별로 귀담아듣
는 기색이 아니었다. <u>어머니는 연신 싱글벙글 웃어 가며 녀석의 잔등을 요란스레 토닥거리고
쓰다듬어 주는 것이었다.</u>
어머니가 금반지를 매우 좋아하는 것을 알기 때문에
어머니의 태도 변화(어머니의 탐욕스러운 성격이 드러남)

"아가, 요 담번에 또 요런 것 생기거들랑 다른 누구 말고 꼬옥 이 아줌니한테 가져와야 된
다. 알었냐?"

"네, 꼭 그렇게 하겠어요."

다음에 다시 금반지를 줍기로 무슨 예정이라도 되어 있는 듯이 녀석의 입에서는 대답이 무
척 시원스럽게 나왔다.
'녀석'이 금반지를 더 가지고 있음을 암시함

「어서어서 방 안으로 들어가자. 에린것이 천 리 타관서 부모 잃고 식구 놓치고 얼매나 배고
푸고 속이 짜겄냐.」
「」:금반지를 받은 어머니의 태도 변화

이런 곡절 끝에 명선이는 우리 집에서 살게 되었다. 마지막으로 마을에 남게 된 유일한 피란
민이었다.
'녀석'의 이름

[중략]

갈수록 밥 얻어먹는 설움이 심해지자, 하루는 또 명선이가 금반지 하나를 슬그머니 내밀어
왔다. 먼젓번 것보다 약간 굵어 보였다. 찬찬히 살피고 나더니 어머니는 한 돈 하고도 반짜리
라고 조심스럽게 감정을 내렸다.
밥을 얻어먹는 대가를 치르기 위해 금반지를 하나 더 내놓음

"길에서 주웠다니까요."

어머니의 다그침에 명선이는 천연덕스럽게 대꾸했다.
금반지의 출처를 알고자 함

「거참 요상도 허다. 따른 사람은 눈을 까뒤집어도 안 뵈는 <u>노다지</u>가 어째 니 눈에만 유독 들
어온다냐?」
「」:어머니가 금반지의 출처를 의심함

이해와 감상

이 작품은 6·25 전쟁 중 피란길
에 홀로 남겨진 아이를 중심으로
전쟁의 비극성과 황폐해져 가는
사람들의 모습을 그리고 있다.

작품 정리

갈래: 단편 소설
배경: 6·25전쟁 중, 만경강 근처
의 어느 시골 마을
시점: 1인칭 관찰자 시점
주제: 전쟁의 비극성과 인간성
상실
특징
• 과거 회상의 형식을 취하면서
어린아이의 시선을 통해 전쟁의
비극성과 비인간성을 드러냄
• 사투리와 비속어를 사용하여
향토성과 사실성을 높임
• 상징적 제목으로 주인공 명선이
의 비극적 삶의 모습을 나타냄

꼼꼼 단어 돋보기

● **남포**
도화선 장치를 하여 폭발시킬 수
있게 만든 다이너마이트

● **노독**
먼 길에 지치고 시달려서 생긴 피
로나 병

● **웅숭깊다**
사물이 되바라지지 않고 깊숙하다.

● **노다지**
캐내려 하는 광물이 많이 묻혀 있
는 광맥

그러나 어머니는 명선이가 지껄이는 말을 하나도 믿으려 하지 않았다. 명선이가 처음 금반지를 주워 왔을 때처럼 흥분하거나 즐거워하는 기색도 아니었다. 명선이의 얼굴을 유심히 들여다보는 어머니의 눈엔 크고 작은 의심들이 호박처럼 ●올망졸망 매달려 있었다.

그날 밤에 아버지는 명선이를 안방으로 불러 아랫목에 앉혀 놓고, 밤늦도록 타일러도 보고 <u>으름장도 놓아 보았다.</u> 하지만 명선이의 대답은 한결같았다.
금반지가 있는 곳을 알아내어 명선이의 금반지를 모두 차지하기 위한 행동

"거짓말이 아니라구요. 참말이라구요. 길에서 놀다가……."

"너 이놈, 바른대로 대지 못허까!"

아버지의 호통 소리에 명선이는 비죽비죽 울기 시작했다. 우는 명선이를 아버지는 또 부드러운 말로 달래기 시작했다.
명선이에게 겁을 주려고 함

「"말은 안 혔어도 너를 친자식 ●진배없이 생각혀 왔다. 너 같은 어린것이 그런 물건을 갖고 있으면은 덜 좋은 법이다. 이 아저씨가 잘 맡아 놨다가 ●후제 크면 줄 테니께 어따 숨겼는지 바른대로 대거라."」
「　」: 아버지의 이중적이고 탐욕스러운 성격이 드러남

아무리 달래고 타일러도 소용이 없자, 아버지는 마침내 화를 버럭 내면서 명선이의 몸뚱이를 뒤지려 했다. 아버지의 손이 옷에 닿기 전에 명선이는 미꾸라지같이 안방을 <u>빠져나가 자취를 감추어 버렸다.</u> 그리고 그날 밤 끝내 우리 집에 돌아오지 않았다.
자신이 여자임을 감추기 위해서, 혹은 금반지를 빼앗기지 않기 위해서

<mark>중략 부분의 줄거리</mark> 반지의 출처를 묻는 추궁을 피해 집을 나간 명선이가 여자임이 밝혀진다.

어느 날, 나는 명선이하고 단둘이서만 다리에 간 일이 있었다. 그때도 그 애는 나한테 시합을 걸어왔다. 나는 남자로서의 위신을 걸고 명선이의 비아냥거림 앞에서 최선의 노력을 다해 봤으나, 결국 강바닥에 깔린 뽕나무밭이 갑자기 거대한 팽이가 되어 어찔어찔 맴도는 걸 보고 뒤로 물러서지 않을 수 없었다. 이제 명선이한테서 겁쟁이라고 꼼짝없이 수모를 당할 차례였다.
끊어진 다리의 철근 끝까지 기어가는 것

"야아, 저게 무슨 꽃이지?"
분위기 전환의 계기

그런데 그 애는 놀림 대신 갑자기 뚱딴지같은 소리를 질렀다. 말 타듯이 철근 뭉치에 올라앉아서 그 애가 손가락으로 가리키는 곳을 내려다보았다. 거대한 교각 바로 위, <u>무너져 내리다만 콘크리트 더미에</u> 이전에 보이지 않던 ㉠<u>꽃송이</u> 하나가 피어 있었다. 바람을 타고 온 꽃씨 한 알이 교각 위에 두껍게 쌓인 먼지 속에 어느새 뿌리를 내린 모양이었다.
전쟁으로 폐허가 된 현실을 상징함　　강인한 생명력(전쟁 중에 살아남은 명선이를 상징)

"꽃 이름이 뭔지 아니?"

난생처음 보는 듯한, 해바라기를 축소해 놓은 모양의 동전만 한 들꽃이었다.

"쥐바라숭꽃…… ."
'나'가 얼떨결에 지어낸 꽃의 이름

나는 간신히 대답했다. 시골에서 볼 수 있는 거라면 명선이는 내가 뭐든지 다 알고 있다고 믿는 눈치였다. 쥐바라숭이란 이 세상엔 없는 꽃 이름이었다. 엉겁결에 어떻게 그런 이름을 지어낼 수 있었는지 나 자신도 어리벙벙할 지경이었다.
'나'에 대한 명선이의 신뢰

㉡"쥐바라숭꽃…… 이름처럼 정말 이쁜 꽃이구나. 참 앙증맞게두 생겼다."
명선이의 천진난만하고 순수한 모습

또 한바탕 위험한 곡예 끝에 그 애는 기어코 그 쥐바라숭꽃을 꺾어 올려 손에 들고는 냄새를 맡아 보다가 손바닥 사이에 넣어 ●대궁을 비벼서 양산처럼 팽글팽글 돌리다가 끝내는 머리에

꼼꼼 단어 돋보기

● 올망졸망
작고 또렷한 것들이 고르지 않게 많이 벌어 있는 모양

● 진배없이
그보다 못하거나 다를 것이 없이

● 후제
뒷날의 어느 때

● 대궁
식물의 줄기를 뜻하는 '대'의 사투리

꽂는 것이었다. 다시 이쪽으로 건너오려는데, 이때 바람이 휙 불어 명선이의 치맛자락이 홀렁 들리면서 머리에서 꽃이 떨어졌다. 나는 해바라기 모양의 그 작고 노란 쥐바라숭꽃 한 송이가 바람에 날려, 싯누런 흙탕물이 도도히 흐르는 강심을 향해 바람개비처럼 맴돌며 떨어져 내리는 모양을 아찔한 현기증으로 지켜보고 있었다.

<small>명선이가 강물에 떨어져 죽을 것임을 암시하는 복선</small>

<small>중략 부분의 줄거리</small> 끊어진 다리 근처에서 놀던 명선이가 ⓒ비행기 폭음에 놀라 다리 아래로 떨어진다.

지옥의 가장귀를 타고 앉아 잠시 숨을 고른 다음 바로 되돌아 나오려는데, 이때 이상한 물건
<small>끊어진 만경강 다리의 끝</small>　　　　　　　　　　　　　　<small>명선이의 금반지가 담겨 있는 주머니</small>
이 얼핏 시야에 들어왔다. 낚싯바늘 모양으로 꼬부라진 철근의 끝자락에다 끈으로 친친 동여
　　　　　　　　　　　　　　<small>다른 사람들이 접근하지 못하는 곳</small>
맨 자그만 형겊 주머니였다. 명선이가 들꽃을 꺾던 때보다 더 위태로운 동작으로 나는 주머니
를 어렵게 손에 넣었다. 가슴을 잡죄는 긴장 때문에 주머니를 열어 보는 내 손이 무섭게 *경풍
을 일으키고 있었다.

그리고 그 주머니 속에서 ㉣말갛게 빛을 발하는 동그라미 몇 개를 보는 순간, 나는 손에 든
　　　　　　　<small>명선이가 어른들의 손이 닿지 않는 곳에 숨겨 둔 금반지</small>
물건을 송두리째 강물에 떨어뜨리고 말았다.
　　<small>놀라고 당황함. 충격을 받음</small>

👀 한눈에 콕콕

◉ 주요 소재의 의미

금반지	• 사건 전개의 중심 소재 • 어른들의 탐욕을 드러내는 소재 • 명선이가 어른들의 환심을 사는 수단, 생존 수단
개패 (본문 수록 ×)	• 부잣집 딸인 명선이의 신분을 밝혀 주는 물건 • '나'의 부모님이 명선이의 소유권을 주장하는 계기
끊어진 만경강 다리	• 전쟁의 비극성과 처참함을 드러내는 소재 • 명선이가 금반지를 숨긴 장소이자 죽게 된 장소
들꽃 (쥐바라숭꽃)	• 전쟁 중에 홀로 살아온 명선이의 모습 • 꽃을 보고 좋아하는 명선이의 순수한 면모 • 척박한 환경에서도 살아남은 강인한 생명력

◉ 인물의 갈등

명선이		부모님
금반지를 빼앗기지 않으려고 함	⇔ 외적 갈등	금반지를 모두 차지하려고 함

◉ 명선이의 죽음의 의미

비행기 공습으로 부모님을 잃은 명선이가 비행기 폭음에 놀라 다리에서 떨어져 죽음	➡	전쟁의 비극

🔍 꼼꼼 단어 돋보기

● 경풍

어린아이에게 나타나는 증상의 하나로, 풍으로 인해 갑자기 의식을 잃고 경련하는 병증

13 윗글에 대한 설명으로 적절하지 <u>않은</u> 것은?

① 6·25 전쟁을 배경으로 이야기가 전개되고 있다.
② 작품 속 인물의 시각으로 사건을 서술하고 있다.
③ 인물 간의 외적 갈등이 해소되며 소설이 마무리 된다.
④ 사투리를 사용하여 현장감과 토속적 분위기를 드러낸다.

14 ㉠~㉣에 대한 이해로 적절하지 <u>않은</u> 것은?

① ㉠: 명선이의 강인한 생명력을 상징한다.
② ㉡: 명선이의 능청스러운 면모가 드러난다.
③ ㉢: 명선이의 죽음의 직접적인 원인이다.
④ ㉣: 명선이가 숨겨 둔 금반지를 가리킨다.

15 명선이에 대한 설명으로 적절하지 <u>않은</u> 것은?

① '나'가 하는 말에 대해 신뢰하지 않았다.
② 피란을 가던 중에 마을에 혼자 남게 되었다.
③ '나'의 어머니에게 금반지를 주고 '나'의 집에 살게 되었다.
④ '나'의 아버지가 금반지의 출처를 물으며 추궁하자 집을 나갔다.

16 윗글의 사회·문화적 상황과 관련이 <u>없는</u> 것은?

① 여자아이인 명선이가 사내아이인 것처럼 행동했다.
② '나'는 명선이 앞에서 들꽃의 이름을 거짓으로 지어낸다.
③ 피란을 다니면서 동냥이나 도둑질을 하는 사람들이 있었다.
④ '나'의 부모님이 명선이의 금반지를 빼앗으려는 탐욕스러운 모습을 보였다.

자전거 도둑 박완서

앞부분의 줄거리 돈을 벌기 위해 시골에서 도시로 온 열여섯 살 수남이는 청계천 세운 상가 전기용품 도매상의 점원이다. 어느 날, 수남이는 수금하러 갔다가 세워 둔 자전거가 바람에 넘어져 젊은 신사의 차에 흠을 내게 된다. 신사는 수리비로 오천 원을 배상하라며 자전거를 묶어 둔다. 수남이는 구경꾼들의 부추김에 신사에게 돈을 지불하지 않고 자물쇠가 채워진 자전거를 들고 가게로 도망쳐 온다. 주인 영감은 자물쇠를 깨뜨리며 잘했다고 칭찬한다.

낮에 내가 한 짓은 옳은 짓이었을까? 옳을 것도 없지만 나쁠 것은 또 뭔가. 자가용까지 있는
_{수남이의 내적 갈등}
주제에 나 같은 아이에게 오천 원을 우려내려고 그렇게 간악하게 굴던 신사를 그 정도 골려 준
것이 뭐가 나쁜가? 그런데도 왜 무섭고 떨렸던가. 그때의 내 꼴이 어땠으면, 주인 영감님까지
_{옳지 않은 일이라는 것을 알고 있었기 때문에}
"네놈 꼴이 꼭 도둑놈 꼴이다."라고 하였을까.

그럼 내가 한 짓은 도둑질이었단 말인가. 그럼 나는 도둑질을 하면서 그렇게 기쁨을 느꼈더
란 말인가.
_{자전거를 들고 달아나면서 쾌감을 느낀 것에 대해 고민함}

수남이는 몸을 부르르 떨면서 낮에 자전거를 갖고 달리면서 맛본 공포와 함께 그 까닭 모를
쾌감을 회상한다. 마치 참았던 오줌을 내깔길 때처럼 무거운 억압이 갑자기 풀리면서 전신이
_{수남이의 내적 갈등의 근본적인 원인}
날아갈 듯이 가벼워지는 그 상쾌한 해방감이었다. 한 번 맛보면 도저히 잊혀질 것 같지 않은
그 짙은 쾌감, 아아, 도둑질하면서도 나는 죄책감보다는 쾌감을 더 짙게 느꼈던 것이다.

혹시 내 핏속에 ⊙도둑놈의 피가 흐르고 있기 때문이 아닐까. 순간 수남이는 방바닥에서 송
곳이라도 치솟은 듯이 후닥닥 일어서서 안절부절못하고 좁은 방 안을 헤맸다.
_{수남이의 내적 갈등이 최고조에 이르렀음을 드러내는 행동}
「수남이의 눈앞에는 수갑을 차고, 순경들에게 끌려와 도둑질 흉내를 그대로 내 보이던 형의
_{「」: 과거 회상의 시작 – 갈등의 순간에 아버지와 형을 떠올림}
얼굴이 환히 떠오른다. 그리고 서울 가서 무슨 짓을 하든지 도둑질만은 하지 말라고 신신당부
하던 아버지의 얼굴도 떠오른다.」

[중략]

㉮"무슨 짓을 하든지 그저 도둑질은 하지 말아라, 알았쟈."
_{도덕과 양심을 가장 중시하는 아버지}
그런데 수남이는 도둑질을 하고 만 것이다. 하지만 수남이는 스스로 그것은 결코 도둑질이
_{아버지의 당부를 지키지 못함}
아니었다고 변명을 한다.

그런데 왜 그때, 그렇게 떨리고 무서우면서도 짜릿하니 기분이 좋았던 것인가? 문제는 그때
의 그 쾌감이었다. 자기 내부에 도사린 부도덕성이었다. 오늘 한 짓이 도둑질이 아닐지 모르지
_{도둑질을 하면서 쾌감을 느낀 것은 자신에게 부도덕한 면이 있다는 뜻이기 때문에}
만 앞으로 도둑질을 할지도 모르겠다는 생각이 들었다. 형의 일이 자기와 정녕 무관한 일이 아
니란 생각이 들었다.
_{자신도 형처럼 도둑이 될지도 모른다고 생각함}

소년은 ⊙아버지가 그리웠다. 도덕적으로 자기를 견제해 줄 ⊙어른이 그리웠다. ㉣주인 영
_{자신의 부도덕한 행동을 꾸짖어 줄 수 있는}
감님은 자기가 한 짓을 나무라기는커녕 손해 안 난 것만 좋아서 "오늘 운 텄다."라고 좋아하지
않았던가.

수남이는 짐을 꾸렸다.
_{내적 갈등을 해결하기 위해 선택한 방법}
'아아, 내일도 바람이 불었으면. 바람이 물결치는 보리밭을 보았으면…….'
_{고향의 바람}

이해와 감상

이 작품은 1970년대 시골에서 상경한 소년이 겪는 일련의 사건을 통해 현대인의 부도덕성을 드러내고 있다.

작품 정리

갈래: 단편 소설, 성장 소설
성격: 교훈적, 비판적
배경: 1970년대, 청계천 세운 상가
시점: 전지적 작가 시점
주제: 물질적 이익만을 추구하는 현대인의 부도덕성에 대한 비판, 도덕성과 양심 회복의 필요성

특징
• 인물들의 심리와 성격이 섬세하게 드러남
• 순진한 소년의 시각에서 어른들의 부도덕성을 서술함
• 도덕적으로 대립되는 인물을 제시하여 도덕성과 양심 회복의 필요성을 부각함

마침내 결심을 굳힌 수남이의 얼굴은 누런 똥빛이 말끔히 가시고, <u>소년다운 청순함</u>으로 빛
이익만을 중시하는 탐욕스러움과 부도덕성   내적 갈등의 해소
났다.

17 윗글에서 긍정적인 대상으로만 묶은 것은?

① ㉠, ㉡
② ㉡, ㉢
③ ㉡, ㉣
④ ㉢, ㉣

18 ㉮의 역할로 가장 적절한 것은?

① 수남이가 반성하게 된 계기
② 수남이가 서울에 오게 된 이유
③ 수남이가 도둑질을 하게 된 이유
④ 수남이와 주인 영감의 외적 갈등을 일으키는 소재

19 윗글의 내용으로 보아 '누런 똥빛'의 상징적 의미로 가장 적절한 것은?

① 부도덕한 마음
② 시기하고 질투하는 마음
③ 다른 사람을 미워하는 마음
④ 심리적 갈등으로 괴로워하는 마음

정답   정답과 해설 **7**쪽

17 ②   **18** ①   **19** ①

노새 두 마리   최일남

그 골목은 몹시도 가팔랐다. 아버지는 그 골목에 들어서기만 하면 미리 저만치 앞에서부터
<u>아버지의 고단한 삶을 상징</u>
마차를 세게 몰아 가지고는 그 힘으로 하여 단숨에 올라가곤 했다. 그러나 이 작전이 매번 성
공하는 것은 아니고, 더러는 <u>마차</u>가 언덕의 중간쯤에서 더 올라가지를 못하고 주춤거릴 때도
□ : 1970년대 삶의 모습을 알 수 있는 소재
있었다. 그러면 아버지는 이마에 [●]심줄을 잔뜩 돋우며,

"이랴 이랴!"

하면서 노새의 잔등을 손에 휘감고 있는 긴 고삐 줄로 세 번 네 번 후려쳤다. 노새는 그럴 때
마다 뒷다리를 [●]바득바득 바둥거리며 안간힘을 쓰는 듯했으나 그쯤 되면 마차가 슬슬 아래쪽으
로 미끄러져 내리기는 할망정 조금씩이라도 올라가는 일은 드물었다.

물론 마차에 <u>연탄</u>을 많이 실었을 때와 적게 실었을 때에도 차이는 있었다. 적게 실었을 때는
<u>아버지의 직업을 드러내는 소재</u>
그깟 것 달랑달랑 단숨에 오르기도 했지만, 그런 때는 드물고 대개는 짐을 가득가득 싣고 다녔다.

[중략]

우리 동네는 변두리였으므로 얼마 전까지도 모두 <u>그날그날 벌어먹고 사는 사람들</u>이 많아 연
공간적 배경(소외된 지역)   경제적으로 어렵게 사는 형편임
탄 배달도 일거리가 그리 많지 않았다. 기껏해야 구멍가게에서 두서너 장을 사서는 새끼줄에
대롱대롱 매달고 가는 게 고작이었다. 그랬는데 이삼 년 전부터 아직도 많은 빈터에 집터가 다
져지고, 하나둘 <u>문화 주택</u>이 들어서더니 이제는 제법 그럴듯한 동네꼴이 잡혀 갔다. 원래부터
있던 허름한 집들과 새로 생긴 집들과는 골목 하나를 경계로 하여 <u>금을 긋듯 나누어져 있었는</u>
데, 먼 데서 보면 제법 그럴싸한 동네로 보였다. 일단 들어와 보면 지저분한 헌 동네가 이웃에
기존 동네와 새 동네 사람들이 단절되어 있음
널려 있지만, 그냥 먼발치로만 보면 2층 <u>슬래브 집</u>들에 가려 닥지닥지 붙은 판잣집 [●]등속이 보
이지 않았으므로 서울의 변두리에 흔한 여느 신흥 부락으로만 보였다.

동네가 이렇게 바뀌자 그것을 가장 좋아한 사람 중의 하나가 아버지였다. 아까 말한 대로 그
연탄 배달 주문이 늘어났기 때문에
전에는 동네 사람들이 연탄을 두서너 장, 많아야 이삼십 장씩만 사 가는 터여서 아버지의 일거
리가 적고, 따라서 이곳에서 이삼 킬로나 떨어진 딴 동네까지 배달을 가야 했는데 동네에 새
집이 들어서면서부터는 그렇게 먼 걸음을 하지 않아도 되었기 때문이다. 그런 집에서 연탄을
한번 들여놓았다 하면 몇 달씩 때니까 자주 주문을 하지 않아서 아버지의 일감이 이 동네에서
끝나는 것만은 아니고, 여전히 타 동네까지 노새 마차를 몰기는 했지만 그전보다는 자주 먼 곳
까지 가지 않아도 된 것만은 사실이었다.

<u>중략 부분의 줄거리</u> 아버지의 연탄 배달 마차가 언덕에서 미끄러지면서 노새가 달아난다. 노새가 소동을 벌이다 달아난 꿈
을 꾼 '나'는 아버지와 함께 노새를 찾으러 다닌다. 우연히 들어간 동물원에서 '나'는 얼룩말을 바라보는 '아버지'의 모습
에서 '노새'를 떠올리며 '노새'와 '아버지'가 닮았다고 생각한다.

동물원을 나왔을 때 이미 거리는 밤이었다. 이번엔 집 쪽으로 걸었다. 그럴 수밖에 우리는
아침부터 밤까지 '노새'를 찾으러 다님
더 갈 데가 없었던 것이다.

86   Ⅰ 문학

이해와 감상

이 작품은 1970년대 산업화·도
시화 시대에 도시로 이주한 가족
이 도시에 적응하는 과정 속에서
겪는 일을 다루고 있다.

작품 정리

갈래 : 단편 소설
배경 : 1970년대 겨울, 도시 변두
리 동네
시점 : 1인칭 관찰자 시점
주제 : 급변하는 시대 상황에 적
응하지 못하는 도시 빈민
의 고단한 삶
특징
• 어린아이인 '나'의 시선으로 아
버지의 삶을 객관화하여 보여 줌
• '노새'라는 소재를 통해 대도시
에 적응하지 못한 아버지의 삶
을 상징적으로 보여 줌

꼼꼼 단어 돋보기

● **심줄**
'힘줄'의 변한 말

● **바득바득**
악착스럽게 애쓰는 모양

● **문화 주택**
국가 정책에 따라 1950년대 후반
부터 등장한, 생활하기에 편리하
고 보건 위생에 알맞은 새로운 형
식의 주택

● **슬래브 집**
콘크리트를 부어서 한 장의 판처
럼 만든 구조물로 만든 집

● **등속**
나열한 사물과 같은 종류의 것들
을 몰아서 이르는 말

우리 동네가 저만치 보였을 때 아버지는 바로 눈앞에 있는 •대폿집에서 발을 멈추었다. 힐끗 나를 돌아보고 나서 다짜고짜 나를 술집으로 끌고 들어갔다. 이런 일도 전에는 없던 일이었다. 술집 안에는 사람들이 가득 차서 와왁 떠들어 대고 있었다. 돼지고기를 굽는 냄새, 찌개 냄새, 김치 냄새가 집 안에 가득했다. 사람들은 우리를 •의아스러운 눈초리로 쳐다보았으나 이내 시선을 거두고 자기들의 얘기 속으로 다시 들어갔다. 나는 들어가자마자 그 냄새를 힘껏 들이마셨다. 쓰러질 것 같았다. 아버지는 소주 한 병과 안주를 시키더니 안주는 내 쪽으로 밀어 주고 술만 •거푸 마셔 댔다. 아버지는 술이 약한 편이어서 저러다가 어쩌나 하고 걱정이 되었다.

"아버지, 고만 드세요. 몸에 해로워요."

"으응."

<u>괴로운 현실을 술로 달래 보는 '아버지'</u>
대답하면서도 아버지는 술잔을 놓지 않았다. 얼마나 지났을까, 안주를 계속 주워 먹었으므로 어느 정도 시장기를 면한 나는 비로소 아버지를 쳐다보았다.

"이제부터 내가 노새다. 이제부터 내가 노새가 되어야지 별수 있니? 그놈이 도망쳤으니까
<u>어려운 상황에서도 끝까지 가장으로서의 책임을 다하겠다는 의지</u>
이제 내가 노새가 되는 거지."

기분 좋게 취한 듯한 아버지는 놀라는 나를 보고 히힝 한 번 웃었다. 나는 어쩐지 그런 아버지가 무섭지만은 않았다. 그러면 형들이나 나는 노새 새끼고, 어머니는 암노새고, 할머니는 어미 노새가 되는 것일까? 나도 아버지를 따라 히히힝 웃었다. 어른들은 이래서 술집에 오는 모양이었다. 나는 안주만 집어 먹었는데도 술 취한 사람마냥 턱없이 즐거웠다. <u>노새 가족……. 노새 가족은 우리 말고는 이 세상에 또 없을 것이다.</u>
<u>어린아이인 '나'의 긍정적이고 순진한 면모</u>
그러나 그러한 생각은 아버지와 내가 집에 당도했을 때 무참히 깨어지고 말았다. 우리를 본
<u>불행한 사건이 생길 것을 암시</u>
어머니가 허둥지둥 달려 나와 매달렸다.

"이걸 어쩌우, 글쎄 경찰서에서 당신을 오래요. 그놈의 노새가 사람을 다치고 가게 물건들을 박살을 냈대요. 이걸 어쩌지."

"노새는 찾았대?"

"찾고나 그러면 괜찮게요? 노새는 간데온데없고 사람들만 다치고 하니까, 누구네 노새가 그랬는지 수소문 끝에 우리 집으로 순경이 찾아왔지 뭐유."

오늘 낮에 지서에서 나온 사람이 우리 노새가 튀는 바람에 많은 피해를 입었으니 도로 무슨 법이라나 하는 법으로 아버지를 잡아넣어야겠다고 이르고 갔다는 것이었다. 아버지는 술이 확 깨는 듯 그 자리에 선 채 한동안 눈만 데룩데룩 굴리고 서 있더니 힝 하고 코를 풀었다. 그러고는 아무 말 없이 •스적스적 문밖으로 걸어 나갔다. 나는 '아버지' 하고 따랐으나 아버지는 돌아보지도 않고 어두운 골목길을 나가고 있었다. 나는 그 순간 또 한 마리의 노새가 집을 나가
<u>사회의 변화에 적응하지 못하고 고단한 삶을 살고 있는 '아버지'</u>
는 것 같은 착각을 일으켰다. 그러고는 무엇인가가 뒤통수를 때리는 것을 느꼈다. 아, 우리 같은 노새는 어차피 이렇게 <u>비행기</u>가 붕붕거리고, <u>헬리콥터</u>가 앵앵거리고, <u>자동차</u>가 빵빵거리
<u>□ : 구시대적인 '노새'와 대비</u>
고, <u>자전거</u>가 쌩쌩거리는 대처에서는 발붙이기 어려운 것인가 하는 생각이 들었다. 언젠가 남

📖 꼼꼼 단어 돋보기

● 대폿집
큰 술잔으로 마시는 술을 파는 집

● 의아스럽다
의심스럽고 이상한 데가 있다.

● 거푸
잇따라 거듭

● 스적스적
힘들이지 아니하고 느릿느릿 행동하거나 말하는 모양

● 대처
도회지. 사람이 많이 살고 상공업이 발달한 번잡한 지역

편이 택시 운전사인 칠수 어머니가 하던 말, '최소한도 자동차는 굴려야지 지금이 어느 땐데 노새를 부려.' 했다는 말이 생각났다.

산업화 시대에 적응하지 못하고 시대에 맞지 않게 '노새'를 부리는 '아버지'를 비꼬는 말

그러나 그것은 잠깐 동안이고 나는 금방 아버지를 쫓았다. 또 한 마리의 노새를 찾아 캄캄한 골목길을 마구 뛰었다.

'아버지'

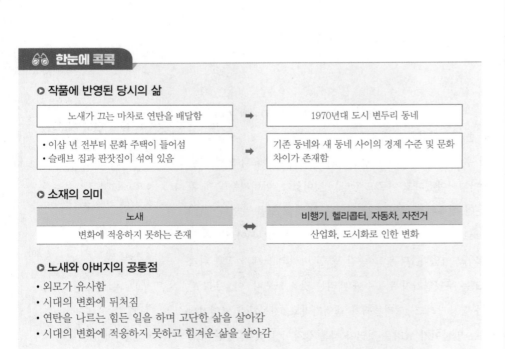

한눈에 콕콕

작품에 반영된 당시의 삶

노새가 끄는 마차로 연탄을 배달함	➡	1970년대 도시 변두리 동네
• 이삼 년 전부터 문화 주택이 들어섬 • 슬래브 집과 판잣집이 섞여 있음	➡	기존 동네와 새 동네 사이의 경제 수준 및 문화 차이가 존재함

소재의 의미

노새		비행기, 헬리콥터, 자동차, 자전거
변화에 적응하지 못하는 존재	⬌	산업화, 도시화로 인한 변화

노새와 아버지의 공통점

- 외모가 유사함
- 시대의 변화에 뒤처짐
- 연탄을 나르는 힘든 일을 하며 고단한 삶을 살아감
- 시대의 변화에 적응하지 못하고 힘겨운 삶을 살아감

20 윗글을 감상하는 방법으로 가장 적절한 것은?

① 작품에 반영된 과거의 삶을 오늘날의 삶에 비추어 감상해 본다.

② 인물의 일대기를 따라가며 인물의 정신적 성숙 과정을 살펴본다.

③ 비현실적이고 환상적인 배경이 주제를 드러내는 데 미치는 영향을 파악해 본다.

④ 작가의 실제 체험과 깨달음을 구분하며, 이를 바탕으로 자신의 삶을 성찰해 본다.

21 윗글의 시대적 배경을 알려 주는 소재가 <u>아닌</u> 것은?

① 마차   ② 변두리   ③ 문화 주택   ④ 슬래브 집

22 윗글의 '노새'에 대한 설명으로 적절하지 <u>않은</u> 것은?

① 시대 변화에 뒤처진 '아버지'와 동일시된다.

② '아버지'와 외모가 비슷한 동물로 그려진다.

③ 생계 수단으로서, '아버지'와 힘겨운 삶을 함께했다.

④ 동물원으로 상징되는 이상적 공간을 추구하는 존재이다.

정답   정답과 해설 **7**쪽

20 ①   **21** ②   **22** ④

소나기　황순원

가　다음 날은 좀 늦게 개울가로 나왔다.

　이날은 소녀가 징검다리 한가운데 앉아 세수를 하고 있었다. <u>분홍 스웨터 소매를 걷어 올린 팔과 목덜미가 마냥 희었다.</u>
　소녀의 외양 묘사

　한참 세수를 하고 나더니, 이번에는 물속을 빤히 들여다본다. 얼굴이라도 비추어 보는 것이리라. 갑자기 물을 ●움켜 낸다. 고기 새끼라도 지나가는 듯. 소녀는 소년이 개울둑에 앉아 있는 걸 아는지 모르는지, 그냥 날쌔게 물만 움켜 낸다. 그러나 번번이 허탕이다. 그대로 재미있는 양, 자꾸 물만 움킨다. 어제처럼 개울을 건너는 사람이 있어야 길을 비킬 모양이다.

　그러다가 소녀가 물속에서 무엇을 하나 집어낸다. <u>하얀 조약돌이었다.</u> 그러고는 벌떡 일어
　소년을 향한 소녀의 관심을 드러내는 소재
나 팔짝팔짝 징검다리를 뛰어 건너간다. 다 건너가더니만 휙 이리로 돌아서며,

　"이 바보."
　자신의 마음을 몰라주는 소년에 대한 답답함과 서운함의 표현
　조약돌이 날아왔다.

　소년은 저도 모르게 벌떡 일어섰다.

　단발머리를 나풀거리며 소녀가 막 달린다. 갈밭 사잇길로 들어섰다. 뒤에는 <u>●청량한 가을 햇살</u> 아래 빛나는 갈꽃뿐.
　계절적 배경(가을)

나　"너희, 예서 뭣들 하느냐?"

　농부 하나가 억새풀 사이로 올라왔다.

　송아지 등에서 뛰어내렸다. 어린 송아지를 타서 허리가 상하면 어쩌느냐고 꾸지람을 들을 것만 같다.

　그런데 ●나룻이 긴 농부는 소녀 편을 한번 훑어보고는 그저 송아지 고삐를 풀어내면서,

　"어서들 집으루 가거라. ㉠소나기가 올라."

　<u>참, ●먹장구름 한 장이 머리 위에 와 있다. 갑자기 사면이 소란스러워진 것 같다. 바람이 우
　분위기가 달라짐 → 불안한 분위기가 조성됨
수수 소리를 내며 지나간다. 삽시간에 주위가 보랏빛으로 변했다.</u>

　산을 내려오는데, 떡갈나무 잎에서 빗방울 ●듣는 소리가 난다. 굵은 빗방울이었다. 목덜미가 선뜻선뜻했다. 그러자 대번에 눈앞을 가로막는 빗줄기.

　비안개 속에 원두막이 보였다. 그리로 가 비를 ●그을 수밖에.

　그러나 원두막은 기둥이 기울고 지붕도 갈래갈래 찢어져 있었다. 그런대로 비가 덜 새는 곳을 가려 소녀를 들어서게 했다. <u>소녀는 입술이 파랗게 질려 있었다. 어깨를 자꾸 떨었다.</u>
　소녀가 추위에 떪
　●무명 겹저고리를 벗어 소녀의 어깨를 싸 주었다. 소녀는 비에 젖은 눈을 들어 한 번 쳐다보았을 뿐, 소년이 하는 대로 잠자코 있었다. 그러면서 안고 온 꽃묶음 속에서 <u>가지가 꺾이고 꽃이 일그러진 송이</u>를 골라 발밑에 버린다.
　소녀의 비극적 운명을 암시함

📖 이해와 감상

이 작품은 서울에서 온 소녀와 시골 소년의 순수한 사랑을 서정적으로 표현한 소설이다.

📄 작품 정리

갈래 : 단편 소설
배경 : 가을, 농촌
시점 : 3인칭 관찰자 시점(부분적으로 전지적 작가 시점)
주제 : 소년과 소녀의 순수한 사랑
특징
• 소설의 배경인 가을 농촌의 모습을 감각적으로 묘사함
• 등장인물들의 심리가 주로 행동을 통해 간접적으로 드러남
• 등장인물들 사이에 뚜렷한 갈등이 나타나지 않음
• 간결한 문체가 돋보임

🔍 꼼꼼 단어 돋보기

● **움키다**
손가락을 우그리어 물건 따위를 놓치지 않도록 힘 있게 잡다.

● **청량하다**
맑고 서늘하다.

● **나룻**
성숙한 남자의 입 주변이나 턱 또는 뺨에 나는 털

● **먹장구름**
먹빛같이 시꺼먼 구름

● **듣다**
눈물, 빗물 따위의 액체가 방울져 떨어지다.

● **긋다**
비를 잠시 피하여 그치기를 기다리다.

● **무명**
목화솜으로 만든 실로 짠 천

다 그다음 날은 소녀의 모습이 뵈지 않았다. 다음 날도, 다음 날도.「매일같이 개울가로 달려 와 봐도 뵈지 않았다. 학교에서 쉬는 시간에 운동장을 살피기도 했다. 남몰래 5학년 여자 반을 엿보기도 했다. 그러나 뵈지 않았다. 그날도 소년은 주머니 속 흰 조약돌만 만지작거리며 개울 가로 나왔다.」

「 」: 소녀에 대한 그리움이 드러나는 소년의 행동

그랬더니 이쪽 개울둑에 소녀가 앉아 있는 게 아닌가. 소년은 가슴부터 두근거렸다.

"그동안 앓았다."

소녀의 모습이 보이지 않았던 까닭
알아보게 소녀의 얼굴이 ●해쓱해져 있었다.

"그날, 소나기 맞은 것 땜에?"

소녀가 가만히 고개를 끄덕이었다.

"인제 다 났냐?"

"아직두……."

"그럼 누워 있어야지."

소녀의 건강을 걱정하는 소년
"너무 갑갑해서 나왔다. …… 그날 참 재밌었어. …… 근데 그날 어디서 이런 물이 들었는지 잘 지지 않는다."

소녀가 분홍 스웨터 앞자락을 내려다본다. 거기에 검붉은 진흙물 같은 게 들어 있었다.

소년이 소녀를 업고 도랑을 건널 때 든 물 → 소년과 소녀의 추억
소녀가 가만히 보조개를 떠올리며,

"이게 무슨 물 같니?"

소년은 스웨터 앞자락만 바라다보고 있었다.

"내, 생각해 냈다. 그날, 도랑 건널 때 내가 업힌 일이 있지? 그때, 네 등에서 옮은 물이다."

소년은 얼굴이 확 달아오름을 느꼈다.

부끄러움
갈림길에서 소녀는,

"저, 오늘 아침에 우리 집에서 대추를 땄다. 낼 제사 지낼려구……."

소년을 위하는 소녀의 마음을 드러내는 소재
대추 한 줌을 내어 준다.

라 개울물은 날로 여물어 갔다.

시간의 흐름
소년은 갈림길에서 아래쪽으로 가 보았다. 갈밭머리에서 바라보는 서당골 마을은 쪽빛 하늘 아래 한결 가까워 보였다. 어른들 말이, 내일 소녀네가 양평읍으로 이사 간다는 것이었다. 거 기 가서는 조그마한 가겟방을 보게 되리라는 것이었다. 소년은 저도 모르게 주머니 속 호두알 을 만지작거리며, 한 손으로는 수없이 갈꽃을 휘어 꺾고 있었다.

소녀가 그리운 마음에 하는 행동
그날 밤, 소년은 자리에 누워서도 같은 생각뿐이었다. 내일 소녀네가 이사하는 걸 가 보나 어쩌나. 그러다가 까무룩 잠이 들어갔는가 하는데.

소년의 내적 갈등
"허, 참, 세상일두……."

마을 갔던 아버지가 언제 돌아왔는지,

"윤 초시네 댁두 말이 아니여. 그 많던 ●전답을 다 팔아 버리구, 대대로 살아오던 집마저 남

┼ 라에 나타나는 소년의 심리

- 갈림길에서 아래쪽으로 가 서당골 마을을 바라봄
- 주머니 속의 호두알을 만지작거림
- 갈꽃을 휘어 꺾음

↓

소녀를 그리워함

꼼꼼 단어 돋보기

● 해쓱하다
얼굴에 핏기나 생기가 없어 파리 하다.

● 전답
밭과 논

의 손에 넘기더니, 또 **·**악상까지 당하는 걸 보면⋯⋯."

좋지 않은 일이 겹친 윤 초시 댁 상황 → 설상가상(엎친 데 덮치다.)

[중략]

「"글쎄 말이지. 이번 앤 꽤 여러 날 앓는 걸 약두 변변히 못 써 봤다더군. 지금 같애서는 윤

「　」: 소녀의 부모님이 나누는 대화를 통해 소녀의 죽음을 드러냄

초시네두 대가 끊긴 셈이지. 그런데 참, 이번 계집애는 어린 것이 여간 **·**잔망스럽지가 않어.

글쎄 죽기 전에 이런 말을 했다지 않어? 자기가 죽거든 자기 입던 옷을 꼭 그대루 입혀서 묻

어 달라구⋯⋯."」

👀 한눈에 콕콕

◑ '소나기'의 역할과 의미
- 위기감을 조성함
- 소년과 소녀의 사이를 가깝게 만듦
- 소년과 소녀의 짧은 사랑을 상징함
- 소녀의 비극적 운명(죽음)의 원인이 됨

◑ 소재의 의미

조약돌	• 소년을 향한 소녀의 관심 • 소녀를 향한 소년의 관심과 그리움
분홍 스웨터	• 소년을 계속 기억하고 싶어 하는 소녀의 마음 • 소년과 소녀의 맑고 순수한 사랑의 추억
대추	• 소년에게 주는 소녀의 이별 선물 • 소년을 위하는 소녀의 마음
호두	소녀를 위하는 소년의 마음

🔍 꼼꼼 단어 돋보기

● 악상
수명을 다 누리지 못하고 젊어서 죽은 사람의 상사. 흔히 자식이 젊어서 부모보다 먼저 죽는 경우를 이른다.

● 잔망스럽다
얄밉도록 맹랑한 데가 있다.

23 윗글에서 〈보기〉의 ㄱ과 ㄴ에 해당하는 소재를 차례대로 나열한 것은?

> 보기

> ㄱ. 소년을 향한 소녀의 관심, 소녀를 향한 소년의 그리움을 의미한다.
> ㄴ. 소년에게 주는 소녀의 이별 선물로, 소년을 위하는 소녀의 마음을 의미한다.

	ㄱ	ㄴ
①	조약돌	대추
②	호두	조약돌
③	조약돌	분홍 스웨터
④	호두	분홍 스웨터

24 ㉮에 대한 설명으로 적절하지 <u>않은</u> 것은?

① 소녀의 비극적 죽음의 원인이 된다.
② 소년과 소녀의 짧은 사랑을 상징한다.
③ 소녀가 다른 곳으로 이사 가는 원인이 된다.
④ 좋지 않은 일을 암시하며 위기감을 조성한다.

25 라에서 소녀가 남긴 유언의 의미로 가장 적절한 것은?

① 자신의 병을 이겨 내고 싶다.
② 소년이 자신을 잊어 주기를 바란다.
③ 할아버지의 부담을 덜어 드리고 싶다.
④ 소년과의 추억을 계속 간직하고 싶다.

정답　정답과 해설 7쪽

23 ①　24 ③　25 ④

04 고전 소설

(1) 개념: 일반적으로 갑오개혁 이전까지 지어진 소설을 현대 소설과 구분하여 부르는 말

(2) 특징

① 시점
- 전지적 작가 시점: 소설 속 등장인물의 행동과 태도는 물론 생각까지 자세하게 알 수 있음

② 인물
- 전형적: 한 계층을 대표하는 전형적인 인물이 등장함
- 평면적: 소설의 처음부터 끝까지 성격이 변하지 않는 평면적인 인물이 등장함
  - 예 효녀를 대표하는 「심청전」의 심청

③ 사건
- 우연적: 사건의 전개가 필연적이지 않고, 주로 우연한 계기를 통해서 이야기가 전개됨
- 비현실적: 현실에서 일어나기 어려운 전기적 사건이 자주 일어남
  - 예 심청이 '용궁'이라는 비현실적 공간에서 하루를 지내고 다시 인간 세상으로 돌아오는 「심청전」, 홍길동이 축지법과 도술을 부리는 「홍길동전」

④ 문체
- 운문체: 말의 가락이 느껴지는 운문체가 주로 나타남(보통 3·4조 또는 4·4조를 기본으로 함)
- 문어체: 일상생활에서는 쓰이지 않고 주로 문장에서 쓰이는 문어체를 사용해 이야기를 전개함(~하더라, ~하소서, ~하나이다 등)
  - 예 아가 아가 Ⅴ 내 딸이야! Ⅴ 아들 겸 Ⅴ 내 딸이야! Ⅴ 금을 준들 Ⅴ 너를 사랴?(운율이 있음)

⑤ 구성
- 일대기적 구성: 주인공의 출생부터 죽음에 이르기까지 시간의 흐름에 따라 사건이 전개됨
  - 예 조웅의 출생에서부터 영웅이 되기까지의 일대기를 그린 「조웅전」

⑥ 주제
- 행복한 결말: 주인공이 원하는 것을 얻는 행복한 결말로 이야기가 마무리됨
- 권선징악: 착한 사람은 복을 받고, 나쁜 사람은 벌을 받는다는 교훈적인 주제를 전달함
  - 예 탐관오리는 벌을 받고, 춘향은 이몽룡과 행복하게 살게 되는 「춘향전」

꼼꼼 단어 돋보기

● **전기적**
기이하여 세상에 전할 만한 것

● **가락**
목소리의 높낮이나 길이를 통해 느껴지는 말의 기운

☆**(3) 표현상 특징**

① **운율문 투의 문장**: 리듬감이 느껴지는 문체를 사용함
② **고사와 관용 어구**: 중국 고사나 한문 관용어를 사용함
③ **편집자적 논평**: 서술자가 개입하여 자신의 견해를 서술함
④ **해학**: 사실을 과장하거나 비꼬아 표현하여 긍정적 웃음을 자아내고, 연민을 느끼게 함
⑤ **풍자**: 해학과 동일하게 사실을 왜곡시켜 표현하나, 대상을 비판하고자 하는 의도를 가지고 있음

(4) 대표 작품

작품	내용
춘향전	양반인 이몽룡과 기생의 딸인 춘향의 신분을 초월한 사랑 이야기
토끼전	동물을 인간과 같이 표현한 우화 소설로, 동물들을 통해 조선 시대의 다양한 계층의 인물들을 풍자한 이야기
흥부전	착한 동생 흥부와 욕심 많고 심술궂은 형 놀부가 있는데, 흥부는 다친 제비 다리를 고쳐서 복을 받고 형은 벌을 받는다는 이야기
박씨전	병자호란을 배경으로 한 군담 소설로, 실존 인물인 이시백과 가공의 인물인 이시백의 아내 박씨를 주인공으로 하여 병자호란의 패배를 심리적으로 보상하고 민족적인 긍지와 자부심을 일깨우고자 한 이야기
홍길동전	홍길동의 영웅적 일대기를 통해 적서 차별과 탐관오리들의 횡포를 비판한 이야기
양반전	신분을 돈으로 사고파는 세태와 양반의 횡포와 허례허식을 풍자한 이야기

+ 우화 소설
동식물이나 기타 사물을 의인화하여 쓴 소설을 말한다.

+ 군담 소설
주인공의 군사적 활약상을 주요 내용으로 하는 소설을 통틀어 이른다. 우리나라 고대 소설의 한 유형이다.

콕콕 개념 확인하기

1. 고전 소설의 서술자는 '전지적 작가 시점'으로 이야기한다. (O, X)
2. 고전 소설의 인물은 입체적이다. (O, X)
3. 고전 소설은 시간의 흐름에 따라 사건이 전개된다. (O, X)
4. 편집자적 논평은 서술자가 개입하여 자신의 견해를 서술하는 것이다. (O, X)
5. 고전 소설은 사건의 전개가 _____적, 비현실적이다.
6. _____는 대상에 대한 비판적인 웃음이다.

답 1. O 2. X 3. O 4. O 5. 우연 6. 풍자

🔍 꼼꼼 단어 돋보기

● **관용어**
습관적으로 쓰는 말

● **세태**
사람들의 일상생활, 풍습 따위에서 보이는 세상의 상태나 형편

탄탄 실력 다지기

토끼전 작자 미상

[앞부분의 줄거리] 어느 날, 북해 용왕은 병이 들었는데, 우연히 토끼의 간이 특효약임을 안다. 용왕은 별주부(자라)를 보내 토끼를 잡아 오라고 한다. 별주부는 토끼를 꼬드겨 용궁으로 데려간다. 용왕은 토끼의 배를 갈라 간을 꺼내라고 명령한다.

토끼는 절망감에 빠져들었다. 그러다가 다시 생각하되, '옛말에 이르기를 호랑이 굴에 들어가도 정신만 차리면 산다고 하였으니, 어찌 죽기만 생각하고 살아날 방책을 헤아리지 아니하리오?' 하더니 문득 한 묘한 꾀를 생각해 냈다. 토끼가 다시 여쭈었다.
_{사건의 전환}
"제가 비록 간을 들이고 낼 수 있으나, 그 또한 정해진 때가 있사옵니다. 매달 초하루부터
_{토끼의 꾀}　　　　　　　　　　　　　　　　　　　　　_{배 속에 간이 있는 때}
보름까지는 뱃속에 넣어 해와 달의 정기를 받아 천지의 기운을 온전히 간직하고, 보름부터
그믐까지는 배에서 꺼내 옥처럼 깨끗한 계곡물에 씻어 소나무와 대나무가 우거진 깨끗한 바
_{배 밖에 간을 내놓는 때}
위틈에 아무도 모르게 감추어 둔답니다. 그렇기에 제 간을 두고 세상 사람들이 모두 영약이
라고 하는 것이지요. 별주부를 만난 때는 곧 오월 하순이었습니다. 만일 별주부가 용왕님의
　　　　　　　　　　　_{간이 배 속에 없을 때임}
병환이 이렇듯 위급함을 미리 말하였더라면 며칠 기다렸다 간을 가져왔을 것이니, 이는 모
두 미련한 별주부의 탓이로소이다."
_{문제의 원인을 별주부에게 돌림}
대개 수궁은 육지의 사정에 밝지 못한 까닭에 용왕은 토끼의 말을 묵묵히 듣고 있다가 속으
　　　_{용왕과 수궁 신하들이 토끼의 꾀에 속은 이유}
로 헤아리되,
'만일 저 말과 같을진대, 배를 갈라 간이 없으면 애써 잡은 토끼만 죽일 따름이요, 다시 누구
　　　　　　　　　　　　　　　　　　　　　　　　　　_{설상가상}
에게 간을 얻을 수 있으리오? 차라리 살살 달래어 육지에 나가 간을 가져오게 함이 옳도다.'
하고, 좌우에 명하여 토끼의 결박을 풀고 자리를 마련해 편히 앉도록 하였다. 토끼가 자리에
　　　　　　　　　　　　_{용왕의 태도 변화(토끼의 말을 완전히 믿음)}
앉아 황공함을 이기지 못하거늘, 용왕이 가로되,
"토 선생은 과인의 무례함을 너무 탓하지 마시게."
　　　_{호칭의 변화(너 → 토 선생)}
하고, 옥으로 만든 술잔에 귀한 술을 가득 부어 권하며 재삼 위로하니, 토끼가 공손히 받아 마
신 후 황송함을 아뢰었다. 그때, 한 신하가 문득 앞으로 나와 아뢰었다.
"신이 듣자오니 토끼는 본디 간사한 짐승이라 하옵니다. 바라옵건대 토끼의 간사한 말을 곧
　　　　　　　　　　　　　　　　　　　　　　　　_{극적 긴장감 고조}
이듣지 마시고 바삐 간을 내어 옥체를 보중하옵소서."
모두 바라보니, 간언을 잘하는 자가사리였다. 하지만 토끼의 말을 곧이듣게 된 용왕은 기꺼
워하지 않으며 말하였다.
"토 선생은 산중의 점잖은 선비인데, 어찌 거짓말로 과인을 속이겠는가? 경은 부질없는 말
　　　　　_{토끼에 대한 용왕의 평가}
을 내지 말고 물러가 있으라."
　　　_{자가사리의 간언을 무시함}

이해와 감상

이 작품은 판소리계 소설로, 동물을 의인화하여 지배 계층을 비판하고 있다.

작품 정리

갈래 : 판소리계 소설, 풍자 소설, 우화 소설
성격 : 풍자적, 우화적, 해학적
배경 : 뚜렷하지 않은 시간, 육지와 용궁
시점 : 전지적 작가 시점
주제 : 위기 상황에서의 지혜로운 대처, 헛된 욕심에 대한 경계, 임금에 대한 충성심
특징
• 동물을 의인화하여 인간 사회를 풍자하는 우화적 수법을 사용함
• 창작 당시의 사회적 배경을 바탕으로 민중의 비판 의식이 반영됨

꼼꼼 단어 돋보기

● **과인**
임금이 자기를 낮추어 이르던 일인칭 대명사

● **재삼**
두세 번, 또는 몇 번씩

● **보중하다**
몸의 관리를 잘하여 건강하게 유지하다.

● **간언**
웃어른이나 임금에게 옳지 못하거나 잘못된 일을 고치도록 하는 말

결국 자가사리가 분함을 못 이기고 ◦하릴없이 물러났다.

[중략]

잔치를 마친 후, 용왕이 곁에 선 신하에게 명하여 토끼를 모셔다가 편히 쉬도록 하였다. 토끼가 따라 들어가 보니 ◦영롱한 빛을 발하는 병풍과 진주로 엮은 ◦주렴이 사방에 드리워져 있었고, 저녁 식사를 받고 보니 인간 세상에서는 듣지도 보지도 못하던 진수성찬이었다. 그러나 토끼는 마치 바늘방석에 앉은 듯 불안하기만 했다. '내 비록 잠시 속임수로 용왕을 속였지만, 여
_{좌불안석(거짓말을 언제 들킬지 모르므로)}
기에 오래 머무를 수는 없겠지.' 하는 생각에 밤새 잠을 이루지 못하고, 이튿날 용왕을 뵙고 아
_{전전반측}
뢰었다.

"용왕님의 병환이 심상치 않은 지 이미 오래되었습니다. 하루라도 빨리 육지에 나가 간을
_{빨리 용궁을 벗어나고 싶은 토끼의 마음}
가져오고자 하오니, 바라옵건대 저의 작은 정성을 굽어 살피옵소서."

용왕은 크게 기뻐하며 즉시 별주부를 불러들였다.

"그대는 수고를 아끼지 말고, 다시 토 선생과 함께 인간 세상에 나갔다 오라."

하니, 별주부는 하는 수 없이 머리를 조아려 명을 받들었다.
_{용왕에 대한 별주부의 충성심}
그리하여 토끼는 다시 별주부의 등에 올라앉아 너른 바닷물을 건너 육지에 이르렀다. 별주
_{공간적 배경 변화(수궁 → 육지)}
부가 토끼를 내려놓으니, 토끼는 기쁨에 겨워 노래하되,

"이는 진실로 그물을 벗어난 새요, 함정에서 도망 나온 범이로다. 만일, 나의 묘한 꾀가 아
_{수궁}　_{토끼}　_{수궁}　_{토끼}
니었더라면, 어찌 고향 산천을 다시 볼 수 있었으리오?"
_{자기가 한 일을 스스로 자랑함}
하며 사방으로 팔짝팔짝 뛰놀았다. 별주부가 토끼의 이런 모습을 보고 말하였다.

"우리가 갈 길이 바쁘니, 그대는 속히 돌아갈 일을 생각하라."
_{토끼의 속임수를 깨닫지 못하는 별주부의 우직함과 미련함}
토끼가 큰 소리로 웃으며,
_{비웃음}
"미련한 별주부야, 뱃속에 든 간을 어이 들이고 낼 수 있겠느냐? 이는 잠시 나의 묘한 꾀로 미련하고 어리석은 너희 용왕과 수국 신하들을 속인 말이로다. 또, 너희 용왕이 병든 것이
_{자신이 거짓말한 것이음을 밝힘}
나와 무슨 관계가 있다는 말이냐?"

하고는 소나무 우거진 숲 속으로 자취를 감추어 버렸다. 이때, 별주부는 토끼가 간 곳을 바라보며 길게 탄식하여 가로되,

"충성이 부족한 탓에 간특한 토끼에게 속아 빈손으로 돌아가게 되었으니 무슨 면목으로 우
_{토끼가 도망간 책임을 자신에게 돌림(충성심)}
리 용왕과 신하들을 대하리오? 차라리 이곳에서 죽는 것만 같지 못하도다."

하고 토끼에게 속은 사연을 적어 바위에 붙이고, 머리를 바위에 부딪쳐 죽었다.
_{토끼의 간을 얻지 못한 일을 자책하여 스스로 목숨을 끊은 별주부(우직함)}

＋토끼가 용궁에서 처한 상황과 관련된 한자 성어

고립무원	고립되어 구원받을 데가 없음
사면초가	아무에게도 도움을 받지 못하는 곤란한 지경에 빠짐
진퇴양난	이러지도 저러지도 못하는 어려운 처지

🔍 꼼꼼 단어 돋보기

● 하릴없이
달리 어떻게 할 도리가 없이

● 영롱하다
광채가 찬란하다.

● 주렴
구슬 따위를 꿰어 만든 발

○ 등장인물의 상징 및 주제

등장인물	성격	상징하는 계층	주제
토끼	• 허욕이 강함 • 지혜를 지니고 있음	피지배층 (백성)	• 헛된 욕심에 대한 경계(분수에 맞는 삶 강조) • 위기를 극복하는 지혜
별주부	임금에 대한 충성심을 지니고 있음	지배층 (관리)	임금에 대한 충성심
용왕	• 이기적임 • 어리석고 무능함	지배층	• 헛된 욕심에 대한 경계 • 이기적인 지배층에 대한 비판과 풍자

○ 「토끼전」의 형성과 전승 과정

설화	→	판소리	→	고전 소설	→	신소설
구토 설화		수궁가		토끼전		토의 간

01 윗글에 대한 설명으로 가장 적절한 것은?

① 용왕은 토끼의 말을 끝까지 믿지 않았다.
② 별주부는 뒤늦게 토끼에게 속은 것을 알았다.
③ 토끼는 용왕을 위해 간을 구하러 육지로 떠났다.
④ 자가사리는 권력을 얻기 위해 용왕에게 간언했다.

주목
02 다음 역할을 담당하는 인물은?

> • 위기감을 조성해 긴장감을 고조시킨다.
> • 용왕의 어리석음을 드러낸다.

① 토끼   ② 용왕   ③ 자가사리   ④ 별주부

03 다음을 뒷받침하는 근거로 적절하지 <u>않은</u> 것은?

> 나는 이 글의 주제가 '지배 계층에 대한 비판'이라고 생각해.

① 토끼가 욕심을 부려 죽을 뻔했잖아.
② 용왕은 자신의 권력을 바탕으로 힘없는 토끼의 목숨을 빼앗으려 했잖아.
③ 지배층을 상징하는 용왕이 서민을 상징하는 토끼의 거짓말에 속아 넘어가잖아.
④ 이 작품의 지은이를 알 수 없잖아. 이름을 밝히면 왕에게 잡혀가 큰일을 당했을 것이기 때문에 일부러 자신의 이름을 드러내지 않았을 거야.

정답   정답과 해설 **10**쪽
01 ②   02 ③   03 ①

양반전   박지원

양반이란 *사족을 높여 부르는 말이다. 강원도 정선 고을에 한 양반이 살고 있었다. 그는 성
품이 어질고 글 읽기를 좋아하여 군수가 새로 부임해 올 때면 그 집을 찾아와서 인사를 드렸다.
경제적으로 무능한 선비의 전형적인 모습을 보이는 인물

그런데 이 양반은 집이 가난하여 관아의 곡식을 타다 먹은 것이 쌓여서 천 *석에 이르렀다.
양반이 경제적으로 몰락하던 조선 후기의 시대상이 반영됨

강원도 감사가 그 고을을 둘러보다가 정선에 들러 관곡 장부를 조사하고 크게 노하였다.
양반이 곡식을 타다 먹고 갚지 않았기 때문

"어떤 놈의 양반이 군량에 쓸 곡식을 이렇게 축냈단 말이냐?"

하고, 곧 명해서 그 양반을 잡아 가두게 하였다. 군수는 그 양반이 가난해서 갚을 힘이 없는
것을 딱하게 여기고 차마 가두지 못하였지만 무슨 도리가 없었다. 양반 역시 밤낮 울기만 한
채 해결할 방법을 찾지 못하였다. 그 부인이 역정을 냈다.
현실 문제 해결에 무능한 양반의 모습

"당신은 평생 글 읽기만 좋아하더니 관곡을 갚는 데는 아무런 도움이 안 되는군요. 쯧쯧. 양
반, 양반이란 것이 한 푼어치도 안 되는 것이구려."
비생산적인 글 읽기만 좋아하고, 경제적으로 무능력한 양반에 대한 비판

그 마을에 사는 한 부자가 가족들과 의논하기를,
조선 후기의 신흥 부유층으로, 경제력으로 신분 상승을 꾀하는 인물

"양반은 아무리 가난해도 늘 귀하게 대접받고 나는 아무리 부자라도 항상 천하지 않으냐.
부자가 양반을 사려는 이유(신분 차별)

말도 못하고, 양반만 보면 굽신굽신 두려워해야 하고, 엉금엉금 기어가서 코를 땅에 대고

무릎으로 기는 등 우리는 늘 이런 수모를 받는단 말이다. 이제 동네의 한 양반이 가난해서

타 먹은 관곡을 갚지 못하고 아주 난처한 판이니 그 형편이 도저히 양반을 지키지 못할 것이

다. 내가 장차 그의 양반을 사서 가져 보겠다."
돈으로 양반을 살 수 있는 조선 후기의 사회상이 반영됨

부자는 곧 양반을 찾아가 자기가 대신 관곡을 갚아 주겠다고 청하였다. 양반은 크게 기뻐하
며 승낙하였다. 그래서 부자는 즉시 곡식을 관가에 실어 가서 양반의 *환자를 갚았다.

[중략]

군수는 감탄해서 말하였다.

"군자로구나 부자여! 양반이로구나 부자여! 부자이면서도 재물에 인색함이 없으니 의로운
양반의 빚을 대신 갚아 주고, 그 신분을 산 부자의 행동을 칭송함

일이요, 남의 어려움을 도와주니 어진 일이요, 비천한 것을 싫어하고 귀한 것을 아끼니 지
자신의 비천한 신분을 버리고 양반이라는 귀한 신분을 산 행동

혜로운 일이다. 이야말로 진짜 양반이로구나. 그러나 사사로이 팔고 사더라도 증서를 해 두

지 않으면 소송의 꼬투리가 될 수 있다. 내가 너와 약속을 해서 고을 사람들을 증인을 삼고
양반 매매 증서

증서를 만들 것이니 마땅히 거기에 서명할 것이다."

그리고 군수는 돌아가서 고을 안의 양반 및 농사꾼, *공장, 장사치까지 모두 불러 관아에 모
았다. 부자는 오른편 높직한 자리에 서고, 양반은 *공형의 아래에 섰다.
부자가 양반의 신분을 샀기 때문에 서는 위치가 서로 달라짐

그리고 증서를 만들었다.

[중략]

부자는 *호장이 증서를 읽는 것을 쭉 듣고 한참 멍하니 있다가 말하였다.

"양반이라는 게 이것뿐입니까? 저는 양반이 신선 같다고 들었는데 정말 이렇다면 너무 재미

이해와 감상

이 작품은 조선 시대 몰락하는 양
반들의 무능함과 위선적인 모습
을 풍자하고 있다.

작품 정리

갈래 : 한문 소설, 풍자 소설
성격 : 풍자적, 비판적
배경 : 조선 후기, 강원도 정선군
시점 : 전지적 작가 시점
주제 : 양반들의 비생산성, 특권
의식에 대한 비판과 풍자
특징
• 조선 후기의 사회상을 잘 반영
하고 있음
• 몰락하는 양반들의 위선적인
생활 모습을 비판, 풍자함

꼼꼼 단어 돋보기

● **사족**
선비나 무인(武人)의 집안. 또는
그 자손

● **석**
부피의 단위. 한 석은 한 말의 열
배로 약 180리터(ℓ)에 해당한다.

● **관곡**
국가나 관청에서 가지고 있는 곡식

● **역정**
몹시 언짢거나 못마땅하여 내는 성

● **환자**
조선 시대에, 곡식을 저장하였다
가 백성들에게 봄에 꾸어 주고 가
을에 이자를 붙여 거두던 일. 또
는 그 곡식

● **공장**
수공업에 종사하던 장인. 관공장
과 사공장으로 나뉜다.

● **공형**
조선 시대에 각 고을의 세 구실아
치. 호장, 이방, 수형리를 이른다.

● **호장**
관아의 벼슬아치 밑에서 일을 보
던 사람 중 우두머리

가 없는 걸요. 원하옵건대 제게 이익이 있도록 문서를 바꾸어 주옵소서."

양반이 지켜야 할 의무와 규범, 생활 태도만 나열되어 있었기 때문

그래서 문서를 다시 작성하였다.

하늘이 백성을 낳을 때 백성을 넷으로 구분하였다. 네 가지 백성 가운데 가장 높은 것이 선비이니 이것이 곧 양반이다. 양반의 이익은 막대하니 <u>농사도 짓지 않고 장사도 하지 않고</u> 글을 하면 크게는 문과 급제요, 작게는 진사가 되는 것이다. 문과의 ●홍패는 길이 두 자 남짓한 것이지만 백 가지 물건이 구비되어 있어 그야말로 돈 자루이

생산적인 활동은 하지 않음

다. 「진사가 나이 서른에 처음 관직에 나가더라도 오히려 이름 있는 ●음관이 되고, 잘되

벼슬을 이용하여 백성들을 수탈하여 이익을 취할 수 있다는 의미

면 ●남행으로 큰 고을을 맡게 되어, 귀밑이 양산 바람에 희어지고, 종들이 '예'하는 소

「 」: 양반이라는 신분을 이용하여 권세와 부를 누릴 수 있음

리에 배가 커지며, 방에는 기생이 귀고리로 치장하고, 뜰의 곡식에는 학이 깃든다.」

「궁한 양반이 시골에 묻혀 있어도 강제로 이웃의 소를 끌어다 먼저 자기 땅을 갈고

「 」: 백성을 괴롭히고 수탈해도 되는 양반으로서의 특권

마을의 일꾼을 잡아다 자기 논의 김을 맨들 누가 감히 나를 괄시하랴. 너희들 코에 잿물을 들어붓고 머리끄덩이를 회회 돌리고 수염을 낚아채더라도 누구 감히 원망하지 못할 것이다.」

부자는 증서를 중지시키고 혀를 내두르며,

"그만두시오, 그만두오. ●맹랑하구먼. 나를 장차 도둑놈으로 만들 작정인가."

양반에 대한 직설적인 비판

하고 머리를 흔들고 가 버렸다.

부자가 양반 되기를 포기함

+ 풍자

풍자란 현실의 부정적인 대상이나 모순을 빗대어 넌지시 비판함으로써 웃음을 유발하는 표현 방식이다.

🔍 한눈에 쏙쏙

○ 1차 매매 증서의 내용과 비판하고자 하는 모습

1차 매매 증서의 내용	양반으로서 지켜야 할 의무와 규범, 생활 태도
비판하고자 하는 양반의 모습	• 현실적으로 무능하고 비생산적인 모습 • 공허한 관념, 체면과 형식을 중시하는 태도

○ 이 작품의 주제 의식

"나를 장차 도둑놈으로 만들 작정인가."
부당한 특권을 남용해 백성을 수탈하고 이득을 취하는 양반층을 '도둑놈'이라는 표현으로 비판하고 풍자함

○ 이 작품에 나타난 조선 후기 사회의 모습

평민 부자가 양반 신분을 삼	➡	부유해진 평민층이 등장함
양반이 신분을 팔아 환자를 갚음	➡	경제적으로 몰락하는 양반이 생김
군수가 양반 매매 증서를 만들어 주려 함	➡	돈으로 신분을 사고파는 것이 가능하게 됨 → 신분제가 점차 붕괴되고 있음

🔍 꼼꼼 단어 돋보기

● **홍패**
문과의 회시(會試)에 급제한 사람에게 주던 증서. 붉은 종이에 성적, 등급, 성명을 먹으로 적었다.

● **음관**
과거를 거치지 아니하고 조상의 공덕에 의하여 맡은 벼슬. 또는 그런 벼슬아치

● **남행**
'음관'과 같은 말

● **맹랑하다**
생각하던 바와 달리 허망하다.

04 윗글에 드러나는 양반에 대한 설명으로 적절하지 <u>않은</u> 것은?

① 강원도 정선에서 살고 있다.

② 어질고 글 읽기를 좋아했다.

③ 정부에서 중요한 역할을 수행한 적이 있다.

④ 관아에서 곡식을 빌려 먹을 정도로 형편이 어려웠다.

05 윗글에서 양반의 부인이 양반을 풍자한 이유로 가장 적절한 것은?

① 경제적으로 무능력했기 때문이다.

② 양반으로서 학식이 부족했기 때문이다.

③ 가족들에게 권위적으로 군림했기 때문이다.

④ 문제를 해결하지 않고 자신에게 의존했기 때문이다.

_{주목}

06 윗글에 드러나 있는 사회상으로 적절하지 <u>않은</u> 것은?

① 양반들이 신분을 이용하여 이득을 취했다.

② 견고했던 신분 질서가 무너지기 시작했다.

③ 돈을 모은 평민 계층이 새롭게 등장하였다.

④ 양반과 평민 간의 사회적 갈등이 점차 심해졌다.

정답　　정답과 해설 **10**쪽

04 ③　　05 ①　　06 ④

흥부전 작자 미상

앞부분의 줄거리 전라도 운봉과 경상도 함양 땅 어름에 형제가 살았다. 형 놀부는 온갖 나쁜 짓을 일삼았고, 동생 흥부는 형과 달리 마음이 착하고 행실이 남달랐다. 부모님이 돌아가시자 놀부는 괜히 *생트집을 잡아 불호령을 내리며 흥부를 쫓아냈다. 부모님의 유산을 한 푼도 받지 못한 채 내쫓긴 흥부는 어렵게 생계를 꾸려 갔다.

「그래도 집이라고 멍석자리 거적문에 지푸라기를 이불 삼아 춘하추동 *사시절을 지낼 적에,

＿＿＿＿＿＿＿＿＿＿
「 」: 흥부의 가난한 형편

따로 먹고살 도리가 없으니 무엇이 되었든 손에 잡히는 대로 품을 팔아서 끼니를 이었다.」

어떤 일에 드는 힘이나 수고

「흥부가 품을 파는데 상하 전답 김매고, *전세 대동 방아 찧기, *보부상단 삯짐 지고, 초상난

논밭

집 *부고 전하기, 묵은 집에 토담 쌓고, 새집에 땅 돋우고, 대장간 풀무 불기, 십 리 길 가마 메

흙으로 만든 담   불을 피울 때에 바람을 일으키는 기구

고, 오 푼 받고 말편자 걸기, 두 푼 받고 *똥재 치고, 닷 냥 받고 송장 치기. 생전 못 해 보던 일

로 이렇듯 벌기는 버는데 하루 품을 팔면 네댓새씩 앓고 나니 *생계가 막막했다. 할 수 없이 흥

부 아내가 또 품을 파는데, 오뉴월 밭매기와 구시월에 김장하기, 한 말 받고 벼 훑기와 물레질

베 짜기며, 빨래질 헌 옷 깁기, 혼인 장례에 궂은일 하기, 채소밭에 오줌 주기, 갖은 길쌈과 장

달이기, 물방아 쌀 *까불기, 보리 갈 때 거름 놓기, *못자리 때 잡풀 뜯기. 아기 낳고 첫 국밥을

손수 지어 먹은 뒤에 몸조리 대신하여 절구질로 땀을 내고. 한시 반때도 놀지 않고 이렇듯 품

을 파는데도 사는 것이 죽는 것만 못할 지경이었다.」

＿＿＿＿＿＿＿＿＿＿
「 」: 생계를 이어 가기 위해 열심히 노력하는 흥부 부부

[중략]

"어따 이놈 흥부 놈아! 하늘이 사람 낼 때 제각기 정한 분수가 있어서 잘난 놈은 부자 되고

＿＿＿＿＿＿＿＿＿＿
「 」: 놀부의 성격 – 동정심이 없고 욕심이 많음, 남을 돕는 데 인색함

못난 놈은 가난한데 내가 이리 잘사는 게 네 복을 뺏었느냐? 누구한테 떼쓰자고 이 흉년에

곡식을 달라느냐? 목멘 소리 내어 눈물방울이나 찍어 내면 네 잔꾀에 내가 속을 줄 알고! 어

림 반 푼어치도 없다. 쌀 한 말이나 주자 한들 대청 큰 뒤주에 가득가득 들었으니 네놈 주자

큰 마루   곡식을 담아 두는 세간

고 뒤주 헐며, 벼 한 말을 주자 한들 곳간 노적가리 태산같이 쌓였는데 네놈 주자고 노적가

저장하여 둔 물건을 꺼내거나 쓰기 시작하며   수북이 쌓아 둔 곡식 더미

리를 헌단 말이냐? 돈냥을 주자 한들 궤짝에 가득가득 들었으니 네놈 주자고 돈 꾸러미를

헐며, 싸라기나 주자 한들 황계 백계 수백 마리가 밥 달라고 꼬꼬 우니 네놈 주자고 닭 굶기

며, 지게미나 쌀겨나 양단간에 주자 한들 우리 안에 돼지 떼가 꿀꿀대니 네놈 주자고 돼지

이렇게 되든지 저렇게 되든지 두 가지 가운데

굶기며, 식은 밥이나 주자 한들 새끼 낳은 암캐들이 컹컹 짖고 내달으니 네놈 주자고 개를

굶긴단 말이냐?」

놀부는 말을 마치자마자 몽둥이를 들어 메더니 좁은 골에 벼락 치듯 후닥닥 뚝딱 동생을 두

골짜기

드려 패기 시작했다.

"아이고!"

"이 급살 맞아 죽을 놈아, 어째 나를 못살게 왔느냐!"

갑자기 닥쳐오는 재액

후닥닥!

"아이고!"

흥부가 도망을 하려 한들 대문을 닫아걸어 놓은 터라 날지도 뛰지도 못하고 그저 퍽퍽 맞을

놀부가 때려도 항의 한번 못 하고 맞기만 하는 흥부

이해와 감상

이 작품은 착한 동생 흥부는 다친 제비 다리를 고쳐서 복을 받고, 욕심 많은 형 놀부는 벌을 받는 이야기이다.

작품 정리

갈래: 판소리계 소설
성격: 교훈적, 풍자적
배경: 조선 후기, 전라도
시점: 전지적 작가 시점
주제: 형제간의 우애
특징: 동생 흥부가 착한 마음씨를 가져 복을 받는 인물로 설정됨

꼼꼼 단어 돋보기

● **생트집**
아무 까닭이 없이 트집을 잡음. 또는 그 트집

● **사시절**
봄·여름·가을·겨울의 네 철

● **전세 대동**
세금을 특산물 대신 쌀로 통일해서 걷기 시작한 조선 중·후기의 조세 제도인 대동법을 이름

● **보부상**
봇짐장수와 등짐장수를 통틀어 이르는 말

● **부고**
사람의 죽음을 알림. 또는 그런 글

● **똥재**
똥오줌에 재를 섞어 만든 거름

● **생계**
살림을 살아 나갈 방도. 또는 현재 살림을 살아가고 있는 형편

● **까불다**
'까부르다'의 준말. 키를 위아래로 흔들어 곡식의 티나 검불 따위를 날려 버리다.

● **못자리**
볍씨를 뿌리어 모를 기르는 곳

뿐이었다.

뒷부분의 줄거리 흥부네 집 처마에 제비 한 쌍이 새끼를 낳아 기르는데, 구렁이를 피하려다 새끼 한 마리가 떨어져 다리가 부러진다. 흥부는 다친 제비를 정성껏 치료해 준다. 그 인연으로 제비가 박씨를 물어다 주고 그것이 잘 자라 큰 박이 된다. 흥부가 박을 타자 그 속에서 재물이 나와 큰 부자가 된다. 이 소식을 들은 놀부는 부자가 되고 싶은 마음에 제비 다리를 일부러 부러뜨려서 치료해 준다. 놀부도 박씨를 얻어 박을 키웠지만, 박을 타서 오히려 벌을 받고 재산을 모두 빼앗긴다. 흥부는 형을 위로하고 재산을 나누어 주며 우애롭게 지낸다.

🔭 한눈에 콕콕

○ 놀부의 논리와 흥부의 태도

놀부의 논리
• 사람은 태어날 때부터 분수를 지니고 태어남
• 가난도 운명이니 도움받을 생각을 해서는 안 됨

↕

흥부의 태도
• 부모님의 유산을 한 푼도 받지 못하고 내쫓겼지만 가만히 있음
• 도움을 요청하러 찾아간 놀부의 집에서 도움은 받지 못한 채 속절없이 맞고 있음

07 위와 같은 글의 특징으로 적절하지 않은 것은?

① 주로 행복한 결말로 끝이 난다.

② 우연적이고 비현실적인 사건이 일어난다.

③ 현재에서 과거를 회상하는 방식으로 구성된다.

④ 대부분 착한 사람은 복을 받고 악한 사람은 벌을 받는 것으로 그려진다.

08 윗글에서 흥부가 한 일이 아닌 것은?

① 논과 밭 잡초 뽑기

② 대장간에서 불 피우기

③ 오래된 집 지붕 얹어 주기

④ 돌아가신 분의 소식 전하기

정답 정답과 해설 **10**쪽

07 ③　08 ③

춘향전 작자 미상

앞부분의 줄거리 남원 부사의 아들 몽룡이 단옷날 광한루에 나갔다가 기생 월매의 딸 춘향이 그네를 타는 모습을 보고 반한다. 몽룡은 춘향의 집으로 찾아가 춘향과 부부의 연을 맺고, 행복한 나날을 보낸다. 그러던 어느 날, 몽룡은 남원 부사 임기가 끝난 아버지를 따라 한양으로 가게 되어 춘향에게 이별을 고한다. 그 후 남원 부사로 새로 부임한 변학도가 춘향에게 수청을 강요하고, 춘향이 이를 거절하자 춘향을 옥에 가둔다. 한편 한양에서 장원급제한 몽룡은 암행어사의 신분으로 남원에 와서, 변학도의 횡포를 모두 듣게 된다.

"암행어사 출두야!"
<u>극적 반전이 나타나는 장면 – 화려한 잔치 장소가 본관 사또를 징벌하는 장소로 바뀜</u>
역졸들이 일시에 외치는 소리에 <u>강산이 무너지고 천지가 뒤집히는 듯하니</u> 산천초목인들 금
<u>암행어사의 위세를 과장되게 표현함</u>
수인들 아니 떨겠는가.

[중략]

"어, 추워라. 문 들어온다 바람 닫아라. 물 마르다 목 들여라."
<u>언어유희(낱말의 위치를 바꿈)</u>
관청색은 상을 잃고 문짝을 이고 내달으니 서리, 역졸 달려들어 후다닥 딱 친다.

"애고, 나 죽네."

이때 암행어사 분부하되,

"이 고을은 대감께서 계시던 곳이다. 소란을 금하고 객사로 옮기라."
<u>어사또의 아버지</u> <u>다른 곳에서 온 관원이 묵는 곳</u>
관아를 한차례 정리하고 동헌에 올라앉은 후에,

"본관은 •봉고파직하라."
<u>변학도</u> <u>어사또의 임무 수행 – 탐관오리에 대한 징벌</u>
"본관은 봉고파직이오."

동서남북 문밖에 봉고파직이라는 암행어사의 명이 나붙었다. 절차에 따라 옥의 형리를 불러
<u>지방 관아의 형방에 속한 구실아치</u>
분부하되,

"옥에 갇힌 죄인들을 다 올리라."

호령하니 죄인을 올리거늘 다 각각 죄를 물은 후에 죄 없는 자들을 풀어 줄 때,
<u>어사또의 임무 수행 – 억울한 백성 구제 본관 사또의 잘못된 정사를 바로잡음</u>
"저 계집은 무엇인고?"

형리가 아뢴다.

"기생 월매의 딸인데 관가에서 •포악을 떤 죄로 옥중에 있사옵니다."
<u>춘향</u>
"무슨 죄인고?"

"본관 사또를 모시라고 불렀더니 절개를 지킨다면서 사또 명을 거역하고 사또 앞에서 악을
쓴 춘향이로소이다."

어사또 분부하되,

㉠"너만 한 년이 수절한다고 나라의 관리를 욕보였으니 살기를 바랄 것이냐. 죽어 마땅할
<u>춘향의 마음을 떠보는 어사또</u>
것이나 기회를 한 번 더 주마. 내 수청도 거역할 테냐?"

이 어사는 춘향의 마음을 떠보려고 짐짓 한번 다그쳐 보는 것인데, 춘향은 어이가 없고 기가

콱 막힌다.

「내려오는 사또마다 빠짐없이 •명관이로구나! 어사또 들으시오. 「층층이 높은 절벽 높은 바위
「 」: 반어적 표현 – 어사또 또한 변학도 못지않은 부정한 관리라고 비꼼   <u>춘향의 지조와 절개</u>

📖 이해와 감상

이 작품은 양반인 이몽룡과 기생의 딸인 춘향의 신분을 초월한 사랑을 그리고 있다.

📝 작품 정리

갈래: 판소리계 소설
성격: 해학적, 풍자적
배경: 조선 후기, 전라도 남원
시점: 전지적 작가 시점
주제: 남녀 간의 사랑, 탐관오리에 대한 응징
특징
• 판소리의 영향으로 운문체와 산문체가 함께 나타남
• 서술자가 작품에 개입하여 인물과 사건에 대한 자기 생각과 판단을 직접 드러냄(편집자적 논평)
• 서민과 양반의 언어가 섞여 나타나며 의성어·의태어의 사용으로 현장감과 사실성을 획득함

📖 꼼꼼 단어 돋보기

● **봉고파직**
어사나 감사가 못된 짓을 많이 한 고을의 원을 파면하고 관가의 창고를 봉하여 잠금

● **포악**
사납고 악함

● **명관**
일에 밝은 벼슬아치라는 뜻으로, 고을을 잘 다스리는 현명한 관리를 이르는 말

가 바람이 분들 무너지며, 푸른 솔 푸른 대가 눈이 온들 변하리까. 그런 분부 마옵시고 어서

시련(변학도와 어사또의 수청 요구)　　　춘향의 지조와 절개　　시련(변학도와 어사또의 수청 요구)

빨리 죽여 주오." 「 」: 춘향이 자신의 굳은 절개를 비유와 설의법을 통해 표현함

하면서 무슨 생각이 났는지 황급히 이리저리 두리번거리며 향단이를 찾는다.

"향단아, 서방님 혹시 어디 계신가 살펴보아라. 어젯밤 오셨을 때 천만당부했는데 어디를

간곡한 당부

가셨는지, 나 죽는 줄도 모르시는가? 어서 찾아보아라."

어사또 다시 분부하되,

"얼굴을 들어 나를 보아라."

춘향과 몽룡의 극적인 재회

하시기에 춘향이 천천히 고개를 들어 대 위를 살펴보니, 거지로 왔던 낭군이 어사또로 뚜렷이

갈등의 해소, 극적 반전

앉아 있었다. 순간, 춘향은 깜짝 놀라 눈을 질끈 감았다가 떴다.

"나를 알아보겠느냐? 네가 찾는 서방이 바로 여기 있느니라."

어사또는 즉시 춘향의 몸을 묶은 오라를 풀고 동헌 위로 모시라고 명을 내렸다. 몸이 풀린

도둑이나 죄인을 묶을 때에 쓰던, 붉고 굵은 줄

춘향은 웃음 반 울음 반으로,

"얼씨구나 좋을씨고, 어사 낭군 좋을씨고. 남원읍에 가을 들어 낙엽처럼 질 줄 알았더니 객

변학도의 횡포　　　춘향의 위기

사에 봄이 들어 봄바람에 핀 오얏꽃이 날 살리네. 꿈이냐 생시냐? 꿈이 깰까 염려로다."

이몽룡

한참 이렇게 즐길 적에 뒤늦게 달려온 춘향 모도 입이 찢어져라 벙글벙글 웃으며 어깨춤을

추고, 구경 왔던 남원 고을 백성들도 얼씨구 덩실 춤을 추었다. 어사또는 춘향의 손을 잡고 놓

을 줄을 모르고 쌓였던 사연의 ˙실타래는 끝날 줄을 몰랐으니, 그 한없이 즐거운 일을 어찌 일

서술자 개입(편집자적 논평)

일이 말로 하겠는가.

👀 **한눈에 콕콕**

○ '춘향'의 말에 담긴 상징적 의미

바람, 눈	⇔	높은 절벽과 바위, 푸른 솔과 대
'춘향'에게 닥친 시련		'춘향'의 지조와 절개

↓

시련이 닥쳐도 '몽룡'에 대한 지조와 절개를 지키겠다는 '춘향'의 의지가 상징을 통해 드러남

○ 이 작품의 주제 의식

표면적	이면적
• 신분을 초월한 사랑 • 유교적 정절 관념의 고취	• 신분 제약에서 벗어난 인간적 해방 • 탐관오리의 횡포에 대한 민중의 저항

🔍 **꼼꼼 단어 돋보기**

● 실타래

실을 쉽게 풀어 쓸 수 있도록 한
데 뭉치거나 감아 놓은 것

09 어사또가 ㉠처럼 말한 까닭으로 가장 적절한 것은?

① 무너진 마을의 기강을 바로 세워야 했기 때문에
② 춘향의 마음을 다시 한번 확인하고 싶었기 때문에
③ 고을 사람들에게 춘향의 절개를 보여 줘야 했기 때문에
④ 춘향에 대한 마음이 변하여 춘향과 이별하고 싶었기 때문에

10 윗글에서 '춘향'의 지조와 절개를 나타내는 소재로 적절하지 <u>않은</u> 것은?

① 절벽
② 바위
③ 바람
④ 푸른 솔

11 다음 중 의미가 <u>다른</u> 하나는?

① 가을
② 어사또
③ 어사 낭군
④ 봄바람에 핀 오얏꽃

박씨전　　작자 미상

앞부분의 줄거리 조선 인조 때 장안에 사는 이 상공은 뒤늦게 아들을 얻었다. 그의 아들 시백은 어려서부터 총명하고 비범하였다. 시백은 이 상공이 금강산에 사는 박 처사의 청혼을 받아들여 박 처사의 딸과 혼인하지만, 신부가 천하의 박색임을 알고 박씨를 멀리한다. 이에 박씨는 후원에 피화당을 짓고 홀로 지내며 여러 가지 신이한 일들을 드러내 보인다. 시기가 되어 박씨가 허물을 벗고 절세가인으로 변하자 시백이 크게 기뻐하며 이후로는 박씨와 화목하게 지낸다. 세월이 지나 북방 오랑캐가 조선을 침략하여 장안으로 몰아치자 임금 일행은 겨우 도성을 빠져나와 남한산성으로 도망치고, 박씨는 계화를 시켜 피화당을 침범한 용울대를 물리친다.

박씨가 계화를 시켜 용골대에게 소리쳤다.

"무지한 오랑캐 놈들아! 내 말을 들어라. 조선의 운수가 사나워 은혜도 모르는 너희에게 패배를 당했지만, 왕비는 데려가지 못할 것이다. 만일 그런 뜻을 둔다면 내 너희들을 •몰살시킬 것이니 당장 왕비를 모셔 오너라."

하지만 골대는 오히려 코웃음을 날렸다.

"참으로 가소롭구나. 우리는 이미 조선 왕의 항서를 받았다. 데려가고 안 데려가고는 우리 뜻에 달린 일이니, 그런 말은 입 밖에 내지도 마라."

오히려 욕설만 무수히 퍼붓고 듣지 않자 계화가 다시 소리쳤다.

"너희의 뜻이 진실로 그러하다면 이제 내 재주를 한 번 더 보여 주겠다."

계화가 주문을 외자 문득 공중에서 두 줄기 무지개가 일어나며 모진 비가 천지를 뒤덮을 듯 쏟아졌다. 뒤이어 얼음이 얼고 그 위로는 흰 눈이 날리니, 오랑캐 군사들의 말발굽이 땅에 붙어 한 걸음도 옮기지 못하게 되었다.

그제야 골대는 사태가 예사롭지 않음을 깨달았다.

"당초 우리 왕비께서 분부하시기를 장안에 신인(神人)이 있을 것이니 이시백의 후원을 범치 말라 하셨는데, 과연 그것이 틀린 말이 아니었구나. 지금이라도 부인에게 빌어 무사히 돌아가는 편이 낫겠다."

골대가 갑옷을 벗고 창칼을 버린 뒤 무릎을 꿇고 •애걸하였다.

"소장이 천하를 두루 다니다 조선까지 나왔지만, 지금까지 무릎을 꿇은 적은 한 번도 없었습니다. 이제 부인 앞에 무릎을 꿇어 비나이다. 부인의 명대로 왕비는 모셔 가지 않을 것이니, 부디 길을 열어 무사히 돌아가게 해 주십시오."

무수히 애원하자 그제야 박씨가 발을 걷고 나왔다.

"원래는 너희들의 씨도 남기지 않고 모두 죽이려 했었다. 하지만 내 사람 목숨 죽이는 것을 좋아하지 않기에 용서하는 것이니, 네 말대로 왕비는 모셔 가지 말아라. 너희들이 부득이 세자와 대군을 모셔 간다면 그 또한 하늘의 뜻이기에 거역하지 못하겠구나. 부디 조심하여 모셔 가라. 그렇게 하지 않으면 신장과 갑옷 입은 군사를 몰아 너희들을 다 죽인 뒤, 너희 국왕을 사로잡아 분함을 풀고 무죄한 백성까지 남기지 않을 것이다. 나는 앉아 있어도 모든 일을 알 수 있다. 부디 내 말을 명심하여라."

오랑캐 병사들은 황급히 머리를 조아리고 골대는 다시 애원을 했다.

"말씀드리기 황송하오나 소장 아우의 머리를 내주시면, 부인의 태산 같은 은혜를 잊지 않을
<u>용울대</u>
것이옵니다."

하지만 박씨는 고개를 저었다.

 한눈에 콕콕

○ **역사적 사실과 이 작품의 비교**

역사적 사실		박씨전
청나라 군대가 쳐들어오자 조선은 제대로 저항조차 하지 못하고 패하였으며, '인조'가 '청태종'에게 군신의 예를 갖추어 항복함	⬌	'인조'가 항복을 하였으나 '박씨 부인'이 비범한 능력을 발휘하여 청나라 군대를 물리침

⬇

역사적 사실과 다르게 상황을 설정한 것은 전쟁의 패배에 대한 복수와 민족적 자존심을 회복하기 위해서임

○ **여성 주인공의 의의**

박씨 부인	남성에게 보호받는 여성이 아닌 남성보다 우월한 능력을 지닌 존재

⬇

• 억눌렸던 여성들을 대리 만족시킴 • 나라를 지키지 못한 남성들을 간접적으로 질타함

12 윗글을 통해 알 수 있는 내용이 <u>아닌</u> 것은?

① '계화'는 도술을 부려 상대에게 대항하고 있다.

② '용골대'는 '박씨 부인'의 능력을 알고 대비하였다.

③ 조선의 왕은 전쟁에 패하여 오랑캐에 항복하였다.

④ '용골대'는 아우 '용울대'의 머리를 돌려받지 못하였다.

13 '박씨 부인'이 '용골대'에게 요구한 내용으로 알맞은 것은?

① 조선의 땅에서 계속 머무를 것

② 조선 왕의 항서를 없었던 일로 해 줄 것

③ 조선의 왕비를 청나라로 데려가지 말 것

④ 청나라의 왕이 직접 조선에 화해를 청하도록 할 것

14 다음을 참고할 때, 윗글의 창작 의도로 가장 적절한 것은?

역사적 사실	이 작품의 내용
병자호란에서 조선은 청나라에게 굴욕적으로 패배함	청나라 장수 '용골대'가 '박씨 부인'에게 무릎을 꿇고 애걸함

① 봉건 사회의 계급 의식에 저항한다.

② 실제 존재했던 영웅의 활약상을 강조한다.

③ 전쟁의 패배로 인해 상처 입은 민족의 자존심을 회복한다.

④ 가부장적 사회에서 억압받았던 여성들에게 실질적 위안을 준다.

홍길동전 허균

길동이 점점 자라 여덟 살이 되자, 총명하기가 보통이 넘어 하나를 들으면 백 가지를 알 정
도였다. _{길동의 총명함(비범한 인물)} 그래서 공(公)은 길동을 더욱 귀여워하면서도 길동의 출생이 천하여, 길동이 '아버지'
나 '형' 하고 부를 때마다 즉시 꾸짖어 그렇게 부르지 못하게 하였다. _{갈등의 원인(서자)} 길동은 열 살이 넘도록
감히 호부호형(呼父呼兄)하지 못하고 종들로부터 천대받는 것을 뼈에 사무치도록 한탄하면서
_{적서 차별(사회상 반영)}
마음 둘 바를 몰랐다. 어느 가을 9월 보름께가 되자, 달빛이 밝게 비치고 맑은 바람이 쓸쓸하
게 불어와 사람의 마음을 울적하게 하였다. 길동은 서당에서 글을 읽다가 문득 책상을 밀치고
_{길동의 갈등을 심화시키는 분위기}
탄식하기를,

"대장부가 세상에 나서 공맹(孔孟)을 본받지 못할 바에야, 차라리 병법(兵法)이라도 익혀,
_{문관으로 출세하지}
대장인(大將印)을 허리춤에 비스듬히 차고 동정서벌하여 나라에 큰 공을 세우고 이름을 오
_{입신양명(조선 시대 사대부의 삶의 목표)}
래도록 빛내는 것이 장부의 통쾌한 일이 아니겠는가! 나는 어찌하여 이 한 몸 적막하여, 아

버지와 형이 있는데도 아버지를 '아버지'라 부르지 못하고, 형을 '형'이라고 부르지 못하니,

심장이 터질지라. 이 어찌 통탄할 일이 아니겠는가!"

하고, 뜰에 내려와 검술을 익히고 있었다. 그때 마침, 공이 또한 달빛을 구경하다가, 길동이
_{고전 소설의 특징(우연적 사건 전개)}
서성거리는 것을 보고 즉시 불러 물었다.

"너는 무슨 흥이 있어서 밤이 깊도록 잠을 자지 않느냐?"

길동이 공경하는 자세로 대답하였다.

"소인(小人)이 마침 달빛을 즐기는 중입니다. 그런데 만물이 생겨날 때부터 오직 사람이 귀
_{길동이 서자이므로 아버지 앞에서 '소자'라고 하지 못함} _{인본주의}
한 존재인 줄 아옵니다. 그러나 소인에게는 귀함이 없사오니 어찌 사람이라 하겠습니까?"

공은 그 말의 뜻을 짐작은 했지만, 일부러 책망하며 말하였다.
_{적서 차별의 한}
"너 그게 무슨 말이냐?"

길동이 절하고 말씀드리기를

"소인이 평생 서러워하는 바는, 소인이 대감의 정기(精氣)를 받아 당당한 남자로 태어났고,
_{'아버지'라 부르지 못함}
또 낳아서 길러 주신 어버이의 은혜를 입었는데도 아버지를 '아버지'라 못 하옵고 형을 '형'
_{유교적 효(孝) 사상}
이라 못 하오니, 어찌 사람이라 하겠습니까?"

하고, 눈물을 흘리며 적삼을 적셨다.

이해와 감상

이 작품은 우리나라 최초의 한글
소설로, 양반의 서자인 홍길동이
사회 모순을 비판하고 새로운 이
상 세계를 건설하는 이야기이다.

작품 정리

갈래: 한글 소설, 영웅 소설
성격: 비판적, 전기적
배경: 조선 시대, 조선과 율도국
시점: 전지적 작가 시점
주제: 사회 모순 비판과 이상 세
계 건설
특징
• 영웅의 일대기 구조를 가지고
있음
• 당시 사회의 모순을 비판하고
있으나 근본적인 해결책을 제
시하지는 못함

꼼꼼 단어 돋보기

● **호부호형**
아버지를 아버지라고 부르고 형
을 형이라고 부름

● **공맹**
공자와 맹자를 아울러 이르는 말

● **대장인**
대장이 가지던 도장

● **동정서벌**
동쪽을 정복하고 서쪽을 친다는
뜻으로, 이리저리로 여러 나라를
정벌함을 이르는 말

● **책망하다**
잘못을 꾸짖거나 나무라며 못마
땅하게 여기다.

● **적삼**
윗도리에 입는 홑옷

⊙ 개인과 사회의 갈등

홍길동		사회 제도
• 서자로 태어남 • 호부호형을 원함 • 입신양명을 하고자 함	⬅➡	출생이 천한 사람은 호부호형을 하지 못하고, 과거에도 응시하지 못함

⊙ 당시의 사회·문화적 상황

길동은 뛰어난 능력을 지녔으나 서자로 태어나 호부호형을 못함	➡	• 능력보다는 신분이 중요함 • 신분에 대한 차별이 존재함
홍 판서에게는 길동의 어머니뿐만 아니라 첩이 또 있음	➡	양반가에서는 본처 외에 첩을 여러 명 둘 수 있었음

15 윗글에 대한 설명으로 가장 적절한 것은?

① 동물을 의인화한 우화 소설이다.
② 당대 사회의 모습을 반영하고 있다.
③ 여성을 주인공으로 한 한문 소설이다.
④ 남녀 간의 사랑을 소재로 한 애정 소설이다.

주목
16 윗글에서 알 수 있는 사회·문화적 상황이 아닌 것은?

① 신분의 차별이 있었다.
② 문인보다 무인이 더 인정받았다.
③ 종을 거느리고 사는 집이 있었다.
④ 나라에 공을 세우는 것을 가치 있게 생각했다.

17 '길동'이 갈등하는 이유로 가장 적절한 것은?

① 글공부보다 무술 공부가 좋아서
② 출생이 천하여 호부호형하지 못해서
③ 글 읽는 것을 아버지가 허락하지 않아서
④ 어머니가 아버지로부터 사랑받지 못해서

정답 　　정답과 해설 **10**쪽

15 ②　　16 ②　　17 ②

05 I 문학
수필 · 기행문 · 전기문

1 수필

(1) 개념
① 자신의 경험을 바탕으로 얻은 생각이나 느낌을 일정한 형식이나 내용에 제한 받지 않고 자유롭게 표현하는 산문 문학
② 일기, 편지, 평론 등도 수필의 일종임

☆(2) 특징
① 주관적, 고백적: 글쓴이 자신의 실제 체험과 그 과정에서 얻은 깨달음을 주관적, 고백적으로 드러냄
② 1인칭의 문학: '나'로 서술되며, 수필 속의 '나'는 글쓴이 자신임
③ 개성적: 글쓴이의 경험, 생각, 문체 등에서 개성이 잘 드러남
④ 자유로운 형식: 일정한 형식의 제약을 받지 않고 비교적 자유롭게 쓴 글임
⑤ 비전문적: 전문성이 필요하지 않은, 누구나 쓸 수 있는 대중적인 글임
⑥ 신변잡기적: 일상생활에서 보고, 듣고, 느낀 모든 것이 소재가 될 수 있음

(3) 종류

구분	경(輕)수필	중(重)수필
뜻	생활 주변에서 일어나는 여러 가지 일들을 가볍게 쓴 수필 예 일기, 편지 등	사회적인 문제나 관심거리에 대한 자신의 생각을 논리적으로 쓴 수필 예 칼럼, 평론 등
성격	체험적, 개성적, 주관적, 신변잡기적	논리적, 사회적, 비평적
특징	• 친근하고 가벼운 느낌을 줌 • 1인칭의 '나'가 드러나며, 고백적임 • 문장이 가볍고 부드러운 느낌	• 주로 사회적인 문제를 다룸 • 실용적 성격이 강함 • 문장이 무겁고 딱딱한 느낌

(4) 읽는 방법
① 글 전체의 분위기를 느끼며 읽음
② 글의 가치를 파악하고 감동을 느끼며 읽음
③ 글쓴이의 개성적인 문체와 표현을 파악하며 읽음
④ 글쓴이의 가치관이나 인생관을 파악하고 자신과 비교하며 읽음

콕콕 개념 확인하기

1. 수필은 작가의 상상에 의해 쓰인 글이다. (O, X)
2. 수필에 드러나는 글쓴이의 경험, 생각, 문체 등에서 글쓴이의 _____을 파악할 수 있다.

답 1. X 2. 개성

● 산문
율격과 같은 외형적 규범에 얽매이지 않고 자유로운 문장으로 쓴 글

● 평론
사물의 가치, 우열, 선악 따위를 평가하여 논하는 글

● 신변잡기
자신의 주변에서 일어나는 여러 가지 일을 적은 수필체의 글

2 고전 수필(설)

(1) 개념
어떠한 사건이나 사물의 °이치를 풀이한 뒤, 그것에 대한 자신의 의견을 덧붙인 글

☆ (2) 특징
① 글이 주로 2단으로 구성됨
② '사실(경험) + 의견(주장)'의 순서로 이루어짐
③ 개인적 체험을 보편화하여 구성함
④ 표현이 비유적 · °우의적이며, 내용이 교훈적임
⑤ 오늘날의 중수필과 비슷함

콕콕 개념 확인하기

1. 고전 수필은 '의견+사실'의 순서로 이루어진다. (O, X)
2. 고전 수필은 오늘날의 _____과 비슷하다.

답 1. X   2. 중수필

3 기행문

(1) 개념
작가가 여행하면서 보고, 듣고, 느끼고, 겪은 것을 자유로운 형식으로 쓴 글

(2) 특징
① 여행 과정을 시간의 흐름과 공간의 이동에 따라 씀
② 현장감을 주기 위해 현재형 문장을 주로 사용함
③ 글쓴이의 생각이나 느낌이 솔직하고 자유롭게 드러남
④ 정해진 형식이 없이 자유로움

(3) 기행문의 3요소

여정	여행의 과정
견문	여행지에서 보고 들은 것
감상	보고 들은 내용에 대한 글쓴이의 생각이나 느낌

콕콕 개념 확인하기

1. 기행문은 여행하면서 보고, 듣고, 느낀 것을 자유로운 형식으로 쓴 글이다. (O, X)
2. 기행문의 3요소는 '여정, _____, 감상'이다.

답 1. O   2. 견문

🔍 꼼꼼 단어 돋보기

● 이치
사물의 정당한 조리. 또는 도리에 맞는 취지

● 우의적
직접 말하지 않고 다른 사물에 빗대어 비유적으로 표현하는 것

4 전기문

(1) 개념
역사적으로 실존했던 특정한 인물의 생애·일화·업적 등을 실제 사실을 바탕으로 기록하여 독자에게 감동과 교훈을 주기 위한 글

(2) 특징
① 사실성: 실제 인물에 대한 조사·연구를 통해 사실을 기록함
② 문학성: 사실의 기록을 바탕으로 하지만, 정보보다 정서 전달을 목적으로 하며, 다양한 문학적 표현이 사용됨
③ 교훈성: 인물의 사람됨이나 삶의 자세를 통해 독자에게 감동과 교훈을 줌
④ 역사성: 인물이 살았던 시대의 상황이나 사건 등 역사적 사실이 드러남

+ 전기문 vs 소설

전기문	소설
사실성	허구성

(3) 구성 요소

인물	인물에 관한 주요 내용(출생, 성장 과정, 재능)을 서술함
사건	인물의 말이나 행동, 업적, 또는 이와 관련된 일화를 제시함
배경	인물이 태어나서 활동했던 문화적, 사회적, 시대적 배경이 나타남
평가(비평)	인물에 대한 글쓴이의 느낌, 생각, 가치관 등이 드러남

(4) 구성 방법

일대기적 구성	집중적 구성
인물의 출생부터 사망까지의 전 생애를 차례로 기록하는 방법	인물의 생애 가운데 중요한 업적 부분만 집중적으로 기록하는 방법

(5) 읽는 방법
① 인물의 삶과 업적에 대해 파악하며 읽음
② 인물이 살았던 당시의 시대적 상황을 파악하며 읽음
③ 인물의 삶의 방식과 자신의 삶이나 가치관을 비교하며 읽음
④ 인물의 삶과 경험을 통해 배울 점이 무엇인지 생각하며 읽음

콕콕 개념 확인하기

1. 전기문은 허구적 인물의 생애를 기록하여 독자에게 감동과 교훈을 준다. (O, X)
2. 전기문은 독자에게 감동과 _____을 주기 위한 글이다.
3. 전기문의 _____적 구성은 인물의 출생부터 사망까지의 생애를 차례로 기록하는 방법이다.

답 1. X 2. 교훈 3. 일대기

괜찮아　장영희

어머니는 내가 집에서 책만 읽는 것을 싫어하셨다. 그래서 방과 후 골목길에 아이들이 모일
<small>친구들과 어울려 지내지 못할 것을 염려하심</small>
때쯤이면 어머니는 대문 앞 계단에 작은 방석을 깔고 나를 거기에 앉히셨다. 아이들이 노는 것
을 구경이라도 하라는 뜻이었다. 딱히 놀이 기구가 없던 그때 친구들은 대부분 술래잡기, 사방
<small>대문 앞 계단에 방석을 깔고 '나'를 앉히신 이유</small>
치기, 공기놀이, 고무줄 등을 하고 놀았지만, 나는 공기놀이 외에는 어떤 놀이에도 참여할 수
<small>다리가 불편해서 앉아서 하는 놀이만 할 수 있었음</small>
없었다. 하지만 골목 안 친구들은 나를 위해 꼭 무언가 역할을 만들어 주었다. 고무줄이나 달
리기를 하면 내게 심판을 시키거나 신발주머니와 책가방을 맡겼다. 뿐인가? 술래잡기를 할 때
<small>'나'를 배려한 친구들의 행동</small>
에는 한곳에 앉아 있는 내가 답답할까 봐, 미리 내게 어디에 숨을지를 말해 주고 숨는 친구도
있었다.

우리 집은 골목 안에서 중앙이 아니라 구석 쪽이었지만 내가 앉아 있는 계단 앞이 친구들의
놀이 무대였다. 놀이에 참여하지 못해도 나는 전혀 소외감이나 박탈감을 느끼지 않았다. 아
니, 지금 생각하면 내가 소외감을 느낄까 봐 친구들이 배려를 해 준 것이었다. 그 골목길에서
의 일이다. 초등학교 1학년 때였던 것 같다. 하루는 우리 반이 좀 일찍 끝나서 나는 혼자 집 앞
에 앉아 있었다. 그런데 그때 마침 깨엿 장수가 골목길을 지나고 있었다. 그 아저씨는 가위만
쩔렁이며 내 앞을 지나더니 다시 돌아와 내게 깨엿 두 개를 내밀었다. 순간 그 아저씨와 내 눈
이 마주쳤다. 아저씨는 아무 말도 하지 않고 아주 잠깐 미소를 지어 보이며 말했다.

"괜찮아."
<small>'나'에게 위로와 용기를 준 깨엿 장수 아저씨의 말</small>
무엇이 괜찮다는 것인지는 몰랐다. 돈 없이 깨엿을 공짜로 받아도 괜찮다는 것인지, 아니면
<small>'나'의 추측</small>
목발을 짚고 살아도 괜찮다는 것인지…….

하지만 그건 중요하지 않다. 중요한 건 내가 그날 마음을 정했다는 것이다. 이 세상은 그런
대로 살 만한 곳이라고. 좋은 사람들이 있고, 선의와 사랑이 있고, '괜찮아.'라는 말처럼 용서
<small>깨엿 장수 아저씨의 '괜찮아'라는 말이 '나'에게 미친 영향</small>
와 너그러움이 있는 곳이라고 믿기 시작했다는 것이다.

[중략]

시각 장애인이면서 사업가로 유명한 미국의 톰 설리번은 자기의 인생을 바꾼 말은 딱 세 단
어, "Want to play(함께 놀래)?"라고 했다. 어릴 적 시력을 잃고 절망과 좌절감에 빠져 고립
<small>톰 설리번의 인생을 바꾼 말(세상과 친구가 될 수 있게 해 준 말)</small>
된 생활을 할 때 옆집에 새로 이사 온 아이가 그렇게 말했다고 한다. 그 말이야말로 자기가 다
시 세상 밖으로 나올 수 있었던 계기가 되었다는 것이다.

어린아이의 마음은 스펀지같이 무엇이든 흡수한다. 그리고 어느 순간에 마음을 정해 버린

📖 이해와 감상

이 작품은 다리가 불편한 글쓴이가 어린 시절에 겪었던 이야기를 통해 타인에 대한 배려와 이해가 있는 세상을 그려 내고 있다.

📝 작품 정리

갈래: 경수필
성격: 교훈적, 고백적, 성찰적
주제: 어릴 적 들었던 '괜찮아'라는 말의 의미와 가치
특징
- 자기의 경험으로부터 가치와 의미를 이끌어 내고 있음
- 일화를 나열하는 방식으로 글을 전개하고 있음

🔍 꼼꼼 단어 돋보기

● **사방치기**
땅바닥에 공간을 그려 놓고, 그 안에서 돌을 움직이는 놀이

● **쩔렁이다**
얇은 쇠붙이 따위가 흔들리거나 부딪쳐 울리는 소리를 내다.

다. 기준은 '함께'이다. 세상이 친구가 되어 함께하리라는 약속을 할 때 힘들지만 세상은 그런

세상이 살 만한 곳인지 무서운 곳인지 마음을 정하게 되는 기준
대로 살 만한 곳이라 여기게 되고, 함께하리라는 약속이 없으면 세상은 너무 무서운 곳이라 여

기게 된다. 새삼 생각해 보면 내가 이 세상에 정붙이게 하여 준 것은 바로 그 옛날 나와 함께

골목길 친구들 덕분에 세상에 정을 붙이게 됨
하기를 거절하지 않았던 골목길 친구들이다.

👀 한눈에 콕콕

○ '괜찮아.'라는 말에 담긴 의미
- 마음으로 일으켜 주는 부축의 말
- 다시 시작할 수 있다는 희망의 말
- '지금은 아파도 슬퍼하지 말라.'는 나눔의 말
- '그만하면 참 잘했다.'고 용기를 북돋아 주는 말
- '너라면 뭐든지 다 눈감아 주겠다.'는 용서의 말
- '무슨 일이 있어도 나는 네 편이니 넌 절대 외롭지 않다.'는 격려의 말

01 윗글의 특징으로 가장 적절한 것은?

① 주장과 근거를 들어 설득하고 있다.
② 문학 작품에 대한 감상을 서술하고 있다.
③ 체험에서 얻은 감동을 자유롭게 표현하고 있다.
④ 객관적인 설명을 중심으로 정보를 제공하고 있다.

02 글쓴이가 말하고자 하는 바에 대한 감상으로 적절하지 <u>않은</u> 것은?

① 세상은 혼자서 살아가야 하는 곳이다.
② 한마디의 말에도 용기를 얻을 수 있다.
③ 좋은 사람들이 있어 이 세상은 살 만하다.
④ 세상은 용서와 너그러움이 있어 살 만하다.

03 윗글의 내용과 일치하지 <u>않는</u> 것은?

① '나'의 집은 골목 안에서 구석 쪽에 있었다.
② 친구들은 '나'의 집 계단 앞을 놀이 무대로 삼았다.
③ 친구들은 놀 때마다 '나'를 끼워 주는 것을 귀찮아했다.
④ 깨엿 장수의 말은 '나'에게 세상에 대한 믿음을 주었다.

정답　정답과 해설 11쪽

01 ③　02 ①　03 ③

막내의 야구 방망이   정진권

  막내의 담임 선생님은 마흔 남짓한 남자분이신데 무슨 깊은 병환으로 입원을 하셔서 한 두어 달 학교를 쉬시게 되었다. 그렇게 되자 학교에서는 막내의 반 아이들을 이 반 저 반으로 나누어 붙였다. 그러니까 막내의 반은 하루아침에 해체되고 반 아이들은 뿔뿔이 헤어지게 된 것이다.

  그런데 배치해 주는 대로 가 보니 그 반 아이들의 [•]괄시가 말이 아니었다. 그런 괄시를 받을 때마다 옛날의 자기 반이 그리웠다. 선생님을 졸졸 따라 소풍 가던 일, 운동회에서 다른 반 아이들과 당당하게 겨루던 일, 이런저런 자기 반의 아름다운 역사가 안타깝게 [•]명멸하는 것이다. 때로는 편찮으신 선생님이 너무 보고 싶어서 길도 잘 모르는 병원도 찾아갔다. 그러는 동안에 아이들은 선생님이 다 나으셔서 오실 때까지 우리 기죽지 말자 하며 서로서로 격려하게 되었고, 이런 기운이 [•]팽배해지자 이른바 간부였던 아이들은 자기네의 사명을 깨닫게 되었다. 그래
<u>반 아이들의 기를 살리고 반 전체가 단합하도록 이끄는 것</u>
서 몇 아이들이 우리 집에 모였던 것이고, 그 기죽지 않을 방법으로 채택된 것이 야구 대회를 주최하여 우승을 차지하는 것이었다. 연습은 참으로 피나는 것이었다. <u>배 속에서 쪼르륵거리는 소리가 나도 누구 하나 배고프다는 말을 하지 않았다.</u> 연습이 끝나면 또 작전 계획을 세우
<u>야구 연습에 임하는 아이들의 진지한 태도가 드러남</u>
고 검토했다. <u>그러노라면 어느새 하늘에 푸른 별이 떴다.</u>
<u>밤이 될 때까지 연습에 몰두하였음을 의미함</u>

  그리하여 마침내 결승전에 진출했다. 이 반 저 반으로 헤어진 반 아이들은 예선부터 한 사람 빠짐없이 응원에 나섰다. 그 응원의 외침은 차라리 처절한 것이었다. 그러나 열광의 [•]도가니처럼 들끓던 결승전에서 그만 패하고 만 것이다.
<u>결승전의 열기를 도가니 속의 엄청난 온도에 빗대어 표현(직유법)</u>

  "아빠, 우린 해야 돼. 다음번엔 우승해야 돼. 선생님이 다 나으실 때까지 우린 누구 하나도
<u>다른 반 학생들로부터 괄시를 받은 막내네의 설움과 이를 극복하고자 하는 강한 의지</u>
기죽을 수 없어."

  막내는 이야기를 마치면서 이렇게 말했다. 나는 아무 말도 하지 못했다. 무슨 <u>망국민의 독립운동사라도 읽는 것처럼 감동 비슷한 것이 가슴에 꽉 차 오는 것 같았다.</u> 학교라는 데는 단
<u>막내의 순수하고 결연한 의지를 비유(직유법)</u>
순히 국어, 수학이나 가르치는 데가 아니구나 하는 생각도 들었다.
<u>학교가 살아가는 데 필요한 덕목을 배우는 곳이라는 생각을 하게 되었음</u>

  <u>이튿날 밤 나는 늦게 돌아오는 막내의 방망이를 [•]미더운 마음으로 소중하게 받아 주었다.</u> 그
<u>막내의 순수한 열정에 공감하며 막내에 대한 믿음을 드러내는 모습</u>
때도 <u>막내와 그 애의 친구 애들의 초롱초롱한 눈 같은 맑고 푸른 별이 두어 개 하늘에 떠 있었</u>
<u>아이들의 눈을 푸른 별에 빗대어 표현(직유법)</u>
다. 나는 그때처럼 맑고 푸른 별을 일찍이 본 일이 없다.
<u>아이들의 순수한 동심</u>

📖 **이해와 감상**

이 작품은 글쓴이의 막내 아이가 학교에서 경험했던 일을 통해 단결심을 배우는 모습과, 이를 이해해 주는 아버지의 모습을 그린 경수필이다.

📑 **작품 정리**

갈래: 경수필
성격: 긍정적, 희망적
주제: 야구 시합을 통해 단결심을 배우는 막내와 아이들의 순수한 마음
특징
• '야구 방망이'와 '야구 방망이를 받아 주는 나의 행위', '맑고 푸른 별'에 상징성이 담겨 있음
• 야구 시합을 통해 단결심을 배우는 아이들의 착하고 순수한 마음과 이것을 이해하고 받아 주는 아버지의 모습이 따뜻하게 그려짐

🔍 **꼼꼼 단어 돋보기**

● **괄시**
업신여겨 하찮게 대함

● **명멸하다**
먼 곳에 있는 것이 보였다 안 보였다 하다. 여기서는 '있었다가 사라지다.'의 의미임

● **팽배하다**
어떤 기세나 사조 따위가 매우 거세게 일어나다.

● **도가니**
쇠붙이를 녹이는 그릇

● **망국민**
망하여 없어진 나라의 백성

● **미덥다**
믿음성이 있다.

○ '야구 방망이'의 역할과 상징적 의미

역할	• '야구 방망이'를 사 준 뒤로 집에 늦게 오기 시작하는 '막내'에 대한 '나'의 오해를 불러일으키는 소재 • 막내네 반 아이들이 단합하게 하는 매개체로, 부자간의 갈등이 해소되었음을 보여 줌
상징적 의미	• 막내의 노력 • 막내네 반 아이들의 단결심 • 막내네 반 아이들의 자존심

04 윗글을 쓴 의도로 가장 적절한 것은?

① 경험을 통해 깨달은 것을 표현하기 위해

② 문제를 파악하여 해결책을 제시하기 위해

③ 사실적 정보를 객관적으로 알려 주기 위해

④ 현실을 바탕으로 꾸며 쓴 이야기를 전하기 위해

05 윗글에 대한 설명으로 가장 적절한 것은?

① '나'는 야구 우승에의 의지를 다지고 있다.

② 막내는 야구 경기에서 우승하고 싶은 마음이 간절하다.

③ 무뚝뚝한 '나'는 막내의 생활에 대해 전혀 관심이 없다.

④ '나'는 국어, 수학뿐만 아니라 운동도 배울 수 있는 학교 수업에 감탄하였다.

06 막내에 대한 '나'의 감정으로 적절하지 <u>않은</u> 것은?

① 대견함

② 노여움

③ 미더움

④ 기특함

과학자의 서재　최재천

　　그렇게 빈둥거리다 발견한 것이 백과사전이었다. 사실 나는 노는 데는 도가 텄지만 타고난
*독서광은 아니었다. 책이 읽고 싶어 여기저기 찾아다니지도 않았을뿐더러 당시는 교과서 외에
읽을 만한 책도 그다지 없었다.

　　마루에 앉아 바깥 거리를 바라보다가 그것도 시시해져 방 안에 드러누워 뒹굴고 있는데 그
백과사전이 눈에 띄었다. 아마 초등학교 4학년쯤이었을 것이다. 그 책이 언제 어떻게 해서 책
꽂이에 꽂히게 되었는지는 알 수 없다.

　　우연히 백과사전을 펼쳐 본 나는 그때부터 틈만 나면 그 책을 끼고 살았다. 어느 쪽을 펼쳐
도 읽을거리가 그득했다. 몰랐던 사실을 알게 되는 재미가 생각지도 못한 즐거움을 선사했고,
백과사전을 읽는 재미에 푹 빠짐
*총천연색 사진까지 실려 있어 더욱 흥미진진했다. 내가 자주 본 분야는 동물에 대한 것이었는
데 사진을 통해 처음 본 신기한 동물들이 나의 호기심을 마구 자극했다.

　　백과사전의 장점은 처음부터 차근차근 읽을 필요 없이 아무 쪽이나 펼쳐도 재미있게 읽을
수 있다는 것이다. 그날그날 마음 내키는 대로 펼친 쪽을 읽다 보면 마당 가득 노을빛이 물들
책 읽는 재미에 빠져 여러 번 읽음
곤 했다. 그 백과사전이 거의 너덜너덜해지도록 읽었던 것 같다. 그러다가 백과사전을 밀치고
나를 사로잡은 책이 등장했다. 바로 세계 동화 전집이었다.

[중략]

　　이 ㉠세계 동화 전집은 중학교에 진학하여 새로운 소설을 접하기 전까지 나의 세계였다. 수
'나'가 세계 동화 전집에 깊이 빠져 있었음을 알 수 있음
없이 읽고 또 읽었다. 그 이야기들의 주인공이 되어 많은 경험을 하면서 생각 주머니를 키워
갔다. 세계 동화 전집을 만나기 전의 나와 만난 후의 나는 달라졌다. 간단히 말하면 그전까지
없었던 *사유의 세계가 만들어지고, 상상력의 범위가 넓어졌다고 할까?

　　동화 전집을 읽기 전에는 집에서든 시골에 가서든 밤늦게까지 무조건 뛰어놀기만 했다. 특
히 시골에 가면 (㉡)처럼 안 다니는 곳이 없을 정도로 *천방지축 쏘다니며 놀았다. 벌레도
잡고 물고기도 잡으며 눈만 뜨면 싸돌아다니느라 방학이 끝나면 온통 새까맣게 타 있곤 했다.
생각하기보다는 마냥 몸으로 논 것이다.
세계 동화 전집을 읽기 전 '나'의 생활
　　그런데 세계 동화 전집을 읽고 난 후에는 세상과 자연을 대하는 태도부터 달라졌고, 당연히
행동에도 변화가 생겼다. 학교생활을 할 때는 물론이고, 뛰놀 곳 천지인 시골에서도 혼자 가만
히 있는 시간을 스스로 만들기 시작했다. 산을 올라가 무덤 앞에 앉아 한참 생각에 잠기기도
세계 동화 전집을 읽고 난 후의 태도 변화 ①　　　　　　　　세계 동화 전집을 읽고 난 후의 태도 변화 ②
하고, 작은 공책을 들고 가서 무언가를 쓰기도 했다. 소 풀을 먹이러 나가서도 소는 대충 묶어
놓고 냇가에 앉아 냇물이 흘러가는 모습을 물끄러미 바라보곤 했다.
세계 동화 전집을 읽고 난 후의 태도 변화 ③
　　이 모든 게 어머니가 사 주신 세계 동화 전집의 영향이었다. 초등학교 고학년이 되면 모두
성장의 시기를 겪게 마련인데, 나는 동화 덕분에 다른 아이들보다 성숙해지면서 나만의 특별
한 색깔을 만들어 간 것 같다. 또래들보다 생각의 폭이 넓어지고 깊이가 깊어진 것도, 창의적
세계 동화 전집을 읽으며 자아와 개성을 형성함
으로 사고할 수 있는 밑바탕과 시인을 꿈꾸는 감성이 만들어진 것도 그 책들 덕분이었다.

● 글쓴이의 읽기 경험이 삶에 미친 영향

읽은 책	삶에 미친 영향
백과사전	• 몰랐던 사실을 알게 되는 재미를 느낌 • 호기심을 느낌
세계 동화 전집	• 세상과 자연을 대하는 태도와 행동에 변화가 생김 • 생각의 폭이 넓어지고 깊이가 깊어짐 • 창의적으로 사고할 수 있는 밑바탕이 만들어짐 • 시인을 꿈꾸는 감성이 만들어짐

주목

07 윗글을 읽고 알 수 있는 내용으로 가장 적절한 것은?

① '나'는 타고난 독서광이었다.
② '나'는 세계 동화 전집을 여러 번 반복해서 읽었다.
③ '나'는 세계 동화 전집 속 주인공들의 행동을 흉내 내는 것을 좋아했다.
④ '나'는 어릴 때부터 몸으로 노는 것보다 혼자서 생각에 잠기는 것을 즐겨 했다.

08 ㉠이 글쓴이에게 미친 영향으로 적절하지 않은 것은?

① 시인을 꿈꾸는 감성이 만들어졌다.
② 생각의 폭이 넓어지고 깊이가 깊어졌다.
③ 글을 빠르고 정확하게 읽는 능력이 길러졌다.
④ 세상과 자연을 대하는 태도와 행동에 변화가 생겼다.

09 글의 흐름상 ㉡에 들어갈 관용 표현으로 가장 적절한 것은?

① 약방에 감초
② 개밥에 도토리
③ 빛 좋은 개살구
④ 고삐 풀린 망아지

실수

나희덕

실수라면 나 역시 °일가견이 있는 사람이다. 언젠가 °비구니들이 사는 암자에서 하룻밤을 묵은 적이 있다. 다음 날 아침 부스스해진 머리를 정돈하려고 하는데, 빗이 마땅히 눈에 띄지 않았다. 원래 여행할 때 빗이나 화장품을 찬찬히 챙겨 가지고 다니는 성격이 아닌 데다 그날은 아예 가방조차 가지고 있지 않았다. 그러던 중에 마침 노스님 한 분이 나오시기에 나는 아무 생각도 없이 이렇게 여쭈었다.

"스님, 빗 좀 빌릴 수 있을까요?"

스님은 갑자기 당황한 얼굴로 나를 바라보셨다. <u>그제야 파르라니 깎은 스님의 머리가 유난히 빛을 내며 내 눈에 들어왔다.</u> 나는 거기가 비구니들만 사는 곳이라는 사실을 깜박 잊고 엉뚱한 주문을 한 것이었다. 본의 아니게 노스님을 놀린 것처럼 되어 버려서 어쩔 줄 모르고 서 있는 나에게, 스님은 웃으시면서 저쪽 구석에 가방이 하나 있을 텐데 그 속에 빗이 있을지 모른다고 하셨다.

자신의 실수를 깨달음

방 한구석에 놓인 체크무늬 여행 가방을 찾아 막 열려고 하다 보니 그 가방 위에는 먼지가 소복하게 쌓여 있었다. 적어도 오륙 년은 손을 대지 않은 것처럼 보이는 그 가방은 아마도 누군가 산으로 들어오면서 챙겨 들고 온 °세속의 짐이었음에 틀림없었다. 가방 속에는 과연 허름한 옷가지들과 빗이 한 개 들어 있었다.

나는 그 빗으로 머리를 빗으면서 자꾸만 웃음이 나오는 걸 참을 수가 없었다. 절에서 빗을 찾은 나의 엉뚱함도 <u>우물가에서 숭늉 찾는 격</u>이려니와, 빗이라는 말 한마디에 그토록 당황하

모든 일에는 질서와 차례가 있는 법인데 일의 순서도 모르고 성급하게 덤빔을 비유적으로 이르는 속담

고 (㉠)하는 노스님의 표정이 자꾸 생각나서였다. 그러나 그 순간 나는 보았다. 시간을 거슬러 올라가 검은 머리칼이 있던, 빗을 썼던 그 까마득한 시절을 더듬고 있는 그분의 눈빛을. <u>이십 년 또는 삼십 년, 마치 물길을 거슬러 올라가는 연어 떼처럼 참으로 오랜 시간이 그 눈빛</u>

스님이 속세에서의 시간을 추억하는 모습을 비유적으로 나타냄(직유법)

<u>위로 스쳐 지나가는 듯했다.</u> 그 순식간에 이루어진 °회상의 끄트머리에는 그리움인지 무상함인지 모를 묘한 미소가 반짝하고 빛났다. <u>나의 실수 한마디가 산사(山寺)의 생활에 익숙해져 있던 그분의 잠든 시간을 흔들어 깨운 셈이니,</u> 그걸로 작은 °보시는 한 셈이라고 오히려 스스로를

스님이 오랫동안 잊고 있던 세속의 시간을 추억하게 함

위로해 보기까지 했다.

이처럼 악의가 섞이지 않은 실수는 봐줄 만한 구석이 있다. 그래서인지 내가 번번이 저지르는 실수는 나를 곤경에 빠뜨리거나 어떤 관계를 불화로 이끌기보다는 <u>의외의 수확이나 즐거움</u>

글쓴이가 생각하는 실수의 긍정적 의미

을 가져다줄 때가 많았다. 겉으로는 비교적 차분하고 꼼꼼해 보이는 인상이어서 나에게 긴장을 하던 상대방도 이내 나의 모자란 구석을 발견하고는 긴장을 푸는 때가 많았다. 또 실수로 인해 웃음을 터뜨리다 보면 어색한 분위기가 가시고 초면에 쉽게 마음을 트게 되기도 했다. 그렇다고 이런 효과 때문에 상습적으로 실수를 반복하는 것은 아니지만, 「한번 어디에 정신을 집중하면 나머지 일에 대해서 거의 백지상태가 되는 버릇은 쉽사리 고쳐지지 않는다. 특히 풀리

「 」:글쓴이의 성격

122 Ⅰ 문학

📖 이해와 감상

이 작품은 두 가지 일화를 바탕으로 흔히 부정적으로 인식하는 실수를 새로운 시각으로 바라보며 실수의 긍정적인 의미를 이끌어 낸 수필이다.

📝 작품 정리

갈래: 경수필
성격: 교훈적, 자기 고백적
주제: 삶과 정신에 여유를 주는 실수의 가치
특징
• 부정적인 인식의 대상을 새로운 시각에서 바라봄
• 두 가지 일화를 통해 독자의 관심과 흥미를 유발함
• 비유와 묘사, 속담과 관용 표현을 사용하여 문장의 의미를 풍부하게 함

🔍 꼼꼼 단어 돋보기

● **일가견**
어떤 문제에 대해 독자적인 경지나 체계를 이룬 견해

● **비구니**
출가한 여자 승려

● **세속**
불가에서 일반 사회를 이르는 말

● **회상**
지난 일을 돌이켜 생각함

● **보시**
자비심으로 남에게 재물이나 불법을 베풂

지 않는 글을 붙잡고 있거나 어떤 생각거리에 매달려 있는 동안 내가 생활에서 저지르는 사소한 실수들은 내 스스로도 어처구니가 없을 지경이다.

그러면 실수의 '어처구니없음'은 어디서 오는 것일까. 원래 어처구니란 엄청나게 큰 사람이나 큰 물건을 가리키는 뜻에서 비롯되었는데, 그것이 부정어와 함께 굳어지면서 어이없다는 뜻으로 쓰이게 되었다. 크다는 뜻 자체는 약화되고 그것이 크든 작든 우리가 가지고 있는 상상이나 상식을 벗어난 경우를 지칭하게 된 것이다. 그러니 상상에 빠지기 좋아하고 상식으로부터 자유로워지려는 사람에게 어처구니없는 실수가 그림자처럼 따라다니는 것은 아주 자연스러운 일이다.

상상력과 창의력이 풍부한 사람이 실수가 잦음

결국 실수는 삶과 정신의 여백에 해당한다. 그 여백마저 없다면 이 각박한 세상에서 어떻게

실수가 우리 삶과 정신에 여유를 주는 긍정적인 기능을 수행함

숨을 돌리며 살 수 있겠는가. 그리고 발 빠르게 돌아가는 세상에 어떻게 휩쓸려 가지 않고 남아 있을 수 있겠는가. 어쩌면 사람을 키우는 것은 능력이 아니라 실수의 힘일지도 모른다.

✚ 글 속에 나타난 관용 표현

숨을 돌리다	잠시 여유를 얻어 휴식을 취하다.
발 빠르다	알맞은 조치를 신속히 취하다.

🔍 한눈에 콕콕

○ 실수에 관한 글쓴이의 경험과 생각

경험	• 스님에게 빗을 빌려 달라고 하는 실수를 함 • 산사의 생활에 익숙해져 있던 스님의 잠든 시간을 흔들어 깨움

↓

생각	악의가 섞이지 않은 실수는 삶에 의외의 수확이나 즐거움을 가져다줌

10 윗글에서 알 수 있는 글쓴이의 성격으로 가장 적절한 것은?

① 꼼꼼하지 못하고 덜렁댄다.
② 계획을 잘 세우고 꼼꼼히 실천한다.
③ 마음이 따뜻하고 남을 잘 배려한다.
④ 주변 사람들의 시선을 많이 의식한다.

11 '실수'가 글쓴이의 삶에 미친 영향으로 가장 적절한 것은?

① 글쓴이를 곤경에 빠뜨렸다.
② 사람들과의 관계를 어렵게 만들었다.
③ 글쓴이의 성격을 더욱 차분하고 꼼꼼하게 만들었다.
④ 글쓴이가 다른 사람과 관계를 형성하는 데 도움이 되었다.

12 ㉠에 들어갈 말로 가장 적절한 것은?

① 노여워
② 고마워
③ 흐뭇해
④ 어리둥절해

맛있는 책, 일생의 보약   성석제

사방이 산으로 둘러싸인 곳에서 태어나 아침에 눈을 떠서 저녁에 감을 때까지 늘 산을 보아야 하는 곳에서 중학교 1학년까지를 보내고 2학년 봄, 서울의 남쪽 관악산이 올려다보이는 중학교에 전학을 했다. 담임 선생님은 미술 선생님이었는데 특별 활동 시간으로 산악반을 맡고 있기도 했다. 매주 화요일 6교시, 일주일에 단 한 시간 활동하는 그 '특별'한 '활동'은 내 취향과는 아무런 상관없이 시간 내내 산과 학교 사이를 뛰어 오가는 산악반으로 정해졌다.

3학년이 되면서 비로소 내가 좋아하는 특별 활동을 선택할 기회가 왔다. 나는 산악반의 경험에 비추어, 되도록 몸을 많이 움직이지 않는 특별 활동반을 점찍었는데 그게 바로 도서반이었다. 도서반 담당 선생님은 특별 활동의 첫날, 도서반이 할 일을 아주 짧고 쉽게 설명해 주었다.
<u>특별 활동으로 도서반을 선택한 이유</u>

"여러분 곁에는 책이 있다. 그 책 중에서 자기 마음에 드는 책을 골라서 읽고 수업이 끝나는 종소리가 울리면 가면 된다."
「 」: 도서반에서 하는 활동의 내용

그리고 선생님 본인이 마음에 드는 책을 골라서 자리를 잡고 읽는 것으로 시범을 보여 주었다. 나는 책을 고르러 가는 아이들의 뒤를 따라가서 한자로 제목이 씌어 있어서 아이들이 거의 손을 대지 않는 책 가운데 하나를 꺼내 들었다.
<u>내용이 어려워 보여서 학생들이 잘 찾지 않는 책을 고름</u>

그 책은 『한국 고전 문학 전집』 같은 묵직한 제목 아래 편집된 수십 권의 연속물 가운데 한 권이었다. 반드시 읽어야 한다는 것을 강조하는 고전 대부분이 그렇듯 책 표지는 사람의 손을 거의 거치지 않아서 깨끗했다. 지은이는 '박지원', 내가 처음으로 펴 든 대목은 『허생전』이었다. 나이가 두 자리 숫자가 되면서 무협지에 빠지기 시작해서 전학 오기 전 국내에 출간된 대부분의 무협지를 읽었다고 생각하고 있던 내게, 한문 문장을 번역한 예스러운 문체는 별 거부감이 없었다. 내용 역시 익숙했다. '허생'이라는 인물이 깊고 고요한 곳에 숨어 있으면서 실력을 쌓은 뒤에 일단 세상에 나갈 일이 생기자 한바탕 멋지게 세상을 뒤흔들어 놓고는 다시 제자리로 돌아온다. 무협지에서도 흔히 볼 수 있는 방식이었다.
<u>글쓴이가 도서반에서 처음 읽은 작품</u>
<u>글쓴이가 평소 무협지를 즐겨 읽었다는 것을 알 수 있음</u>
<u>즐겨 읽었던 무협지와 『허생전』의 예스러운 문체가 비슷했기 때문에</u>
「 」: 『허생전』과 무협지의 공통적인 요소(내용 전개 방식이 유사함)

『허생전』 다음에는 『호질』, 『양반전』도 있었다. 책이 꽤 두꺼웠으니 박지원의 저작 가운데 상당 부분이 책에 들어 있었을 것이다. 그런데 그 책 속의 주인공들은 내가 읽었던 수많은 무협지의 주인공과는 달라도 많이 달랐다. 무협지를 읽고 나면 주인공 이름 말고는 기억에 남는 게 없는데, 박지원의 소설은 주인공이 다음에 어떻게 되었을지 궁금해지고 내가 주인공이라면 어떻게 했을지 자꾸만 생각하게 만들었다. 한두 번 씹으면 단맛이 다 빠져 버리는 무협지와는 달리 그 책의 내용은 읽을수록 새로운 맛이 우러나왔다. 보석처럼 단단하고 품위 있는 문장은 아름답기까지 했다. 책을 읽으면서 내 정신세계가 무슨 보약을 먹은 듯이 한층 더 넓어지고 수준이 높아지는 듯한 느낌이 들었다. 일주일에 단 한 시간, 도서관에서 단 한 권의 책을 거듭 펴서 읽었을 뿐인데도.
<u>무협지와 고전의 차이점 ①</u>
<u>무협지와 고전의 차이점 ②</u>
<u>책 읽기를 보약을 먹는 것에 빗대어 그 가치를 밝힘</u>

중학교 3학년 1학기 특별 활동 시간에 나는 몇백 년 전 글을 쓴 사람의 숨결이 글을 다리로 하여 내게로 건너와 느껴지는 경험을 처음 해 보았다. 무엇보다 중요한 것은 그것이 무척 재미
「 」: 고전 읽기가 글쓴이에게 준 유익함

이해와 감상

이 작품은 중학교 3학년 때 특별 활동 시간에 도서반 활동을 하며 책을 읽는 즐거움을 깨달은 글쓴이의 경험이 담긴 수필이다.

작품 정리

갈래: 경수필
성격: 교훈적, 회상적
주제: 읽기의 가치와 중요성
특징
- 중학교 때 책을 읽은 경험을 회상하며 읽기의 가치를 드러냄
- 무협지와 비교하여 고전의 매력을 드러냄

꼼꼼 단어 돋보기

● **취향**
하고 싶은 마음이 생기는 방향. 또는 그런 경향

● **저작**
예술이나 학문에 관한 책이나 작품 등을 지음. 또는 그 책이나 작품

있었다는 것이다. 읽으면 내 피와 살이 되는 고전, 맛있는 고전, 내가 재미를 들인 최초의 고전이 우리의 조상이 쓴 것이라는 데에서 나오는 뿌듯함까지 맛볼 수 있었다.

3학년 2학기가 되었을 때 특별 활동 시간은 없어졌다. 내가 1학기의 특별 활동 시간에 읽은 것은 박지원의 책이 전부였다. 하지만 내가 지금 소설을 쓰고 있는 것은 바로 그 책 때문이라고 생각한다. 특별하지 않은 특별 활동 시간에 읽은 아주 특별한 그 책이 내 일생을 바꾸었다.

책 읽기가 글쓴이에게 미친 영향(소설가가 되는 계기)
책 읽기의 가치와 중요성을 깨닫고, 소설가가 되는 계기가 되었기 때문에

누구에게나 그런 일이 일어날 수 있다. 모르고 지나갈 수도 있다. 「어떤 책을 계기로 인간의 지극한 정신문화, 그 높고 그윽한 세계에 닿고 그의 일원이 되는 것은 겪어 보지 못한 사람은 알 수 없는 행복을 안겨 준다. 이 세상에 인간으로 나서 인간으로 살면서 인간다운 삶을 살고 드높은 가치를 추구하는 길을 책이 보여 준다. 책은 지구상에서 인간이라는 종만이 알고 있는, 진정한 인간으로 나아가는 통로이다. 그래서 사람들은 말하는지도 모른다. 책 속에 길이 있다고.

「 」: 책 읽기의 가치

👀 한눈에 콕콕

◘ 글쓴이의 경험이 삶에 미친 영향

글쓴이의 경험	삶에 미친 영향
중학교 3학년 때 도서반에서 아이들이 거의 손을 대지 않는 박지원의 책을 읽음	• 읽기의 가치와 중요성을 깨달음 • 소설가의 길을 걷게 됨

◘ 책 읽기의 가치
• 인간의 지극한 정신문화, 그 높고 그윽한 세계에 닿을 수 있음
• 인간다운 삶을 살고 드높은 가치를 추구하는 길을 보여 줌
• 진정한 인간으로 나아가는 통로가 됨

13 윗글에 대한 설명으로 가장 적절한 것은?

① 독서의 필요성을 다양한 사례를 들어 주장하고 있다.
② 자신의 경험을 바탕으로 독서의 중요성을 전하고 있다.
③ 독서와 등산을 비교하며 독서의 필요성을 강조하고 있다.
④ 독서가 부족한 세태를 다양한 근거를 바탕으로 비판하고 있다.

14 글쓴이가 자신의 경험을 통해 말한 책 읽기의 중요성으로 가장 적절한 것은?

① 책이 인간의 삶을 바꿀 수 있다.
② 학교생활을 하는 데 도움이 된다.
③ 책을 통해 다양한 지식을 습득할 수 있다.
④ 책을 통해 올바른 인간관계를 형성할 수 있다.

15 다음은 이 글의 제목이다. 제목의 의미로 가장 적절한 것은?

맛있는 책, 일생의 보약

① 좋은 책이란 재미있는 책이다.
② 재미있는 책은 보약처럼 쓰다.
③ 책은 읽는 사람의 몸을 건강하게 만든다.
④ 책은 재미있으면서도 정신 건강에 도움이 된다.

• 행랑채가 퇴락하여 지탱할 수 없게끔 된 것이 세 칸이었다. 나는 마지못하여 이를 모두 수리
하였다. 그런데 그중의 두 칸은 비가 샌 지 오래되었으나, 나는 그것을 알면서도 이럴까 저럴
까 망설이다가 ㉠손을 대지 않았던 것이고, 나머지 한 칸은 처음 비가 샐 때 서둘러 기와를 갈
았던 것이다. 이번에 수리하려고 보니 비가 샌 지 오래된 것은 그 •서까래, •추녀, 기둥, •들보가
모두 썩어서 못 쓰게 된 까닭으로 수리비가 엄청나게 들었고, 한 번밖에 비가 새지 않았던 한
칸의 재목들은 온전하여 다시 쓸 수 있었기 때문에 그 비용이 많이 들지 않았다.
　　　　　　　　　　　　　　　　　　　　　　　　　　　　　　　　　　　　… 경험
　나는 이에 느낀 것이 있었다. 사람의 경우도 마찬가지라는 사실을. 잘못을 알고서도 바로
고치지 않으면 곧 그 자신이 나쁘게 되는 것이 마치 나무가 썩어서 못 쓰게 되는 것과 같다.
잘못을 알고 고치기를 꺼리지 않으면 해(害)를 받지 않고 다시 착한 사람이 될 수 있으니, 저
집의 재목처럼 말끔하게 다시 쓸 수 있는 것이다.
　그뿐만 아니라 나라의 정치도 이와 같다. 백성을 좀먹는 무리들을 내버려 두었다가는 백성
들이 •도탄에 빠지고 나라가 위태롭게 된다. 그런 뒤에 급히 바로잡으려 해도 이미 썩어 버린
재목처럼 때는 늦은 것이다. 어찌 삼가지 않겠는가?
　　　　　　　　　　　　　　　　　　　　　　　　　　　　　　　　　　… 깨달음

행랑채를 수리하는 것을 오랫동안 미뤄 왔음
수리해야 한다는 것을 알면서도 계속 미뤄 옴
잘못은 빨리 고쳐야 한다는 것을 깨닫게 해 주는 부분
행랑채를 수리한 경험에서 얻은 교훈을 사람에게 적용함
개과천선(지난날의 잘못이나 허물을 고쳐 올바르고 착하게 됨)
행랑채를 수리한 경험에서 얻은 교훈을 정치에 적용함
탐관오리
자신과 타인에 대한 경계의 태도

👀 한눈에 콕콕

◑ 글쓴이의 경험과 깨달음

경험	행랑채 수리	
깨달음	사람	• 자신의 잘못을 알고도 고치지 않으면 점점 더 나빠짐 • 잘못을 알고 바로 고치면 다시 착한 사람이 될 수 있음
	정치	• 백성을 좀먹는 무리를 내버려 두면 나라가 위태로워짐 • 늦기 전에 잘못을 바로잡아야 정치가 올바르게 됨
결론	잘못이 생기면 더 나빠지기 전에 바로잡아야 함	

📖 이해와 감상

'이옥'은 집을 수리한다는 뜻이고, '설'은 이치에 따라 사물을 해석하고 자기의 의견을 덧붙이는 한문 문체의 한 갈래를 일컫는다.

📄 작품 정리

갈래: 고전 수필
성격: 경험적, 비판적, 유추적, 교훈적
주제: 잘못을 알고 그것을 고쳐 나가는 자세의 중요성
특징
• '집 – 사람 – 정치'를 연관시켜 논지를 확대함
• 경험한 내용을 먼저 제시하고 그에 대한 의견을 덧붙이는 방식으로 내용을 전개함
• 체험을 통해 깨달은 점을 다른 상황에 적용하여 해석하는 유추의 방식을 활용하여 내용을 전개함

🔍 꼼꼼 단어 돋보기

● **행랑채**
기와집이나 초가집이 있던 시절에 대문 곁에 둔 집채. 문간채라고도 함

● **서까래**
마룻대에서 도리(서까래를 받치기 위해 기둥 위에 건너지르는 나무)나 들보에 걸쳐 지른 통나무

● **추녀**
네모지고 끝이 번쩍 들린, 처마의 네 귀에 있는 큰 서까래, 또는 그 부분의 처마

● **들보**
건물의 칸과 칸 사이의 두 기둥 위를 건너지른 나무

● **도탄**
질척거리는 진흙 구렁에 빠지고 숯불에 탄다는 뜻으로, 몹시 곤궁하여 고통스러운 지경을 이르는 말

16 윗글에 대한 설명으로 적절하지 <u>않은</u> 것은?

① '나'는 글쓴이 자신이다.

② 깨달음이 점차 확장되고 있다.

③ 체험을 통해 깨달음을 얻고 있다.

④ '의견(주장) − 사실(경험)'의 순서로 구성되어 있다.

주목

17 윗글을 통해 얻을 수 있는 교훈과 의미가 가까운 속담이 <u>아닌</u> 것은?

① 소 잃고 외양간 고친다.

② 뛰는 놈 위에 나는 놈 있다.

③ 버스 지나간 후에 손 흔든다.

④ 호미로 막을 것을 가래로 막는다.

---

18 윗글을 통해 알 수 있는 사실로 가장 적절한 것은?

① '나'의 행랑채는 총 세 칸이다.

② 행랑채는 지은 지 얼마 되지 않았다.

③ 비를 맞은 목재는 다시 사용할 수 없다.

④ 잘못을 알고 바로 고치면 착한 사람이 될 수 있다.

---

19 다음 밑줄 친 '손'의 의미가 ㉠과 같은 것은?

① 장사꾼의 <u>손</u>에 놀아나다.

② 그 일의 성패는 네 <u>손</u>에 달려 있다.

③ 그는 나의 <u>손</u>에 반지를 끼어 주었다.

④ 이 약을 아이의 <u>손</u>이 안 닿는 곳에 두어라.

06 Ⅰ 문학
희곡 및 시나리오

1 희곡

(1) 개념: 무대 상연을 전제로 한 연극의 대본

(2) 희곡의 특징
    ① **무대 상연을 전제로 한 문학:** 시간, 공간, 인물 수에 제약이 있음
    ② **행동과 대사의 문학:** 배우의 행동과 대사를 통해 사건이 진행되고 주제가 형상화됨
    ③ **갈등의 문학:** 인물 간의 갈등과 해소 과정을 주된 내용으로 함
    ④ **현재 진행형의 문학:** 관객의 눈앞에서 현재 벌어지고 있는 사건으로 표현함

(3) 구성 요소

해설	막이 오르기 전후에 시간적·공간적 배경, 등장인물, 무대 장치 등을 설명함
지시문	등장인물의 행동이나 말투, 음향 효과나 무대 장치 등을 지시하고 설명함
대사	등장인물이 하는 말로, 인물의 성격을 드러내고 사건을 진행시킴

(4) 대사의 종류

대화	인물과 인물이 서로 주고받는 대사
독백	인물이 상대역 없이 혼자서 소리를 내어 하는 대사
방백	관객에게는 들리고 상대역에게는 들리지 않는 것으로 약속된 대사

(5) 구성 단계
    ① **발단:** 배경 및 인물, 갈등의 실마리를 제시함
    ② **전개:** 인물 간 대립과 갈등이 고조됨
    ③ **절정:** 갈등이 심화되고, 긴장감이 조성됨
    ④ **하강:** 갈등이 해결되려는 조짐을 보임
    ⑤ **대단원:** 갈등이 해소됨

> **➕ 희곡의 개념어**
> • **각색:** 문학 작품을 희곡이나 시나리오로 고쳐 쓰는 것을 말한다.
> • **내레이션:** 장면에 따라 필요한 내용이나 줄거리를 해설하는 것을 말한다.

2 시나리오

(1) 개념: 스크린에서의 상영을 전제로 한 영화(드라마) 대본

(2) 특징
    ① 화면에 의해 표현되므로 촬영을 고려해야 하며, 특수한 시나리오 용어가 사용됨
    ② 대사와 행동으로 인물의 특성과 사건의 진행을 표현함
    ③ 장면의 변화가 자유롭고 시·공간적 배경이나 등장인물 수의 제약이 거의 없음
    ④ 직접적인 심리 묘사가 어렵고 장면과 대상에 의해 간접적으로 묘사됨

(3) 시나리오의 구성 요소

장면 표시	• 사건의 배경이 되는 장면의 설정이나 장면 번호 • S#으로 나타냄
해설	시나리오의 첫머리에 등장인물, 때와 장소, 배경 등을 설명해 놓은 부분
대사	• 등장인물이 주고받는 말로, 인물의 성격을 드러내고 사건을 진행시킴 • 갈등 관계를 나타내고 작품의 주제를 구현함
지시문	인물의 표정이나 동작, 카메라 위치, 필름 편집 기술 등을 지시함

(4) 시나리오 용어

C.U.(클로즈업)	특정 부분을 집중적으로 확대하여 찍는 것
E.(이펙트)	효과음
F.I.(페이드인)	화면이 어둡다가 점차 밝아지는 것
F.O.(페이드아웃)	화면이 밝았다가 점차 어두워지는 것
Ins.(인서트)	화면과 화면 사이에 다른 화면을 끼워 넣는 것
NAR.(내레이션)	해설
O.L.(오버랩)	화면을 자연스럽게 겹치게 하면서 장면을 바꾸는 것
Montage(몽타주)	여러 장면을 한데 배합하여 일시적으로 보여 주는 것

쏙쏙 이해 더하기 희곡과 시나리오의 차이점

구분	희곡	시나리오
목적	연극 상연	영화 상영
단위	막과 장	장면
제약	시간적·공간적 배경, 인물 수에 제약이 있음	제약이 거의 없음
형태	상연으로 소멸됨	필름으로 보존됨

＋ 희곡과 시나리오의 공통점
• 서술자가 없다.
• 허구성을 지닌다.
• 갈등이 드러나는 문학이다.
• 대사와 지문으로 사건이 전개된다.

콕콕 개념 확인하기

1. 희곡은 무대 상연을 전제로 한다. (O, X)
2. 희곡은 시·공간적 배경이나 등장인물 수의 제약이 없다. (O, X)
3. 시나리오는 드라마 방영이나 영화 상영을 전제로 한다. (O, X)
4. 시나리오는 카메라로 촬영되어 특수한 용어가 사용된다. (O, X)
5. 희곡과 시나리오에는 언제나 서술자가 있다. (O, X)
6. _____은 연극의 막이 오르기 전후에 시·공간적 배경, 등장인물, 무대 장치를 설명하는 것이다.
7. 희곡과 시나리오에서 _____는 인물의 성격을 드러내고 사건을 진행시키며, 주제를 구현한다.
8. 대사의 종류에는 대화, _____, 방백이 있다.
9. 시나리오의 구성 요소에는 장면 표시, 해설, 대사, _____이 있다.
10. 희곡은 _____과 장으로 구성된다.

답 1. O 2. X 3. O 4. O 5. X 6. 해설 7. 대사 8. 독백 9. 지시문 10. 막

탄탄 실력 다지기

들판에서 　이강백

측량 기사, 퇴장한다. 번개가 치고 천둥이 울리면서 비가 쏟아진다.
형과 아우, 비를 맞으며 벽을 지킨다. 긴장한 모습으로 경계하면서 벽 앞을 오고 간다. 그러나 차츰차츰 걸음이 느려지더니, 벽을 사이에 두고 멈추어 선다.
　　　　　　　　　　(형과 아우가 자신의 행동을 반성하는 계기가 됨)

형: 　어쩌다가 이런 꼴이 된 걸까! 아름답던 들판은 거의 다 빼앗기고, 나 혼자 벽 앞에 있어.
　　　　　　　　　　　　　　　(측량 기사의 흉계를 깨달음)
아우: 내가 왜 이렇게 됐지? 비를 맞으며 벽을 지키고 있다니…….

형: 　요란한 천둥소리! 부모님께서 날 꾸짖는 거야!
　　　　　　　　　(형의 자책)
아우: 빗물이 눈물처럼 느껴져!
　　　(아우의 반성)

형과 아우, 탄식하면서 나누어진 들판을 바라본다.
　　　　　　　　　(분단된 국토(깨진 우애))

형: 　아아, 이 들판의 풍경은 내 마음속의 풍경이야. 옹졸한 내 마음이 벽을 만들었고, 의심 많은 내 마음이 전망대를 만들었어. 측량 기사는 내 마음속을 훤히 알고 있었지. 내가 들고 있는 이 총마저도 그렇잖아. 동생에 대한 내 마음의 불안함을 알고, 그는 마치 나 자신의 분신처럼 내가 바라는 것만을 가져다줬던 거야.
아우: 난 이 들판을 나눠 가지면 행복할 줄 알았어. 형님과 공동 소유가 아닌, 반절이나마 내 땅을 가지기를 바랐지. 그래서 측량 기사가 하자는 대로 했던 거야. 하지만, 나에게 남
　　　(강한 자립(독립)의 욕구)
은 건 벽과 총뿐, 그는 나를 철저히 이용만 했어.
　　　　　　(자신의 상황을 깨달음)
형: 　처음엔 실습이라고 했지. 그러나 실습이 아니었어……. 그런데 지금은 동생을 죽이고
　　　　　　　　　　(들판을 차지하려는 계략이었음)　　　　(아우에 대한 적개심)
싶어! 벽 너머에서 마구 총까지 쏘아 대는 동생이 미워서……. 하지만, 동생을 죽인다고 내 마음이 편해질까? 아냐, 더 괴로울 거야. (총구를 자신의 머리에 겨눈다.) 차라리 내가
　　　　　　　　　　　　　　　　　　(형의 후회(내적 갈등 최고조))
죽는 게 낫겠어!
아우: 이젠 늦었어. 너무 늦은 거야! 벽이 생겼던 바로 그때, 내가 형님께 잘못했다고 말해야 했어. 하지만, 인제 형님은 내 말이라면 믿지 않을 테고, 나 역시 형님 말을 믿지 못해. (고개를 숙이고 흐느껴 운다.) 이래서는 안 돼, 안 되는데 하면서도……. 어쩔 수가 없어.
　　(안타까움, 깊은 후회)
형: 　들판에는 아직도 민들레꽃이 피어 있군! (총을 내려놓고 허리를 숙여 발밑의 민들레꽃을 바라
　　　　　(형제의 우애를 상징, 갈등 해소의 매개물)
본다.) 우리가 언제나 다정히 지내기로 맹세했던 이 꽃…….
아우: 형님과 내가 믿을 수 있는 건 무엇일까? 그것이 단 하나라도 남아 있다면 좋을 텐데 ……. 그렇구나, 민들레꽃이 남아 있어!

이해와 감상

이 작품은 남북 분단의 현실과 그에 대한 극복 의지를 형과 아우의 이야기에 빗대어 상징적으로 나타내고 있다.

작품 정리

갈래: 희곡
성격: 상징적, 우의적, 교훈적
주제: 형제가 마음의 벽을 허물고 우애를 회복함(남북 분단의 현실과 그 극복 의지)

특징
• 날씨의 변화와 사건의 전개 과정 사이에 밀접한 연관이 있음
• 간결하고 압축적인 대사와 상징적인 소재를 사용함
• 형제간의 갈등과 화해 과정을 통해 남북 분단의 현실을 상징적으로 나타냄

(총을 내던지고, 민들레꽃을 꺾어 든다.) 이 꽃을 보니까 그 시절이 그립다. 형님과 함께 행

_{갈등}　　　　_{평화, 화해}

복하게 지냈던 시절이 그리워…….

[중략]

아우: 형님, 내 말 들려요?

형: 　들린다, 들려! 너도 내 말 들리냐?

아우: 들려요!

형: 　우리, 벽을 허물기로 하자!

_{단절된 상황의 극복과 화해의 의지(주제문)}

아우: 네, 그래요. 우리 함께 빨리 허물어요!

무대 조명, 서서히 꺼진다. 다만, 무대 뒤쪽의 들판 풍경을 그린 걸개그림만이 환하게 밝다. 막이 내린다.

_{아름다운 들판을 되찾음(연극이 끝남)}

👀 한눈에 콕콕

○ 소재의 상징적 의미

말뚝과 밧줄	'형'과 '아우' 사이를 갈라놓아 형제간 갈등을 불러일으키는 소재로, 형제의 대립과 갈등을 상징
벽	'측량 기사'의 교묘한 술책과 형제의 갈등으로 인해 설치된 것으로, 남북의 대립으로 인해 설치된 휴전선을 상징
전망대	상대를 감시하기 위한 도구로, 형제간의 의심과 불신을 상징
총	형제간의 갈등을 극단적으로 몰아가는 소재로, 대립과 긴장·갈등의 정점을 상징
민들레꽃	• 형제간의 우애의 증표 • 화해와 동질성 회복을 상징 • 형제간의 우애를 회복하는 매개물(갈등 해결의 실마리)

○ 형제의 갈등

형		동생
형이니까 동생에게 늘 이겨야 한다는 권위적이고 독선적인 사고방식을 가짐	⬄	동생이라서 항상 형에게 지기만 했다는 피해 의식이 있음

⬇

'측량 기사'는 이러한 형제의 마음을 이용하여 형제의 갈등을 표면화하고 심화시킴

01 윗글에 대한 설명으로 적절하지 <u>않은</u> 것은?

① 서술자가 이야기를 전달한다.
② 무대에서 공연하기 위해 쓴 글이다.
③ 인물의 대사와 지시문으로 사건이 전개된다.
④ 시간과 공간, 등장인물 수의 제약을 받는다.

02 윗글에서 대립과 갈등을 의미하는 소재끼리 바르게 짝지어진 것은?

① 들판, 벽, 총
② 벽, 전망대, 총
③ 들판, 전망대, 벽
④ 민들레, 전망대, 총

03 다음 중 윗글을 추천했을 때 가장 많은 도움을 받을 사람은?

① 좋아하는 친구에게 고백하지 못하는 영훈
② 친구와 싸우고 화해할까 말까 망설이는 문경
③ 열심히 공부했지만 성적이 떨어져 속상한 민경
④ 자신을 이해하지 못하는 친구 때문에 속상한 민정

정답   정답과 해설 **13**쪽

01 ①   02 ②   03 ②

오아시스 세탁소 습격 사건　　김정숙

전체 줄거리 '강태국'은 2대째 내려오는 오아시스 세탁소의 주인으로, 세탁소 일을 정리하고 세탁 편의점을 하자는 아내 '장민숙'의 잔소리에도 꿋꿋하게 세탁소를 지켜 내고 있다. '강태국'은 자신이 하는 일이 사람의 마음을 세탁하는 일이라는 신념으로 자신의 직업에 자부심을 느끼고 있기 때문이다. 그러던 어느 날, 할머니의 가족인 '안유식'과 '허영분', '안경우', '안미숙'이 세탁소로 다짜고짜 쳐들어와 할머니의 간병인이 맡긴 것을 내놓으라며 난동을 부린다.

가 강태국이 두꺼비집 옆에 서 있다. 놀라는 사람들. 놀라는 강태국.

강태국: 대영아!

강대영: (머리를 부여잡고 운다.) 아빠!

강태국: (아내에게) 다, 당신 미쳤어?

장민숙: 미쳤어, 아야, 또 혀 깨물었다!

나 강태국: 이게 사람의 형상이야? 뭐야! 뭐에 미쳐서 들뛰다가 지 형상도 잊어버리는 거냐
　　　고. (손에 든 옷 보따리를 흔들어 보이며) 이것 때문에 그래? 1998년 9월 김순임?
　　　　　　　　　　물질에 대한 욕망　　　　　　　　　　　　할머니 유산에 대한 단서　　　　　　　　　　　할머니의 이름
장민숙: (감격에) 여보!
　　　할머니 유산의 50프로를 얻었다는 기쁨
강대영: 엄마, 아빠가 찾았다!

다 안경우: 날 줘요. (엄마에게 응석 부리는 것처럼) 나 부도난단 말이야!

허영분: (거만하게 포기하듯이) 아저씨, 여기요, 50프로 줄 테니까 이리 줘요!

안미숙: (뾰족하게) 내 거는 안 돼!

허영분: 내 거가 어딨어? 결혼할 때 집 사 줬으면 됐지!

안미숙: 나만 사 줬어? 오빠들은?

안유식: (소리친다.) 시끄러! (위협적으로) 죽고 싶지 않으면 내놔!

사람들: (따라서) 어서 내놔!

강태국: ㉠당신들이 사람이야? 어머님 임종은 지키고 온 거야?
　　　　비인간적인 태도에 대한 비판
사람들: 아니!
　　　인간의 기본적인 도리를 잊음

라 강태국: 안 돼, 할머니 갖다 줘야 돼. 왠지 알어? 이건 사람 것이거든. 당신들이 사람이믄
　　　주겠는데, 당신들은 형상만 사람이지 사람이 아니야. 당신 같은 짐승들에게 사람의
　　　　　　　　　탐욕에 눈이 먼 사람들에 대한 강한 비난 → 작가의 생각을 대변함
　　　것을 줄 순 없어. (나선다.)

안유식: 에이! (달려든다.)

강태국: (도망치며) 안 돼!

사람들, 강태국을 향해 서로 밀치고 잡아당기고 뿌리치며 간다. 세탁기로 밀리는 강태국.

강태국, 재빨리 옷을 세탁기에 넣는다. 사람들 서로 먼저 차지하려고 세탁기로 몰려 들어간다. 강태국

이 작품은 할머니의 재산을 차지하기 위해 탐욕스러운 모습을 보이는 사람들과 '강태국'을 대조하여, 물질 만능 주의에 빠진 현대인의 모습을 비판하고 있는 희곡이다.

작품 정리

갈래: 희곡

성격: 현실 비판적, 풍자적, 교훈적

주제: 이기적이고 탐욕스러운 인간에 대한 풍자 및 순수한 인간성에 대한 지향

특징
- 인물들의 행동을 과장하여 웃음을 유발함
- 비현실적인 문학 장치로 갈등이 해결되는 과정을 보여 줌

이 얼른 세탁기 문을 채운다. 놀라는 사람들, 세탁기를 두드린다.

<u>강태국, 버튼 앞에 손을 내밀고 망설인다. 사람들 더욱 세차게 세탁기 문을 두드린다. 강태국, 버튼에 올려놓은 손을 부르르 떨다가 강하게 누른다.</u> 음악이 폭발하듯 시작되고 [●]굉음을 내고 돌아가
(A)   사람들을 세탁하기로 결심함
는 세탁기. 무대 가득 거품이 넘쳐 난다. <u>빨래 되는 사람들의 고통스러운 얼굴이 유리에 부딪혔다
                                비현실적인 장면을 통해 사람들의 탐욕스러운 마음이 깨끗해지는 것을 상징적으로 드러냄
사라지고, 부딪혔다 사라지고…….</u>

마 강태국이 주머니에서 글씨가 **빽빽**이 적힌 눈물 [●]고름을 꺼내어 들고 무릎을 꿇고 앉는다.
                              할머니의 비밀이 적혀 있는 옷고름

강태국: (눈물 고름을 받쳐 들고) 「할머니, 비밀은 지켜 드렸지요? 그 많은 재산, 이 자식 사업 밑
                「　」: 자식들 때문에 재산을 다 써서 남은 재산이 없음
      천, 저 자식 공부 뒷바라지에 찢기고 잘려 나가도, 자식들은 부모 재산이 [●]화수분인 줄
      알아서, 이 자식이 죽는 소리로 **빼돌리**고, 저 자식이 앓는 소리로 **빼돌려**, 할머니를
      거지를 만들어 놓았어도 불효자식들 원망은커녕 형제간에 의 상할까 걱정하시어 끝내
                                  자식들에게 비밀을 말하지 않은 이유
      는 혼자만 아시고 아무 말씀 안 하신 할머니의 마음,」 이제 마음 놓고 가셔서 할아버지
      만나서 다 이르세요. 그럼 안녕히 가세요! 우리 아버지 보시면 꿈에라도 한번 들러 가
      시라고 전해 주세요. (눈물 고름을 태워 드린다.)

음악 높아지며, <u>할머니의 [●]혼백처럼 눈부시게 하얀 치마저고리가 공중으로 올라간다.</u> 세탁기 속의 사람
                        할머니의 죽음을 상징적으로 드러냄
들도 빨래집게에 걸려 죽 걸린다.

강태국: (바라보고) 깨끗하다! 빨래 끝! (크게 웃는다.) 하하하.
           순수하게 정화되어 나온 사람들을 보고 기뻐함

🔍 한눈에 콕콕

○ 등장인물의 대조

강태국		강태국 외의 인물들
• 할머니의 재산에 욕심 내지 않고 묵묵히 자신의 일을 함 • 순수한 인물	⟺ 갈등	• 할머니의 재산을 찾기 위해 세탁소에 잠입함 • 탐욕적이고 비인간적인 인물

○ 제목 '오아시스 세탁소'의 의미

오아시스		오아시스 세탁소
사람이 살기 어려운 사막에서 샘이 솟고 풀과 나무가 자라는 곳	→	물질 만능주의가 팽배한 세상에서 탐욕스러운 사람들의 마음을 깨끗하고 순수하게 만들어 주는 공간

🔎 꼼꼼 단어 돋보기

● **굉음**
몹시 요란하게 울리는 소리

● **고름**
옷고름. 저고리나 두루마기의 깃 끝과 그 맞은편에 하나씩 달아 양 편 옷깃을 여밀 수 있도록 한 헝겊 끈

● **화수분**
재물이 계속 나오는 보물단지

● **혼백**
넋

04 윗글과 같은 갈래에 대한 설명으로 적절하지 <u>않은</u> 것은?

① 무대 상연을 전제로 한다.
② 사건을 현재화하여 표현한다.
③ 해설을 통해 작품의 주제가 드러난다.
④ 인물의 대사와 행동을 통해 사건이 전개된다.

05 ㉠과 같이 말한 이유로 가장 적절한 것은?

① 외모가 사람답게 생기지 않아서
② 자신의 세탁소에 무단으로 침입해서
③ 할머니의 도움 없이 스스로의 힘으로 살아가려고 해서
④ 인간의 기본적 도리조차 저버리고 욕망만 좇고 있어서

06 (A)에 대한 설명으로 적절한 것을 〈보기〉에서 골라 묶은 것은?

> **보기**
> ㄱ. 권선징악이라는 작품의 주제를 드러낸다.
> ㄴ. 비현실적인 장치를 통해 갈등이 해결된다.
> ㄷ. 웃음을 유발하는 요소를 통해 인물을 풍자한다.
> ㄹ. 탐욕스러운 사람들의 마음이 순수하게 바뀌는 과정을 상징적으로 드러낸다.

① ㄱ, ㄴ　　　② ㄱ, ㄹ　　　③ ㄴ, ㄷ　　　④ ㄴ, ㄹ

정답　정답과 해설 **13**쪽

04 ③　05 ④　06 ④

내를 건너서 숲으로
고개를 넘어서 마을로

어제도 가고 오늘도 갈
나의 길 새로운 길

– 윤동주, '새로운 길'

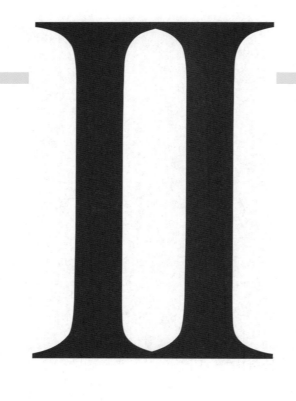

비문학

01

설명하는 글

(1) 개념: 정보 전달을 목적으로 어떤 대상에 대한 정보나 사실, 지식, °원리 등을 쉽게 풀이하여 독자를 이해시키기 위하여 쓴 글

(2) 구성

처음(머리말)	• 글을 쓰게 된 동기 및 설명할 대상을 소개함 • 독자의 관심을 유도함
중간(본문)	여러 가지 설명 방법을 활용하여 구체적으로 설명함
끝(맺음말)	본문 내용을 요약·정리함

(3) 특성

객관성	자신의 주관적인 생각을 배제하고 객관적으로 생각함
사실성	정확한 지식을 사실에 근거하여 전달함
평이성	이해하기 쉽게 °간결하고 쉬운 문장으로 표현함
명료성	뜻이 분명하게 전달되도록 문장을 간결하게 작성함
체계성	3단 구성으로 짜임새 있게 체계적으로 정리하여 표현함

(4) 읽는 방법

① 제시된 내용이 믿을 만한 것인지 판단하며 읽음
② 설명 대상 및 글의 짜임과 전개 방법을 파악하며 읽음
③ 정확한 사실에 근거한 객관적인 내용인지 판단하며 읽음
④ 각 문단의 중심 내용을 바탕으로 글의 주제를 파악하며 읽음
⑤ 글에 쓰인 여러 가지 설명 방법과 전개 방법에 유의하며 읽음

☆(5) 설명 방법의 종류

정의	대상이나 용어의 뜻을 밝혀서 설명함 예 지문(指紋)은 손가락 끝마디 안쪽에 있는 살갗의 무늬 또는 그것이 남긴 흔적이다.
예시	구체적인 예를 들어 설명함 예 까치는 다양한 음식을 즐기는 새다. 곤충을 비롯하여 달팽이, 지렁이, 쥐, 과일, 나무, 감자 등 다양한 것을 먹는다.
비교	둘 이상의 대상을 견주어 공통점을 중심으로 설명함 예 숟가락과 젓가락은 밥을 먹을 때 쓰는 도구이다.
대조	둘 이상의 대상을 견주어 차이점을 중심으로 설명함 예 감기가 시기를 타지 않는 것과 달리 독감은 유행하는 시기가 정해져 있다.

🔍 **꼼꼼 단어 돋보기**

● **원리**
사물의 근본이 되는 이치

● **간결하다**
간단하고 깔끔하다.

분류	대상을 일정한 기준에 따라 나누거나 묶어서 설명함
	예 시는 형식적 규칙을 따랐느냐의 여부에 따라 정형시, 자유시, 산문시로 나뉜다.
분석	어떤 대상을 구성 요소나 부분으로 나누어 설명함
	예 꽃은 꽃잎, 꽃받침, 수술, 암술 등으로 이루어져 있다.
인과	원인과 결과에 따라 설명함
	예 비를 맞아서 감기에 걸렸다.
과정	어떤 일이 되어 가는 차례나 순서에 따라 설명함
	예 라면을 끓이는 방법은 물을 냄비에 넣고 끓인 후 라면과 스프를 넣는 것이다.
인용	다른 사람의 말이나 글을 끌어와 설명함
	예 "시간은 금이다."라는 말이 있다.
묘사	어떤 사물에 대해 그림을 그리듯이 생생하게 표현하여 설명함
	예 내 짝꿍은 얼굴이 달걀형이고 귀가 크고 곱슬머리이다.
서사	시간의 흐름에 따라 설명함
	예 나는 아침을 먹고, 등교해서 공부를 하다가 친구와 함께 점심을 먹고 산책을 한다.

➕ 묘사 VS 서사

묘사는 어느 한 순간에 눈에 보이는 것을 그대로 보여 주는 것이고, 서사는 시간의 흐름에 따라 사건의 변화를 보여 주는 것이다.

(6) 설명하는 글과 설득하는 글의 비교

구분		설명하는 글	설득하는 글
공통점		논리적이고 체계적임	
차이점	목적	정보 전달	주장과 설득
	성격	사실적, 객관적	주관적, 설득적
	구성	처음(머리말) – 중간(본문) – 끝(맺음말)	서론 – 본론 – 결론
	읽는 방법	• 지식과 정보를 이해함 • 내용의 정확성, 객관성을 판단함	• 글쓴이의 주장을 파악함 • 근거의 타당성, 논리성을 파악함

콕콕 개념 확인하기

1. 설명하는 글은 정보 전달을 목적으로 한다. (O, X)
2. 설명하는 글은 '서론–본론–결론'으로 구성된다. (O, X)
3. 설명하는 글은 제시된 내용이 객관적인 내용인지 판단하며 읽는다. (O, X)
4. 대조는 두 대상의 공통점을 중심으로 설명하는 방법이다. (O, X)
5. 설명하는 글은 글쓴이의 주장과 근거가 타당한지 판단하며 읽는다. (O, X)
6. 설명하는 글의 단계 중 _____에서 여러 가지 설명 방법을 활용하여 구체적으로 설명한다.
7. 설명하는 글은 _____ 구성으로 글을 짜임새 있게 체계적으로 표현한다.
8. 구체적인 예를 들어 설명하는 방법은 _____이다.
9. _____는 대상을 일정한 기준에 따라 나누거나 묶어서 설명하는 방법이다.
10. _____은 다른 사람의 말이나 글을 끌어와 설명하는 방법이다.

답 1. O 2. X 3. O 4. X 5. X 6. 중간 7. 3단 8. 예시 9. 분류 10. 인용

관계는 첫인상부터 시작된다   이철우

가 사람들이 첫인상을 형성할 때에 사용하는 정보는 대단히 제한적이다. 쓸 수 있는 정보라고는 기껏해야 상대의 얼굴 생김새, 체격, 키 등의 겉모습과 몸짓, 말투 정도이다. 하지만 이러한 정보만으로도 우리는 상대의 첫인상을 무리 없이 형성한다. 무리가 없는 정도가 아니라 첫인상만으로 상대의 성격뿐만 아니라 모든 것을 판단해 버린다.

첫인상에 영향을 주는 정보

나 사람들은 왜 극히 제한된 정보로 형성된 첫인상을 바꾸려고 하지 않을까? 여기에는 여러 가지 원인이 있겠지만 가장 중요한 원인은 우리들 마음속에 있는 '가설 검증 •바이어스'이다. 「첫인상이 형성되고 난 다음에 사람들은 자신의 판단이 옳다는 것을 증명하는 정보만 선택적으로 받아들이고 자신이 내린 판단에 들어맞지 않는 정보는 무시하거나 쉽게 잊어버린다.」 뚱뚱

「　」: '가설 검증 바이어스'의 개념

한 사람은 절제력이 부족하다고 생각하는 사람은 뚱뚱한 사람의 여러 행동 중에서 자기의 생각에 부합하는 것만 기억하고 나머지는 아예 무시해 버린다. 이 사람은 이러한 과정을 거듭하

부정적 관점 ①

면서 자기의 생각이 옳다고 제멋대로 확신해 버린다. 이러한 현상을 사회 심리학에서는 '가설

부정적 관점 ②

검증 바이어스'라고 부른다.

다 이러한 '가설 검증 바이어스'는 첫인상뿐만 아니라 우리의 생활 전반에 영향을 미치고 있

일상생활에서 접할 수 있는 '가설 검증 바이어스'의 사례가 이어질 것을 예측할 수 있음

다. 혈액형에 따라 성격을 분류하는 '혈액형 성격학'이 들어맞는 것처럼 생각하는 주된 근거도 '가설 검증 바이어스'이다. 사람들은 상대의 혈액형에 •부합한다고 생각하는 성격이나 행동만을 의도적으로 수집하고 또 그것들을 •축적하여, 혈액형이 성격과 관련 있다고 믿는다. 가령, 사

예시

람들은 A형인 사람의 여러 행동 중 내성적이고 소심하다는 것을 입증할 수 있는 정보만을 받

혈액형 성격학에서 제시하는 A형인 사람들의 일반적인 성격

아들인다. A형의 사람이 대범하게 행동하는 것을 보더라도 대수롭지 않게 받아들이고 그것은 곧 기억에서 사라진다. 기억에 남는 것이 내성적이고 소심한 행동뿐이다 보니 혈액형 성격학이 맞는 것처럼 여기는 것이다.

라 미국의 한 심리학자가 사람의 성격을 나타내는 555개의 단어를 정리한 적이 있다. 555라는 숫자가 말해 주듯이 사람의 성격은 매우 다양하다. 게다가 사람의 성격이란 상황에 따라 서로 다른 모습으로 나타날 때가 많다. 「직장에서는 자상한 모습으로 일관하던 사람이 집에서는

「　」: 상황에 따라 사람의 성격이 다르게 나타날 수도 있음을 보여 주는 예

엄한 아버지로 •군림하는 것은 드문 일이 아니다. 또한 주변에 사람이 많으면 수줍어 말도 잘 못하던 친구가 친한 친구끼리 모였을 때에는 전혀 다른 모습을 보여 주는 경우도 많다.」 사람의 성격에는 여러 가지 측면이 있을 수 있다는 이야기이다.

작품 정리

갈래: 설명하는 글
성격: 해설적, 예시적, 객관적
주제: 가설 검증 바이어스의 개념과 위험성
특징
• 어떤 현상이 나타나는 원인을 설명함
• 구체적인 사례를 제시하여 독자의 이해를 도움

꼼꼼 단어 돋보기

● **바이어스(bias)**
편견. 공정하지 못하고 한쪽으로 치우친 생각

● **부합하다**
사물이나 현상이 서로 꼭 들어맞다.

● **축적하다**
지식, 경험, 자금 따위를 모아서 쌓다.

● **군림하다**
(비유적으로) 어떤 분야에서 절대적인 세력을 가지고 남을 압도하다.

마 첫인상은 여러 측면이 있을 수 있는 상대의 성격을 제한된 정보뿐인 자기의 잣대로 재단
하여 마음대로 형성한 것이기에 위험하다. _{첫인상만으로 상대를 판단하는 것의 위험성} 이 모두가 '가설 검증 바이어스' 때문이라는 것은
두말할 필요가 없다. 따라서 우리는 '가설 검증 바이어스'를 _{선입견, 편견의 원인} 버리고 지속적인 관계를 통해 상
대의 실제 모습을 보아야 할 것이다.

👀 한눈에 콕콕

◉ 글의 구조

처음	여러 만남 중에서 첫 만남이 중요한 까닭
중간	'가설 검증 바이어스'의 개념과 그 사례
끝	'가설 검증 바이어스'의 위험성과 글쓴이의 당부

◉ '가설 검증 바이어스'의 개념

자신의 판단이 옳다는 것을 증명하는 정보	⟺	자신이 내린 판단에 들어맞지 않는 정보
⬇		⬇
받아들임		받아들이지 않음

◉ '가설 검증 바이어스'에 대한 상반된 예

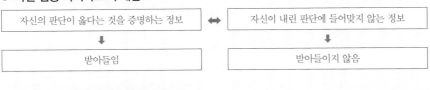

혈액형 성격학	⟺	사람의 성격 특성을 555개의 단어로 정리한 심리학자
같은 혈액형인 사람은 성격이 유사함		사람의 성격은 매우 다양하며 상황에 따라 서로 다른 성격이 나타나기도 함

01 윗글에 대한 설명으로 적절하지 <u>않은</u> 것은?

① 특정 이론을 설명하고 있다.
② 어떤 현상이 나타나는 원인을 제시하고 있다.
③ 구체적인 사례를 들어 독자의 이해를 돕고 있다.
④ 글쓴이의 체험을 바탕으로 내용을 전개하고 있다.

02 윗글을 읽기 전의 활동으로 가장 적절한 것은?

① 책을 읽으며 모르는 어휘는 사전을 찾아보았다.
② 예측했던 내용과 책의 내용이 맞는지 확인하였다.
③ 부족한 점을 보충하기 위해 책을 다시 읽어 보았다.
④ 글쓴이에 대한 정보를 활용하여 책의 내용을 짐작하였다.

주목
03 윗글의 내용과 일치하지 <u>않는</u> 것은?

① '혈액형 성격학'도 '가설 검증 바이어스'에 근거한다.
② 사람들이 첫인상을 형성할 때 사용하는 정보는 매우 다양하다.
③ '가설 검증 바이어스'는 우리 생활 전반에 영향을 미친다.
④ 사람들은 대부분 한번 형성한 첫인상은 잘 바꾸지 않는다.

정답   정답과 해설 **14**쪽
01 ④   02 ④   03 ②

남극과 북극, 어떤 점에서 다를까

살아 있는 과학 교과서1

가 지구에서 따뜻한 태양 에너지를 넉넉하게 받지 못하는 땅이 바로 남극과 북극이다. 이 두
<u>설명 대상</u>
지역은 겉으로는 비슷해 보이지만 서로 전혀 다른 특징을 갖고 있다.
두 지역을 대조의 방식으로 설명할 것임을 알 수 있음. 글의 구조를 알려 주는 부분

나 남극은 면적이 1,360만km²로, 한반도의 60배에 이르는 거대한 대륙이며, 지구상의 7대
대륙 중 다섯 번째로 크다. 오랜 세월 쌓이고 쌓인 눈이 단단하게 굳어져 생긴 두께 2km의 거
대한 얼음덩어리가 남극 대륙 표면의 98%가량을 덮고 있다. 남극에서 오래된 [●]운석이 발견되
는 것으로 보아 이곳에는 오래전 지구 겉면의 모습을 확인할 수 있는 천연 자료들이 보관되어
있을 것으로 보인다.

다 반면에 북극은 아시아와 아메리카 대륙으로 둘러싸인 거대한 북극해를 말한다. 북극해는
<u>남극과 북극 대조</u>
면적이 1,400만km²로, 지중해의 6배이며, 전 세계 바다의 3%를 차지한다. 북극은 이 북극해
주변의 바닷물이 얼어서 된 거대한 얼음덩어리가 떠 있는 것이다. 물론 바다 위로 보이는 빙하
는 전체 얼음덩어리의 10% 정도에 불과하다. ㉠'빙산의 일각'이라는 표현은 여기에서 나온 것
이다.
대부분이 숨겨져 있고 외부로 나타나 있는 것은 극히 일부분에 지나지 않음을
비유적으로 이르는 말. 이 글에서는 빙하의 크기를 강조하는 역할을 함

라 이처럼 서로 다른 지역적 특징은 두 지역의 기후 조건에도 영향을 미친다. 남극과 북극
가운데 어디가 더 추울까? 남극이 훨씬 춥다. 육지는 바다에 비해 쉽게 데워지고 쉽게 식는다.
남극은 이러한 육지가 밑에 있어서 한겨울에 해당하는 8월 말 무렵이면 높은 곳에서는 기온이
영하 70℃ 가까이 내려간다고 한다. 역사상 최저 기온은 영하 89℃였다. 이러한 기후 조건 때
문에 남극에는 연구를 목적으로 [●]거주하는 사람들 외에는 원주민이 없다. <u>남극의 추위를 견뎌</u>
<u>남극에 원주민이 없는 이유</u>
내기가 그만큼 어렵기 때문이다.

마 북극은 주변에 있는 바다와 해류의 영향을 받는다. 얼음덩어리보다 상대적으로 온도가 높
은 바다에서 상승하는 따뜻한 공기 때문에 겨울에는 최저 기온이 영하 30~40℃까지 내려가지
만, 여름에는 영상 10℃ 정도로 비교적 따뜻하다. 그리고 북극에는 우리가 에스키모(Eskimo)
라고 알고 있는 원주민인 이누이트인들이 살아가고 있다.

바 한편, 펭귄은 남극에서 볼 수 있고 북극곰은 북극에서만 산다. 왜 펭귄은 남극에서만 살
까? 펭귄은 여러 종이 있지만 대부분 남극 주변에서 산다. 주로 해안가에서 구멍을 파고 사는
펭귄들은 작은 돌 조각들을 이용하여 둥지를 만든다. 얼음으로 이루어진 들판에서 구할 수 있
는 돌 조각은 햇빛을 흡수하여 체온을 따뜻하게 유지할 수 있는 유일한 물건이다.「펭귄이 주로
남극에 사는 이유는 남극이 아메리카 대륙에서 분리되기 전에 살던 조류 일부가 추위에 적응
하려고 지금의 펭귄으로 [●]진화하였기 때문으로 보고 있다.」
「 」: 펭귄이 남극에 사는 이유

사 반면 북극곰이 북극에 살게 된 것은 북극이 북반구의 육지에서 가까운 곳이기 때문이다.
<u>펭귄과 북극곰 대조</u>
북극 주변의 육지에 살던 곰이 바다에 떠다니는 얼음을 타고 넘어가 살게 되었을 가능성이 매
우 크다. 지금도 유빙을 타고 이동하는 북극곰이 있다고 하니 북극해 주변의 얼음덩어리는 북

작품 정리

갈래: 설명하는 글
성격: 객관적
주제: 남극과 북극의 차이점
특징: 남극과 북극의 특징을 비
교 또는 대조하며 내용을
전개함

꼼꼼 단어 돋보기

● **운석**
지구상에 떨어진 별똥. 대기 중에
돌입한 유성(流星)이 타 버리지
않고 땅에 떨어진 것

● **거주하다**
일정한 곳에 머물러 살다.

● **진화**
생물이 생명의 기원으로부터 점
진적으로 변해 가는 현상

극곰의 이동 수단으로 볼 수 있다. 그렇다고 곰이 얼음덩어리를 타고 남극 대륙까지 갈 수는 없었지만, 남극 주변에 살던 펭귄 같은 조류는 육지를 따라 이동하였기 때문에 상대적으로 남극 대륙으로 이동하기가 더 쉬웠다. 그래서 북극곰은 있지만 남극 곰은 없고, 남극 펭귄은 있지만 북극 펭귄은 없는 것이다.

👀 한눈에 콕콕

▶ 남극과 북극의 차이(대조)

남극	구분	북극
얼음덩어리가 대부분을 덮고 있는 거대한 대륙	지역적 차이	대륙으로 둘러싸인 거대한 바다에 떠 있는 얼음덩어리
육지가 밑에 있어서 북극보다 춥고 원주민이 없음	기후적 차이	주변 바다와 해류의 영향을 받아 비교적 따뜻하여 원주민이 살고 있음
남극이 아메리카 대륙에서 분리되기 전에 살던 조류가 진화한 펭귄이 살고 있음	생태적 차이	북극 주변의 육지에 살던 곰이 유빙을 타고 북극으로 넘어가 살고 있음

🔍 꼼꼼 단어 돋보기

● 지역
일정하게 구획된 어느 범위의 토지

● 기후
일정한 지역에서 여러 해에 걸쳐 나타난 기온, 비, 눈, 바람 따위의 상태

● 생태
생물이 살아가는 모양이나 상태

04 윗글의 내용과 일치하지 <u>않는</u> 것은?

① 남극과 북극은 겉으로는 비슷해 보인다.

② 남극에서 오래전 지구의 모습을 확인할 수 있다.

③ 북극은 북극해 주변의 바닷물이 얼어서 떠 있는 얼음덩어리이다.

④ 북극은 육지가 밑에 있어서 남극보다 훨씬 기온이 낮아 원주민이 없다.

05 **바**와 **사**를 〈보기〉와 같이 요약하고자 할 때 ⓐ에 들어갈 말로 가장 적절한 것은?

> **보기**
>
> 남극과 북극의 (ⓐ) 특징
>
> 남극과 북극에 서식하는 동물을 보면 펭귄은 남극이 아메리카 대륙에서 분리되기 전에 살던 조류가 진화한 것이므로 남극에 살고, 북극곰은 북극 주변의 육지에 살던 곰이 유빙을 타고 북극으로 넘어가 사는 것이다.

① 생태적   ② 지역적

③ 기후적   ④ 역사적

06 밑줄 친 ㉠을 활용한 문장으로 적절하지 <u>않은</u> 것은?

① 이번에 밝혀낸 사건은 빙산의 일각일 뿐이야.

② 빙산의 일각처럼 한 시간째 그대로 앉아 있었다.

③ 사람들이 그에 대해 아는 것은 빙산의 일각이다.

④ 그가 말한 것은 사실 빙산의 일각에 지나지 않았다.

정답   정답과 해설 **14**쪽

04 ④   05 ①   06 ②

읽으면 읽을수록 좋은 만병통치약 권용선

가 친구들, 「고요한 마음으로 책을 읽다 보면 어느새 졸음이 밀려오거나 금세 지루해져서 몸
친근한 호칭 사용 「 」: 독자에게 책 읽기와 관련한 경험을 질문함으로써 공감을 유도함
이 비비 꼬이지? 특히 숙제로 독후감을 써야 할 때, 텔레비전을 보거나 게임을 하고 싶은데 엄
마가 억지로 책을 읽으라고 말하실 때 더 힘들고 더 읽기가 싫지?

　그래도 우리는 책을 읽어. 왜? 「부모님이나 선생님이 시키니까 마지못해 읽기도 하고, 공부
　　　　　　　　　　　　　　「 」: 책을 읽는 목적
를 잘하기 위해서 읽기도 하며, 또 더 똑똑한 사람이 되기 위해서 읽기도 해. 물론 재미있으니
까 읽는 친구들도 있을 거야.

　또 어떤 까닭이 있을까? 책 속에는 우리가 궁금해하는 것들에 대한 대답이 들어 있으니까
읽기도 하지. 기분 전환을 위해서도 책을 읽고, 다른 사람의 생각을 알기 위해서도 책을 읽고,
교양을 쌓기 위해서도 책을 읽지. 이것들 말고도 세상에는 책을 읽어야 하는 까닭이 셀 수도
없이 많을걸!

나 그러고 보니 책 읽기를 만병통치약으로 여긴 사람이 있어. 조선 후기의 학자인 이덕무야.
이 사람은 소문난 책벌레였는데 언제 어디서나 추우나 더우나 기쁠 때나 슬플 때나 늘 책을 손
에서 놓지 않았대. 이덕무가 말한 책 읽기의 유익함이 무엇인지 들어 볼까?
　　　　　열거법을 사용하여 어떤 상황에서도 책을 가까이했던 '이덕무'의 태도를 강조함

　「약간 배가 고플 때 책을 읽으면 그 소리가 훨씬 ㉠낭랑해져 글에 담긴 이치를 맛보
　「 」: '이덕무'가 말하는 책 읽기의 유익함
느라 배고픈 줄도 모르게 되니 이것이 첫 번째 유익함이요, 조금 추울 때 책을 읽으
면 그 기운이 그 소리를 따라 몸속에 스며들면서 온몸이 활짝 펴져 추위를 잊게 되니
이것이 두 번째 유익함이요, 근심과 ㉡번뇌가 있을 때 책을 읽으면 내 눈은 글자에
빠져들고 내 마음은 이치에 잠기게 되어 천만 가지 온갖 ㉢상념이 일시에 사라지니
이것이 세 번째 유익함이요, 기침을 할 때 책을 읽으면 기운이 통창해져 막히는 바가
없게 되어 기침 소리가 ㉣돌연 멎게 되니 이것이 네 번째 유익함이다.」

다 어때, 놀랍지 않아? 배고프고 춥고 골치 아픈 일도 있고 게다가 감기까지 걸렸는데 책을
읽으면 다 낫는다니 말이야. 오직 책 책 책! 책에 이렇게 열중하다니 우리가 요즘 흔히 말하는
'마니아'와 비슷하네. 이덕무는 실제로 '책만 보는 바보'라는 뜻의 '간서치'라고 불리기도 했대.
어떤 한 가지 일에 몹시 열중하는 사람　　　　　　　　　　　　'간서치'의 뜻
라 이렇게 보니까 글을 읽는 것은 정말 만병통치약인 것 같아. 글 속에 담긴 뜻을 이해하면
글 읽는 것을 '만병통치약'에 빗대어 표현함으로써 읽기의 가치와 중요성을 강조
서 지혜로워지고, 몰랐던 것들을 알게 되면서 지식을 쌓는 건 말할 것도 없고, 배고픔이나 추
위도 잊을 수 있고, 걱정이나 근심을 해결하며 몸의 병도 낫게 한다니, 이보다 더 좋은 만병통
글 읽는 것을 '만병통치약'에 비유한 까닭
치약이 어디 있겠어?

　그런데 만약, 배고프거나 배부르지도 않고, 춥거나 덥지도 않고, 몸과 마음이 다 편안하다
면 어떻게 하냐고? 어떻게 하긴 뭘 어떻게 해? 그럴 때야말로 책 읽기에 더없이 좋을 때니까
얼른 책을 들고 독서삼매에 빠져야지!

📖 **작품 정리**

갈래: 설명하는 글
성격: 예시적, 해설적, 교훈적
주제: 책 읽기의 가치와 중요성
특징
- 친근한 어조를 사용하여 부드러운 분위기를 형성함
- 문답법을 사용하여 독자의 관심과 호응을 유도함

📖 **꼼꼼 단어 돋보기**

● **전환**
다른 방향이나 상태로 바뀌거나 바꿈

● **교양**
학문, 지식, 사회생활을 바탕으로 이루어지는 품위. 또는 문화에 대한 폭넓은 지식

● **만병통치약**
여러 가지 경우에 두루 효력을 나타내는 어떤 대책을 비유적으로 이르는 말

● **책벌레**
지나치게 책을 읽거나 공부하는 데만 열중하는 사람을 놀림조로 이르는 말

● **독서삼매**
다른 생각은 전혀 아니 하고 오직 책 읽기에만 골몰하는 경지

◐ 글의 구조

처음	우리가 책을 읽는 까닭
중간	'이덕무'의 삶과 그가 말하는 책 읽기의 유익함
끝	책 읽기의 가치 확인 및 책을 읽자는 당부

◐ '이덕무'가 말하는 책 읽기의 유익함

• 배가 고플 때 책을 읽으면 글에 담긴 이치를 맛보느라 배고픔을 잊게 됨
• 추울 때 책을 읽으면 기운이 스며들면서 온몸이 활짝 펴져 추위를 잊게 됨
• 근심과 번뇌가 있을 때 책을 읽으면 천만 가지 온갖 상념이 일시에 사라짐
• 기침을 할 때 책을 읽으면 기운이 통창해져 기침 소리가 돌연 멎게 됨

◐ 글쓴이가 말하는 읽기의 가치

• 글에 담긴 뜻을 이해하면서 지혜로워질 수 있음
• 몰랐던 것을 알게 되면서 지식을 쌓을 수 있음
• 배고픔이나 추위를 잊을 수 있음
• 걱정이나 근심을 해결할 수 있음
• 몸의 병을 낫게 할 수 있음

⬇

글을 읽는 것 = 만병통치약

주목

07 윗글에 대한 설명으로 적절하지 <u>않은</u> 것은?

① 문답법을 사용하여 독자의 호응과 관심을 유도한다.
② 역사적 인물의 사례를 들어 읽기의 장점을 제시한다.
③ 친근한 어조를 사용하여 부드러운 분위기를 형성한다.
④ 독자가 자신의 독서 태도를 돌아보고 반성하도록 촉구한다.

08 '이덕무'가 말한 책 읽기의 유익함이 <u>아닌</u> 것은?

① 추위를 잊게 해 준다.
② 배고픔을 잊게 해 준다.
③ 기침 소리를 멎게 해 준다.
④ 벼슬길에 나아가게 해 준다.

09 ㉠~㉣의 뜻이 바르게 연결되지 <u>않은</u> 것은?

① ㉠: 소리가 맑고 또랑또랑해져
② ㉡: 마음이 시달려서 괴로워함. 또는 그런 괴로움
③ ㉢: 마음속에 품고 있는 여러 가지 생각
④ ㉣: 틀림없이 꼭

정답   정답과 해설 14쪽

07 ④   08 ④   09 ④

지혜가 담긴 음식, 발효 식품 　　진소영

가 중국 신장의 요구르트, 스페인 랑하론의 °하몬, 우리나라 구례 양동 마을의 된장. 이 음식
들의 공통점은 무엇일까? 이것들은 모두 발효 식품으로, 세계의 장수 마을을 다룬 어느 방송
에서 각 마을의 장수 비결로 꼽은 음식들이다.

나 발효 식품은 건강식품으로 널리 알려져 있다. 또한 다양한 발효 식품이 특유의 맛과 향으
로 사람들의 입맛을 사로잡고 있다. 앞에서 소개한 요구르트, 하몬, 된장을 비롯하여 달콤하
고 고소한 향으로 우리를 유혹하는 빵, 빵과 환상의 궁합을 자랑하는 치즈 등을 그 예로 들 수
있다. 이렇게 몸에도 좋고 맛도 좋은 식품을 만들어 내는 발효란 무엇일까? 그리고 발효 식품
은 왜 건강에 좋을까? 먼저 발효의 개념을 알아보고, 우리나라의 전통 발효 식품을 중심으로
발효 식품의 우수성을 자세히 알아보자.

다 ㉠발효란 곰팡이나 효모와 같은 °미생물이 탄수화물, 단백질 등을 분해하는 과정을 말한
다. 미생물이 유기물에 작용하여 물질의 성질을 바꾸어 놓는다는 점에서 발효는 ㉡부패와 비
슷하다. 하지만 「발효는 우리에게 유용한 물질을 만드는 반면에, 부패는 우리에게 해로운 물질
을 만들어 낸다는 점에서 차이가 있다. 그래서 발효된 물질은 사람이 안전하게 먹을 수 있지
만, 부패한 물질은 식중독을 일으킬 수 있어서 함부로 먹을 수 없다.」

라 그렇다면, 발효를 거쳐 만들어지는 전통 음식에는 무엇이 있을까? 가장 대표적인 전통 음
식으로 김치를 꼽을 수 있다. 김치는 채소를 오랫동안 저장해 놓고 먹기 위해 조상들이 생각해
낸 음식이다. 김치는 우리가 채소의 영양분을 계절에 상관없이 섭취할 수 있도록 해 주고, 발
효 과정에서 더해진 좋은 성분으로 우리의 건강을 지키는 데도 도움을 준다.

마 김치 발효의 주역은 젖산균이다. 채소를 묽은 °농도의 소금에 절이면 효소 작용이 일어나
면서 당분과 아미노산이 생기고, 이를 먹이로 삼아 여러 미생물이 성장하면서 발효가 시작된
다. 이때 김치 발효에 가장 중요한 역할을 하는 젖산균도 함께 성장하고 증식한다. 젖산균은
포도당을 분해하면서 젖산을 만들어 낸다. 젖산은 약한 산성 물질이어서 유해균이 증식하는
것을 억제하고, 김치가 잘 썩지 않게 한다. 그 덕분에 우리는 김치를 오래 두고 먹을 수 있다.

바 맛있는 음식을 만들 때 빠질 수 없는 전통 양념인 간장과 된장도 발효 식품이다. 먼저 간
장을 만드는 과정을 살펴보자. 「콩을 푹 삶아서 찧은 다음, 덩어리로 만든다. 이 콩 덩어리가
바로 메주이다. 메주를 따뜻한 곳에 두어 발효하고 소금물에 담가 우려낸다. 그 국물을 떠내어
달이면 간장이 완성된다.」

사 지금까지 우리의 전통 음식을 중심으로 발효 식품의 우수성을 알아보았다. 발효 식품은
오래 보관할 수 있고, 영양가가 풍부할 뿐만 아니라 그 재료와 미생물의 종류에 따라 독특한
맛과 향을 지녀서 우리 밥상을 풍성하게 해 준다. 이렇게 멋진 발효 식품을 물려준 조상님께
고마워하면서, 오늘 저녁밥으로 보글보글 끓인 된장찌개와 아삭아삭한 김치를 먹는 것은 어떨
까? 앞으로 전통 발효 식품을 발전시킬 방법도 생각해 보면서 말이다.

작품 정리

갈래 : 설명하는 글
성격 : 객관적, 설명적
주제 : 우리나라의 전통 발효 식
품의 우수성
특징
• 구체적인 식품을 예로 들어 발
효 과정을 설명함
• 발효 식품을 만드는 과정을 순
서대로 나열함

꼼꼼 단어 돋보기

● 하몬
돼지 뒷다리를 소금에 절여 발효
시킨 스페인의 생햄

● 미생물
눈으로는 볼 수 없는 아주 작은
생물

● 농도
용액 따위의 진함과 묽음의 정도

● 글의 구조

처음	세계적으로 인정받는 발효 식품
중간	발효의 개념과 우리나라 전통 발효 식품의 우수성
끝	우리나라의 전통 발효 식품을 발전시켜 나가자는 제안

● 윗글에 나타난 설명 방법과 예시

구분	예시
예시	앞에서 소개한 요구르트, 하몬, 된장을 비롯하여 달콤하고 고소한 향으로 우리를 유혹하는 빵, 빵과 환상의 궁합을 자랑하는 치즈 등을 그 예로 들 수 있다.
정의	발효란 곰팡이나 효모와 같은 미생물이 탄수화물, 단백질 등을 분해하는 과정을 말한다.
비교	미생물이 유기물에 작용하여 물질의 성질을 바꾸어 놓는다는 점에서 발효는 부패와 비슷하다.
대조	발효는 우리에게 유용한 물질을 만드는 반면에, 부패는 우리에게 해로운 물질을 만들어 낸다는 점에서 차이가 있다.
인과	젖산은 약한 산성 물질이어서 유해균이 증식하는 것을 억제하고, 김치가 잘 썩지 않게 한다.
과정	간장을 만드는 과정

10 윗글의 내용과 일치하지 <u>않는</u> 것은?

① 빵과 치즈도 발효 식품에 속한다.
② 김치가 발효될수록 젖산균의 양이 늘어난다.
③ 젖산균은 아미노산을 분해하여 젖산을 만든다.
④ 발효 식품은 인간이 오래 살 수 있도록 돕는다.

11 ㉠과 ㉡에 대한 설명으로 적절하지 <u>않은</u> 것은?

① ㉠은 건강에 도움이 되지만, ㉡은 건강을 해친다.
② ㉠은 이로운 물질을, ㉡은 해로운 물질을 만들어 낸다.
③ ㉠과 ㉡은 모두 식품의 저장성을 높이기 위한 것이다.
④ ㉠과 ㉡은 모두 미생물의 작용으로, 물질의 성질을 변하게 한다.

주목
12 마에 사용된 설명 방법으로 가장 적절한 것은?

① 비교　　　　② 대조　　　　③ 정의　　　　④ 인과

13 바에 나타난 설명 방법을 사용하기에 가장 적절한 주제는?

① 한옥의 종류　　　　　② 떡볶이 요리법
③ 컴퓨터의 구조　　　　④ 환경 오염의 원인과 실태

정답　　정답과 해설 **14**쪽
10 ③　11 ③　12 ④
13 ②

우리는 왜 간지럼을 느낄까 서동준

작품 정리

갈래 : 설명하는 글
성격 : 대조적, 설명적
주제 : 간지럼의 특성과 간지럼을
　　　 타는 이유
특징
• 간지럼을 가려움과 대조하여
　그 특성을 명확하게 드러냄
• 다양한 설명 방법을 통해 대상
　을 효과적으로 설명함

가 근질근질 가려움, 키득키득 간지럼

　어떤 물체가 살에 닿아 가볍게 스치면 간지러운 느낌 때문에 가만히 있기 어렵지요. 이처럼 견디기 어렵게 간지러운 느낌은 두 가지로 나누어 볼 수 있습니다. 하나는 '외부 자극에 의한
　　　　　　간지러운 느낌을 간지럼과 가려움으로 나누어 설명(분류)
가려움(Knismesis)'이고, 또 다른 하나는 이 글에서 주의 깊게 살펴볼 '웃음이 나는 간지럼 (Gargalesis)'입니다. 이 둘은 어떻게 다를까요?
　　　　　대조의 방법으로 글이 전개될 것을 예측할 수 있음

　먼저 외부 자극에 의한 가려움을 살펴보겠습니다. 벌레가 팔 위를 누비는 상황을 생각하시면 됩니다. 굉장히 성가신 가려움이지요. 몸 전체의 피부에서 나타나는데 특징은 아주 약한 움
　　　　　　　　　　　　　　　　　　　　가려움의 특성①
직임으로 발생한다는 것입니다. 이것이 느껴지면 '벅벅' 긁거나 문지르고 싶어지지요.
　　　　　　　　　　　　　　가려움의 특성②

　ⓒ가려움은 연구가 많이 진행됐습니다. 아토피 피부염, 두드러기 등 가려움과 관련된 피부 질환이 많고, 하나같이 견디기 어렵기 때문이지요. 과거에는 가려움을 통각(痛覺)의 일종으로
　　　　　　　　　　　　　　　　　　　　　　　가려움의 특성③
여겼습니다. 통각의 세기가 약하면 가려움이 발생한다고 생각해 왔지요.

　하지만 최근 통각이 약하다고 해서 가려움을 느끼는 것이 아니라 가려움을 느끼는 신경이
　　　　　　　　　　　　　　　　　　　　　　　　　　　가려움의 특성④
따로 있다는 사실이 드러났습니다.

　이번에는 이 글에서 본격적으로 주목할 '웃음이 나는 간지럼'을 살펴보겠습니다. 이것은 신체의 특정 부위에서 잘 일어나며, 가려움보다는 더 강한 촉감 때문에 생긴다는 특징이 있습니
　　　　　간지럼의 특성①　　　　　　　　　　가려움의 특성②
다. 간지럼도 가려움과 마찬가지로 이전에는 통각으로 여겼습니다. 1939년에 솜털로 고양이
　　　　　　　　　　　　　　　　간지럼의 특성③
를 살살 간질이는 실험을 한 결과, 고양이의 통각과 관련된 신경들이 반응했고 이를 본 실험자가 간지럼이 통각과 관련이 있다고 주장했습니다. 그 뒤의 연구들도 간지럼은 통각과 관련이 있다는 사실을 뒷받침했지요.

　그런데 1990년, 이와 반대되는 연구 결과가 나왔습니다. 척수 손상으로 통증을 못 느끼는 환자들도 간지럼을 탄다는 것입니다. 간지럼의 원인이 통각만이 아니었던 것입니다. 간지럼의 원인은 다시 혼란에 빠지게 되었습니다. 현재는 촉각과 통각의 혼합이 유력한 후보로 꼽히고
　　　　　　　　　　　　　　　　　　　　　　　　　　간지럼의 특성④
있으며, •압각(壓覺)과 •진동각(振動覺) 등 여러 감각과의 연관성이 제시되고 있습니다.

나 왜 간지럼을 타게 됐을까

「왜 가려움을 느끼게 되었는지는 설명하기 쉽습니다. 가벼운 자극이라도 문지르거나 긁는 반
「 」: 가려움을 느끼게 된 이유(인과)
응을 해야 곤충이나 기생충같이 몸에 해로운 것을 일차적으로 막을 수 있기 때문입니다.」하지만 간지럼은 다릅니다. 간지럼을 타지 않는다고 해서 살아가는 데 크게 불편한 점은 없어 보입니다.

　진화적으로 간지럼을 타게 된 이유를 찾을 수 있을까요? 먼저 서로 간에 친밀해지는 작용을
　　　　　　　　　　　　　　　　　　　　　　간지럼을 타게 된 이유에 대한 해석①
한다는 해석이 있습니다. 가벼운 접촉을 통해서 부모 자식 사이에, 형제간에 유대감을 증진한다는 것이지요. 그런데 왜 하필 고통스러운 방법으로 유대감을 증진하는지는 의문으로 남습니다.

꼼꼼 단어 돋보기

● 압각
피부나 그 밖의 신체 일부가 눌렸을 때 생기는 감각

● 진동각
흔들려 움직이는 자극을 받아들이는 감각

그래서 두 번째로 등장한 해석이 방어 능력을 학습한다는 것입니다. 우리가 쉽게 간지럼을

간지럼을 타게 된 이유에 대한 해석 ②

타는 신체 부위는 사람의 약점이기도 합니다. 목, 겨드랑이, 옆구리 등이 바로 그런 부위이지요. 어릴 때부터 부모가 아이의 취약점을 가볍게 건드리면서 아이는 자연스럽게 자신의 신체 중 어디가 약한지를 알고, 방어하는 방법을 깨닫게 된다는 것입니다.

이 두 가지를 엮어서 설명하면 조금 자연스러워집니다. 한 심리학 교수는 "간지럼을 태우면서 서로 유대감을 끈끈하게 하는 동시에, 취약한 부분의 방어를 학습하게 하는 것"으로 간지

진화적으로 간지럼을 타게 된 이유

럼의 진화를 설명했습니다.

👀 한눈에 콕콕

◐ 가려움과 간지럼의 특성

외부 자극에 의한 가려움	• 몸 전체의 피부에서 나타남 • 아주 약한 움직임으로 발생하여 긁거나 문지르고 싶어짐 • 과거에는 통각의 일종으로 여김 • 최근 가려움을 느끼는 신경이 따로 있다는 사실이 드러남
웃음이 나는 간지럼	• 신체의 특정 부위에서 잘 일어남 • 가려움보다는 더 강한 촉감 때문에 생김 • 이전에는 통각으로 여김 • 현재는 간지럼의 원인으로 여러 감각과의 연관성이 제시됨

14 윗글을 통해 알 수 있는 가려움과 간지럼의 특성이 <u>아닌</u> 것은?

① 간지럼과 가려움은 통각의 일종으로 여겨져 왔다.
② 가려움은 간지럼에 비해 아주 약한 움직임으로 발생한다.
③ 최근 가려움을 느끼는 신경이 따로 있다는 사실이 드러났다.
④ 현재는 여러 감각과의 연관성이 가려움의 원인으로 제시되고 있다.

15 윗글을 통해 답을 확인할 수 <u>없는</u> 것은?

① 가려움이 발생할 때의 증상
② 간지럼을 쉽게 타는 신체 부위의 종류
③ 간지럼 증상을 미리 방어할 수 있는 방법
④ 가려움과 관련된 연구가 많이 진행된 이유

16 ㉠에 사용된 설명 방법으로 가장 적절한 것은?

① 어떤 말이나 사물의 뜻을 밝혀 풀이하는 방법
② 둘 이상의 대상을 견주어 차이점을 드러내는 방법
③ 어떤 대상을 원인과 결과 중심으로 설명하는 방법
④ 대상을 그 구성 요소나 부분으로 나누어 설명하는 방법

정답　정답과 해설 **14**쪽

14 ④　15 ③　16 ③

정전기가 겨울로 간 까닭은?   김정훈

가 겨울만 되면 정전기가 기승을 부린다. 「자동차에 열쇠를 꽂을 때마다 불꽃이 튀고, 스웨터를 벗으면 찌직 소리와 함께 머리는 폭탄을 맞은 것처럼 변한다. 심지어 귀여운 아기의 뺨을 쓰다듬을 때 정전기가 튀어 아기를 울리는 경우도 있다.」

나 이런 정전기는 왜 생기는 걸까? 정전기의 정체를 알면 이를 막을 대책도 세울 수 있을 것이다. ㉠정전기란 전하가 정지 상태로 있어 그 분포가 시간적으로 변화하지 않는 전기 및 그로 인한 전기 현상을 말한다. 쉽게 설명하면 흐르지 않고 그냥 머물러 있는 전기라고 해서 "움직이지 아니하여 조용하다."는 뜻을 가진 한자 '정(靜)'을 써 정전기라고 부르는 것이다. 우리가 실생활에서 쓰는 전기가 흐르는 물이라면, 정전기는 높은 곳에 고여 있는 물이다. 정전기의 전압은 수만 볼트(V)에 달하지만, 우리가 실생활에서 쓰는 전기와는 다르게 전류가 거의 없어 위험하지는 않다. 어마어마하게 높은 곳에 고여 있는 물이지만 떨어지는 것은 한두 방울뿐이라별 피해가 없다고나 할까.

정전기가 생기는 것은 마찰 때문이다. 물질의 기본적 구성단위인 원자는 원자핵과 전자로 이루어져 있다. 전자는 작고 가벼워서 마찰을 통해 다른 물체로 쉽게 이동하기도 한다. 「생활하면서 주변의 물체와 접촉하면 마찰이 일어나기 마련인데, 그때마다 우리 몸과 물체가 전자를 주고받으며 몸과 물체에 조금씩 전기가 저장된다. 한도 이상의 전기가 쌓였을 때 전기가 잘 통하는 물체에 닿으면 그동안 쌓였던 전기가 순식간에 불꽃을 튀기며 이동하면서 정전기가 발생하는 것이다.」

[중략]

다 이제 정전기의 특성을 알았으니 조금만 주의를 기울이면 정전기 때문에 깜짝 놀랄 일을 줄일 수 있다. 구체적으로 어떻게 하면 좋을까?

우선 적절한 습도를 유지할 필요가 있다. 가습기나 어항 등으로 집 안 습도를 높이고, 보습 크림을 발라 피부를 촉촉하게 유지하면 도움이 된다. 물을 많이 마시는 것도 피부 상태를 건조하지 않게 하는 데 도움이 된다.

플라스틱 제품을 사용할 때에는 특히 주의해야 한다. 합성 섬유 소재의 옷은 섬유 유연제를 넣어 헹구면 정전기가 많이 줄어든다. 섬유 유연제는 양전기를 띠어 음전기를 띤 합성 섬유에 붙어 전기를 중화하기 때문이다. 물론 합성 섬유 소재의 옷보다는 천연 섬유 소재의 옷을 입는 것이 좋다. 최소한 몸에 직접 닿는 부분이라도 천연 섬유 소재의 옷을 입어 정전기로부터 피부를 보호하자. 또한 플라스틱 빗으로 머리를 빗을 때에는 물에 적셨다가 쓰면 정전기를 줄일 수 있다.

평소에 전기를 중화하는 습관을 들이는 것도 좋다. 자동차 문을 열기 전에 손에 입김을 '하' 하고 불어 보자. 입김으로 손에 생긴 습기가 정전기 발생 확률을 낮춰 준다. 정전기가 튈 것

📓 **작품 정리**

갈래 : 설명하는 글
성격 : 사실적, 객관적, 분석적
주제 : 정전기의 특성과 예방법
특성
· '예시', '정의', '인과' 등 다양한 설명 방법을 사용하여 대상을 설명함
· 일상생활에서 정전기를 경험하는 여러 상황을 제시함으로써 독자의 이해를 도움
· 제목을 질문 형식으로 제시하여 독자의 호기심을 유발함

🔍 **꼼꼼 단어 돋보기**

● **기승**
기운이나 힘 따위가 성해서 좀처럼 누그러들지 않음. 또는 그 기운이나 힘

● **전하**
물체가 띠고 있는 정전기의 양. 이것이 이동하는 현상이 전류임

● **한도**
일정한 정도. 또는 한정된 정도

● **중화하다**
같은 양의 양전하와 음전하가 하나가 되어 전체로는 전하를 가지지 아니하다.

같은 물건은 덥석 잡지 말고, 손톱으로 살짝 건드린 다음 잡으면 손톱을 통해 전기가 방전돼 정전기를 예방할 수 있다.

지금까지 정전기의 특성과 정전기를 예방하는 방법에 관해 살펴보았다. 예고 없이 찾아오는 불청객으로만 여겼던 정전기. 이제부터 정전기를 잘 다스려 포근하고 편안한 겨울을 보내자.

글쓴이의 제안

👀 한눈에 콕콕

○ 글의 구조와 설명 방법

구분	중심 내용	주된 설명 방법
처음	겨울이 되면 기승을 부리는 정전기	예시
중간	정전기의 개념	정의
	정전기가 생기는 까닭	인과
	정전기가 해로운 경우와 이로운 경우	예시
	정전기를 예방하는 방법	예시
끝	정전기를 잘 다스릴 것을 제안	

17 정전기에 대한 설명으로 적절하지 <u>않은</u> 것은?

① 겨울에 빈번하게 나타난다.

② 물체 간의 마찰로 인해 발생한다.

③ 전하가 정지 상태에 있는 것을 말한다.

④ 머물러 있는 전기이기 때문에 사람에게 치명적일 수 있다.

18 ㉠에 사용된 설명 방법으로 가장 적절한 것은?

① 정의　　　　　　　　② 대조

③ 분석　　　　　　　　④ 인과

19 윗글에서 설명한 정전기 예방법으로 적절하지 <u>않은</u> 것은?

① 천연 섬유로 만든 옷을 입는다.

② 합성 섬유는 섬유 유연제로 헹군다.

③ 플라스틱 빗으로 머리를 빗으면 효과적이다.

④ 자동차 문고리를 잡기 전에 손에 입김을 분다.

은행 문은 왜 안쪽으로 열릴까 　이재인

가 건축에서 문의 방향을 결정하는 요인은 크게 세 가지 정도로 꼽을 수 있다. 첫째, 공간의 활용, 둘째, 비상시의 대피, 셋째, •행동 과학이 그것이다. 이 세 가지 측면을 중심으로 우리가 사는 주택부터 살펴보자.

나 현관은 개인의 공간인 집 안과 사회의 공간인 집 밖을 연결하는 통로 역할을 한다. 현관 문은 보통 밖으로 열리는데, 그 방향을 결정하는 요인은 주거 형태가 아파트냐 아니냐에 따라 다르다. 아파트를 제외한 주택의 현관문은 문을 여닫는 방향을 결정하는 요인이 공간 활용인 측면이 강하다. <u>신을 신고 실내로 들어가는 외국과 달리 한국에서는 신을 벗고 실내로 들어간</u>　_{일반 주택 현관문의 방향 결정 요인}
<u>다.</u> 즉 신을 벗어 둘 공간이 필요한 것이다. 그 공간의 크기는 집의 규모에 따라 다르겠지만　_{대조}
대략 1제곱미터(m²) 내외이고 현관문의 폭도 1미터(m) 내외이니, <u>만약 현관문이 안으로 열린</u>
<u>다면 문을 열 때마다 현관에 벗어 둔 신들이 이리저리 쓸려 다닐 것이다.</u>
_{일반 주택의 현관문이 밖으로 열리는 까닭}

물론 현관이 아주 넓다면 상관없겠지만, 일반적으로 사람들은 현관보다 방 공간이 더 넓기를 원한다. 그에 비해 아파트의 현관문은 비상시의 대피를 더 중요시한다. 아파트는 여러 세대가 밀집해서 사는 공동 주택이다. 이러한 아파트에 사고가 난다면 많은 사람이 동시에 재난을 당할 수 있다. 그래서 문을 여닫는 방향은 사람들의 대피가 수월하도록 반드시 피난 방향으로 열리게 법으로 규정하고 있다. 즉, <u>아파트의 현관문은 사람들이 들어오는 것보다 나가는 데에</u>
<u>더 큰 관심이 있음을 뜻한다.</u>
_{비상시 대피가 수월해야 함}

이와 비슷한 예는 극장이나 공연장같이 사람들이 동시에 많이 모이는 장소에서 찾아볼 수 있다. 혹시 극장에서 안쪽으로만 열리는 문을 본 적이 있는가? 극장 문은 보통 바깥쪽으로 열리도록 되어 있으며, 가끔은 안팎으로 열리는 문도 눈에 띄나 안쪽으로만 열리는 문은 없다. 이 역시 비상시에 많은 사람이 한꺼번에 밖으로 대피하기 쉽도록 문의 방향을 결정한 것이다.
_{극장 문의 방향이 바깥쪽으로 향한 까닭}

다 은행은 다른 어느 곳보다도 안전과 신용을 중시하는 곳이다. 물론 모든 건축이 안전을 전제한다는 점은 은행과 마찬가지이다. <u>단지 대부분의 건축이 생각하는 안전은 재난으로부터의</u>
_{대조}
<u>대피에 주 관심사가 놓여 있는 데 비해, 은행은 도난으로부터의 안전이 주 관심사인 차이가 있</u>
다. 그래서 은행에는 안여닫이를 다는 것이다. 도둑이나 강도가 범죄를 저지르고 도망칠 때 쉽게 도망치지 못하도록 말이다.

물론 은행에도 화재가 일어날 수 있고, 많은 사람이 출입하는 공공장소이기 때문에 대피에 관한 관심을 완전히 •배제할 수는 없다. 그러나 <u>대부분 은행은 1층, 그것도 큰길에 바로 접해</u>
_{다른 건축물보다 대피하기에 유리한 곳에 위치함}
<u>있다.</u>

그만큼 외부로 대피하기 쉬우므로 도난으로부터의 안전을 우선시하는 것이다. 물론 은행의 안전이 출입문 하나로 해결되는 것은 아니다. 그러나 <u>문을 안으로 열게 하여 단 1초라도 도둑</u>
_{은행 문의 여닫는 방향은 행동 과학의 측면에서 결정되었음}
<u>의 도피 시간을</u> •지연하자는 의도가 거기에 숨어 있다. 그리고 보면 드나듦을 목적으로 한다는

🔖 작품 정리

갈래 : 설명하는 글
성격 : 해석적, 논리적
주제 : 은행 문이 열리는 방향에
　　　　담긴 건축의 원리
특징 : 문이 열리는 방향을 결정
　　　　하는 요인을 사례를 들어
　　　　설명함

🔖 꼼꼼 단어 돋보기

● **행동 과학**
인간 행동의 일반 법칙을 체계적으로 연구하는 학문

● **배제**
받아들이지 아니하고 물리쳐 제외함

● **지연**
무슨 일을 더디게 끌어 시간을 늦춤

문이지만 들고[入] 남[出]이 똑같지는 않은 듯싶다. <u>적어도 현대에 와서 문은 들어오는 것보다</u> <u>는 나가는 데에 더 큰 관심이 있는 것 같으니 말이다.</u> 과연 독자들의 집 문은 사람들이 들어오는 것에 관심이 많은가, 아니면 나가는 것에 관심이 많은가?

나가는 것을 고려하여 문의 방향을 결정함

👀 한눈에 콕콕

◉ 문이 열리는 방향과 결정 요인

현관문의 종류	열리는 방향	결정 요인
일반 주택	바깥쪽	공간의 활용
아파트, 극장, 공연장	바깥쪽	비상시 대피
은행 문	안쪽	행동 과학

20 윗글과 같은 글을 읽는 방법으로 가장 적절한 것은?

① 근거가 적절한지를 판단하며 읽는다.
② 운율을 형성하는 요소를 파악하며 읽는다.
③ 대상에 대한 설명 내용을 파악하며 읽는다.
④ 갈등의 해결 과정을 파악하며 읽는다.

21 윗글의 내용과 일치하지 <u>않는</u> 것은?

① 현관은 집 안과 집 밖을 연결하는 역할을 한다.
② 주택 현관문의 방향은 공간 활용을 고려하여 결정된다.
③ 주택 현관문과 아파트 현관문은 열리는 방향이 다르다.
④ 아파트 현관문과 공연장 문의 방향을 결정하는 요인은 같다.

22 은행 문이 안쪽으로 열리는 까닭으로 가장 적절한 것은?

① 도둑이 쉽게 도망치지 못하게 하려고
② 은행 안의 쾌적한 공기가 빠져나갈 봐
③ 은행 앞을 지나는 사람들이 다칠까 봐
④ 사람들이 은행으로 편하게 들어오게 하려고

정답　　　정답과 해설 **14**쪽

20 ③　**21** ③　**22** ①

서로 돕는 사회

최재천

가 많은 생물학자들이 찰스 다윈 이래로 경쟁에 대한 연구에 초점을 맞추어 왔습니다. 자연계에서는 <u>서로 돕는 모습</u>보다 <u>서로 으르렁거리는 모습</u>이 훨씬 더 눈에 많이 띄죠. 하지만 늑대
_{공생} _{경쟁}
두 마리가 먹을 것을 놓고 서로 으르렁거리는 모습이 경쟁의 전부일까요? 자연에서 살아남기 위해 반드시 남을 꺾어야 하는 것은 아닙니다. 손을 잡으면 함께 살아갈 수 있습니다. ㉠<u>남과 손을 잡기 싫어하는 것들은 소멸한 반면 남과 손을 잡은 동물과 식물들은 오늘날까지 살아남았습니다.</u>
_{대조}

나 ㉡˙공생은 이득을 취하는 관계에 따라 크게 편리 공생과 상리 공생으로 나뉩니다. 초원에
_{공생의 종류(분류)}
말이나 소가 걸어가면 옆에 종종 새들이 따라다닙니다. 큰 동물이 걸어갈 때 발에 차여 튀어오르는 곤충들을 잡아먹으려 따라다니는 새들이지요. 이런 경우 새들이 큰 동물에게 어떤 이득을 주는지는 아직 잘 모릅니다. 이처럼 ㉢<u>한쪽에게는 아무런 이득도 손해도 없고 다른 쪽만이득을 취하는 관계를 편리 공생이라고 하지요.</u>
_{편리 공생의 개념(정의)}

다 아프리카 초원에는 혹돼지라고 부르는 멧돼지가 있습니다. 이 멧돼지를 비롯한 아프리카의 많은 큰 동물들의 몸에는 새들이 들러붙어 삽니다. 때로는 열 마리 정도가 들러붙어 있습니다. 매우 귀찮아할 것 같지만 멧돼지나 다른 큰 동물들은 이 새들을 아주 좋아합니다. 이 새들이 몸에 붙은 기생충을 다 잡아 주기 때문이죠. 이렇게 큰 동물들과 새들처럼 <u>두 쪽 모두가 이득을 취하는 관계를 상리 공생이라고 합니다.</u>
_{상리 공생의 개념(정의)}

 바닷속에 들어가면 재미있는 상리 공생의 예가 아주 많습니다. 요즘에는 수족관에서도 큰 물고기 입속에 작은 물고기가 들어앉아 있는 걸 종종 볼 수 있습니다. 큰 물고기가 작은 물고기를 잡아먹기는커녕 어디라도 다칠세라 입을 있는 대로 크게 벌리고 있습니다. 작은 물고기가 큰 물고기의 입안을 청소하고 있는 겁니다. 한쪽은 먹을 걸 얻고, 다른 한쪽은 몸이 깨끗해지므로 둘이 상리 공생을 하는 것입니다.

라 사람이 소를 기르는 것도 공생에 속합니다. 사람이 소를 보호해 주고 먹여 주는 대신 소는 사람에게 우유를 줍니다. 동물 사회에서도 이런 공생 관계를 볼 수 있습니다. 「개미는 진딧물을 보호하고 진딧물은 개미에게 단물을 제공합니다. 진딧물만이 개미의 가축은 아닙니다.
_{「 」: 개미와 다른 곤충의 상리 공생(예시)}
개미는 꽤 여러 종류의 가축을 기릅니다. ㉣개미가 이들을 기르는 방법도 사람과 유사합니다. 목동이 양 떼를 몰고 나가듯이 어떤 개미들은 아침이 되면 기르는 곤충들을 몰고 올라가서 좋은 잎에다 풀어놓고 보호하다가 저녁때가 되면 다 몰고 집으로 돌아옵니다. 우리가 외양간에서 가축을 묶어 기르듯이 곤충들을 아예 굴속에 데려다 키우며 먹이는 개미들도 있습니다. 깍지벌레들을 주로 외양간에 넣어 기르지요.」

마 우리에게는 공존의 지혜가 조금 부족한 듯합니다. 우리는 우리의˙잇속대로 나무를 마구 잘라 내고 동물을 죽이면서 스스로 환경의 위기를 자초하며 살아가고 있습니다. 이런 면에서

📋 작품 정리

갈래 : 설명하는 글
성격 : 해설적, 논리적
주제 : 동식물의 공생이 보여 주는 지혜
특징 : 다양한 설명 방법을 사용하여 동식물의 공생 관계를 설명함

🔍 꼼꼼 단어 돋보기

● **공생**
종류가 다른 생물이 같은 곳에서 살며 서로에게 이익을 주며 함께 사는 일

● **잇속**
이익이 되는 실속

개미를 비롯한 여러 동물들에게서 삶의 지혜를 배워야 합니다. 이들이 진화의 역사에서 오래도록 살아남을 수 있었던 것은 공존의 지혜를 터득했기 때문입니다. 함께 살지 않으면 모두 멸망하고 맙니다. 우리 인간만 독불장군처럼 영원히 살 수는 없지요. 남을 배려해야만 우리도 사는 것입니다.

_{인과}

자연에서 공존의 지혜를 배워야 함

👀 한눈에 콕콕

○ 공생의 의미와 종류

의미		종류가 다른 생물이 같은 곳에서 살며 서로에게 이익을 주며 함께 사는 일
종류	편리 공생	어느 한쪽은 이익을 받으나 다른 쪽은 이익도 해도 없는 공생의 한 양식
	상리 공생	서로 이익을 주고받는 공생의 한 양식

○ 윗글에 나타난 설명 방법

분류	'공생'을 '편리 공생'과 '상리 공생'으로 나누어 설명함
정의	'편리 공생', '상리 공생'의 뜻을 설명할 때 사용함
예시	'편리 공생'과 '상리 공생'의 예를 설명할 때 사용함
대조와 비교	공생 생물과 그렇지 않은 생물의 차이점을 설명할 때, 개미와 사람의 가축 사육 공통점을 설명할 때 사용함
인과	많은 생물들이 공생 덕분에 살아남았음을 원인과 결과를 중심으로 설명함

🔍 꼼꼼 단어 돋보기

● 독불장군
무슨 일이든 자기 생각대로 혼자서 처리하는 사람

23 위와 같은 글을 읽는 방법으로 적절하지 <u>않은</u> 것은?

① 글에 나타난 설명 방법을 파악하며 읽는다.
② 대상에 알맞은 설명 방법을 사용했는지 파악하며 읽는다.
③ 글에 사용된 설명 방법의 효과와 적절성을 평가하며 읽는다.
④ 글쓴이의 주장과 그에 따른 근거의 적절성을 평가하며 읽는다.

24 **가**~**라**의 주요 내용을 바르게 요약하지 <u>못한</u> 것은?

① (가): 많은 동식물들이 공생을 통해 오늘날까지 살아남음
② (나): 공생의 종류와 편리 공생의 뜻
③ (다): 상리 공생의 뜻과 예
④ (라): 동식물들이 상리 공생을 하며 살아가는 까닭

주목
25 ㉠~㉣ 중 다음 문장에서 사용된 설명 방법과 같은 방법이 쓰인 것은?

> 동물 행동학이란 동물들의 의사소통을 연구하는 학문입니다.

① ㉠   ② ㉡   ③ ㉢   ④ ㉣

정답   정답과 해설 **14**쪽

23 ④   **24** ④   **25** ③
26 ②

26 윗글의 글쓴이가 말하고자 하는 바와 가장 관계가 깊은 단어는?

① 경쟁   ② 공생   ③ 배려   ④ 보호

세금, 얼마나 알고 있나요   조준현

가 미국의 제35대 대통령이었던 케네디는 *취임식 연설에서 다음과 같이 말했다.

"국가가 여러분을 위해 무엇을 해 줄 것인지 묻지 말고, 여러분이 국가를 위해서 무엇을 할
<u>국민이 먼저 국가에 대한 의무를 다해야 함을 말하려는 의도가 드러남(인용)</u>
것인지 물으십시오."

국가가 국민을 위해서 무엇인가를 해 주는 것은 물론 중요하다. 하지만 케네디 대통령의 말
처럼 국민이 국가를 위해 해야 할 의무 역시 중요하다. 대한민국 헌법이 정한 국민의 의무에는
*납세의 의무가 포함되어 있다. 세금을 내는 것이 국민이 지킬 의무 가운데 하나라는 뜻이다.

나 ㉠ <u>세금이란 무엇일까?</u> 우리나라를 지키고 여러분이 안심하고 학교에 다닐 수 있으려면
<u>질문을 통해 독자의 주의를 환기하고 설명 대상을 명확히 함</u>
많은 돈이 필요하다. 이러한 돈은 국민이 내는 세금으로 마련한다. 즉 <u>세금이란 국가가 나라
살림을 잘 꾸려 나갈 수 있도록 국민이 법에 따라 내는 돈을 말한다.</u>
<u>세금의 개념(정의)</u>

다 그럼 국민이 내는 세금은 주로 어디에 쓰일까? 정부가 많은 일을 하는 것은 대부분 알고
있을 것이다. 먼저 쉽게 볼 수 있는 것이 도로를 건설하거나 여러 공공시설을 짓는 일이다. 나
라를 지키는 국방, 국민의 안전과 질서를 유지하는 치안도 정부가 하는 일이다. 여러분이 받는
교육은 말할 것도 없다. 정부에서는 중학교까지 무상 교육을 하도록 지원하며, 무상은 아니지
만 고등학교나 대학 교육도 지원한다. 건강 보험 같은 사회 보장 제도도 정부가 운영한다. 이
러한 많은 일을 하기 위해 세금이 꼭 필요하다.

라 세금에는 여러 가지 종류가 있다. 먼저 세금은 <u>누가 거두어들이느냐</u>에 따라 크게 <u>국세</u>와
<u>구분 기준 ①</u>   <u>분류</u>
<u>지방세</u>로 나뉜다. <u>국세는 중앙 정부 기관인 국세청과 관세청에서 걷는 세금</u>이고, <u>지방세는 지
방 자치 단체에서 걷는 세금</u>이다.
<u>국세의 뜻(정의)</u>
<u>지방세의 뜻(정의)</u>
또한, 세금은 국가가 국민에게 <u>세금을 걷는 방식</u>에 따라 일반적으로 <u>직접세</u>와 <u>간접세</u>로 나
<u>구분 기준 ②</u>   <u>분류</u>
눌 수 있다. <u>직접세는 세금을 부담해야 하는 개인이나 기업이 직접 내는 세금</u>을 말한다. 개인
<u>직접세의 뜻(정의)</u>
이 내는 소득세, 재산세, 상속세, 그리고 기업이 내는 법인세 등이 여기에 속한다. 이와 달리
<u>간접세는 실제로 세금을 부담하는 사람과, 그 세금을 직접 내는 사람이 서로 다른 세금</u>을 말한
<u>간접세의 뜻(정의)</u>
다. 어떻게 그럴 수 있을까?

마 앞에서도 말했듯이 세금을 내는 것은 국민의 의무이다. 그런데 일부의 사람 중에는 법을
<u>처음 부분에서 한 말을 반복하여 내용 강조(세금 납부의 중요성 강조)</u>
무시한 채 막무가내로 세금을 안 내려 하기도 한다. 이것은 엄연한 범죄이다. 이러한 탈세가
많이 일어나면 성실한 납세자가 피해를 본다. 그래서 정부는 탈세를 막기 위해 다양한 노력을
기울이고 있다. 영수증 주고받기를 권장하는 것이 대표적인 예이다. 물건을 사고팔 때마다 가
<u>탈세를 막기 위한 노력의 예</u>
게 주인이 영수증을 발급하고 손님이 그 영수증을 챙기면, 가게의 소득이 전부 *포착되고 손님,
즉 소비자가 낸 부가 가치세가 정부에 빠짐없이 납부된다. 여러분도 이제는 물건을 살 때 영수
증을 챙기는 것, 잊지 말자.

📑 작품 정리

갈래: 설명하는 글
성격: 객관적
주제: 세금의 종류 및 직접세와
간접세의 장단점
특징
• 구체적인 사례를 통해 세금의
종류를 설명함
• 세금의 종류를 분류와 정의의
방법으로 체계적으로 제시함
• 직접세와 간접세를 비교·대조
하여 대상의 특징을 밝힘

📑 꼼꼼 단어 돋보기

● **취임식**
직무를 수행하기 위해 맡은 자리
에 처음으로 나아가 관계자를 모
아 놓고 행하는 의식

● **납세**
세금을 냄

● **포착되다**
어떤 기회나 정세가 알려지다.

○ **글의 구조**

구분	중심 내용
처음	• 케네디 대통령의 일화 소개 • 납세의 의무에 대한 설명
중간	• 세금의 뜻 • 정부가 세금으로 하는 일 • 세금의 종류
끝	• 탈세를 막기 위한 정부의 노력 • 탈세를 막기 위해 우리가 해야 할 일

○ **직접세와 간접세의 장단점**

구분	장점	단점
직접세	소득이 많으면 세금이 늘어나 소득 격차를 줄일 수 있음	세율이 높으면 소득이 높은 이는 일하려는 의욕을 잃을 수 있음
간접세	누구나 세금을 공평하게 납부함	소득이 적을수록 내야 할 세금의 비율이 높아 소득이 적은 이들의 부담이 큼

27 위와 같은 글을 읽는 방법으로 적절하지 <u>않은</u> 것은?

① 전체적인 글의 구조를 파악하며 읽는다.
② 각 문단의 중심 내용을 요약하며 읽는다.
③ 글에 대한 자신의 견해를 정리하며 읽는다.
④ 글에서 사용한 설명 방법을 파악하며 읽는다.

28 윗글에서 답을 직접 이끌어 내기 <u>어려운</u> 질문은?

① 세금은 무엇일까?
② 세금은 어디에 사용될까?
③ 세금을 걷는 주체는 누구일까?
④ 세금을 내지 않으려는 탈세가 일어난 원인은 무엇일까?

29 ㉠에 대한 설명으로 적절하지 <u>않은</u> 것은?

① 국민의 의무 중 하나에 해당한다.
② 정부가 다양한 일을 수행하는 데 필요하다.
③ 국가가 나라 살림을 잘 꾸려 나가는 데 바탕이 된다.
④ 국가가 국민을 위해서 행하는 활동 중 하나라 할 수 있다.

정답 　　정답과 해설 **14쪽**

27 ③　**28** ④　**29** ④

02 설득하는 글

(1) 개념: 글쓴이의 의견이나 주장을 근거를 활용해 논리적으로 전개하여 독자를 설득하고자 하는 글

(2) 구성

서론	• 문제 제기 부분 • 독자의 흥미와 관심을 •유발함 • 글을 쓰게 된 동기나 목적을 밝힘
본론	• 글의 중심 부분 • 논리적으로 주장과 근거를 전개함 • 서론이나 결론보다 많은 부분을 차지함
결론	• 주장을 요약·정리하거나 강조함 • 앞으로의 •전망과 과제를 제시함

(3) 특성

① **주장의 독창성:** 주장하는 내용이 글쓴이의 독창적인 생각이어야 함
② **용어의 정확성:** 분명하고 정확한 용어(사전적, 지시적)를 사용해야 함
③ **근거의 타당성:** 주장에 대한 근거가 타당하고 합리적이어야 함
④ **내용의 논리성:** 주장을 하는 과정이 논리 정연해야 함
⑤ **의견의 주관성:** 글을 쓰는 사람의 주장이나 의견 등이 드러나야 함
⑥ **출처의 신뢰성:** 정보의 출처가 분명하고, 신뢰할 수 있는 근거를 제시해야 함

(4) 읽는 방법

① 글의 내용을 사실과 의견으로 나누며 비판적으로 읽음
② 주장을 뒷받침하는 근거가 타당한지 판단해 가며 읽음
③ 각 문단에서 주장하는 바를 파악한 후, 이를 정리하여 글 전체 내용을 파악하며 읽음

(5) 논증 방식

① **연역적 논증:** 일반적 원리에서 구체적 사실을 이끌어 냄

> 예 모든 인간은 죽는다.
> 소크라테스는 인간이다.
> 그러므로 소크라테스는 죽는다.

🔍 꼼꼼 단어 돋보기

● **유발**
어떤 것이 다른 일을 일어나게 함

● **전망**
앞날을 헤아려 내다봄. 또는 내다보이는 장래의 상황

② **귀납적 논증**: 구체적 사실을 통해 일반적 원리를 찾음

> **예** 포유류인 호랑이는 새끼를 낳는다.
> 포유류인 고래는 새끼를 낳는다.
> 그러므로 포유류는 새끼를 낳는다.

③ **유추**: 두 현상의 비슷한 점을 근거로 들어 결론을 이끌어 냄

> **예** 새싹은 정성껏 보살펴야 잘 자란다.
> 이와 같이 어린이도 부모와 선생님의 보살핌을 받아야 잘 성장한다.

(6) 효과적인 설득 방법

① 설득력을 높이는 방법
- 근거를 다양하고 풍부하게 제시해야 함
- 주장과 근거 간의 관계가 타당하고 적절해야 함
- 다양한 논증의 방법을 적절하게 활용해야 함

② 논증의 방법
- 일반적인 원리로부터 구체적인 결론 이끌어 내기(연역적 방법)
- 구체적인 사례로부터 일반적인 결론 뒷받침하기(귀납적 방법)
- 권위 있는 견해나 자료를 통해 결론 이끌어 내기
- 사례의 유사성을 통해 결론 이끌어 내기
- 인과 관계를 밝혀 결론 이끌어 내기

✚ 건의문 VS 논설문(설득하는 글)

건의문은 제안한 해결 방안을 수용하도록 요구한다는 점에서 설득을 목적으로 하는 글이라고 볼 수 있다. 그러나 논설문과는 달리 건의문은 건의를 받는 대상이 구체적으로 정해져 있고, 일반적인 논설문에 비해 더 실용적인 목적으로 쓰인다.

콕콕 개념 확인하기

1. 설득하는 글은 '서론'에서 글쓴이의 주장과 근거를 제시한다. (O, X)
2. '결론'은 앞으로의 전망이나 독자에 대한 당부를 언급하는 부분이다. (O, X)
3. 설득하는 글을 읽을 때는 글쓴이의 주장을 비판적으로 수용해야 한다. (O, X)
4. 연역적 논증은 일반적인 원리를 통해 구체적인 사실을 이끌어 내는 논증 방식이다. (O, X)
5. 설득하는 글의 목적은 독자를 _____하는 것이다.
6. 설득하는 글은 글쓴이의 _____을 뒷받침하는 논리적인 근거를 제시해야 한다.
7. 설득하는 글은 글쓴이의 주장에 대한 근거가 _____한지 판단하며 읽어야 한다.
8. _____적 논증은 구체적인 사실을 근거로 일반적인 원리를 이끌어 내는 논증 방식이다.

답 1. X 2. O 3. O 4. O 5. 설득 6. 주장 7. 타당 8. 귀납

탄탄 실력 다지기

도시의 밤은 너무 눈부시다   박경화

해가 저물면 도시는 화려한 불빛을 갈아입고 다시 태어난다. 도심 한가운데에 우뚝 솟아 화려한 불빛을 비추는 고층 빌딩과 오색찬란한 네온사인, 촘촘히 서 있는 가로등과 자동차 전조등까지, 도시의 밤은 ㉠빛의 잔치가 펼쳐진다. 특히 한 해를 보내는 아쉬움과 새해를 맞이하는 설렘으로 들뜨는 성탄절과 연말연시가 다가오면 거리는 빛이 부리는 마술의 세계로 빠져든다. 그렇게 우리가 빛이 펼쳐 보이는 환상의 세계를 즐기는 동안, 촘촘한 꼬마전구와 전선을 온몸에 휘감고 서 있는 가로수의 기분은 어떨까?

<u>화려한 도시의 밤 풍경을 나타낸 말 ①</u>
<u>화려한 도시의 밤 풍경을 나타낸 말 ②</u>
<u>화려한 도시의 밤 풍경을 나타낸 말 ③</u>

겨울에 온도가 5℃ 이하로 내려가면 나무는 광합성과 [•]증산 같은 [•]생리 작용을 거의 하지 않는다. 잎을 모두 떨어뜨리고 휴면 상태를 맞게 된다. 곰이 겨울잠을 자듯 11월~2월에는 나무도 휴식 시간을 갖는 것이다. 그런데 국립 산림 과학원의 조사에 따르면 가로수에 설치하는 전구의 밝기는 평균 300럭스(lx) 내외이고, 발열 온도는 28℃ 정도라고 한다. 이것은 휴식기를 맞은 나무에는 너무 밝고 뜨거워서 엄청난 스트레스가 된다.

나무의 휴식기를 곰의 겨울잠에 비유
믿을 만한 기관의 수치화된 객관적 자료를 제시(내용의 타당성과 신뢰도를 높임)

이 빛은 식물 내부의 생체 리듬을 어지럽히고, 밤을 낮으로 인식하여 낮에 일어나야 할 광합성을 하게 만든다. 밤에 일어나야 할 생리 반응이 제대로 이루어지지 않아 생체 대사 균형이 깨진다. 그래서 나무가 겨울을 나고 봄을 대비하는 데 필요한 적응력이 약해진다.

인공 불빛의 피해는 사람에게도 이어진다. <u>우리나라의 도시에 사는 아이들은 시골 아이들보다 안과를 자주 찾는다.</u> 세계적인 과학 잡지인 《네이처》에는 밤에 항상 불을 켜 놓고 자는 아이의 34%가 근시라는 연구 결과가 실렸다. 불빛 아래에서는 잠이 드는 데 걸리는 시간인 수면 잠복기가 길어지고 뇌파도 불안정해지기 때문이다.

야간 인공 불빛이 사람에게 미치는 피해 ① 시력 저하

사람의 몸에는 멜라토닌이라는 생체 리듬 호르몬이 있다. 멜라토닌은 강력한 산화 방지 역할을 하며 노화를 억제하고 면역 기능을 강화한다. 이 멜라토닌이 부족해지면 면역 기능이 떨어지고 암에 걸릴 수도 있다. 2004년 영국 런던에서 열린 '국제 아동 백혈병 학술 회의'에 참가한 학자들은 야간 조명이 암을 발생시킬 수 있다고 경고했다. <u>야간 조명이 세포의 [•]증식과 [•]사멸을 조절하는 멜라토닌 분비를 방해해서 암과 연관 있는 유전 [•]변이를 일으킨다는 것이다.</u>

야간 인공 불빛이 사람에게 미치는 피해 ② 암 유발

생물체가 건강하게 살아가려면 햇빛 못지않게 어둠과 고요의 시간도 필요하다. 어둠 속에서 편히 쉬어야 다시 생기를 얻을 수 있다. 어둠의 시간이 있어야 박꽃이 뽀얗게 피어나고 달맞이꽃이 노란 꽃잎을 연다. 밤을 보낸 곤충은 아침에 이슬을 털고 힘차게 날아오르고, 사람도 깊은 잠을 자야 다시 일어설 수 있다.

작품 정리

갈래 : 설득하는 글
성격 : 설득적, 비판적
주제 : 생물체의 건강한 삶을 위해 야간의 인공 불빛을 줄이자.

특징
• 야간의 인공 불빛으로 인한 문제점을 제시함
• 믿을 만한 자료를 인용하여 글의 신뢰성을 높이고 문제의 심각성을 강조함

꼼꼼 단어 돋보기

● **증산**
식물체 안의 수분이 수증기가 되어 공기 중으로 나옴. 또는 그런 현상

● **생리 작용**
혈액 순환, 호흡, 소화, 배설, 생식 따위와 같이 생물이 생활하는 모든 작용

● **럭스(lux)**
빛의 조명도를 나타내는 단위

● **증식**
생물이나 조직 세포 따위가 세포 분열을 하여 그 수를 늘려 감

● **사멸**
죽어 없어짐

● **변이**
같은 종에서 성별, 나이와 관계없이 모양과 성질이 다른 개체가 존재하는 현상

그러나 도시의 밤은 더 이상 어둡지가 않다. 온갖 조명과 네온사인과 가로등 빛이 반사되어 붉게 달아오른 하늘에서는 별빛 한 점 찾아볼 수가 없다. ⓒ별 볼 일이 없는 밤, 전등 스위치를 끄고 어둠 속에서 가만히 기다리면 우주 저편에서 수십 [*]광년 전에 잠시 반짝였던 불빛이 조용히 등 하나를 내걸어 줄 것이다.

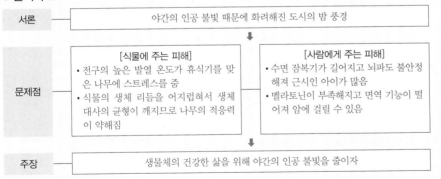

👀 한눈에 콕콕

○ 글의 구조

서론	야간의 인공 불빛 때문에 화려해진 도시의 밤 풍경

↓

문제점	[식물에 주는 피해] • 전구의 높은 발열 온도가 휴식기를 맞은 나무에 스트레스를 줌 • 식물의 생체 리듬을 어지럽혀서 생체 대사의 균형이 깨지므로 나무의 적응력이 약해짐	[사람에게 주는 피해] • 수면 잠복기가 길어지고 뇌파도 불안정해져 근시인 아이가 많음 • 멜라토닌이 부족해지고 면역 기능이 떨어져 암에 걸릴 수 있음

↓

주장	생물체의 건강한 삶을 위해 야간의 인공 불빛을 줄이자

○ 내용 전개 방식

믿을 만한 자료
• 세계적인 과학 잡지인 《네이처》에 실린 연구 결과 • '국제 아동 백혈병 학술 회의'에 참가한 학자들의 의견

인용 ⇒

야간의 인공 불빛이 일으키는 문제점에 관한 타당성과 신뢰성을 높임

🔍 꼼꼼 단어 돋보기

● 광년
천체와 천체 사이의 거리를 나타내는 단위. 1광년은 빛이 1년 동안 나아가는 거리이다.

01 윗글에 대한 설명으로 가장 적절한 것은?

① 대상이 지닌 다양한 가치들을 나열하고 있다.

② 상황을 가정하고 생길 수 있는 문제를 제시하고 있다.

③ 대상이 지닌 문제점들을 인과의 방식으로 제시하고 있다.

④ 대상에 대한 인식의 변화를 시간 순서에 따라 서술하고 있다.

02 윗글의 내용과 일치하지 않는 것은?

① 인공 불빛은 사람과 식물의 생체 리듬을 어지럽힌다.

② 가로수에 설치한 인공 조명은 나무의 휴식을 방해한다.

③ 인공 불빛은 나무의 광합성을 억제하여 나무의 생장을 방해한다.

④ 일정 온도 이하로 내려가면 나무는 생리 작용을 거의 하지 않는다.

03 ⊙과 ⓒ에 관한 글쓴이의 생각을 추측한 것으로 가장 적절한 것은?

① 글쓴이는 ⊙과 ⓒ이 각각 장단점을 지니고 있다고 보고 있군.

② 글쓴이는 ⊙의 결과로 ⓒ이 발생한 것을 안타깝게 여기고 있군.

③ 글쓴이는 ⊙과 달리 ⓒ은 사람들에게 휴식을 제공한다고 생각하는군.

④ 글쓴이는 ⊙은 생기 넘치는 시간을, ⓒ은 고요의 시간을 의미한다고 보는군.

정답   정답과 해설 **17**쪽

01 ③   02 ③   03 ②

모두가 즐거운 착한 여행   장미정

「지난 50년 동안 세계 인구는 두 배, 관광 인구는 서른여섯 배나 늘었다. 세계 노동 인구의
8.7퍼센트가 관광 산업에 종사하고 있고, 아름다운 해안으로 유명한 몰디브에서는 무려 전체
인구의 83퍼센트가 관광 산업에 종사한다. 이제 관광 산업은 그야말로 거대한 산업으로 성장
했다.」

관광 산업은 공장을 짓지 않고도 외화를 벌어들일 수 있으므로 다른 산업보다 환경 오염의
피해가 작고, 자연 자원을 그대로 이용할 수 있으므로 경제력과 상관없이 어느 나라나 투자할
만한 산업이다. 오죽하면 관광 산업을 '굴뚝 없는 공장'이라고 부를까? 하지만 현실은 다르다.

여행자가 늘어나면 여행지는 무분별하게 개발된다. 경관이 아름다운 곳에는 어김없이 호텔,
상점가, 골프장 등이 빼곡 들어선다. 이 때문에 아름다운 자연이 파괴되고, 현지인들이 삶의
터전을 빼앗기고 밀려나기도 한다.

기후 변화 문제가 심각해지면서 여행자를 태우는 비행기도 문제가 되고 있다. 비행기는 '이
산화 탄소를 생산하는 공룡'이라는 별명으로 불린다. 그도 그럴 것이 승객 한 명이 움직일 때
1킬로미터당 배출하는 이산화 탄소량이 철도는 21.7그램, 지하철은 38.1그램인데, 도로는
130.8그램, 항공은 150그램으로 다른 교통수단보다 월등히 높다. 그러므로 우리가 장거리 여
행을 떠나려고 비행기에 오르는 순간 환경에 심각한 영향을 미치게 되는 것이다.

그렇다면 우리 모두 여행을 포기해야 할까? 여행의 부정적인 면만 보자면 당연히 그래야겠
지만, 여행의 긍정적인 면도 무시할 수는 없다. 그래서 환경을 지키면서 여행을 즐기고 싶은
사람들이 모여서 여행지를 터전으로 살아가는 사람들과 그곳의 환경을 생각하는 여행 방법을
찾기 시작했다. 그들은 여행자들이 일으킬 수 있는 환경 파괴를 최소한으로 줄이고, 여행지에
서 쓴 돈이 현지인들에게 돌아가도록 하는 '공정 여행'을 제안했다.

공정 여행은 엄청난 양의 이산화 탄소를 배출하는 비행기 이용을 자제한다. 그 대신 버스를
타거나 걸으며 여행지의 아름다운 풍경을 최대한 느낀다. 느긋하게 천천히 걸으면서 하는 여
행인 만큼 보고 느끼는 것도 많다.

또 현지인들의 삶을 무너뜨리고 그들의 노동력으로 운영되는 호텔 대신 현지인들이 제공하
는 숙소를 이용하고, 현지인들이 직접 해 주는 음식을 먹는다. 여행은 다른 문화를 이해하고
배려하며 새로운 경험을 할 수 있는 소중한 체험의 기회이기 때문이다.

공정 여행은 여행자들의 행복한 여행을 위해 자연 자원을 제공해 주고 수고하는 현지인들에
게 그에 맞는 대가를 지급해 준다. 여행은 단순한 재미나 놀이가 아니라 낯선 문화와 사람들,
환경과의 '관계 맺음'이다. 이러한 관계를 지속할 수 있는 여행이 바람직한 여행이다.

작품 정리

갈래: 설득하는 글
성격: 해설적, 비판적
주제: 관광 산업의 성장으로 발
생한 문제점을 공정 여행
으로 해결하자.
특징
• '문제점 – 해결 방안'의 구조로
글이 전개됨
• 비유적 표현을 사용하여 문제
점을 강조함

○ 글의 구조

구분	문단	중심 내용
문제 상황	1	관광 산업이 거대한 산업으로 성장함
	2	관광 산업은 환경 피해가 작은 사업으로 생각되지만 현실은 다름
	3	여행자가 늘어나면 자연이 파괴되고 현지인들이 삶의 터전을 잃기도 함
	4	여행자를 태우는 비행기가 환경에 심각한 영향을 미침
해결 방안	5	여행지에 사는 현지인과 그곳의 환경을 생각하는 공정 여행이 대안으로 제시됨
	6	공정 여행은 비행기 이용을 자제하고 그 대신 버스를 타거나 걸어 다님
	7	공정 여행은 현지인이 제공하는 숙소를 이용하고 그들이 해 주는 음식을 먹음
	8	낯선 문화와 사람들, 환경과의 '관계 맺음'을 지속할 수 있는 공정 여행을 해야 함

04 윗글에 대한 설명으로 적절하지 <u>않은</u> 것은?

① 관광 산업의 성장 및 현 위치에 대해 언급하고 있다.
② 여행의 부정적인 면만을 중심으로 내용을 전개하고 있다.
③ 바람직한 여행의 의미를 강조하며 글을 마무리하고 있다.
④ 문제 상황을 분석하고 해결 방안을 제시하는 구조로 이루어져 있다.

05 윗글을 통해 알 수 있는 내용이 <u>아닌</u> 것은?

① 관광 산업이 거대한 산업으로 성장했다.
② 관광지가 되면 현지인들의 삶이 좋아진다.
③ 여행자가 늘어나면서 여행지가 무분별하게 개발되었다.
④ 비행기는 이산화 탄소를 가장 많이 배출하는 교통수단이다.

06 글쓴이가 생각하는 바람직한 여행의 모습으로 가장 적절한 것은?

① 느긋하게 아무것도 하지 않는 여행
② 여행자보다는 현지인에게 경제적 이득이 돌아가는 여행
③ 자신의 삶의 터전을 곧 여행지로 여기며 살아가는 여행
④ 여행자와 현지인, 환경이 바람직한 관계를 지속할 수 있는 여행

정답 | 정답과 해설 **17**쪽

04 ② 05 ② 06 ④

생명의 그물을 함부로 끊지 말아요

최재천

가 카이밥고원의 생명의 그물

1907년 미국 정부는 한 해 동안 늑대 1,800마리와 코요테 2만 3,000마리를 잡아 죽였어요. <u>그 동물들이 인간뿐만 아니라 다른 약한 야생 동물에게도 해를 끼치기 때문에 죽여도 괜찮다고 생각했어요.</u> 늑대와 코요테뿐만이 아니에요. 퓨마와 곰처럼 날카로운 이빨과 발톱을 지닌 동물은 토끼나 사슴 같은 초식 동물에게 위협을 준다고 생각해 아무런 거리낌 없이 죽였어요.
<small>포식 동물을 죽인 이유</small>

그렇다면 약하고 순한 동물들에게 악당이 사라진 자연은 천국이었을까요? 카이밥고원에서 <u>있었던 일이 그에 대한 답이 될 것 같네요.</u> 미국의 그랜드 캐니언 북쪽에 있는 카이밥고원에는
<small>질문(포식 동물이 사라진 뒤 생태계에는 어떤 변화가 있었을까?)</small>
<small>미국 정부가 포식 동물을 마구 죽인 후에 일어난 일</small>
1906년에 약 4,000마리의 검은꼬리사슴들이 살고 있었어요. 이곳에서도 악당을 없애는 작업이 시작되어 25년 동안 퓨마, 늑대, 코요테, 스라소니 등이 무려 6,000마리나 사라졌어요. 포식 동물이 확 줄어들자 1923년에는 검은꼬리사슴이 6~7만 마리까지 늘어났어요. 그런데 어찌 된 일인지 그 뒤로는 사슴의 수가 갈수록 줄어들었어요. 1931년에는 2만 마리로, 1939년에는 1만 마리로…….

사슴은 왜 갑자기 늘어났다가 갑자기 줄어들었을까요? 사슴이 갑자기 늘어난 이유는 쉽게 짐작할 수 있을 거예요. 사슴을 잡아먹는 포식 동물이 사라졌으니 자연스럽게 사슴의 수가 늘어난 겁니다. 그럼 사슴은 왜 계속 늘지 않고 줄어들기 시작했을까요? 사슴이 너무 많아지자 먹이가 부족해졌기 때문이에요. 먹이가 모자라니 굶어 죽는 사슴이 늘어날 수밖에 없었죠. 굶주린 사슴들은 먹을 것을 찾다 찾다 식물의 어린싹까지 먹어 치웠어요. <u>식물이 제대로 자라지 못하면 먹을 것이 더 줄어들 텐데도 사슴들은 당장 주린 배를 채우는 게 급했어요.</u>
<small>생태계의 악순환 – 먹이가 부족해지면서 사슴의 수가 줄어듦</small>

인간은 늑대나 코요테 같은 악당이 없어지면 카이밥고원이 평화로운 <u>낙원</u>이 될 것으로 생각했어요. 그런데 그 예측은 보기 좋게 빗나갔어요. <u>사나운 포식 동물이 사라진 카이밥고원은 검은꼬리사슴들에게도 결코 살기 좋은 곳이 아니었어요.</u> 늑대 같은 포식 동물이 있어서 검은꼬리사슴은 카이밥고원에서 굶어 죽지 않고 살아갈 만큼 적당한 수를 유지할 수 있었어요. 그런데 포식 동물이 사라지자 저희끼리 먹이를 두고 경쟁이 심해졌어요. 인간은 먹고 먹히는 자연의 세계에 끼어들어 그 질서를 마음대로 바꾸어 보려 했지만 결국 성공하지 못했어요.
<small>인간이 생태계에 개입한 까닭</small>
<small>인간이 생태계에 개입한 결과</small>
<small>생태계에서 포식 동물들이 한 역할</small>

나 생명의 그물을 끊지 말아요

자연에서 생명은 마치 그물처럼 이어져 있어요. 「카이밥고원에서는 늑대와 검은꼬리사슴과 식물의 싹이, 바닷속에서는 불가사리와 따개비와 홍합과 갖가지 해조류가, 클리어 레이크에서는 하루살이와 물고기와 논병아리가 줄줄이 연결되어 있지요.」 각각의 생명은 그물에서 한 코를 차지할 뿐인데, 그물 한 코가 망가지면 그와 연결된 다른 그물코들이 줄줄이 영향을 받습니다.
<small>「 」:자연에서 생명이 그물처럼 이어진 사례</small>

그러므로 <u>수많은 생명이 오랜 시간에 걸쳐 함께 짜 내려온 생명의 그물을 함부로 끊어서는 안 돼요.</u> 생명의 그물은 인간이 상상하는 것보다 훨씬 복잡하고 거대합니다.
<small>글쓴이의 주장</small>
<small>주장에 대한 근거</small>

📖 **꼼꼼 단어 돋보기**

● **낙원**
아무런 괴로움이나 고통이 없이 안락하게 살 수 있는 곳

잘못 건드리면 그 영향이 어떻게 나타날지 아무도 알 수 없어요. 재앙이 닥친 뒤에야 원인을 추측할 수 있을 뿐이에요. 그런데 생명의 그물에서 한 코를 차지할 뿐인 인간은 지금도 생명의 그물에 마음대로 손을 대고 있어요. 카이밥고원에서, 클리어 레이크에서 아직도 교훈을 제대로 얻지 못한 거예요.

나는 자연의 속살을 들여다보는 과학자로서, 또 한 사람의 인간으로서 <u>생명의 그물을 오롯하게 지켜 내는 것이 우리 스스로를 지키는 길임</u>을 사람들이 하루빨리 깨닫게 되기를 간절히 바랍니다.

글쓴이가 바라는 사회

👀 한눈에 콕콕

○ 카이밥고원의 사례

카이밥고원의 상황		미국 정부가 한 일		생태계에 미친 영향
포식 동물이 초식 동물을 잡아먹음	➡	포식 동물인 늑대와 코요테 등을 죽임	➡	사슴의 수가 줄어들고 식물의 어린싹까지 사라짐

○ 글쓴이의 주장

인간의 행동		글쓴이의 주장
인간이 생명의 그물에 마음대로 손을 대고 있음	➡	생명의 그물을 지켜 내는 것이 우리 스스로를 지키는 길임

🔍 꼼꼼 단어 돋보기

● **오롯하다**
모자람이 없이 온전하다.

07 윗글의 내용과 일치하지 <u>않는</u> 것은?

① 자연의 질서를 바꾸려는 인간의 시도는 실패했다.
② 미국 정부는 인간에게 위협이 되는 동물을 죽였다.
③ 포식 동물이 사라지자 처음에는 사슴 수가 늘어났다.
④ 카이밥고원의 화재로 포식 동물의 수가 갑자기 줄었다.

08 카이밥고원에서 검은꼬리사슴의 수가 계속 늘어나지 못하고 줄어든 이유로 가장 적절한 것은?

① 먹이가 한정되어 있었기 때문에
② 사슴 사이에 병이 돌았기 때문에
③ 포식 동물이 다시 늘어났기 때문에
④ 가뭄으로 먹이가 부족해졌기 때문에

주목
09 글쓴이가 윗글을 쓴 목적으로 가장 적절한 것은?

① 환경 오염의 실태를 널리 알리기 위해
② 생태계 보전의 필요성을 주장하기 위해
③ 생명의 아름다움에 대한 감상을 전하기 위해
④ 고원, 바다, 호수 생태계의 특징을 설명하기 위해

디지털 치매, 걱정할 일 아니다 이준기

「모든 전화번호가 휴대 전화에 저장되어 있으니 외우고 있는 전화번호는 손가락으로 꼽을 정
「 」: 디지털 치매의 일상적인 예(열거)
도이고, 노래방 기기가 없이는 애창곡 하나 부를 수 없으며, 계산기가 없으면 암산은커녕 간단
한 계산조차 하지 못한다. 길을 안내해 주는 기계가 없으면 여러 번 갔던 길도 찾을 수 없고,
심지어는 가족의 생일과 같은 단순한 정보도 기억하지 못하는 경우가 있다.」 이런 상태를 이른
바 '디지털 치매', 또는 '아이티(IT) 건망증'이라 부른다.

이런 현상 자체가 좋은 것이라고 주장할 생각은 전혀 없다. 디지털 기술에 지나치게 의존한
나머지 기억력과 계산 능력이 ⓐ현저히 떨어진다면, 그것은 우려할 만한 일이지 환영할 일은
아니기 때문이다. 다만 이 현상이 단지 좋다 나쁘다고만 말할 성격의 것이 아니라는 것, 그것
은 인류 사회의 노동 환경 변화와 연관된 복잡한 현상이라는 것부터 말하고자 한다.

먼저, '기술 의존 현상'은 인간 진화의 자연스러운 ⓑ양상일 뿐이라는 점을 인정해야 한다.
그런 의미에서 프랑스 철학자 미셸 세르는 디지털 치매 또한 인류 진화 과정의 한 ⓒ단면으로
믿을 만한 사람의 말을 인용하여 근거의 신뢰성을 높임
보아야 하며, 인류의 진화 과정과 역사를 돌아볼 때 상실하는 능력이 있으면 동시에 얻게 되는
능력도 있는 것처럼 디지털 치매 또한 두려워할 필요가 없다고 주장한다.

인간의 역사에서 그 예를 생각해 보자. 인류는 •직립 원인으로 진화하는 과정에서 손을 도구
로 사용하게 됨으로써 그 이전에 먹이나 물건을 무는 데 쓰였던 입의 기능이 ⓓ퇴화했지만, 그 대
상실하게 된 능력 ①
신 입은 말하는 기능을 획득했다. 또 문자와 인쇄술이 발명되면서 인간은 •호메로스(Homeros)
얻게 된 능력 ①
의 •서사시를 암송할 수준의 기억력을 상실했지만, 기억의 압박에서 해방되어 새로운 지식 생
상실하게 된 능력 ②
산과 같은 일에 능력을 활용하게 되었다. 그렇다면, 이와 마찬가지로 오늘날의 디지털 기술 역
얻게 된 능력 ②
시 인간의 기억력, 계산력 등의 약화를 가져온 대신 그보다 창조적인 능력을 향상하게 할 것으
상실하게 된 능력 ③   얻게 된 능력 ③
로 볼 수 있지 않겠는가?

현대의 노동 환경을 생각해 보자. 우리는 과거와 완전히 다른 방식으로 일하고 있다. 세상
은 훨씬 더 복잡해졌고 제공되는 정보의 양은 너무나 많다. 상대해야 하는 사람의 수도 훨씬
많아졌고, 무엇보다도 발달된 정보 통신 기술 때문에 이들을 실시간으로 상대해야 하는 환경
에 처해 있다.

[중략]

어떤 사람들은 지금과 같은 디지털 기술 의존 현상이 결국 기억 능력을 크게 떨어뜨려 인간
디지털 기술 의존 현상을 부정적으로 보는 사람들의 주장
을 퇴보하게 할 것이라고 주장하지만, 보조 기억을 디지털 기기로 이동하는 것이 기억 능력의
퇴보는 아니라고 본다. 정보를 어디서 찾을 수 있는가에 대한 정보도 기억이 되어야 하며, 앞
으로는 정보 자체의 기억보다는 이런 정보를 찾을 수 있는 원천이나 방법에 대한 기억이 더욱
중요해질 것이기 때문이다.

요컨대 디지털 기술 의존 현상은 인간의 진화와 문명의 진전 과정에서 늘 존재해 왔던 기술
기술 의존 현상은 인간 진화의 자연스러운 양상임

📝 작품 정리

갈래 : 설득하는 글
성격 : 설득적, 논리적
주제 : '디지털 치매'라 불리는 첨단
기술 의존 현상은 인류 진화
의 자연스러운 현상이다.

특징

• 사회에서 문제로 여겨지는 현
상의 원인을 역사적, 통시적 시
각 속에서 찾음
• 믿을 만한 사람의 말을 인용하여
근거와 주장의 신뢰성을 높임
• 현상에 대해서 낙관적인 전망
을 보이고 있음

🔍 꼼꼼 단어 돋보기

● 직립 원인
현생 인류가 되기 전 단계의 인류
중 하나. 직립 보행하고 불을 사
용한 특징을 가짐

● 호메로스
고대 그리스의 시인

● 서사시
역사적 사실이나 신화, 전설, 영웅의
사적 따위를 서사적 형태로 쓴 시

의존 현상과 다를 바 없는 것이요, 방대한 정보 처리와 효율적 업무 처리를 요하는 현대 사회의 환경에 적응하기 위한 불가피한 선택일 뿐이며, 그로 인해 오히려 더욱 창조적인 새로운 능력을 인간에게 가져다준 것으로 보아야 한다. 그러니 굳이 디지털 치매라는 이상한 종류의 병에 걸렸다고 걱정하지 말고 미래형 인간이 되기 위한 <u>진보의 결과</u>로 마음 편하게 받아들이길 권한다.

디지털 기술 의존 현상에 대한 글쓴이의 관점

주목

10 윗글에 대한 설명으로 가장 적절한 것은?

① 믿을 만한 사람의 말을 인용했다.
② 구체적인 통계 수치를 제시했다.
③ 상반되는 주장을 절충하고 있다.
④ 다양한 비유적 표현을 사용했다.

11 윗글의 글쓴이가 '디지털 치매'를 보는 관점은?

① 의학적으로 치료할 신경과적 질환이다.
② 적절한 디지털 미디어의 개발이 시급하다.
③ 인간은 방대한 정보를 전혀 기억할 필요가 없다.
④ 디지털 의존 현상은 자연스러운 추세이다.

12 ㉠~㉣의 사전적 의미로 적절하지 않은 것은?

① ㉠: 뚜렷이 드러날 정도로
② ㉡: 사물이나 현상의 모양이나 상태
③ ㉢: 물체의 잘라 낸 면
④ ㉣: 진보 이전의 상태로 되돌아감

정답   정답과 해설 **17**쪽

10 ①   **11** ④   **12** ③

물이 부족한 현상

유레카 편집부, 『토론·논술·면접이 강해지는 반찬』

"21세기의 전쟁은 물을 차지하기 위한 전쟁이 될 것이다."
<u>인용</u>
전 세계은행 부총재 이스마일 세라겔딘의 경고이다. 이 말처럼 인류는 물 부족으로 인한 위기에 직면할 것이며, 세계가 물을 차지하기 위해 전쟁을 벌일 것이라는 경고의 목소리가 높아지고 있다. 「세계 기상 기구는 지금처럼 물을 소비할 경우, 2050년에는 3명 중 2명이 물 부족
「 」:문제 상황을 제시함
상태로 생활할 것이라고 전망한다. 우리나라도 예외는 아니어서 경제 협력 개발 기구는 2050년이 되면 한국이 회원국 가운데 물 부족으로 가장 큰 고통을 겪게 될 것이라고 경고하고 있다.」

물이 부족한 상태는 인류에게 큰 위기로 다가올 것이다. 앞으로도 <u>인구는 증가할 것이며</u>,
<u>주장에 대한 근거 ①</u>   <u>물 부족이 인류에게 위기인 이유 ①</u>
늘어나는 인구만큼 식량이 더 필요해진다. 따라서 <u>곡식의 재배를 위한 담수 필요량이 늘어나</u>
<u>물 부족이 인류에게 위기인 이유 ②</u>
게 될 것이다. 설상가상으로 <u>기후 변화로 인해 가뭄이 심화되어</u> 지금처럼 물을 쓰다가는 2050
<u>물 부족이 인류에게 위기인 이유 ④</u>
년이 되기도 전에 인류는 물 부족 현상으로 인해 커다란 위기에 *봉착하게 될 것이다. 이러한 위기는 전쟁과 같은 <u>국가 간의 갈등을 초래할 가능성이 높다.</u> 물은 인간의 생존을 위해 필수
<u>물 부족이 인류에게 위기인 이유 ⑤</u>
불가결한 대상이지만 물의 양은 한정적이어서 물을 차지하기 위한 갈등이 벌어질 것이다. 국가 간의 갈등은 전쟁으로 이어질 것이며, 이는 인류에게 커다란 시련을 안겨 줄 것이다.

일부에서는 바닷물로부터 염분을 포함한 용해 물질을 제거하여 음용수 및 생활 용수로 사용하는 담수화를 통해 물 부족 문제를 해결할 수 있다고 주장하기도 한다. 그러나 이는 물 부족
<u>주장에 대한 근거 ②</u>
문제의 근본적인 해결책이 될 수 없다. 바닷물을 담수화하는 것은 비용이 높고, 기술이나 전문
<u>담수화가 문제를 해결할 수 없는 이유 ①</u>
인력을 활용한 시설의 구축이 선진국 중심이라는 점에서 전 인류가 사용하기에 어렵다. 또한,
<u>담수화가 문제를 해결할 수 없는 이유 ②</u>
해수 담수화 기술은 에너지 소비가 많은 증기를 이용한 증발법을 사용하므로 결국 해수 담수
<u>담수화가 문제를 해결할 수 없는 이유 ③</u>
화 기술은 다른 환경 문제로 이어질 수밖에 없는 것이다.

이제 우리는 다음 세대에게 물 부족으로 인한 고통을 안겨 줄 것인지, 아니면 삶을 영위할 수 있는 환경을 물려줄 것인지를 고민해야 한다. 위기를 과소평가한다면 영화에서나 펼쳐진 비극적 미래는 현실이 될 것이다. 아직 늦지 않았다. <u>지금부터라도 물 소비 행태에 관한 *경각
심을 가지고 물을 경제적으로 쓰도록 노력하자.</u>
<u>글쓴이의 주장</u>

작품 정리

갈래: 설득하는 글
성격: 설득적, 분석적
주제: 물을 경제적으로 쓰도록 노력하자.
특징
- 구체적인 근거를 들어 주장을 강화함
- 인용의 방법을 사용하여 문제 상황을 제시함

꼼꼼 단어 돋보기

● 담수
민물

● 봉착
어떤 처지나 상태에 부닥침

● 경각심
정신을 차리고 주의 깊게 살피어 경계하는 마음

◎ 글쓴이의 주장과 근거

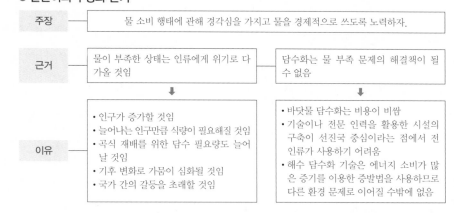

| 주장 | 물 소비 행태에 관해 경각심을 가지고 물을 경제적으로 쓰도록 노력하자. |

| 근거 | 물이 부족한 상태는 인류에게 위기로 다가올 것임 | 담수화는 물 부족 문제의 해결책이 될 수 없음 |

| 이유 | • 인구가 증가할 것임
• 늘어나는 인구만큼 식량이 필요해질 것임
• 곡식 재배를 위한 담수 필요량도 늘어날 것임
• 기후 변화로 가뭄이 심화될 것임
• 국가 간의 갈등을 초래할 것임 | • 바닷물 담수화는 비용이 비쌈
• 기술이나 전문 인력을 활용한 시설의 구축이 선진국 중심이라는 점에서 전 인류가 사용하기 어려움
• 해수 담수화 기술은 에너지 소비가 많은 증기를 이용한 증발법을 사용하므로 다른 환경 문제로 이어질 수밖에 없음 |

13 위와 같은 글에 대한 설명으로 적절하지 않은 것은?

① 주장을 뒷받침할 논리적인 근거가 있어야 한다.
② '서론 – 본론 – 결론'의 짜임새 있는 구성을 취한다.
③ 주제에 관하여 일관성 있는 태도를 보여 줘야 한다.
④ 읽는 이의 일상생활에 도움을 주는 실용적인 글이다.

주목
14 윗글의 글쓴이가 궁극적으로 주장하는 바로 가장 적절한 것은?

① 물 부족 상황을 극복하기 위해 인구 증가 속도를 늦춰야 한다.
② 물 소비 행태에 관해 경각심을 가지고 물을 경제적으로 써야 한다.
③ 물 부족 상황을 해결하기 위해서는 담수화와 같은 과학적 노력이 필요하다.
④ 수질 오염의 심각성을 깨닫고 환경 보호 활동에 적극적인 태도를 지녀야 한다.

15 윗글의 내용과 일치하지 않는 것은?

① 인구의 증가는 물 부족 현상을 심화시킨다.
② 기후 변화로 인한 홍수는 물 부족 상황을 지연시킨다.
③ 지금의 위기를 과소평가하면 비극적인 미래가 올 것이다.
④ 물은 인간의 생존을 위해 꼭 필요하지만 그 양은 한정적이다.

정답   정답과 해설 **17**쪽

13 ④   **14** ②   **15** ②

즉석식품은 왜 나쁠까   심선아

가 여러분이 방과 후 출출할 때 주로 먹는 음식을 떠올려 보자. 편의점에서 파는 컵라면, 햄버거, 코코아 등을 먹었다면 모든 음식을 즉석식품으로 섭취한 것이다. 즉석식품이란 "단시간에 손쉽게 조리할 수 있고 저장이나 보존도 간단하며 운반과 휴대가 편리한 식품"을 의미한다. 즉석식품의 종류에는 대표적으로 즉석 면류, 통조림, 레토르트 식품, 냉동식품, 건조식품 등이 있다. 이러한 즉석식품은 간편하게 먹을 수 있어서 요즘 청소년들이 자주 섭취하고 있다. 그러나 즉석식품에는 여러 가지 문제점이 있다.

나 첫째, 즉석식품을 많이 섭취할 경우 영양의 불균형 상태에 빠지기 쉽다. 대부분의 즉석식품은 열량과 지방의 함량이 높은 반면 비타민, 무기질 및 섬유소 함량이 매우 낮은 '텅 빈 열량' 식품이기 때문에 질적으로 좋은 간식이라고 할 수 없다. 따라서 주로 즉석식품을 섭취하는 식습관을 유지할 경우 몸에 필요한 여러 영양소가 결핍되기 쉬워서 건강을 해칠 수 있다.

둘째, 즉석식품에는 나트륨과 식품 첨가물이 과다하게 함유되어 있다. 즉석식품은 소금 함량이 높은 경우가 많고 글루탐산 나트륨(MSG), 아질산 나트륨 같은 나트륨을 함유한 첨가 물질도 많이 들어 있다. 그렇기 때문에 즉석식품을 즐겨 먹을 경우 나트륨을 비정상적으로 많이 섭취하게 된다. 그리고 즉석식품에는 식품 첨가물이 많이 들어 있다. 대표적으로 방부를 목적으로 하는 보존료, 색깔과 향을 내는 발색제와 향료, 맛을 내기 위한 화학조미료 등이 있다. 청소년들이 가장 많이 먹는 즉석식품 중 하나인 라면 한 봉지에는 20가지가 넘는 식품 첨가물이 포함되어 있다. 이러한 물질들을 지나치게 섭취하면 우리 몸에 해로울 수 있다.

셋째, 즉석식품을 만들고 유통하는 과정에서 위생 문제가 발생할 수 있다. 즉석식품에는 식품 원료에 남아 있는 농약, 물이나 토양의 오염 물질, 곰팡이, 자연 독 등이 있을 위험이 있다. 또한 유통 과정에서 불결하게 취급되는 경우도 많아서 햄버거나 라면 스프, 컵라면, 포장용 김밥 등에서 일반 세균이나 대장균 같은 유해한 세균들이 검출되기도 한다. 그리고 제품에서 벌레가 나오거나 쇳가루, 머리카락 같은 이물질이 나오는 등 식품 위생에 관한 사건과 사고는 끊이지 않고 있다. 이로 인해 즉석식품의 위생 관리가 더욱 철저해야 한다는 우려의 목소리가 높다.

다 지금까지 즉석식품의 문제점을 알아보았다. 즉석식품은 우리에게 이미 보편화된 음식이므로 아예 먹지 않을 수는 없다. 즉석식품을 되도록 적게 먹고 5대 필수 영양소를 골고루 갖춘 균형 잡힌 식사를 하도록 노력하자.

작품 정리

갈래: 설득하는 글
성격: 비판적, 분석적, 체계적
주제: 즉석식품을 되도록 적게 먹고 균형 잡힌 식습관을 갖자.

특징
• 즉석식품의 문제점을 분석하여 주장을 제시함
• 식품 영양학에 대한 전문 지식을 비교적 쉬운 예시를 들어 전달함

꼼꼼 단어 돋보기

● **레토르트 식품**
조리·가공한 식품을 알루미늄 따위로 만든 주머니에 넣어 밀봉한 후에 레토르트 솥에 넣어 고온에서 가열·살균한 식품

● **방부**
물질이 썩거나 삭아서 변질되는 것을 막음. 건조, 냉장, 밀폐, 소금 절임, 훈제, 가열 따위의 방법이 있음

● **즉석식품의 문제점**

영양의 불균형	즉석식품을 많이 섭취할 경우 영양의 불균형 상태에 빠지기 쉬움
나트륨과 식품 첨가물의 과다 함유	즉석식품에는 나트륨과 식품 첨가물이 과다하게 함유되어 있음
위생 문제	즉석식품을 만들고 유통하는 과정에서 위생 문제가 발생할 수 있음

16 윗글에 드러난 문제 상황으로 가장 적절한 것은?

① 청소년들이 즉석식품을 자주 섭취하는 것
② 청소년들이 영양의 불균형 상태에 빠지는 것
③ 청소년들이 편의점에서 방과 후를 보내는 것
④ 청소년들이 나트륨 과다 상태에 시달리는 것

17 윗글의 내용과 일치하는 것은?

① 5대 필수 영양소를 골고루 갖춘 식사가 필요하다.
② 즉석 면류에는 비타민과 무기질이 다량 함유되어 있다.
③ 즉석식품의 유통 과정에서 위생 관리가 철저히 지켜지고 있다.
④ 즉석식품에 함유된 식품 첨가물은 우리 몸에 해롭지 않다고 증명되었다.

18 윗글에서 즉석식품을 '텅 빈 열량' 식품이라고 표현한 이유는?

① 운반과 휴대가 편리한 식품이기 때문에
② 단시간에 손쉽게 조리할 수 있기 때문에
③ 유통 과정에서 불결하게 취급되는 경우가 많기 때문에
④ 열량과 지방 함량은 높고 비타민, 무기질 및 섬유소 함량은 낮기 때문에

정답 정답과 해설 **17**쪽

16 ① **17** ① **18** ④

아름다움은 우리 마음속에 있다

📝 **작품 정리**

갈래 : 설득하는 글
성격 : 설득적, 논리적
주제 : 아름다움은 주관적 성질이
       므로 스스로를 아름답게
       바라보려고 노력해야 진정
       으로 아름다워질 수 있다.

특징

• 의문문을 사용해 주제에 관한
  독자의 흥미를 유발함
• 다양한 논증 방법을 사용하여
  자신의 주장을 드러냄

가 아름다움이란 무엇일까요? 아름다움을 어떻게 규정해야 하는지에 관한 논의는 매우 오래
전부터 이어지고 있습니다. 아름다움을 인간의 마음속에 있는 주관적인 성질이라고 보는 사람
들이 있는가 하면 아름다움이 사물에 담긴 객관적인 성질이라고 보는 사람들도 있습니다.

나 「객관적인 성질이란 개인의 느낌이나 생각과 상관없이 누구에게나 있는 그대로 인식되는
특성으로, 이는 누구에게나 동일한 경험을 제공합니다.」 예컨대 「모양이 대표적으로 들 수 있는
객관적인 성질이지요.」 누구나 △을 보며 삼각형이라고 인식하고 □을 보며 사각형이라고 인식
합니다. 즉 「모양은 누구에게나 동일한 경험을 제공하는 것입니다.」 그렇다면 아름다움은 어떨
까요? 아름다움을 어떻게 규정하는지에 따라 아름다움을 대하는 우리의 태도 역시 달라지지
않을까요?

다 프랑스 파리에 있는 에펠 탑은 현재 많은 프랑스 사람들과 관광객들에게 아름답다고 평가
받는 건축물입니다. 하지만 에펠 탑이 완공된 직후의 평가는 지금과 사뭇 달랐습니다. 그 당시
사람들은 저 흉물스러운 철제 구조물을 얼른 철거해야 한다고 주장하기까지 했습니다. 그때의
에펠 탑과 지금의 에펠 탑은 그 모습에 별 차이가 없지만 에펠 탑의 아름다움에 관한 평가는
완전히 달라진 것입니다.

라 고전 음악에 관한 사람들의 반응도 저마다 다릅니다. 어떤 사람들은 모차르트나 베토벤의
음악 같은 서양의 고전 음악을 들으면서 그 선율의 아름다움에 심취하고는 합니다. 하지만 고
전 음악에 아름다움을 느끼지 못하는 사람들은 고전 음악을 그저 지루하다고 느끼거나 자장가
처럼 받아들이지요.

마 「이러한 여러 가지 사례를 통해 우리는 동일한 대상일지라도 그것에 관해 느끼는 아름다움
은 사람마다 다르다는 결론을 내릴 수 있습니다.」

　즉 아름다움은 사람마다 다르게 느끼는 (　　⊙　　) 성질인 것입니다.

바 아름다움에는 정답이 없습니다. 아름다움을 판단하는 기준은 각자의 마음속에 있기 때문
입니다. 따라서 다른 사람들이 생각하는 아름다움의 기준에 자신을 무조건 맞추려 하기보다는
스스로를 아름답게 바라보려고 노력할 때 진정으로 우리는 아름다워질 수 있음을 기억하시기
바랍니다.

● **글의 구조**

서론	아름다움이 주관적 성질인지 객관적 성질인지에 따라 아름다움을 대하는 우리의 태도 역시 달라질 것임
본론	구체적 사례(에펠 탑, 고전 음악 등)를 바탕으로 아름다움은 사람마다 다르게 느끼는 주관적인 성질이라는 것을 알 수 있음
결론	아름다움을 판단하는 기준은 각자의 마음속에 있으므로 스스로를 아름답게 바라보려고 노력해야 진정으로 아름다워질 수 있음

● **논증 방법**

① 연역: 일반적 원리나 진리를 전제로 하여 결론을 이끌어 내는 방법

연역법	대전제	객관적인 성질은 누구에게나 동일한 경험을 제공함
	소전제	모양은 객관적인 성질임
	결론	모양은 누구에게나 동일한 경험을 제공함

② 귀납: 구체적인 사례들을 바탕으로 일반적인 사실이나 진리를 이끌어 내는 방법

사례1	에펠 탑
사례2	동양과 서양의 그림(교재 수록×)
사례3	고전 음악

➡ 귀납법 ➡ **결론** 아름다움은 사람에 따라 다르게 느껴지는 주관적인 성질임

---

19 **가**와 **나**에 대한 설명으로 적절하지 <u>않은</u> 것은?

① (가)는 아름다움의 성질에 대해 설명하고 있다.

② (가)는 인간의 마음에 대해 설명하고 있다.

③ (나)는 구체적인 예를 들어 대상을 설명하고 있다.

④ (나)는 질문을 통해 독자들의 흥미를 유발하고 있다.

20 **다**~**마**에 사용된 논증 방법으로 가장 적절한 것은?

① 개별적인 사실을 종합하여 결론을 이끌어 내고 있다.

② 일반적 원리를 전제로 하여 결론을 이끌어 내고 있다.

③ 두 대상의 유사점을 바탕으로 결론을 이끌어 내고 있다.

④ 글쓴이가 직접 실험하고 관찰하여 결론을 이끌어 내고 있다.

21 윗글에 대한 설명으로 가장 거리가 <u>먼</u> 것은?

① 아름다움의 주관적 성질을 이야기하고 있다.

② 아름다움에는 정답이 없음을 이야기하고 있다.

③ 아름다워지려는 사람들의 노력을 소개하고 있다.

④ 진정한 아름다움은 마음속에 있다고 말하고 있다.

주목
22 ㉠에 들어갈 말로 가장 적절한 것은?

① 객관적인 　　② 주관적인 　　③ 비판적인 　　④ 일반적인

정답　　정답과 해설 17쪽

19 ② 　20 ① 　21 ③

22 ②

디지털 치매, 당신도 노린다   김형자

「방금 들은 전화번호를 통화가 끝나기 무섭게 잊어버린다. 기억하고 있던 가족들 전화번호가
『 』: 디지털 치매로 의심할 수 있는 증상들(예시)
어느 날 갑자기 떠오르지 않는다. 초등학교 저학년 수준의 단순 덧셈, 뺄셈을 할 때에도 계산
기를 찾는다.」 혹시 당신은 요즘 이런 경험을 하고 있지 않은가. 그렇다면 당신은 한 번쯤 '디지
털 치매'에 걸린 것은 아닌지 의문을 품어 볼 만하다.

디지털 치매는 컴퓨터, 휴대 전화와 같은 디지털 기기에 지나치게 의존한 나머지 기억력과
디지털 치매의 개념(정의)
계산 능력이 크게 떨어진 데다 과다한 정보 습득으로 인해 각종 건망증 증세가 심해진 상태를
말한다. 즉, '아이티(IT) 건망증'인 셈이다. 이는 길을 안내해 주는 기계 하나면 지도나 표지판
을 보지 않아도 길을 찾아갈 수 있다 보니 지도를 읽는 법도 모르고, 가사 자막 없이 부를 줄
아는 노래가 거의 없을 정도에까지 이르게 된 현상을 이르는 신조어이다.

디지털 치매는 의학적으로 기억력 저장 창고인 수백억 개의 뇌 신경 세포 뉴런이 파괴되어
생기는 질병인 '노인성 치매'와 달리, 질병이 아닌 사회적 현상이 낳은 증상으로 분류된다. 따
디지털 치매와 노인성 치매의 차이점(대조)
라서 디지털 치매가 노인성 치매로 이어지는 것은 아니다. 그러나 디지털 치매는 주로 10~30
대 젊은이들에게 찾아오는데, 이들 중에는 증세가 심해져 병원을 찾는 사람이 늘어나고 있다.

설문 조사 전문 기관인 □□□□에 따르면, 매일 사용하는 전화번호나 비밀번호 등을 기억
객관적인 근거를 사용함으로써 주장의 타당성과 신뢰성을 높임
하지 못하는 디지털 치매 현상을 경험한 직장인은 63.5%로 10명 중 여섯 명 이상이나 되는
것으로 나타났다. 버튼 하나로 기억력과 사고 능력을 대신해 주는 디지털 장비들이 '기억하려
는 노력과 습관'을 필요 없게 만들고 있는 것이다. 이렇듯 전자 기기에만 의존하다 보면 머리
를 쓰는 노동을 '안 하는 사람'이 아니라 '못하는 사람'이 되어 버릴지 모른다.

사람의 기억은 뇌의 해마'라는 부위에서 주로 담당한다. 해마는 쓰면 쓸수록 뇌세포를 증가
하게 한다. 그런데 기억력을 사용하지 않으면 해마가 위축되어 기억 용량이 줄어든다. 물론 디
디지털 치매로 인해 우려되는 점
지털 기기에 의존하는 비중이 커진다고 해서 기억력이나 뇌의 기능 자체가 아예 퇴보하는 것
은 아니다. 전문가들은 기억력 자체의 문제라기보다는 '집중력'의 문제라고 설명한다.

[중략]

디지털 피로감이 커지는 이유 가운데 하나는 어떤 정보든 놓치면 안 된다는 강박 관념과 저
장 장치를 사용하지 않으면 안 될 정도로 정보가 급증한 점이다. 또 디지털의 발달에 따라 기
기의 사용법과 활용법을 잘 모르는 데서 오는 디지털 스트레스도 크다.

다른 신체와 마찬가지로 뇌도 낮에 일하고 밤에 쉬는 것이 가장 자연스럽다. 디지털 치매는
정보 과다로 인해 뇌가 주변 정보를 자꾸 밀어내는 현상이므로, 가능하면 손으로 쓰고 직접 계
디지털 치매를 예방하는 방법 ①
산하는 습관을 기르는 것이 건망증 예방에 도움이 된다.

그날 겪은 일을 일기로 써 보는 것도 좋다. 일기는 뇌에서 저장된 기억을 끄집어내는 기능을
디지털 치매를 예방하는 방법 ②
활용해 그날 겪은 일들을 다시 떠올려 감정을 싣는 작업이라 기억력 유지에 이롭다. 가족이나

📋 **작품 정리**

갈래 : 설득하는 글
성격 : 설득적, 논리적
주제 : 디지털 치매는 사고 능력
      을 잃을 수 있는 심각한 문
      제이므로 이를 예방하는
      자세를 가져야 한다.
특징
• 예시, 정의, 대조 등 다양한 설
  명 방법을 사용하여 '디지털 치
  매'를 설명함
• 객관적 근거(설문 조사)를 들어
  주장의 타당성과 신뢰성을 높임

🔍 **꼼꼼 단어 돋보기**

● 뉴런
신경계를 이루는 기본 단위

● 해마
학습, 기억 및 새로운 것의 인식
등의 역할을 담당하는 뇌의 한가
운데 위치한 부위

● 강박 관념
마음속에서 떨쳐 버리려 해도 떠
나지 아니하는 억눌린 생각

친구 등 가까운 사람들의 전화번호와 시구, 좋은 책의 구절 등을 암기하도록 노력하고, 신문이
<u>디지털 치매를 예방하는 방법 ③</u>
나 잡지를 매일 한두 시간씩 꼼꼼히 읽는 것도 유익하다.
<u>디지털 치매를 예방하는 방법 ④</u>

👀 한눈에 콕콕

◉ **글쓴이의 관점**

디지털 기술 의존 현상의 심각성	→	많은 정보들 속에서 놓치는 것이 없어야 한다는 디지털 피로감으로 인해 비판적 사고력까지 잃어버릴 수 있음
문제 현상에 대한 우리의 자세	→	손으로 일기를 쓰고 직접 계산하기, 잡지 읽기 등 기억력 유지를 위해 노력해야 함

23 윗글에 대한 설명으로 적절하지 <u>않은</u> 것은?

① 객관적인 근거를 사용하였다.

② 대조의 방식으로 중심 내용을 설명하였다.

③ 유추의 방법을 활용하여 주제를 강조하였다.

④ 문제점을 해결할 수 있는 방법을 제시하였다.

24 윗글의 내용과 일치하지 <u>않는</u> 것은?

① 디지털 치매는 '아이티 건망증'에 해당한다.

② 디지털 치매는 주로 10~30대 젊은이들에게 찾아온다.

③ 노인성 치매는 뇌 신경 세포 뉴런이 파괴되어 생긴다.

④ 다른 신체와 달리 뇌는 낮에 일하고 밤에 쉬는 것이 자연스럽다.

정답 정답과 해설 **17쪽**

23 ③   24 ④

듣기 · 말하기 · 쓰기

01 듣기 · 말하기

(1) 담화의 개념과 구성 요소

개념	• 듣는 이(청자)와 말하는 이(화자)의 상호 작용을 통한 의미 구성 과정 • 원활한 의사소통을 위해서는 사회 · 문화적 맥락을 고려해야 함
구성 요소	• 듣는 이(청자)와 말하는 이(화자) • 내용: 듣는 이와 말하는 이가 주고받는 정보, 느낌, 생각 • 맥락: 담화가 이루어지는 시공간적 상황

➕ 발화와 담화
- 발화: 의사소통 과정에서 머릿속 생각이 음성을 통해 실제 문장 단위로 나타난 것이다.
- 담화: 발화가 모여서 하나의 의미를 이룬 덩어리이다.

(2) 의사소통의 맥락

① 상황 맥락

개념	• 담화가 이루어지는 구체적인 상황 • 담화에 참여한 사람, 담화가 이루어지는 시간과 공간, 담화의 의도와 목적 등을 포함함
구성 요소	• 듣는 이와 말하는 이: 듣는 이와 말하는 이의 나이, 성별, 사회적 지위, 직업, 친밀도, 심리 상태, 화제에 대한 관심 정도, 화제에 대한 배경지식 정도 등 • 시간과 공간: 담화가 이루어지는 시간대, 담화가 지속되는 시간, 시간적 여유, 담화가 이루어지는 구체적인 장소, 공간의 크기, 폐쇄성 등 • 의도와 목적: 정보 전달, 설득, 친교, 정서 표현 등

② 사회 · 문화적 맥락

개념			• 담화가 이루어지는 사회 · 문화적 배경과 관련된 맥락 • 역사적 · 사회적 상황, 공동체의 가치 · 신념, 사고방식, 언어 습관 등을 포함함
구성 요소		표준어	한 나라의 표준이 되는 말
	지역	지역 방언	지역적 요인으로 말미암아 한 언어 내에서 특정 지역이 다른 지역과 다르게 쓰는 말 예 고구마(표준어) – 사탕감재(함경북도), 당감재(평안남도), 무감자(충청도), 진감자(전라남도), 고매(경상남도), 흐린감저(제주도)
	세대	어른 세대	• 존칭 표현, 격식을 갖춘 공손하고 정중한 표현을 주로 사용함 • 예스러운 표현이나 한자어를 많이 사용함 예 고등어 한 손(두 마리) / 춘부장(남의 아버지를 높여 부름)
		젊은 세대	• 격의 없이 친근한 표현을 주로 사용함 • 유행어, 인터넷 용어, 외래어를 즐겨 사용함 예 레알(진짜) / 멘붕(멘탈 붕괴) / 완전 ~하다(매우 ~하다)
	문화		• 각 나라의 문화가 다르므로 속담이나 관용적 표현을 외국인이 이해하지 못하는 경우가 많음

➕ 표준어와 지역 방언
표준어와 지역 방언은 상호 보완적 관계에 있다.

표준어	지역 방언
의사소통을 원활하게 함 (공식적 상황)	지역민끼리의 친밀감을 높임 (비공식적 상황)

➕ 사회 방언
계층, 세대, 성별, 학력, 직업 등의 사회적 요인에 의해 생긴 말이다.

예 (가게에서 손님에게)

주인: 어머니, 과일 사세요.

외국인: 나는 당신 어머니가 아니에요.

→ 우리나라에는 중년의 여성을 '어머니', '이모'라고 부르는 문화가 있음을 외국인이 이해하지 못하여 의사소통이 원활하게 이루어지지 못함

(3) 목적에 맞는 말하기

정보 중심 말하기	객관적 지식과 정보를 전달하는 말하기
관계 중심 말하기	친밀함을 표현하거나 관계를 유지하기 위한 말하기
직설적 말하기	자신의 생각을 직접 드러내는 말하기
우회적 말하기	상대의 감정을 고려하여 말하고자 하는 바를 간접적으로 표현하는 말하기
문제 해결 지향적 말하기	문제의 원인을 분석하고 문제 해결에 필요한 정보를 제공하는 말하기
공감적 말하기	상대의 ˙처지와 심정을 이해하고 함께 느껴 위로하거나 걱정하는 말하기

(4) 상황에 맞는 말하기

부탁·요청	상대방에게 어떤 일이나 행동을 청하여 도움을 받고자 하는 말하기
거절	상대방의 부탁이나 요청을 받아들이지 않고 물리치는 말하기
설명	어떤 일이나 대상의 내용을 전달하려는 의도를 가지는 말하기
사과	자기의 잘못을 인정하고 상대방에게 용서를 구하는 말하기
감사	상대방에게 고마운 마음을 전달하는 말하기
위로	따뜻한 말이나 행동으로 괴로움을 덜어 주거나 슬픔을 달래 주려는 의도를 가지는 말하기

(5) 적절한 대화의 방법

① 언어 예절을 지켜 말하기

② 차별적 표현이나 ˙비속어 표현을 삼가기

③ 공적인 상황에서는 항상 높임말 사용하기

④ 상대방의 다양한 말하기 방식을 이해하며 대화하기

⑤ 대화의 목적과 상황에 따라 알맞은 말하기 방식 선택하기

⑥ 상대와의 친밀도, 상대와 자신의 사회적 지위 차이 등을 고려하기

(6) 표현 방법

① **언어적 표현**: 의미 있는 음성, 즉 언어로 생각을 표현하는 것

② **준언어적 표현**: 언어적 표현과 함께 이루어지는 음성적 효과

예 말의 속도, 크기, 억양 등

🔍 꼼꼼 단어 돋보기

● **처지**
처하여 있는 사정이나 형편

● **비속어**
격이 낮고 속된 말

③ 비언어적 표현: 음성 이외의 동작 언어

　예 자세, 손짓, 몸짓, 표정 등

(7) 공감적 대화

① 개념: 대화를 통해 격려와 위로를 얻고자 하는 말하기

② 요건

- 대화의 상황과 맥락 이해하기
- 상대방의 처지를 이해하고 배려하기
- 상대방의 말을 경청하며 적극적으로 반응하기

③ 공감하며 듣는 방법

상대방의 입장에서 이해하려는 태도	수용적인 자세를 지니며, 상대방을 비난하거나 판단하지 않음
상대방의 말을 들어주려는 태도	상대방이 말하는 중에 끼어들어 자신의 견해를 말하지 않고, 상대방이 이야기를 더 많이 할 수 있도록 격려해 주어야 함

(8) 말하기 불안

① 개념: 여러 사람 앞에서 말을 하기에 앞서 또는 말을 하는 과정에서 경험하는 불안 증상

② 주요 원인

- 말하기 준비가 미흡한 경우
- 공식적인 말하기 상황에 익숙하지 않은 경우
- 상대방이나 말하기 과제와 관련하여 과도한 부담을 느끼는 경우

③ 극복 방법

- 말하기에 자신감 가지기
- 긍정적인 말하기 경험 쌓기
- 말할 내용을 충분히 연습하며 준비하기
- 심리적 불편함을 줄이는 다양한 방법 연습하기
- 말하기 불안의 원인을 정확히 점검하고 해결 방법 찾기

(9) 담화의 유형

대화	마주 대하여 이야기를 주고받는 말하기
발표	어떤 사실이나 결과, 작품 따위를 세상에 널리 드러내어 알리는 말하기
강연	일정한 주제에 대하여 청중 앞에서 강의 형식으로 진행하는 말하기
연설	여러 사람 앞에서 자기의 주장 또는 의견을 진술하는 말하기
소개	잘 알려지지 아니하였거나, 모르는 사실이나 내용을 잘 알도록 하여 주는 설명하는 말하기
면접	피면접자에 대한 정보 수집, 평가 등의 특정한 목적을 지닌 공적 대화
토의	어떤 공통된 문제에 대한 최선의 해결안을 얻기 위해 여러 사람이 모여서 의논하는 말하기
토론	특정한 논제에 대해 찬성 측과 반대 측으로 나눈 뒤, 각자 논거를 들어 자신의 주장이 정당함을 내세우고 동시에 상대방의 주장과 논거가 부당함을 밝히는 말하기

🔍 꼼꼼 단어 돋보기

● 미흡하다
아직 흡족하지 못하거나 만족스럽지 아니하다.

● 청중
강연이나 설교, 음악 따위를 듣기 위하여 모인 사람들

| 협상 | 개인이나 집단 간에 존재하는 의견 차이나 갈등을 해소하기 위하여 당사자 또는 집단의 대표가 의견과 주장의 차이를 조정하고 만족스러운 대안을 찾는 의사 결정 과정 |

(10) 토의하기

① **개념**: 공동의 문제를 해결하기 위해 여러 사람이 의견이나 생각을 주고받는 협력적인 말하기

② **목적**: 문제에 대한 최선의 해결 방안을 찾는 것

③ **과정**

토의 주제 정하기

⬇

토의 준비하기

⬇

토의하기

⬇

토의 정리하기

④ **참여자의 역할**

| 사회자 | • 토의 주제와 순서 안내
• 토의 참가자들에게 공평한 발언 기회 제공
• 토의 참가자의 발언 내용 정리, 토의 진행
• 토의 참가자들 사이의 의견 충돌 조정
• 토의 전체 내용 요약 및 마무리 |
| 토의 참가자
(토의자) | • 토의 주제와 관련된 자료 수집
• 자신의 의견 정리
• 타당한 근거를 들어 자신의 의견 제시 |

⑤ **유형**

패널 토의	토의할 문제에 특별히 관심이 있는 패널들이 청중 앞에서 각자의 의견을 주고받으며 토의를 하고, 이를 바탕으로 청중이 질의하며 참여하는 토의 유형
원탁 토의	10명 내외의 사람들이 자유롭게 의견을 나누는 비공식적 토의의 대표 유형
심포지엄	주로 학술적인 문제에 대해 각 분야의 전문가들이 의견을 발표하고, 참석자의 질문에 답하는 방식의 토의 유형
포럼	어떤 문제에 대해 토의자들이 의견을 발표한 뒤, 청중과 생각을 주고받으며 결론을 이끌어 내는 토의 유형

➕ 질문의 유형
• 개방형 질문: 응답자가 원하는 어떤 방식으로든 대답할 수 있도록 하는 질문 유형이다.
• 폐쇄형 질문: 미리 정해진 항목들 가운데서 답을 선택하도록 하는 질문 유형이다.

⑥ **유의점**
• 다른 사람의 말을 귀 기울여 들어야 함
• 최선의 해결 방안을 찾도록 노력해야 함
• 다른 사람이 말할 때 끼어들지 않아야 함
• 자신의 생각과 다른 의견도 열린 자세로 수용해야 함
• 다른 사람의 감정을 상하게 하는 말을 하지 말아야 함

(11) 토론하기

① **개념**: 논제에 대해 찬성과 반대로 나뉘어 각각 자기 측 주장의 타당함을 내세워 상대방을 설득하기 위한 말하기

② **목적**: 서로 다른 생각을 가지고 있는 사람들이 자신의 주장이 옳음을 내세워 상대방을 설득하는 것

③ **과정**

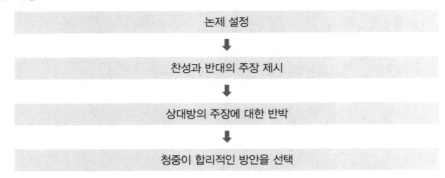

논제 설정

↓

찬성과 반대의 주장 제시

↓

상대방의 주장에 대한 반박

↓

청중이 합리적인 방안을 선택

④ **용어**

논제	토론의 주제
쟁점	찬성 측의 입장과 반대 측의 입장이 나뉘는 부분
논거	주장을 뒷받침하는 근거

쏙쏙 이해 더하기 │ 논제의 종류

사실 논제	어떤 사안이 참이냐 거짓이냐를 다루는 명제 예 담배는 몸에 해롭다.
가치 논제	참이나 거짓이 아니라 무엇이 옳고 그른지에 대한 판단을 다루는 명제 예 선의의 거짓말은 필요하다.
정책 논제	문제에 대한 해결 방안이나 구체적인 실행 방안을 다루는 명제 예 교내 CCTV를 설치해야 한다.

---

⑤ **참여자의 역할**

사회자	• 논제를 제시하고, 토론의 시작과 끝을 알림 • 발언 기회를 공정하게 부여함 • 토론자의 발언 내용을 요약·정리함
토론자	• 주장할 바를 정하고, 주장을 뒷받침할 다양한 근거를 마련함 • 논제에 대해 찬성과 반대의 입장을 정해 자신의 입장을 밝힘
청중	토론의 흐름을 이해하면서 그 과정과 결과를 합리적으로 평가함

⑥ **유의점**
- 쟁점에 대한 주장을 명확하게 드러내야 함
- 적절하고 타당한 근거로 주장을 뒷받침해야 함
- 상대방에 대한 예의를 지키며 정해진 규칙을 준수해야 함
- 발언 순서와 시간을 준수하며, 사회자의 진행을 존중해야 함

🔍 **꼼꼼 단어 돋보기**

● 준수

전례나 규칙, 명령 따위를 그대로 좇아서 지킴

(12) 면담하기

① 개념: 특정 인물이나 주제와 관계있는 정보를 수집하기 위하여 면담자와 면담 대상자가 주고받는 말하기

② 과정

면담 준비하기		• 면담의 목적을 설정함 • 면담 목적에 맞는 면담 대상자를 찾음 • 면담 대상자에 관한 기본 정보를 미리 조사함
면담 질문 마련하기		• 면담 목적과 대상에 맞는 질문을 마련함 • 적절한 후속 질문을 마련함
면담 하기	시작	• 간단하게 인사한 후, 면담의 목적과 질문의 내용을 안내함 • 녹음과 사진 촬영을 할 때는 사전에 양해를 구하고, 가벼운 질문으로 편안한 분위기를 조성함
	진행	면담 대상자에게 면담의 목적에 맞는 질문을 하고 답변을 경청하며 내용을 기록함 예 직업과 관련하여 면담을 하는 경우: 직무 소개, 직업 선택 동기, 직업 준비 경로, 직업 관련 목표 등
	마무리	면담의 성과를 확인하고 면담 대상자에게 인사하며 마무리함
면담 내용 정리하기		• 면담하면서 기록한 자료를 모음 • 면담 목적에 맞게 내용을 정리함

③ 유의점

- 말하기 쉬운 분위기를 만듦
- 면담 주제에 관해 철저하게 사전 준비함
- 면담 대상자에 관한 선입견이나 편견을 버림
- 겸손한 자세로 자기소개를 먼저 하고 면담하는 까닭과 목적을 분명히 밝힘
- 밝은 표정으로 상대와 눈을 맞추면서 확실하고 분명하게, 구체적으로 질문함
- 최대한 집중하여 경청함

콕콕 개념 확인하기

1. 원활한 의사소통을 위해서는 사회·문화적 맥락을 고려해야 한다. (O, X)
2. 공적인 말하기 상황에서는 높임말을 사용해야 한다. (O, X)
3. 공감적 대화는 격려와 위로를 얻고자 하는 말하기이다. (O, X)
4. 토론은 공동의 문제를 해결하기 위해 여러 사람이 의견이나 생각을 주고받는 협력적인 말하기이다. (O, X)
5. 담화를 구성하는 요소에는 청자, 화자, 내용, _____이 있다.
6. 지역 방언과 표준어는 상호 _____적 관계에 있다.
7. _____ 말하기는 자신의 생각을 직접 드러내는 말하기이다.
8. 대화를 할 때는 대화의 _____과 상황에 따라 말하기 방식을 달리한다.
9. 언어적 표현과 함께 이루어지는 말의 속도, 크기, 억양은 _____ 표현이다.
10. _____는 토론의 주제이다.

답 1. O 2. O 3. O 4. X 5. 맥락 6. 보완 7. 직설적 8. 목적 9. 준언어적 10. 논제

꼼꼼 단어 돋보기

● 경청
귀를 기울여 들음

01 다음 질문 목록에 들어갈 내용으로 적절하지 **않은** 것은?

2021년 1회

> 면담 대상: 수의사
> 면담 목적: 수의사라는 직업에 대한 정보를 얻기 위해
> 질문 목록: [   ]

① 수의사의 가족 관계
② 수의사라는 직업의 장점
③ 수의사가 되기 위해 필요한 자격증
④ 수의사로 일하면서 느꼈던 직업적 보람

02 다음에 해당하는 담화의 유형은?

2020년 1회

> 개인이나 집단 간에 이익과 주장이 상반될 때, 서로 협의하여 모두가 이익을 얻을 수 있는 결론을 이끌어 내는 것

① 강연
② 협상
③ 소개
④ 발표

주목
03 토의에서 사회자의 역할로 적절하지 **않은** 것은?

2020년 1회

① 참여자에게 토의 주제를 제시한다.
② 참여자들의 발언 순서를 안내한다.
③ 참여자에게 자신의 주장을 내세운다.
④ 참여자들의 발언을 정리하여 말한다.

04 영수가 지민에게 말하는 의도로 적절한 것은?

2019년 2회

> 영수: 지민아, 창문 좀 닫아 주겠니?
> 지민: 응, 알았어.

① 감사
② 설명
③ 요청
④ 위로

05 토론에서 사회자의 역할로 적절하지 **않은** 것은?

2019년 2회

① 토론을 공정하고 원만하게 진행한다.
② 토론에 참여하여 자신의 주장을 내세운다.
③ 토론의 논제를 제시하고 토론 순서를 안내한다.
④ 토론자들의 발언을 요약하거나 보충 질문을 한다.

06 방송인이 ㉠과 같이 말한 의도로 가장 적절한 것은?

2019년 1회

> 방송인: 시청자 여러분, 안녕하십니까? 오늘은 20년째 국밥집을 운영하는 사장님을 만나 보겠습니다. 사장님, 안녕하십니까?
> 사장님: 아이고 마, 반갑습니데이. 여까지 웬일인교?
> 방송인: ㉠(말투를 바꾸며) 아따, 국밥이 맛있다고 소문 나서 왔다 아입니꺼? 국밥 한 그릇 주이소.

① 은어를 사용하여 비밀을 유지하고자 한다.
② 지역 방언을 사용하여 친근감을 주고자 한다.
③ 전문 용어를 사용하여 신뢰감을 주고자 한다.
④ 비속어를 사용하여 강렬한 인상을 주고자 한다.

07 다음 상황에 나타난 의사소통의 목적으로 가장 적절한 것은? 2018년 2회

> 여학생: 안녕? 나는 김보람이라고 해. 우리 앞으로 친하게 지내면 좋겠어. 너의 이름은 뭐니?
> 남학생: 안녕? 만나서 반가워. 내 이름은 박한결이야. 우리 친하게 지내자.

① 명령
② 위로
③ 초대
④ 친교

08 다음 말하기의 목적으로 가장 적절한 것은? 2017년 1회

> 반가워! 나는 오늘 서울에서 전학 온 순신이야. 김순신. 이순신 장군을 가장 존경하는 우리 할아버지께서 지어 주신 이름이야. 이순신 장군처럼 나라를 위하는 훌륭한 사람이 되고 싶어. 내 이름 김순신을 기억해 줘. 앞으로 친하게 지내자.

① 안부 묻기
② 위로하기
③ 소개하기
④ 충고하기

09 다음 상황에서 ㉠에 어울리는 '공감하며 말하기'로 가장 적절한 것은? 2016년 1회

> 남동생: 누나, 큰일 났어. 지갑을 잃어버렸어.
> 누나: (㉠)

① 정말 한심하구나.
② 잘한다. 지금까지 벌써 몇 번째니?
③ 많이 속상하겠다. 어디서 잃어버렸니?
④ 그럴 줄 알았어. 어쨌든 나하고는 상관없는 일이야.

10 보조 자료를 활용하여 말할 때의 유의점으로 적절하지 않은 것은? 2014년 2회

① 주제에 어긋난 자료를 다양하게 제시한다.
② 듣는 이의 수준을 고려한 자료를 제시한다.
③ 말하고자 하는 목적에 맞는 자료를 이용한다.
④ 내용을 이해하는 데 도움이 되는 자료를 이용한다.

11 다음 토론의 주제로 적절한 것은? 2013년 2회

> 학생 1: 저는 청소년들이 짧은 시간에 엄청난 부와 명성을 누릴 수 있다고 믿기 때문에 연예인을 꿈꾼다고 생각합니다. 어찌 보면 일확천금을 노리는 것과 비슷한 생각이라고 볼 수 있습니다. 또, 그런 의식을 대중 매체에서 부추기는 것도 문제라고 생각합니다. 학교별, 지역별 장기 자랑이나 노래자랑처럼 한바탕 웃고 즐기는 형식이 아니라, 헛된 꿈을 불러일으킨다면 문제가 있다고 생각합니다.
> 학생 2: 우리나라 청소년들은 자기들의 소질을 발휘할 수 있는 기회를 거의 제한받고 있는 실정입니다. 오히려 저는 어린 가수들을 육성하여 일찍부터 체계적으로 관리한다면, 언젠가 세계를 주름잡는 가수가 나오지 않을까 하는 생각을 합니다. 어린 가수를 육성하는 건 그들의 잠재력을 최대화할 수 있는 방법이라고 생각합니다.

① 청소년들의 경제 활동은 바람직한가?
② 청소년들의 매체 사용 규제는 필요한가?
③ 청소년들의 연예계 진출은 바람직한가?
④ 청소년들의 오락 중심 축제 문화는 필요한가?

[12~13] 다음 대화를 보고 물음에 답하시오.

> 강석: 나 고민이 있어.
> 연수: 그게 뭔데? 우린 친구잖아. 말해 봐.
> 강석: 아이들이 날 싫어하는 것 같아. 아이들이 날 따돌리고 자기네끼리만 영화를 보러 간 거 있지.
> 연수: ㉠그건 네가 아이들한테 자꾸 귀찮게 징징대니까 그렇지. 난 네 성격에 문제가 있다고 봐.
> 강석: 뭐라고?

12 이 대화에서 연수의 말하기 방식의 문제점으로 가장 적절한 것은?

① 대화 도중 상대의 말을 잘랐다.
② 대화 상대를 지나치게 배려했다.
③ 상대가 원하는 바를 파악하지 못했다.
④ 상대의 지위를 고려하지 않았다.

13 ㉠을 올바르게 고친 것으로 가장 적절한 내용은?

① 난 이런 얘기 좀 부담 돼.
② 따돌림의 정의와 범위가 무엇일까?
③ 따돌림의 원인에는 무엇이 있는지 인터넷을 검색해 보자.
④ 힘들겠구나. 아이들이 너를 싫어한다는 것이 오해일 수도 있으니 속상해하지 마.

14 다음 대화 상황에서 대화의 목적으로 가장 적절한 것은?

> 친해지고 싶었지만 아직은 별로 친하지 않은 친구와의 대화

① 이성적인 호감을 얻기 위해서
② 자신의 취미에 대한 정보를 얻기 위해서
③ 친구와 유년 시절의 기억을 공유하기 위해서
④ 정서적 공감대를 형성하여 친밀도를 높이기 위해서

15 다음 대화 상황에서 대화의 화제로 적절하지 <u>않은</u> 것은?

> 오늘 새로 전학 온 친구와의 대화

① 출신 초등학교
② 진학에 대한 고민
③ 현재 관심 있는 것
④ 우리 학교에 관한 정보

16 여러 사람 앞에서 말할 때 유의해야 할 점으로 적절하지 <u>않은</u> 것은?

① 청중의 관심과 요구를 고려하여 말할 내용을 마련한다.
② 청중에게 전달하려는 내용을 분명하고 자신 있게 말한다.
③ 청중이 자신의 말에 집중할 수 있도록 몸짓을 최대한 과장되게 한다.
④ 말하기 연습을 충분히 하여 말하기 불안에 적절하게 대처할 수 있도록 한다.

[17~18] 다음 글을 읽고 물음에 답하시오.

> **상황 1**
> 손자: 저 오늘 열공해야 돼요.
> 할머니: 열공? 불공 열 번 드리는 게 열공이냐?
>
> **상황 2**
> 할머니: 가서 할매 자리끼 좀 준비해 오거라.
> 손자: 자리끼? 그게 뭐예요? 한 끼, 두 끼, 무슨 간식이에요?

17 인물 간의 의사소통이 제대로 되지 <u>않은</u> 이유는?

① 평소에 대화가 부족했기 때문에
② 할머니와 친밀한 관계가 아니었기 때문에
③ 세대 차이로 인하여 사용하는 어휘가 다르기 때문에
④ 손자와 할머니가 상황 맥락에 맞지 않는 이야기를 했기 때문에

18 손자가 할머니와 적극적으로 대화하기 위해 노력해야 할 행동으로 가장 적절한 것은?

① 자주 찾아뵙고 인사드린다.
② 할머니가 모르는 신조어는 사용하지 않는다.
③ 할머니가 사용하는 옛날 말은 굳이 배우지 않는다.
④ 서로 모르는 단어의 의미를 알려 주면서 의사소통한다.

19 다음 대화에서 아버지가 딸의 말을 이해하지 못하는 이유는?

> 아버지: 이 노트북, 인터넷 연결할 수 있니?
> 딸: 네, 랜선을 연결하거나, 휴대 전화로 테더링하면 무선 인터넷을 사용할 수 있어요.
> 아버지: ?

① 컴퓨터와 관련된 배경지식이 없기 때문에
② 딸의 말이 너무 퉁명스럽기 때문에
③ 딸과 아버지의 가치관이 다르기 때문에
④ 딸과 아버지의 관심 분야가 다르기 때문에

20 공감하며 듣고 말하기 위해 주의할 점으로 적절하지 않은 것은?

① 상대가 겪고 있는 상황을 먼저 파악해야 한다.
② 상대의 말을 들을 때에는 적극적인 반응을 보이는 것이 중요하다.
③ 상대가 지닌 의견이나 가치관을 존중하면서 이야기를 듣는 태도를 지녀야 한다.
④ 말을 할 때에는 상대와의 거리를 유지하며 객관적이고 중립적인 태도를 지녀야 한다.

21 제시된 〈조건〉을 고려하여 말하기 계획을 세워 보았다. 적절하지 않은 것은?

> **조건**
> • 주제: 나의 장래 희망
> • 말하기 상황: 5교시 국어 수업 말하기 발표 시간

① 점심시간 직후임을 고려하여 밝고 쾌활한 목소리를 사용해야겠어.
② 주제를 고려하여 말하기 목적을 분명히 결정하여 말하기 계획을 세워야겠어.
③ 장래 희망에 대해 친구들과 관련지어 말할 수 있는 부분을 찾아 듣는 친구들의 관심을 끌어야겠어.
④ 여러 친구들 앞에서 이야기하는 것이므로 어색하지 않도록 높임말을 쓰지 않고 편하게 말해야겠어.

22 다음 두 대화에 나타난 공통된 화제는?

> **상황 1**
> 남학생: 이번 시험은 언제야?
> 여학생: 응, 8월 7일이래.
>
> **상황 2**
> 엄마: 오늘 시험 잘 봤니?
> 아들: 네, 잘 본 것 같아요.

① 친구 　　　　　　② 시험
③ 영화 　　　　　　④ 날씨

23 학교 폭력 예방을 주제로 한 보고서를 쓰려고 경찰관과 면담하려 한다. 면담 질문으로 가장 적절한 것은?

① 경찰관으로 일하면서 가장 기억에 남는 사건은 무엇인가요?
② 최근 사회적으로 이슈가 된 폭력 사건에는 어떤 것들이 있나요?
③ 경찰관이 되고자 하는 학생들에게 어떤 조언을 해 주고 싶으신가요?
④ 학교 밖에서 학교 폭력이 일어나는 것을 봤을 때에는 어떻게 해야 하나요?

24 토론의 논제로 적절하지 <u>않은</u> 것은?

① 개고기를 먹지 말아야 한다.
② 화성에 생명체가 존재한다.
③ 사형 제도를 폐지해야 한다.
④ 비가 오면 우산을 써야 한다.

25 다음과 같은 면담의 목적으로 알맞은 것은?

> • 농부가 전문가에게: 이번 봄에는 새로운 작물을 심어 보고 싶어요. 해충에 강한 작물에는 무엇이 있나요?
> • 고양이 주인이 수의사에게: 고양이를 기를 때 주의할 점은 무엇인가요?

① 마음을 바꾸도록 설득하기 위해서
② 문제 상황에 대한 해명을 하기 위해서
③ 전문적인 조언이나 정보를 얻기 위해서
④ 면담 대상자의 근황에 대한 정보를 얻기 위해서

26 다음을 통해 공통적으로 알 수 있는 담화의 특징으로 가장 적절한 것은?

> 외국인 1: 한국에 처음 왔을 때, 한국 사람들이 만날 때마다 "밥 먹었어?" 하고 물어보는 것이 참 이상했어요. 만날 때마다 밥 얘기를 하기에 한국 사람들은 하루에 식사를 몇 번이나 하는지 궁금했고, 먹는 걸 참 중요하게 여기는 모양이라고 생각하기도 했어요.
> 외국인 2: 나는 한국에 처음 왔을 때 친구가 "밥 먹었니?"라고 묻기에 "아침에 샌드위치하고 우유를 먹었어."라고 대답하니까 친구가 까르르 웃더라고요.

① 성별에 따라 언어 차이가 나타날 수 있다.
② 사회·문화적 경험으로 인해 언어 차이가 나타날 수 있다.
③ 말을 하는 목적과 의도에 따라 같은 말도 다른 의미로 이해될 수 있다.
④ 시대에 따라 말이 변하면서 세대 간에 언어 차이가 나타날 수 있다.

27 ㉠에 들어갈 손님의 대답으로 가장 적절한 것은?

> 식당 주인: 식사는 잘 하셨어요?
> 손님: (㉠)

① 찬물을 마셨더니 이가 시렸어요.
② 양치할 때 이가 아팠어요.
③ 네, 음식이 아주 맛있었어요.
④ 밥 먹은 후에 이를 닦아야겠어요.

28 다음 중 준언어적 표현을 활용한 것은?

① (쌀쌀맞은 말투로) 됐어, 그만 좀 해!
② (머리를 쓰다듬으며) 정말 기특하구나.
③ (작은 상자를 내밀며) 이것 좀 전해 줄래?
④ (미소를 지으며) 합격을 진심으로 축하해!

29 다음 학급 회의 상황에서 선구에게 조언할 말로 가장 적절한 것은?

> 사회자: 오늘 안건은 '우리 반 환경 미화'입니다. 환경 미화 준비를 어떻게 할 것인지, 좋은 의견 있으면 말씀해 주십시오.
> 미애: 저는 청소를 깨끗이 하는 것이 우선이라고 생각해요. 아무리 예쁘게 꾸며 놓아도 깨끗하지 않으면 아무 소용없잖아요.
> 선구: 나는 창틀에 화분을 좀 뒀으면 좋겠어. 지금은 너무 삭막하지 않나?
> 사회자: 그럼 화분을 누가 가져오는 걸로 할까요?
> 선구: 네가 가져와도 괜찮을 것 같아.

① 상대방을 비하하는 말을 삼가도록 해.
② 혼자서 발언권을 독차지하는 것은 좋지 않아.
③ 다른 사람이 말할 때 중간에 끼어들지 않아야 해.
④ 공적인 상황에서는 높임말을 사용하는 것이 좋겠어.

30 〈보기〉는 대학생 삼촌과 초등학생 조카의 대화이다. 삼촌이 조카와 대화할 때 고려하지 못한 점은?

> **보기**
> 조카: 삼촌, 궁금한 게 있는데요. 해는 왜 밤에는 사라지고, 낮에만 있는 거예요?
> 삼촌: 그건 말이지. 지구가 자전을 하기 때문이란다.
> 조카: 자전? 자전거요? 지구가 해랑 자전거를 타고 어디를 가는 거예요?
> 삼촌: 음. 아니지. 그러니까 말이지……

① 대화 상대의 성별
② 대화 상대의 가치관
③ 대화 상대와의 친밀도
④ 대화 상대의 지식수준

31 상대를 배려하며 말하는 태도가 <u>아닌</u> 것은?

① 상대의 입장과 처지를 고려하여 말한다.
② 상대를 존중하는 언어 표현을 사용하여 말한다.
③ 부정적인 말보다는 긍정적인 말 위주로 말한다.
④ 상대가 밝히기 싫어하는 정보까지 모두 묻는다.

32 일반적으로 말하기 불안을 느끼는 까닭과 거리가 <u>먼</u> 것은?

① 여러 사람 앞에서 말한 경험이 많지 않다.
② 말할 내용을 충분하게 준비하지 못하였다.
③ 청중이 자신의 말을 어떻게 평가할지 걱정한다.
④ 청중과 친밀도가 높고 말하기 환경에 익숙하다.

33 말하기 불안을 극복하는 방법으로 적절하지 <u>않은</u> 것은?

① 자신에 대한 부정적인 생각에서 벗어난다.
② 말하기에 앞서 간단한 체조를 하며 긴장감을 푼다.
③ 청중이 질문할 내용을 예상하여 이에 대한 답변을 마련한다.
④ 실수했던 경험을 자주 떠올려 실수 없이 완벽하게 발표할 수 있도록 한다.

34 발표자에게 도움을 주는 청중의 긍정적인 반응으로 적절하지 <u>않은</u> 것은?

① 발표자의 질문에 적절히 대답한다.

② 발표자와 시선을 맞추며 발표를 주의 깊게 듣는다.

③ 발표자의 의견과 다르거나 발표자에게 궁금한 점이 있으면 바로 질문한다.

④ 동의하는 부분에 고개를 끄덕이면서 발표자의 말을 잘 이해하고 있음을 보여 준다.

35 다음을 참고할 때, 토의의 주제로 알맞지 <u>않은</u> 것은?

> 토의는 공동의 문제에 대하여 함께 해결해 나가는 데 초점을 맞추지만, 토론은 서로 상반되는 입장에서 자기 입장의 타당성을 주장하는 데 초점을 둔다.

① 우리 반 급훈은 무엇으로 할 것인가?

② 학교 내 CCTV를 설치해야 하는가?

③ 우리말을 올바르게 사용하기 위한 방안은 무엇인가?

④ 스마트폰 중독을 예방하기 위해 할 일은 무엇인가?

36 토론에 대한 설명으로 적절하지 <u>않은</u> 것은?

① 참여자는 논리적인 말하기를 해야 한다.

② 참여자는 상대의 말에 무조건 공감해야 한다.

③ 찬성 측과 반대 측은 서로를 설득하고자 해야 한다.

④ 토론의 절차와 규칙은 하나로 고정되어 있지 않다.

37 토론을 평가할 때 유의할 점으로 적절하지 <u>않은</u> 것은?

① 주장이 분명하게 드러났는가?

② 주장의 내용이 일관성이 있는가?

③ 상대방의 의견을 적극적으로 수용하였는가?

④ 주장을 뒷받침하는 타당한 근거를 제시하였는가?

38 토론할 때 유의할 점으로 적절하지 <u>않은</u> 것은?

① 주어진 발언 시간을 지켜 말한다.

② 논제에서 벗어난 발언을 하지 않는다.

③ 자료를 인용할 때에는 출처를 밝힌다.

④ 상대측 토론자의 주장에 의문이 생기면 즉시 질문한다.

02 쓰기

1 글쓰기

1. 글쓰기의 개념과 필요성

(1) 개념: 구체적인 상황과 맥락 안에서 주제, 목적, 예상 독자, 매체 등을 고려하여 의미를 구성하는 과정

(2) 필요성

① 일상생활에서 생각을 표현하거나 설득, 설명해야 할 경우 말보다 효과적일 때가 많음
② 글을 쓰기 위해 계획하고, 글로 표현하고, 다듬는 과정이 생각을 깊고 넓게 함

2. 글쓰기의 단계

계획하기	글의 주제, 글을 쓰는 목적, 예상 독자를 고려하여 구체적으로 계획하기

↓

내용 생성 및 선정하기	• 글을 쓰기 위해 글의 화제와 관련되는 다양한 생각을 떠올리기 • 책, 잡지, 신문, 인터넷 등 다양한 자료에서 글의 내용으로 삼을 수 있는 자료 수집하기 • 아이디어 구체화 · 일반화하기 • 수집한 내용 중 글에 담을 내용 선정하기

↓

내용 조직하기	선정한 내용을 주제가 잘 드러나도록 조직하기

↓

표현하기	• 조직한 내용을 글로 표현하기 • 문장과 문단이 글의 주제와 긴밀하게 연결되도록 표현하기

↓

고쳐쓰기	글의 주제는 분명하게 드러나는지, 주제와 어울리지 않는 문장이나 문단은 없는지, 맞춤법에 어긋난 단어나 올바르지 않은 문장은 없는지 등을 점검하고 고치기

➕ 글쓰기의 단계

글쓰기 단계는 계획하기부터 고쳐쓰기까지의 과정을 차례로 밟아 가지만, 때로는 이전 단계나 시작 단계로 되돌아가기도 하는 복합적인 과정을 거치기도 한다.

3. 통일성과 응집성

(1) 통일성

① 개념: 글의 내용들이 하나의 주제를 향하여 모이도록 하는 것
② 확인 사항

• 관련 없는 내용은 없는가?

- 내용 요소들이 하나로 모아지는가?
- 각 항목의 내용이 글의 주제와 목적에 부합하는가?

(2) 응집성
① 개념: 글의 문장들이 자연스럽고 긴밀하게 연결되도록 하는 것
② 확인 사항
- 적절한 접속어나 지시어가 사용되었는가?
- 상위 항목과 하위 항목을 고려하여 순서와 위치가 적절히 배치되었는가?

4. 글쓰기 윤리
(1) **개념:** 글을 쓰는 과정에서 글쓴이가 준수해야 할 윤리 규범

(2) **글쓰기 윤리**
① 활용한 자료의 출처를 명확히 밝힘
② 다른 사람이 생산한 자료를 표절하지 않고 올바르게 인용함
③ 연구 결과를 과장하거나 왜곡하지 않고 사실에 근거하여 기술함
④ 인터넷 등에 허위 내용 및 악성 댓글을 유포하지 않음

5. 다양한 종류의 글쓰기

공고문	널리 알리려는 의도로 쓴 글
안내문	어떤 내용을 소개하여 알려 주는 글
자서전	글쓴이 자신의 삶의 과정을 성찰하여 기록한 글
기사문	육하원칙에 따라 사실을 보고 들은 그대로 적은 글
계약서	계약이 성립되었음을 증명하기 위하여 작성하는 글
설명문	어떤 대상에 대해 글쓴이가 알고 있는 지식, 정보 등을 전달하는 글
논설문	설득을 목적으로 하는 글로, 주장과 근거가 잘 드러나는 글
건의문	어떤 문제 상황에 대한 개인·집단의 요구 사항이나 문제 해결 방안을 담은 글
보고서	어떤 사건이나 현상 등에 대하여 직접 경험하였거나, 관찰·실험 등을 통해 알게 된 정보를 체계적으로 정리하여 알려 주는 글

6. 글쓰기 매체
(1) **매체의 특성**

문자 메시지	의사소통이 신속하게 이루어지지만, 한 번에 보낼 수 있는 분량이 제한되어 있음
온라인 대화	여러 사람이 모여 다양한 주제에 대하여 동시에 대화할 수 있어 의견 교환이 신속하게 이루어짐
블로그	자신의 관심사에 따라 자유롭게 칼럼, 일기, 취재 기사 등을 올리는 웹 사이트로, 개인적인 공간인 동시에 공개된 공간임
전자 우편	시간적으로 여유롭게 글을 쓸 수 있고, 글의 길이에 제한이 없음. 또한 같은 내용을 동시에 여러 사람에게 보내거나 받은 내용을 다른 사람에게 쉽게 전달할 수 있음

➕ 매체
생각과 느낌을 전달하고 공유하는 수단을 말한다.
예 책, 신문, 컴퓨터, 텔레비전, 인터넷, 전화 등

🔍 꼼꼼 단어 돋보기

● **왜곡**
사실과 다르게 해석하거나 그릇되게 함

● **유포**
세상에 널리 퍼뜨림

인터넷 게시판 댓글	인터넷에 게시된 글에 대해 짧게 답하여 올리는 글로, 하나의 글에 여러 사람이 댓글을 달 수 있기 때문에 글쓴이 또는 댓글을 쓴 다른 사람들과 의견을 공유하며 소통할 수 있음

(2) 매체 활용 시 유의점

문자 메시지	상대방을 배려하여 간결하고 정확한 표현으로 작성하여야 함
온라인 대화	상대방에게 정확한 의미를 전달하기 위해 바른 표현을 사용하려는 노력이 필요함
블로그	• 블로그의 글은 빠르게 전파되므로 글을 올리기 전 충분히 검토하여야 함 • 게시물의 저작권은 글쓴이에게 있으므로 게시물을 이용할 때는 글쓴이의 허락을 구하여야 함
전자 우편	제목을 적어야 하고, 상대방의 전자 우편 주소를 정확하게 입력하여야 함
인터넷 게시판 댓글	은어나 비속어를 사용하지 않아야 함

콕콕 개념 확인하기

1. 주제를 정할 때는 모호하고 추상적으로 정하는 것이 좋다. (O, X)
2. 글을 쓸 때에 활용한 자료의 출처를 명확히 밝힌다. (O, X)
3. 글의 문장들이 자연스럽고 긴밀하게 연결되도록 하는 것은 _____이다.
4. _____은 인터넷에 게시된 글에 대해 짧게 답하여 올리는 글이다.

답 1. X 2. O 3. 응집성 4. 인터넷 게시판 댓글

---

2 요약하기

(1) 개념: 글의 중심 내용을 간추려 정리하는 활동

(2) 필요성
① 글의 내용을 정확하게 이해할 수 있음
② 글의 내용을 체계적으로 파악하여 오래도록 기억할 수 있음
③ 글에서 핵심 내용과 부수적인 내용을 구분하는 능력을 기를 수 있음

(3) 방법
① 읽기 목적에 따른 요약 방법

정보를 얻기 위한 목적	필요한 내용을 중심으로 요약함
설득하기 위한 목적	근거로 삼을 만한 내용을 중심으로 요약함
감동을 얻기 위한 목적	감동받은 부분을 중심으로 요약함

➕ 요약하며 읽기의 순서
목적에 따라 중심 문단 선택하기
→ 문단의 중심 내용 정리하기 →
정리한 내용을 자연스럽게 연결·
요약하기

② 글의 특성에 따른 요약 방법

설명하는 글	설명 대상을 파악하여 그것에 대한 주요 정보를 요약함
설득하는 글	글쓴이의 주장과 그것을 뒷받침하는 근거를 중심으로 요약함

이야기	이야기의 구성 요소인 인물, 배경, 사건 등을 중심으로 요약함
기타	시간의 흐름, 공간의 이동, 사건 중심, 인물 중심, 문제 상황과 해결 방법 등에 따라 요약함

콕콕 개념 확인하기

1. 요약하기 활동을 통해 글의 내용을 체계적으로 파악할 수 있다. (O, X)
2. 이야기는 구성 요소인 인물, 배경, _____ 등을 중심으로 요약해야 한다.

답 1. O 2. 사건

3 영상 언어

(1) 개념: 영상을 통해 어떤 내용을 전달할 때 사용하는 기본적인 수단

(2) 구성 요소

시각 이미지	• 인물이나 사물의 연속된 움직임으로, 카메라의 위치, 카메라와 대상의 거리, 초점, 편집 등으로 표현함 • 시간성과 움직임이 있는 것으로, 화면의 구도와 색, 시선, 형태, 모양 등에 따라 전혀 다른 의미를 전달함
자막	상황을 설명하거나 장면 이해에 도움이 되는 정보를 제시함
배경 음악	전체적인 분위기나 주제를 강화함
효과음	상황을 생생하게 전달함

(3) 영상물 제작 과정

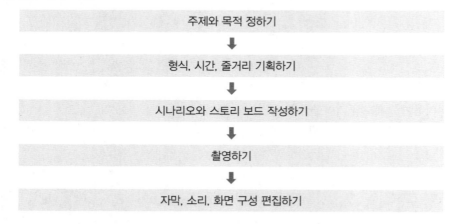

주제와 목적 정하기

↓

형식, 시간, 줄거리 기획하기

↓

시나리오와 스토리 보드 작성하기

↓

촬영하기

↓

자막, 소리, 화면 구성 편집하기

콕콕 개념 확인하기

1. 영상 언어는 중심 내용을 간추려 정리하는 활동을 위해 사용된다. (O, X)
2. 영상 언어의 구성 요소에는 시각 이미지, 자막, 배경 음악, _____ 등이 있다.

답 1. X 2. 효과음

꼼꼼 단어 돋보기

● 구도
그림에서 모양, 색깔, 위치 따위의 짜임새

탄탄 실력 다지기

정답과 해설 22쪽

01 ⊙~② 에 대한 고쳐쓰기 방안으로 적절하지 <u>않은</u> 것은?
2021년 1회

> 독도에 살았던 희귀한 생물에는 독도 강치가 있다. ⊙독도에는 다양한 암석과 지형, 지질 구조가 있다. 독도 강치는 독도를 중심으로 동해 연안에 살았던 바다사자이다. 덩치가 크고 지능이 좋았던 독도 강치는 ⓒ먹이가 풍부한 독도 주변에서 수만 마리가 서식했다. 그러나 일제 강점기 때 무자비한 포획으로 독도 강치는 ⓒ멸망되었고 이제는 박제로밖에 ②볼수없다.

① ⊙: 글의 흐름에서 벗어난 내용이므로 삭제한다.
② ⓒ: 조사의 쓰임이 맞지 않으므로 '먹이에게'로 바꾼다.
③ ⓒ: 문맥에 맞지 않으므로 '멸종'으로 바꾼다.
④ ②: 띄어쓰기가 바르지 않으므로 '볼 수 없다'로 고친다.

02 다음 개요에서 ⊙의 세부 내용으로 가장 적절한 것은?
2020년 1회

> 제목: 우리 고장을 알립니다.
>
> | 처음 | 우리 고장의 위치 |
> |---|---|
> | 중간 | • 우리 고장의 문화재
• 우리 고장의 행사 ·········· ⊙
• 우리 고장의 향토 음식 |
> | 끝 | 우리 고장의 누리집 소개 |

① 우리 고장의 산업 시설
② 우리 고장의 인구 밀도
③ 우리 고장의 재정 현황
④ 우리 고장의 농산물 축제

03 ⊙~② 에 대한 고쳐쓰기 방안으로 적절하지 <u>않은</u> 것은?
2020년 1회

> 춤 동아리 '춤꾼'에서 신입 회원을 ⊙소집합니다. 우리 동아리는 회원 간에 ⓒ따뜻한 온정이 넘쳐요. ⓒ요즘은 춤보다 노래 연습을 많이 해요. 우리 동아리에 가입한다면, 춤을 잘 추고 싶은 당신의 ②바램이 이루어질 겁니다.

① ⊙: 문맥에 맞지 않으므로 '응모'로 바꾼다.
② ⓒ: 의미가 중복되므로 '따뜻한'을 삭제한다.
③ ⓒ: 통일성에 어긋나므로 삭제한다.
④ ②: 한글 맞춤법에 어긋나므로 '바람'으로 바꾼다.

04 보고서를 작성할 때 지켜야 할 쓰기 윤리로 가장 적절한 것은?
2019년 2회

① 인용한 자료는 반드시 출처를 밝힌다.
② 조사 결과는 필요에 따라 과장할 수 있다.
③ 확인되지 않은 사실은 주관적으로 평가한다.
④ 다른 사람의 연구 결과를 수정해서 사용한다.

05 ⊙에 해당하는 글의 종류로 가장 적절한 것은?
2019년 1회

> 저는 제 삶에서 의미 있는 경험을 떠올리며 ⊙이 글을 썼습니다. 이 글쓰기를 통해 저의 삶을 깊이 있게 성찰할 수 있었습니다.

① 자서전   ② 안내서
③ 공고문   ④ 계약서

06 ㉠에 해당하는 내용으로 적절하지 <u>않은</u> 것은?

2019년 1회

> **향토 음식 보고서 쓰기 계획**
> • 목적: 대표적인 향토 음식에 대해 조사한다.
> • 기간: 20○○년 ○○월 ○○일 ~ 20○○년 ○○월 ○○일
> • 조사 내용: 음식의 종류와 특징, 음식의 유래, 조리 과정
> • ㉠조사 방법 및 주의할 점

① 책을 찾아 음식의 유래를 인용하고 출처를 밝힌다.
② 직접 요리를 해 보고 조리 과정을 사실 그대로 쓴다.
③ 요리 연구가와 인터뷰한 내용을 과장 없이 쓴다.
④ 인터넷에서 찾은 음식 사진을 출처 없이 사용한다.

주목
07 〈조건〉을 모두 고려하여 만든 광고 문구로 가장 적절한 것은?

2019년 1회

> **조건**
> • "에너지를 아껴 쓰자."라는 주제를 드러낼 것
> • 단어를 반복하고 명령형으로 표현할 것

① 당신의 공공 예절은 몇 살입니까?
② 걷는 당신, 지구 사랑의 선구자입니다.
③ 실내 온도를 올리지 말고 옷 지퍼를 올리세요.
④ 오늘도 북극곰은 먹이를 찾아 헤매고 있습니다.

08 다음 '진달래의 블로그'에서 ㉠에 들어갈 제목으로 가장 적절한 것은?

2018년 2회

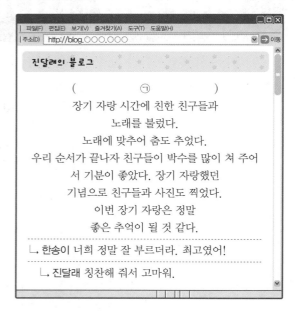

① 나의 첫 독창회
② 노래를 잘 부르는 방법
③ 가족사진을 찍은 이유
④ 추억으로 남을 장기 자랑

09 다음은 글을 쓰기 위해 작성한 개요표이다. ㉠~㉣ 중 적절하지 <u>않은</u> 것은?

2018년 2회

제목	대중과 함께하는 팬클럽 문화
처음	㉠팬클럽 문화의 발생과 걸어온 길
중간	• 오늘날 팬클럽 문화의 부정적인 모습 　– ㉡세대 간에 공통적인 대중문화 공유 　– 경쟁 연예인에게 악성 댓글을 다는 문화 발생 • ㉢오늘날 팬클럽 문화의 긍정적인 모습 　– 사람들에게 다양한 대중문화 소개 　– 연예인과 함께하는 기부 문화의 확산
끝	㉣대중문화로서 팬클럽 문화가 나아가야 할 길

① ㉠　　　　② ㉡
③ ㉢　　　　④ ㉣

10 다음은 독도를 소재로 글을 쓰기 위해 작성한 메모이다. 조사 내용을 찾기 위한 자료로 적절하지 <u>않은</u> 것은?

2018년 1회

> • 주제: 독도를 바르게 알자.
> • 조사 내용
> – 독도의 위치
> – 독도의 역사
> – 독도의 자원
> – 독도의 생물

① 독도 자원 조사 보고서
② 독도의 지리와 관련된 서적
③ 독도 방문객 수 월별 그래프
④ 독도에서 관찰된 동식물 사진

[11~12] 다음 자료를 읽고 물음에 답하시오.　2017년 2회

〈조사 계획서〉

구분	세부 내용
조사 목적	중학생의 여가 활동 실태를 알아보기 위하여
㉠	우리 학교 2학년 학생 300명
조사 기간	2017년 ○○월 ○○일 ~ ○○월 ○○일
조사 방법	(　　　㉡　　　)
역할 분담	• 설문 조사: 김○○, 서○○ • 면담 자료 정리: 이○○ • 조사 내용 정리: 한○○ • 보고서 작성: 전체 모둠원

11 ㉠에 들어갈 내용으로 가장 적절한 것은?

① 조사 내용　　　　② 조사 과정
③ 조사 대상　　　　④ 조사 동기

12 '역할 분담'의 내용을 고려할 때 ㉡에 들어갈 내용으로 가장 적절한 것은?

① 토의 및 발표
② 관찰 및 토론
③ 실험 및 협의
④ 면담 및 설문 조사

13 다음과 관련 있는 글쓰기의 과정으로 가장 적절한 것은?

2017년 1회

> 　어제 완성한 초고를 오늘 읽고 또 읽어 보았다. 그랬더니 어제는 안 보였던 잘못 쓴 문장이 보인다. 저속한 표현은 쓰지 않는 것이 좋겠다. 호응이 어색한 부분도 수정해야겠다.

① 계획하기　　　　② 자료 수집
③ 개요 작성　　　　④ 고쳐쓰기

14 보고서를 쓸 때 지켜야 할 쓰기 윤리로 바른 것은?

2016년 1회

① 조사한 자료를 과장하여 써도 된다.
② 활용한 자료의 출처를 명확히 밝혀야 한다.
③ 독자의 관심을 끌기 위해 사실을 왜곡해도 된다.
④ 인터넷에서 검색한 내용을 모두 그대로 베껴 써도 된다.

15 ㉠~㉣ 중 글의 통일성을 깨뜨리는 문장은?　2015년 1회

> 　텔레비전은 인간 생활에 유용한 매체이다. ㉠텔레비전은 대화 상대가 필요한 현대인에게 좋은 친구가 될 수 있다. ㉡그리고 복잡한 일상 속에서 지친 현대인이 휴식을 취할 수 있도록 도와주는 오락 수단이 되기도 한다. ㉢텔레비전에 중독되면 실제와 가상 현실을 식별하는 능력을 잃을 수도 있다. ㉣텔레비전은 세상을 살아가는 데 필요한 정보를 얻는 창구이기도 하다. 이와 같이 텔레비전은 인간에게 좋은 친구가 될 수 있고, 휴식을 취할 수 있게 해 주며, 필요한 정보를 얻는 데 도움을 준다.

① ㉠　　② ㉡　　③ ㉢　　④ ㉣

16 유찐찐의 댓글에서 찾을 수 있는 문제점으로 가장 적절한 것은?

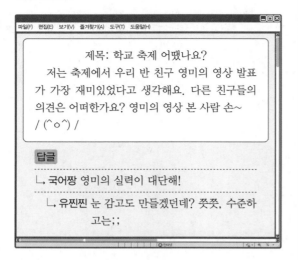

제목: 학교 축제 어땠나요?
저는 축제에서 우리 반 친구 영미의 영상 발표가 가장 재미있었다고 생각해요. 다른 친구들의 의견은 어떠한가요? 영미의 영상 본 사람 손~ / (^o^) /

답글
ㄴ 국어짱 영미의 실력이 대단해!
　ㄴ 유찐찐 눈 감고도 만들겠던데? 쯧쯧, 수준하고는;;

① 속마음과 반대로 표현했다.
② 상대방을 배려하지 않았다.
③ 맞춤법을 전혀 지키지 않았다.
④ 게시판의 주제와 관련이 없다.

17 다음 중 적절하지 않은 댓글을 작성한 사람은?

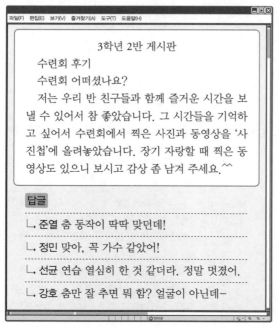

3학년 2반 게시판
수련회 후기
수련회 어떠셨나요?
저는 우리 반 친구들과 함께 즐거운 시간을 보낼 수 있어서 참 좋았습니다. 그 시간들을 기억하고 싶어서 수련회에서 찍은 사진과 동영상을 '사진첩'에 올려놓았습니다. 장기 자랑할 때 찍은 동영상도 있으니 보시고 감상 좀 남겨 주세요.^^

답글
ㄴ 준열 춤 동작이 딱딱 맞던데!
ㄴ 정민 맞아, 꼭 가수 같았어!
ㄴ 선균 연습 열심히 한 것 같더라. 정말 멋졌어.
ㄴ 강호 춤만 잘 추면 뭐 함? 얼굴이 아닌데~

① 준열
② 정민
③ 선균
④ 강호

18 다음 글에 드러난 학생의 건의 내용은?

교내의 쓰레기 문제가 심각합니다. 여기저기에 발에 차일 정도로 쓰레기가 많습니다. 이렇게 쓰레기가 많아지게 된 가장 큰 이유는 학생들이 쓰레기를 함부로 버리기 때문입니다. 또 교내의 쓰레기통 수가 너무 적다는 것도 하나의 이유입니다. 교내의 쓰레기통 개수를 늘리고, 학생들이 쓰레기를 함부로 버리지 못하도록 규칙을 정했으면 좋겠습니다.

① 청소 구역 담당을 정해 주세요.
② 교내의 쓰레기통 개수를 줄여 주세요.
③ 쓰레기 분리배출을 잘 하도록 지도해 주세요.
④ 쓰레기와 관련한 규칙을 만들어 주세요.

19 ㉠~㉣ 중 ㉮와 관련이 없는 문장은?

㉮물은 우리 삶에서 중요하다. ㉠물은 식물이나 동물의 몸속을 순환하면서 생명을 유지시켜 준다. ㉡빗물은 땅속에 스며들어 나무와 풀을 자라게 한다. ㉢인구가 늘어나는 미래에는 지금보다 물이 더욱 모자라다. ㉣또한 물이 떨어지는 높이 차이를 이용해 전기를 만들기도 한다.

① ㉠
② ㉡
③ ㉢
④ ㉣

20 ㉠에 들어갈 내용으로 가장 적절한 것은?

〈조사 계획서〉

구분	세부 내용
조사 목적	우리 동네 자랑거리인 맛집을 조사하여 소개함
조사 대상	각종 자료 및 동네 주민 100명
조사 기간	20○○년 ○○월 ○○일 ~ ○○월 ○○일
조사 방법	자료 조사 및 설문 조사
㉠	• 설문 조사: 박○○ • 조사 내용 정리: 조○○ • 보고서 작성: 전체 모둠원

① 조사 내용
② 조사 과정
③ 역할 분담
④ 조사 동기

21 보고서 작성 시 유의할 점으로 거리가 먼 것은?

① 간결하고 명료하게 작성한다.
② 내용을 왜곡하거나 과장하지 않는다.
③ 절차와 결과가 잘 드러나도록 작성한다.
④ 보고자의 주장이 분명히 드러나도록 작성한다.

22 '수질 보호'에 대한 글쓰기를 준비할 때, ㉠에 들어갈 내용으로 적절하지 않은 것은?

> Ⅰ. 서론
>   – 수질 보호의 필요성
> Ⅱ. 본론
>   1. 수질 오염의 원인과 실태
>   – 수질 오염의 원인
>   – 수질 오염의 실태
>   2. 수질 오염에 대한 대책
>   – 가정 차원: (㉠   )
>   – 정부 차원: 오염 물질 방류 단속, 관련 사업장 감독
> Ⅲ. 결론
>   – 수질 보호를 위한 관심과 실천의 필요성 강조

① 수질 오염 대책 협의회 설치
② 세탁 시 친환경 제품 사용
③ 불필요한 물 사용 자제하기
④ 사용한 물 다시 쓰기

23 다음에 해당하는 글쓰기 단계는?

> • 우리 마을을 알리는 글을 써야겠어.
> • 다른 지역에 사는 학생들이 오고 싶은 마음이 들도록 해야겠어.
> • 우리 마을의 특징을 잘 보여 주는 명소나 축제 등에 대해 써야지.

① 계획하기   ② 자료 수집
③ 개요 작성   ④ 고쳐쓰기

24 '독도의 지리와 역사, 가치를 제대로 알자'라는 주제로 글을 쓰고자 할 때 활용하기에 적절하지 않은 자료는?

① 독도의 지리적 위치를 설명하는 인터넷 자료
② 독도를 사랑하는 사람들의 모임을 홍보하는 광고 자료
③ 독도의 환경, 생태학적 가치를 설명한 다큐멘터리 자료
④ 독도가 오랜 시간 우리나라의 영토였음을 설명하는 백과사전 자료

25 ㉠에 들어갈 내용으로 적절한 것은?

제목	잊지 말아야 할 우리의 땅, 독도
처음	독도를 잘 알지 못하는 우리의 현실

가운데	1. 독도의 지리
	  – 독도의 기후 및 면적
	2. 독도의 역사
	  – 조선 시대까지의 역사
	  – 일제 강점기의 역사
	  – 현대의 역사
	3. (㉠)
	  – 환경·생태학적 가치
	  – 위치적 가치

끝	독도의 소중함을 알고 가까이하려는 태도의 필요성

① 독도의 자연   ② 독도의 면적
③ 독도의 가치   ④ 독도의 생활

26 다음 설명에 해당하는 글의 특성은?

> 글의 내용들이 하나의 주제를 향하여 모이도록 하는 것

① 논리성   ② 응집성
③ 통일성   ④ 간결성

27 다음에 해당하는 글의 종류로 가장 적절한 것은?

> • '누가, 언제, 어디서, 무엇을, 어떻게, 왜'의 여섯 가지 원칙에 맞추어 쓴 글이다.
> • 누구나 알기 쉽고 분명하게 내용이 전달되도록 써야 한다.
> • 새로운 내용을 사람들에게 최대한 빨리 전달하는 '신속성'이 중요하다.

① 안내문　　　　② 건의문
③ 기사문　　　　④ 계약서

---

28 ㉠에 들어갈 제목으로 가장 적절한 것은?

> (　　　　　㉠　　　　　)
>
> 　앞으로 기후 변화, 도시화, 인구 증가 등 많은 원인들로 인해 물 자원 사정은 계속 나빠질 것이다. 하지만 어떤 상황이 닥쳐온다고 하더라도, 그 상황을 잘 이해하고 꾸준히 계획적으로 문제에 접근하면 충분히 헤쳐 나갈 수 있다. 현재 우리나라의 물 자원 사정에는 빗물의 관리와 활용이 적절한 해결책이 될 수 있다.
> 　물 부족 시대가 눈앞의 현실로 닥쳐온다고 해도 우리에게는 아직 모으고 관리하여 사용할 수 있는 빗물이 있다. 이 빗물을 최대한 활용하여 재앙을 축복으로 바꿀 수 있는 지혜가 필요하다.

① 빗물 부족 국가
② 빗물의 관리와 활용법
③ 물 자원 전망과 우리의 자세
④ 물 자원의 구체적 관리 방법

주목

29 다음 〈조건〉을 모두 고려하여 만든 표현으로 가장 적절한 것은?

> **조건**
> • 직유법을 사용할 것
> • 문장의 종결을 의문형으로 할 것

① 텔레비전은 바보상자이다.
② 활짝 핀 꽃들이 방긋 웃는다.
③ 아아, 너는 솜사탕같이 달콤하구나!
④ 쟁반같이 둥근 달이 어디 떠 있을까?

---

30 ㉠~㉢에 어울리는 매체를 바르게 연결한 것은?

> ㉠ 친구에게 대용량 파일을 보내려 할 때
> ㉡ 방과 후 어머니께 친구 집에 들렀다 간다고 말해야 할 때
> ㉢ 사회 시간에 발표할 '우리 지역 사회의 특성'에 대해 모둠별로 의견을 나누고자 할 때

	㉠	㉡	㉢
①	전자 우편	문자 메시지	온라인 대화
②	전자 우편	온라인 대화	전자 우편
③	온라인 대화	전자 우편	문자 메시지
④	문자 메시지	문자 메시지	온라인 대화

31 다음을 참고하여 자료를 찾으려고 한다. 매체별 자료의 특징으로 적절하지 <u>않은</u> 것은?

> • 주제 정하기: 떡볶이의 역사
> • 자료 찾기: 인터넷, 책, 잡지, 라디오, 그리고 신문에서 찾아보자.
> • 고려할 사항: 선생님께서 말씀하신 통일성 고려하기!

① 인쇄 매체: 영상, 음성 등 복합적인 정보를 얻을 수 있다.
② 인쇄 매체: 출처가 명확하고 신뢰할 수 있는 자료를 얻을 수 있다.
③ 방송 매체: 주제와 관련된 정보나 내용을 보다 생생하게 알 수 있다.
④ 통신 매체: 자료의 양이 많고 관련되는 정보의 종류가 다양하다.

32 보고서에 관한 설명으로 적절하지 <u>않은</u> 것은?

① 정확성과 객관성을 갖추어야 한다.
② 쓰기 윤리를 지켜 글을 작성해야 한다.
③ 다양한 표현 방법을 활용해 인상적으로 작성해야 한다.
④ 목적과 필요성, 기간, 대상, 방법, 결과 등을 명확히 밝혀 주는 것이 좋다.

33 다음 상황에 사용하기에 가장 적절한 표현은?

> 자신이 하고 싶은 일을 하기 위해 시험에 도전했는데, 좋지 않은 결과를 낸 친구를 응원하기 위한 편지를 쓰려고 한다.

① 천 리 길도 한 걸음부터잖아. 처음부터 무언가 잘못됐을 거야.
② 하늘은 스스로 돕는 자를 돕는다고 하는데 더 열심히 했어야지.
③ 서당 개 삼 년에 풍월을 읊는다고 했으니 너도 몇 년 더 노력해야겠어.
④ 실패는 성공의 어머니라고 하잖아. 다시 해 보면 분명 좋은 결과가 있을 거야.

34 ㉠~㉣ 중 글의 통일성을 깨뜨리는 문장은?

> 우리 학교 선생님들은 참 좋으시다. ㉠국어 선생님께서는 수업 준비를 많이 해 오시고, 재미있는 이야기도 많이 해 주신다. ㉡수학 선생님께서는 목소리가 좋으시고, 항상 열정적으로 우리를 가르쳐 주신다. ㉢우리 학교 교문 앞에는 맛집으로 소문난 음식집이 있는데, 참 맛있다. ㉣역사 선생님과 미술 선생님께서는 선남선녀 선생님이신데, 두 분 다 유머가 넘치고 우리를 많이 사랑해 주신다.

① ㉠　　　② ㉡　　　③ ㉢　　　④ ㉣

35 ㉠~㉣ 중 글의 통일성을 고려할 때 적절하지 <u>않은</u> 것은?

제목	종이 신문을 읽자.
처음	청소년들이 종이 신문을 읽지 않는 상황 …… ㉠
중간	• 종이 신문의 특성 　– 새로운 소식을 한눈에 볼 수 있음 …… ㉡ 　– 균형 잡힌 정보를 전해 줌 • 신문 읽기의 성공적인 사례 　– 경영인 ○○○의 성공 비결 　– 종이 신문의 독자 수 감소 …… ㉢ • 신문을 읽는 방법 　– 표제를 중심으로 훑어보기 …… ㉣ 　– 관심 분야부터 먼저 읽기
끝	종이 신문 읽기를 생활화 하자.

① ㉠　　　② ㉡　　　③ ㉢　　　④ ㉣

36 다음 주제를 바탕으로 글을 쓰기 위해 내용 선정하기 단계에서 떠올린 생각으로 옳지 <u>않은</u> 것은?

> 축구의 재미를 느껴 보자.

① 축구를 하거나 본 경험을 떠올리게 하면 좋겠어.
② 축구의 역사를 다룬 글을 찾아 참고하면 되겠다.
③ 축구가 재미있는 이유를 다른 스포츠와 비교하여 설명하면 어떨까?
④ 축구에서 얻을 수 있는 재미를 다룬 드라마나 영화도 소개하면 좋겠어.

문법

음운	말의 뜻을 구별해 주는 소리의 가장 작은 단위 (자음, 모음, 소리의 길이)	음운의 체계 음운의 변동

⇩

음절	하나의 종합된 음의 느낌을 주는 말소리의 단위 (소리마디)	음절의 구성 요소

⇩

형태소	뜻을 가진 말의 가장 작은 단위 (실질/형식, 자립/의존)	형태소 분석

⇩

단어	뜻을 가지고 있으며 자립할 수 있는 단위	단어의 형성, 품사

⇩

어절	띄어쓰기의 단위	문장 성분

⇩

구, 절	2어절 이상의 의미 단위	안은문장의 종류

⇩

문장	주어와 서술어를 갖추고 완결된 생각을 표현하는 단위	문장의 종류 (홑문장과 겹문장)

01

언어의 특성과 기능

1 언어의 특성

(1) 기호성: 언어는 뜻(내용)과 음성·문자(형식)가 결합하여 이루어지는 기호 체계임

> 예 '사람이 걸터앉는 데 쓰는 기구'라는 뜻은 문자 '의자'와 말소리 [의자]로 표현함

(2) 자의성: 언어의 내용과 형식을 결합하는 관계는 꼭 그렇게 결합해야 하는 이유(필연성)가 없고 자의적이기 때문에 언어마다 내용과 형식의 결합 관계가 다름

> 예 언어마다 동물 '개'를 표현하는 형식이 다름 [개(한국)–dog(미국)–hund(독일)]

(3) 사회성: 언어는 같은 언어를 사용하는 사회 구성원들 사이의 약속이므로 개인이 마음대로 바꿀 수 없음

> 예 "김치가 맛있다."라는 내용을 전달할 때, 혼자서 "떡이 맛있다."라고 표현하면 다른 사람들이 내용을 정확하게 이해할 수 없음

(4) 역사성: 언어의 내용과 형식의 결합 관계는 시간의 흐름에 따라 바뀜

> 예 '어여쁘다'는 15세기에는 '불쌍하다'라는 뜻이었지만, 오늘날에는 '예쁘다'라는 뜻임

(5) 규칙성: 언어에는 단어나 구절·문장을 만들 때 적용되는 일정한 규칙이 있음

> 예 마신다 영희가 물을.(×) → 영희가 물을 마신다.(○)

(6) 창조성: 제한된 말과 글을 가지고 새로운 단어나 문장을 무한히 만들 수 있음

> 예 나는 밥을 먹는다./나는 과자를 먹는다./나는 고기를 먹는다.

➕ 자의성과 사회성

'자의성'은 언어의 내용과 형식이 처음 결합할 때의 특성이고, '사회성'은 언어의 의미와 기호가 결합된 이후의 특성이다.

쏙쏙 이해 더하기 　 역사성의 다양한 예

생성	새로운 대상이나 개념이 생기면서 새로 생긴 말 예 참살이, 인터넷
소멸	다른 말로 대체되어 지금은 쓰이지 않는 말 예 가람(강), 뫼(산)
	과거에 있던 대상이나 개념이 사라져서 지금은 쓰이지 않는 말 예 수라(임금에게 올리던 밥)
변화	소리와 형태가 변한 말 예 곳 > 꽃, 불휘 > 뿌리
	의미가 변한 말 예 어리다(어리석다 → 나이가 적다)

2 언어의 기능

(1) 정보적 기능: 어떤 사실이나 정보, 지식을 전달하는 기능

예 지금 서울에 비가 내리고 있다.

(2) 지시적 기능: 어떤 대상을 가리키는 기능

예 이것은 연필이고, 저것은 지우개이다.

(3) 정서적 기능: 말하는 이의 감정이나 느낌을 전달하는 기능

예 노을이 참 아름답구나!/이야기가 참 감동적이야.

(4) 친교적 기능: 말하는 이와 듣는 이의 친밀한 관계를 형성하거나 유지시키는 기능

예 안녕하세요?/환영합니다.

(5) 명령적 기능: 말하는 이가 듣는 이에게 무엇인가를 하도록 요구하는 기능

예 창문을 열어라./뛰지 마시오.

(6) 심미적 기능: 말이나 글을 아름답게 표현하여 표현 효과를 높여 주는 기능

예 시·소설 등의 문학 작품이나 노랫말, 광고 문구 등에 나타나는 표현

➕ 정보적 기능·지시적 기능의 예

정보적 기능	• 뉴스 • 보고서 • 백과사전 • 제품 설명서
지시적 기능	• 사람 이름 • 가게 이름(상호) • 제품 명칭

➕ 언어의 복합적 기능

언어 표현은 상황에 따라 두 가지 이상의 기능을 나타낼 수 있다.

문장	택배를 경비실에 맡겨 두었습니다.
정보적 기능	경비실에 맡겼다는 사실을 전달
명령적 기능	경비실에서 물건을 찾아가라는 의도

탄탄 실력 다지기

정답과 해설 25쪽

01 언어의 역사성에 대한 예로 적절하지 <u>않은</u> 것은?

2020년 2회

① '인공지능'과 '컴퓨터'는 예전에 없던 말이 새로 만들어져 사용되는 것이다.
② '어리다'는 예전에 '어리석다'라는 뜻으로 쓰였으나, 지금은 '나이가 적다'라는 뜻으로 쓰인다.
③ 한국어에서 '나무'라고 부르는 것을 영어에서는 '트리(tree)', 중국어에서는 '슈(樹)'라고 부른다.
④ 과거에는 '천(千), 백(百)'을 '즈믄, 온'으로 사용하기도 하였으나 오늘날에는 잘 사용하지 않는다.

02 ㉠에 해당하는 언어의 특성으로 가장 적절한 것은?

2019년 2회

> ㉠언어는 그 언어를 사용하는 사회 구성원들 사이의 약속이므로 개인이 마음대로 바꾸어 쓸 수 없다. 만일 어떤 사람이 '지우개'를 '타타하'라고 부르겠다고 정하고, 사람들에게 "타타하 좀 빌려줘."라고 말한다면 어떻게 될까? 아무도 그 말을 이해하지 못할 것이고, '타타하'라는 말을 사용하는 사람은 다른 사람들과 의사소통하기가 어려울 것이다.

① 자의성　　　　② 사회성
③ 역사성　　　　④ 창조성

03 다음 설명에 해당하는 언어의 특성은?

2016년 2회

> 언어는 대상을 가리키는 말소리와 대상 사이에 직접적인 연관이 없다. '하늘'이라는 대상을 우리말에서는 '하늘[하늘]'로, 영어에서는 'sky[스카이]'로 표현하는 것처럼 각기 다른 말소리로 표현하는 것이 그 예이다.

① 규칙성　　　　② 자의성
③ 정확성　　　　④ 중의성

04 다음 글에서 설명하는 언어의 특성은?

2015년 2회

> 과거에 '즈믄'이라는 말은 '천(千)'을 뜻하는 고유어였다. 그러나 '천(千)'이라는 한자어가 들어오면서 점차 덜 쓰이게 되고, 현재에는 거의 쓰이지 않는 말이 되었다. 이와 같이 언어도 시간의 흐름에 따라 변화를 겪게 된다.

① 언어의 규칙성
② 언어의 불변성
③ 언어의 역사성
④ 언어의 창조성

05 다음에서 설명하는 언어의 특성은? 2014년 1회

> 언어는 시간의 흐름에 따라 의미가 변하기도 한다. '어리다'라는 말은 원래 '어리석다'는 뜻이었지만, 세월이 흐르면서 '나이가 적다'는 뜻으로 변했다.

① 규칙성   ② 역사성
③ 자의성   ④ 창조성

06 다음 중 '거울'을 '사진'이라고 바꾸어 부르면 안 되는 이유와 관련된 것은?

① 언어는 뜻을 담고 있는 음성이다.
② 언어는 그 말을 사용하는 사람들 사이의 약속이다.
③ 하나의 대상이 각 언어마다 다르게 표현될 수 있다.
④ 시간의 흐름에 따라 사용되던 말이 사라지기도 한다.

07 언어의 역사성에 대한 예로 적절하지 않은 것은?

① 예전에는 '나무'를 '나모'라고 불렀다.
② '온[百]'이라는 말은 지금은 잘 쓰이지 않는다.
③ '하늘'과 '맑다'로 문장을 여러 개 만들 수 있다.
④ '스마트폰', '컴퓨터'는 새로운 사물이나 개념이 생겨나면서 만들어졌다.

08 다음을 통해 알 수 있는 언어의 특성으로 가장 적절한 것은?

> 학생 1: '나무'라는 말로 문장을 계속해서 만들 수 있을까?
> 학생 2: 나무가 참 많구나. 저 나무는 솜사탕을 닮았네. 나는 저 나무가 좋아.

① 언어의 자의성
② 언어의 규칙성
③ 언어의 역사성
④ 언어의 창조성

09 다음 사례와 관계 깊은 언어의 특성으로 가장 적절한 것은?

> '세수'라는 단어는 원래 '손을 씻다'는 뜻이었으나 지금은 '손을 씻다' 외에 '얼굴을 씻다'라는 의미도 지닌다.

① 언어의 역사성
② 언어의 사회성
③ 언어의 창조성
④ 언어의 규칙성

10 다음 언어의 특성에 대한 대화 중 적절하지 <u>않은</u> 말을 한 학생은?

> 정두: 언어의 말소리와 의미는 필연적 관계가 아니야.
> 대교: 언어는 시간이 흐르면서 새로 생길 수 있지만 사라지지는 않아.
> 지윤: 언어는 같은 언어를 사용하는 사람들 사이의 사회적 약속이기 때문에 마음대로 바꿀 수 없어.
> 민경: 이를 어기면 다른 사람과 의사소통을 하는 데 어려움을 느낄 수 있지.

① 정두   ② 대교
③ 지윤   ④ 민경

11 다음과 관계 깊은 언어의 특성으로 가장 적절한 것은?

> '선생님은 미모와 춤을 잘 춘다.'는 '선생님께서는 미모가 뛰어나시고 춤을 잘 추십니다.'로 고쳐 써야 한다.

① 언어의 규칙성   ② 언어의 사회성
③ 언어의 창조성   ④ 언어의 자의성

12 다음과 관련 있는 언어 변화의 원인으로 가장 적절한 것은?

> 컴퓨터, 인공위성, 냉장고, 휴대폰

① 새 말이 생김
② 본래 있던 말이 사라짐
③ 뜻은 같으나 소리가 변함
④ 말은 그대로 있으나 뜻이 달라짐

13 언어가 변화한 요인이 나머지와 <u>다른</u> 하나는?

① 즈믄   ② 가람
③ 미리내   ④ 인터넷

[14~15] 다음 글을 읽고 물음에 답하시오.

> 인간은 동물과 달리 한정된 말이나 문장만을 사용하는 것이 아니라, 새로운 단어나 문장을 무한대로 만들어 사용할 수 있다.

14 윗글과 관련이 있는 언어의 특성으로 가장 적절한 것은?

① 언어의 자의성
② 언어의 규칙성
③ 언어의 창조성
④ 언어의 기호성

15 윗글을 통해 알 수 있는 사실로 적절하지 <u>않은</u> 것은?

① 동물의 언어는 제한된 표현만 가능하구나.
② 인간은 들어 보지 못한 문장도 만들어 낼 수 있구나.
③ 이것은 동물과 인간을 구분 짓는 특징이라고도 할 수 있어.
④ 말을 처음 배울 때에는 많은 단어를 들어도 제한된 표현만 반복할 수 있구나.

16 언어의 정보적 기능이 나타난 표현으로 적절하지 <u>않은</u> 것은?

① 이 도자기는 조선 시대에 만든 거야.
② 추운데 창문을 좀 닫았으면 좋겠어.
③ '하늘'을 영어로는 '스카이(sky)'라고 해.
④ 그 시계는 건전지를 넣어야 작동되는 것이야.

17 다음 대화에서 드러나는 언어의 기능으로 가장 적절한 것은?

> 다연: 우와, 이 사진 정말 멋지구나!
> 한민: 응, 진짜 멋지다!

① 정보적 기능
② 명령적 기능
③ 정서적 기능
④ 심미적 기능

18 다음에 제시된 해설사의 말에 두드러지게 드러나는 언어의 기능으로 가장 적절한 것은?

> 여러분 앞에 보이는 이 종부터 설명하겠습니다. 이 종이 바로 에밀레종으로 불리는 성덕 대왕 신종입니다. 771년에 만들어진 이 종은 높이가 333센티미터, 무게가 무려 18.9톤으로 우리나라에서 제일 큰 종입니다. 현재 국보 제29호로 지정되어 있습니다. 이 종은 크기로도 유명하지만 종의 형태와 소리, 정교하고 세련된 조각으로도 유명합니다.

① 정보적 기능
② 친교적 기능
③ 명령적 기능
④ 심미적 기능

19 다음 표현이 ㉠, ㉡의 상황에서 각각 어떤 기능을 수행하는지 가장 적절하게 연결한 것은?

표현	오늘은 15일이야.
상황	㉠: 날짜를 묻는 친구에게 대답할 때 ㉡: 15일까지 제출해야 하는 과제를 아직 끝내지 않은 친구에게 서두르라는 의미로 말할 때

	㉠	㉡
①	정보적 기능	정서적 기능
②	명령적 기능	친교적 기능
③	정보적 기능	명령적 기능
④	명령적 기능	정서적 기능

20 다음 대화에서 두드러지게 나타나는 언어의 기능은?

> 장현: 선생님 안녕하세요?
> 선생님: 안녕, 장현아, 오늘 학교에 일찍 왔구나.

① 심미적 기능
② 명령적 기능
③ 정보적 기능
④ 친교적 기능

02

Ⅳ 문법

음운 체계

1 음운과 음절

(1) 음운의 개념: 말의 뜻을 구별해 주는 소리의 가장 작은 단위

(2) 음운의 종류

① 분절 음운: 소리마디의 경계를 정확히 그을 수 있는 음운

자음	공기의 흐름이 발음 기관에서 장애를 받아서 만들어지며, 모음에 의존하여 쓰임
모음	공기의 흐름이 발음 기관에서 장애를 받지 않고 만들어지며, 홀로 쓰일 수 있음

② 비분절 음운: 소리마디의 경계를 정확히 그을 수 없는 음운

소리의 길이	모음을 발음하는 길이에 따라 말의 뜻이 달라질 수 있음 예 [눈](사람의 눈), [눈ː](하늘에서 내리는 눈)

(3) 음절의 개념

① 음운이 모여 이루어진 소리의 단위(1음절은 1글자)
② 음절은 표기가 아닌 발음을 기준으로 삼음
③ 첫소리에 오는 'ㅇ'은 음운으로 인정하지 않음

＋ 음절의 종류

모음 단독	아, 이, 위 등
모음 + 자음	안, 옷 등
자음 + 모음	가, 조 등
자음 + 모음 + 자음	간, 독 등

2 자음(19개)

(1) 개념

① 공기의 흐름이 발음 기관에서 장애를 받으면서 나오는 소리
② 단독으로 발음할 수 없고, 모음과 어울려 음절을 이룸

소리 나는 위치 소리 내는 방법			입술소리	잇몸소리	센입천장 소리	여린입천 장소리	목청소리
안울림 소리	파열음	예사소리	ㅂ	ㄷ		ㄱ	
		된소리	ㅃ	ㄸ		ㄲ	
		거센소리	ㅍ	ㅌ		ㅋ	
	파찰음	예사소리			ㅈ		
		된소리			ㅉ		
		거센소리			ㅊ		

마찰음	예사소리		ㅅ			ㅎ
	된소리		ㅆ			
울림소리	비음	ㅁ	ㄴ		ㅇ	
	유음		ㄹ			

(2) 분류

① 소리 나는 위치에 따른 분류

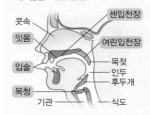

✚ 발음 기관 단면도

입술소리(순음)	두 입술 사이에서 나는 소리	ㅁ, ㅂ, ㅃ, ㅍ
잇몸소리(치조음)	혀끝이 윗잇몸에 닿아서 나는 소리	ㄴ, ㄹ, ㄷ, ㄸ, ㅌ, ㅅ, ㅆ
센입천장소리 (경구개음)	혓바닥과 센입천장 사이에서 나는 소리	ㅈ, ㅉ, ㅊ
여린입천장소리 (연구개음)	혀의 뒷부분과 여린입천장 사이에서 나는 소리	ㄱ, ㄲ, ㅋ, ㅇ
목청소리(후음)	목청 사이에서 나는 소리	ㅎ

② 목청의 울림 여부에 따른 분류

울림소리	발음할 때 목청이 떨려 울리는 소리	ㅁ, ㄴ, ㄹ, ㅇ
안울림소리	발음할 때 목청이 울리지 않는 소리	ㄱ, ㄲ, ㅋ, ㄷ, ㄸ, ㅌ, ㅂ, ㅃ, ㅍ, ㅈ, ㅉ, ㅊ, ㅅ, ㅆ, ㅎ

③ 소리 내는 방법에 따른 분류

파열음	공기의 흐름을 막았다가 터뜨리면서 내는 소리	ㄱ, ㄲ, ㅋ, ㄷ, ㄸ, ㅌ, ㅂ, ㅃ, ㅍ
파찰음	공기의 흐름을 막았다가 서서히 터뜨리면서 마찰을 일으켜 내는 소리	ㅈ, ㅉ, ㅊ
마찰음	공기의 흐름을 입안이나 목청이 좁혀진 사이로 내보내며 마찰을 일으켜 내는 소리	ㅅ, ㅆ, ㅎ
비음	입안의 통로를 막고 코로 공기를 내보내면서 내는 소리	ㅁ, ㄴ, ㅇ
유음	혀끝을 잇몸에 가볍게 대었다가 떼거나, 혀끝을 잇몸에 댄 채 공기를 양옆으로 흘려보내면서 내는 소리	ㄹ

☆ ④ 소리의 세기에 따른 분류

예사소리(평음)	발음 기관이 긴장되는 정도가 낮은 소리(평범하고 부드러운 느낌)	ㄱ, ㄷ, ㅂ, ㅅ, ㅈ
된소리(경음)	발음 기관의 근육을 긴장시켜서 내는 소리 (강하고 단단한 느낌)	ㄲ, ㄸ, ㅃ, ㅆ, ㅉ
거센소리(격음)	숨이 거세게 터져 나오며 나는 소리(크고 거친 느낌)	ㅋ, ㅌ, ㅍ, ㅊ

1. 음운은 말의 뜻을 구별해 주는 소리의 가장 작은 단위이다. (O, X)
2. 'ㅁ, ㄴ, ㄹ, ㅇ'은 안울림소리이다. (O, X)
3. 'ㅅ, ㅆ, ㅎ'은 파찰음이다. (O, X)
4. 허파에서 나오는 공기의 흐름을 일단 막았다가 그 막은 자리를 터뜨리며 내는 소리는 _____이다.

답 1. O 2. X 3. X 4. 파열음

3 모음(21개)

(1) 개념
① 공기의 흐름이 발음 기관에서 장애를 받지 않고 순조롭게 나오는 소리
② 단독으로 발음할 수 있고 홀로 음절을 이룰 수 있음

(2) 분류
① 단모음(10개): 소리를 내는 도중에 입술 모양이나 혀의 위치가 달라지지 않는 모음

혀의 위치 입술의 모양 혀의 높이	전설 모음		후설 모음	
	평순 모음	원순 모음	평순 모음	원순 모음
고모음	ㅣ	ㅟ	ㅡ	ㅜ
중모음	ㅔ	ㅚ	ㅓ	ㅗ
저모음	ㅐ		ㅏ	

• 혀의 위치에 따른 분류

전설 모음	혀의 최고점 위치가 앞쪽에 있을 때 발음되는 모음	ㅣ, ㅔ, ㅐ, ㅟ, ㅚ
후설 모음	혀의 최고점 위치가 뒤쪽에 있을 때 발음되는 모음	ㅡ, ㅓ, ㅏ, ㅜ, ㅗ

• 입술의 모양에 따른 분류

평순 모음	입술을 평평하게 하고 발음하는 모음	ㅣ, ㅔ, ㅐ, ㅡ, ㅓ, ㅏ
원순 모음	입술을 동그랗게 모아 발음하는 모음	ㅟ, ㅚ, ㅜ, ㅗ

• 혀의 높이에 따른 분류

고모음	입이 조금 벌어지고 혀의 높이가 높을 때 발음하는 모음	ㅣ, ㅡ, ㅟ, ㅜ
중모음	입이 조금 더 벌어지고 혀의 높이가 중간일 때 발음하는 모음	ㅔ, ㅓ, ㅚ, ㅗ
저모음	입이 가장 크게 벌어지고 혀의 높이가 낮을 때 발음하는 모음	ㅐ, ㅏ

➕ 혀의 높이에 따른 모음 분류 방법
발음을 할 때 입이 크게 벌어질수록 저모음이고, 입이 작게 벌어질수록 고모음이다.

② 이중 모음(11개): 발음하는 도중에 입술 모양이나 혀의 위치가 달라지며 소리 나는 모음

혀의 위치가 'ㅣ' 자리에서 시작되는 모음	ㅑ, ㅕ, ㅛ, ㅠ, ㅒ, ㅖ
혀의 위치가 'ㅗ/ㅜ' 자리에서 시작되는 모음	ㅘ, ㅙ, ㅝ, ㅞ
혀의 위치가 'ㅡ' 자리에서 시작되는 모음	ㅢ

4 소리의 길이

구분	짧게 발음하는 경우	길게 발음하는 경우
눈	사람의 눈	하늘에서 내리는 눈
밤	해가 져서 어두운 동안	밤나무의 열매
말	동물, 부피의 단위	언어
벌	처벌	꿀벌
발	사람의 발	가림막의 용도로 쓰는 발
굴	굴과의 연체동물	동굴
솔	소나무	먼지를 떠는 기구
병	그릇	질병

✚ 소리의 길이

모음의 장단을 구별하여 발음하되, 단어의 첫음절에서만 긴소리가 나타나는 것을 원칙으로 한다.
예 눈보라[눈ː보라] / 함박눈[함방눈]

01 다음 밑줄 친 부분 중 거센소리가 쓰인 것은? 2017년 2회

① 나는 바닥을 솔로 <u>빡빡</u> 문질렀다.
② <u>깜깜</u>한 밤하늘에 무수한 별들이 반짝였다.
③ 탄탄하지 못한 출입문이 <u>삐걱</u>대며 흔들렸다.
④ 그는 비탈길을 <u>종종</u>걸음으로 내려가고 있었다.

02 음운에 대한 설명으로 가장 적절한 것은?

① 띄어쓰기의 단위와 일치한다.
② 우리말의 자음만이 이에 해당한다.
③ 뜻을 가지고 있는 말의 가장 작은 단위이다.
④ 말의 뜻을 구별해 주는 소리의 가장 작은 단위이다.

03 음운에 관한 설명으로 적절한 것은?

① '벌'과 '발'은 자음의 차이로 뜻이 달라진다.
② '물'과 '불'은 모음의 차이로 뜻이 달라진다.
③ 하나의 종합된 음의 느낌을 주는 말소리의 단위이다.
④ '말[馬]'과 '말[語]'은 소리의 길이에 따라 뜻이 달라진다.

04 음운의 개수가 나머지와 <u>다른</u> 하나는?

① 물   ② 양
③ 산   ④ 빛

05 다음 문장에서 입술소리가 포함되지 <u>않은</u> 단어는?

> 민지는 밥과 국을 먹고 또 피자와 빵을 먹었다.

① 빵   ② 밥
③ 국   ④ 민지

06 발음할 때 공기의 흐름이 발음 기관의 방해를 받지 않고 나는 소리가 <u>아닌</u> 것은?

① ㅣ   ② ㅟ
③ ㅔ   ④ ㄱ

07 ㉠~㉣ 중 단어의 뜻을 구별해 주는 소리의 가장 작은 단위를 모두 고른 것은?

> ㉠ 자음
> ㉡ 모음
> ㉢ 글자의 크기
> ㉣ 소리의 길이

① ㉠, ㉡, ㉢
② ㉠, ㉢, ㉣
③ ㉡, ㉢, ㉣
④ ㉠, ㉡, ㉣

08 다음과 같이 자음을 나눈 기준으로 적절한 것은?

> ㄱ – ㄲ – ㅋ

① 혀의 높이에 따라
② 소리의 세기에 따라
③ 소리 나는 위치에 따라
④ 목청의 울림 여부에 따라

09 국어의 자음에 관한 설명으로 적절하지 않은 것은?

① 'ㅂ'과 'ㅁ'은 소리 나는 위치가 같다.
② 'ㄱ'에 비하여 'ㅋ'은 소리가 더 거세다.
③ 'ㄴ'과 'ㅇ'은 소리 내는 방법이 다르다.
④ 'ㅈ, ㅊ, ㅉ'은 혓바닥과 센입천장 사이에서 나는 소리이다.

10 모음에 대한 설명으로 알맞지 않은 것은?

① 국어의 모음은 10개가 있다.
② 자음이 없어도 음절을 이룰 수 있다.
③ 반모음과 단모음이 결합해 이중 모음을 이룬다.
④ 발음하는 도중 공기의 흐름이 발음 기관에서 장애를 받지 않는다.

11 다음에서 설명하고 있는 모음으로 알맞은 것은?

> • 발음할 때 입술 모양이 동그랗다.
> • 'ㅡ'보다 입을 더 많이 벌려 발음한다.
> • 'ㅔ'보다 혀의 최고점의 위치가 뒤쪽이다.

① ㅣ
② ㅚ
③ ㅗ
④ ㅟ

12 다음 모음을 나눈 기준으로 알맞은 것은?

> ㅏ, ㅐ, ㅓ, ㅔ, ㅡ, ㅣ / ㅗ, ㅚ, ㅜ, ㅟ

① 혀의 높낮이
② 소리의 세기
③ 입술의 모양
④ 혀의 위치

13 다음 중 발음할 때 거세게 소리 나는 것은?

① ㄷ ② ㅍ
③ ㅂ ④ ㅈ

14 다음 중 울림소리에 해당하지 <u>않는</u> 것은?

① ㅎ ② ㄹ
③ ㅇ ④ ㅁ

15 다음 단어에 쓰인 자음을 분류할 때, ㉠과 ㉡에 들어갈 말을 알맞게 짝지은 것은?

단어	소리 나는 위치에 따른 분류	소리 내는 방법에 따른 분류
밥	㉠	파열음
국	여린입천장소리	㉡

	㉠	㉡
①	입술소리	파열음
②	입술소리	파찰음
③	여린입천장소리	마찰음
④	여린입천장소리	파열음

16 다음 중 밑줄 친 단어의 소리의 길이가 <u>다른</u> 하나는?

① <u>밤</u>을 구워 먹었다.
② <u>말</u>을 타고 놀러 갔다.
③ 날이 추워서 <u>발</u>이 시리다.
④ 잠을 못 자서 <u>눈</u>이 아프다.

17 다음 밑줄 친 단어 중 길게 발음해야 하는 단어가 <u>아닌</u> 것은?

① 벌에 쏘인 자리가 <u>부어</u>오른다.
② 추운 밤에 따뜻한 <u>밤</u>을 까먹었다.
③ 밭 여기저기에 <u>두더지</u>들이 굴을 파 놓았다.
④ 이 병에는 그 <u>병</u>을 고칠 수 있는 약이 들어 있다.

18 ㉠과 ㉡에 대한 설명으로 적절한 것은?

㉠ 침 – 짐   ㉡ 시작 – 시장

① ㉠의 두 단어는 음운의 개수가 다르다.
② ㉡의 두 단어는 음운의 개수가 다르다.
③ ㉠에서 단어의 뜻을 구별해 주는 음운은 'ㅊ', 'ㅁ' 이다.
④ ㉡에서 단어의 뜻을 구별해 주는 음운은 'ㄱ', 'ㅇ' 이다.

19 다음에서 설명하는 모음이 사용되지 <u>않은</u> 단어는?

> 발음할 때 입술 모양이나 혀의 위치가 변하는 모음

① 여유　　　　② 과자
③ 겨울　　　　④ 개미

20 다음에 해당하는 음운을 사용하여 만든 단어는?

> • 초성: 공기가 흐르는 통로를 좁혀 마찰을 일으키며 소리 내는 자음이다.
> • 중성: 발음할 때 입술을 동그랗게 모으지 않고 발음하는 모음이다.
> • 종성: 혀의 뒷부분과 여린입천장에서 소리 나는 자음이다.

① 색　　　　② 입
③ 꿈　　　　④ 향

21 다음 중 자음과 소리 나는 곳이 바르게 연결된 것은?

① ㄱ: 여린입천장과 혀 뒤
② ㄴ: 두 입술
③ ㅁ: 센입천장과 혓바닥
④ ㅊ: 윗잇몸과 혀끝

03 단어

1 품사

(1) 개념: 단어를 공통된 문법적 성질에 따라 묶은 단어의 갈래로, 국어에는 9개의 품사가 있음

(2) 분류

구분	종류	특징
불변어 (형태가 변하지 않음)	체언	• 주로 주어·목적어·보어의 역할을 함 • 조사와 결합하거나 홀로 사용됨 • 종류: 명사, 대명사, 수사
	수식언	• 다른 말을 꾸며 주는 역할을 함 • 관형사는 조사와 결합할 수 없고, 부사는 가능함 • 종류: 관형사, 부사
	독립언	• 다른 말과 관계없이 독립적으로 존재함 • 놀람, 감탄 등의 느낌을 표현함 • 종류: 감탄사
가변어 (형태가 변함)	관계언	• 다른 말과의 문법적인 관계를 나타냄 • 주로 체언 뒤에 붙어서 사용됨 • 혼자서는 사용될 수 없지만 단어로 인정됨 • 서술격 조사 '이다'는 형태가 변하기도 함(예외) • 종류: 조사
	용언	• 사람이나 사물의 움직임·상태 등을 나타냄 • 문장에서 서술어 역할을 함 • 종류: 동사, 형용사

➕ 서술격 조사

조사는 불변어에 속하지만 서술격 조사 '이다'는 예외적으로 형태가 변화하여 가변어로 분류한다.

쏙쏙 이해 더하기 | 문장의 분석

문장	하늘이 푸르다.		
단어	하늘	이	푸르다
품사	명사(체언)	조사(관계언)	형용사(용언)

☆(3) 특성

① **체언:** 문장에서 주어·목적어·보어 등으로 쓰일 수 있으며, 관형어의 꾸밈을 받을 수 있고, 뒤에 조사를 취할 수 있음

명사	사람이나 사물, 장소나 시간, 행위 등의 이름을 나타냄 예 책상(보통 명사), 세종(고유 명사), 구름(자립 명사), 것(의존 명사)

🔍 꼼꼼 단어 돋보기

● **의존 명사**

의미가 형식적이어서 다른 말 아래에 기대어 쓰이는 명사

대명사	사람이나 사물, 장소나 시간, 행위 등의 이름을 대신함 ◉ 그녀(인칭), 여기(지시), 누구(미지칭), 아무(부정칭)
수사	수량이나 순서를 가리킴 ◉ 하나(양수사), 첫째(서수사)

② **수식언**: 문장에서 다른 말을 꾸며 주는 역할을 함

관형사	체언을 꾸며 주는 역할을 함(조사가 붙을 수 없음) ◉ 새, 헌, 옛, 온갖, 모든, 이, 그, 저
부사	• 용언이나 문장을 꾸며 주는 역할을 함 • 관형사나 다른 부사를 꾸미기도 하고, 드물게 체언을 꾸미기도 함 • 문장 내에서의 위치가 비교적 자유로움 ◉ 방긋, 일찍, 아주(성분 부사) / 과연, 설마, 그러나(문장 부사)

③ **독립언**: 다른 문장 성분과 문법적인 관계를 맺지 않고 독립성을 가짐

감탄사	놀람·느낌·부름·대답 등을 나타내는 말로, 다른 말과 떨어져 혼자서 쓰일 수 있음 ◉ 앗, 와, 여보세요, 응, 아이고

④ **관계언**: 다른 단어(주로 체언)의 뒤에 붙어서 문법적 관계를 표시하거나 특별한 의미를 더해 주는 기능을 함

조사	격 조사	체언과 다른 말과의 문법적 관계를 나타내는 조사 ◉ 이/가, 을/를, 의, 에서, 에게, 아/야
	보조사	특별한 의미를 더해 주는 조사 ◉ 은/는, 만, 도
	접속 조사	두 단어나 구를 같은 자격으로 이어 주는 조사 ◉ 와/과, 하고, (이)랑

쏙쏙 이해 더하기 ｜ 격 조사의 종류

주격	이, 가, 께서	관형격	의
목적격	을, 를	부사격	에서, 에게, 께 등
보격	이, 가	호격	아, 야
서술격	이다		

⑤ **용언**: 문장에서 주로 서술어로 쓰이며, 주어의 움직임·성질·상태를 설명하는 역할을 함
  • 종류

동사	사람이나 사물의 움직임을 나타내는 단어 ◉ 자동사: 피다, 일어나다 / 타동사: 보다, 찾다, 읽다
형용사	사람이나 사물의 상태나 성질을 나타내는 단어 ◉ 예쁘다, 아름답다, 검다, 빠르다

🔍 **꼼꼼 단어 돋보기**

● **미지칭**
모르는 사물이나 사람을 가리키는 대명사

● **부정칭**
정해지지 아니한 사람, 물건, 방향, 장소 따위를 가리키는 대명사

● **양수사**
수량을 셀 때 쓰는 수사

● **서수사**
순서를 나타내는 수사

● **자동사**
목적어가 필요하지 않은 동사

● **타동사**
목적어가 필요한 동사

구분법	동사	형용사
어간에 '-ㄴ-/-는-'을 붙여 봄	먹는다(○)	작는다(×)
명령/청유형으로 만들어 봄	먹어라/먹자(○)	작아라/작자(×)
어간에 '-(으)려고', '-고자' 등을 결합시켜 봄	먹으려고(○)	작으려고(×)

- 용언의 구성(어간＋어미)

구분	의미
어간	활용 시 변하지 않는 실질적 의미를 지닌 부분 예 먹-(실질적 의미)
선어말 어미	• 어말 어미의 앞자리에 들어가며, 높임과 시제를 나타냄 • 경우에 따라 없거나 두 개 이상이 있기도 함 예 -으시-(높임), -었-(시제)
어말 어미	• 단어의 끝에서 여러 가지 문법적인 의미를 더해 줌 • 종결 어미, 연결 어미, 전성 어미로 나눌 수 있음 예 종결 어미: -다, -군, -어라 / 연결 어미: -고, -려고, -게 / 전성 어미: -는, 　　-던, -도록

1. 문장에서 독립언을 생략하면 문장이 성립되지 않는다. (O, X)
2. '아주', '조금'처럼 다른 단어를 꾸며 주는 단어는 관계언이다. (O, X)
3. 용언은 문장에서 쓰일 때 형태가 변하는 품사이다. (O, X)
4. 사람이나 사물의 이름을 대신 나타내는 단어를 _____라고 한다.
5. '하나', '둘', '첫째', '둘째'와 같은 말이 해당되는 품사는 _____이다.
6. 조사는 주로 _____ 뒤에 붙어 다른 단어들과의 문법적인 관계를 나타내는 구실을 한다.
7. 동사는 사람이나 사물의 _____을 나타내는 단어이다.

답　1. X　2. X　3. O　4. 대명사　5. 수사　6. 체언　7. 움직임

2 단어의 형성 | 2015 교육과정에서 직접적으로 다루는 개념은 아니지만 국어 문법 학습을 위한 기본 개념입니다.

(1) 형태소

① 개념: 의미를 가진 말의 최소 단위로, 더 이상 나누면 그 의미를 잃어버림

의미에 따라	실질 형태소	실질적 의미를 지닌 형태소
	형식 형태소	형식적인 의미, 문법적인 의미를 나타내는 형태소
자립성 여부에 따라	자립 형태소	홀로 쓰일 수 있는 형태소
	의존 형태소	다른 형태소와 결합하지 않으면 쓰일 수 없는 형태소

🔍 **꼼꼼 단어 돋보기**

● 전성 어미

용언이 다른 품사의 기능을 하도록 하는 어미

② 형태소 분석

문장	하늘이 푸르다.			
형태소	하늘	이	푸르–	–다
실질/형식	실질	형식	실질	형식
자립/의존	자립	의존	의존	의존

(2) 단어

① 개념: 문장에서 홀로 쓰일 수 있는 말의 최소 단위로, 조사는 홀로 쓰일 수 없지만 앞말과 쉽게 분리될 수 있으므로 예외적으로 단어로 인정됨

② 구성 요소

어근		단어의 실질적인 의미를 나타내는 부분 예 '맨손'의 '손'
접사	접두사	어근의 앞에 결합하여 그 의미를 제한하거나 더함 예 '맨손'의 '맨–'
	접미사	어근의 뒤에 결합하여 그 의미를 제한하거나 품사를 바꿈 예 '덮개'의 '–개'

③ 분류

단일어		하나의 어근으로만 이루어진 단어 예 사과, 수박
복합어	합성어	둘 이상의 어근이 결합하여 만들어진 단어 예 손발, 책가방
	파생어	어근과 접사가 결합하여 만들어진 단어 예 풋사과, 군말

• 합성어의 종류

대등 관계	두 어근이 대등하게 본래의 뜻을 유지하는 합성어 예 오가다, 손발, 팔다리
종속 관계	한쪽 어근이 다른 한쪽의 어근을 꾸며 주는 합성어 예 돌다리, 책가방, 물걸레
융합 관계	두 어근이 하나로 합하여 새로운 의미를 나타내는 합성어 예 밤낮(늘, 항상), 집안(가문)

➕ '어근'과 '어간'의 구별

구분	어근	어간
공통점	실질적인 의미를 지님	
차이점	• 단어의 형성에서 실질적인 의미를 지닌 부분을 의미함 • '접사'와 짝꿍	• 용언 활용 시 변하지 않는 부분을 의미함 • '어미'와 짝꿍
예시	'되감다'의 '감–'	'되감다'의 '되감–'

쏙쏙 이해 더하기 　문장, 어절, 단어, 형태소의 구분

문장	그녀가 이야기책을 읽었다.							
어절	그녀가		이야기책을			읽었다		
단어	그녀	가	이야기책		을	읽었다		
형태소	그녀	가	이야기	책	을	읽–	–었–	–다
형태소의 분류	• 자립 형태소: 그녀, 이야기, 책 • 의존 형태소: 가, 을, 읽–, –었–, –다 • 실질 형태소: 그녀, 이야기, 책, 읽– • 형식 형태소: 가, 을, –었–, –다							

1. 합성어는 둘 이상의 어근으로 이루어진 단어이다. (O, X)
2. _____는 더 나누면 뜻을 잃어버리게 되는, 뜻을 가진 가장 작은 말의 단위이다.
3. '밤', '나무', '송이'처럼 하나의 어근으로 이루어진 단어는 _____이다.

답 1. O 2. 형태소 3. 단일어

3 어휘의 유형과 의미 관계

(1) 어휘의 개념: 일정한 범위 속에 들어 있는 단어의 집합

(2) 어휘의 유형

① 어종(어원)에 따른 분류

고유어	예로부터 쓰인 순수한 우리말 예 하늘, 구름, 먹다, 무지개
한자어	한자를 바탕으로 만들어진 말 예 감기(感氣), 학교(學校)
외래어	다른 나라에서 들어온 말이지만 우리말처럼 쓰이는 말 예 텔레비전, 커피, 빵, 콜라

② 사용 양상(모습)에 따른 분류

전문어	전문 분야에서 그 분야의 일을 효과적으로 수행하기 위하여 사용하는 말 예 CPR(의학 용어), 풋 옵션(경제 용어)
은어	특정 집단 안에서 비밀을 유지하기 위해 다른 집단의 사람들이 이해할 수 없게 만든 말 예 심(산삼), 수족관(PC방)
유행어	비교적 짧은 어느 한 시기에 걸쳐 널리 쓰이는 말 예 얼짱·몸짱(외모 지상주의 사회), 이태백(고용이 불안정한 사회)
비속어	일반적인 표현에 비해 천박하고 저속한 느낌을 주는 말 예 쪽팔리다(창피하다)
새말	새로운 사물이나 개념을 표현하기 위해 새로 생겨난 말 예 댓글, 생얼, 악플러
금기어 및 완곡어	• 금기어: 두렵거나 불쾌한 느낌을 주어 입 밖에 내기를 꺼리는 말 • 완곡어: 금기어를 피하여 불쾌감이 덜하도록 대체한 부드러운 말 예 마마(천연두), 화장실(변소), 돌아가시다(죽다)
관용 표현 — 관용어	둘 이상의 낱말이 결합하여 특별한 의미로 사용되는 말로, 관습적으로 굳어진 말 예 눈에 밟히다.
관용 표현 — 속담	예로부터 내려온 우리 생활 속 지혜를 간결하면서도 맛깔스럽게 표현해 낸 말 예 우물 안 개구리

✚ **외래어의 종류**
외래어는 보통 영어에서 온 말이 많지만 독일어, 프랑스어, 포르투갈어 등 다른 언어에서 온 말도 포함되어 있다.

방언	지역	지리적으로 격리되어 지역에 따라 달라진 말 ⑩ 아버지 – 아바이, 아방, 아배
	사회	연령, 성별, 직업 등 사회적 요인에 따라 달라진 말 ⑩ 수라(임금의 밥상)

(3) 어휘의 의미 관계

유의 관계	말소리는 다르지만 단어의 의미가 서로 비슷한 관계 ⑩ 걱정 – 근심 / 비슷하다 – 흡사하다
반의 관계	단어의 의미가 서로 짝을 이루어 대립하는 관계 ⑩ 여자 – 남자 / 출석 – 결석 / 웃다 – 울다
상하 관계	두 단어 중 한쪽이 의미상 다른 쪽을 포함하거나 다른 쪽에 포함되는 관계 ⑩ 예술(상의어) – 문학(하의어) / 문학(상의어) – 시, 소설(하의어)
다의 관계	• 하나의 단어가 둘 이상의 뜻을 가지는 관계 • 중심적 의미와 하나 이상의 주변적 의미를 가짐 ⑩ 손(신체 / 일손 / 사람의 힘이나 노력 · 기술)
동음이의 관계	소리는 같으나 의미가 서로 다른 단어 간의 관계 ⑩ 배(열매 / 신체 / 선박)

✚ 다의어와 동음이의어

다의어	동음이의어
의미 연관성 ○	의미 연관성 X
사전 등재 시, 하나의 표제어 아래에 여러 의미로 표시됨 (하나의 단어)	사전 등재 시, 각각 별도의 표제어로 표시됨(서로 다른 단어)

탄탄 실력 다지기

01 다음 밑줄 친 단어들의 공통점으로 적절한 것은? 2020년 1회

> • 화단에 국화가 **활짝** 피었다.
> • 아기가 엄마 품에서 **방긋** 웃는다.

① 체언을 꾸며 준다.
② 용언을 꾸며 준다.
③ 대상의 움직임을 나타낸다.
④ 부름이나 대답을 나타낸다.

02 ㉠에 들어갈 말로 가장 적절한 것은? 2020년 1회

> • 그의 단점은 (㉠) 씻고 찾아봐도 없었다.
> • 할아버지께서 글을 읽으시던 모습이 (㉠)에 밟혔다.
> • 나는 전화를 오래 붙들고 있다가 할머니의 (㉠) 밖에 났다.

① 입
② 눈
③ 발
④ 손

03 다음 단어들의 공통점으로 적절한 것은? 2019년 1회

> 기쁘다   부드럽다   아름답다

① 사람이나 사물의 이름을 나타낸다.
② 사물의 수량이나 순서를 나타낸다.
③ 사람이나 사물의 움직임을 나타낸다.
④ 사람이나 사물의 상태나 성질을 나타낸다.

04 〈보기〉에서 ㉠에 들어갈 말로 가장 적절한 것은? 2019년 1회

> **보기**
> • 엄마는 (㉠)이/가 크시다.
> • 이 일의 성공은 네 (㉠)에 달렸다.
> • 요즘 일이 바빠서 (㉠)이/가 부족하다.

① 귀
② 눈
③ 손
④ 발

05 〈보기〉에서 밑줄 친 단어들의 공통된 특징으로 적절한 것은? 2018년 2회

> **보기**
> • 그 둘은 비슷하다.
> • 헌 운동화를 깨끗이 빨았다.
> • 꽃밭에 온갖 꽃들이 피어 있다.

① 체언을 꾸며 주는 역할을 한다.
② 용언을 꾸며 주는 역할을 한다.
③ 사람이나 사물의 움직임을 나타낸다.
④ 사람이나 사물의 이름을 대신하여 나타낸다.

06 밑줄 친 부분이 관용어로 쓰이지 **않은** 것은? 2018년 2회

① 바깥에 나갔다 오면 손을 씻으렴.
② 손자들이 재롱부리는 모습이 눈에 밟히네.
③ 문제 해결을 위해서 우리 모두 머리를 맞대자.
④ 폭설로 승객 6백여 명이 열차 안에서 발이 묶였다.

07 다음 단어들의 공통점으로 적절한 것은?　2018년 1회

> 뛰다　잡다　던지다　흔들다

① 사람이나 사물의 이름을 나타낸다.
② 사물의 수량이나 순서를 나타낸다.
③ 사람이나 사물의 움직임을 나타낸다.
④ 사람이나 사물의 상태나 성질을 나타낸다.

08 다음 단어들의 공통점으로 적절한 것은?　2017년 1회

> 당신, 이것, 여기

① 대상의 움직임을 나타내는 말
② 수량이나 순서를 나타내는 말
③ 대상의 성질이나 상태를 나타내는 말
④ 사람, 사물, 장소의 이름을 대신하는 말

09 밑줄 친 단어 중 ㉠에 들어갈 수 있는 것은?　2016년 2회

① 공원에 장미꽃이 **활짝** 피었다.
② 그는 **헌** 운동화를 깨끗이 빨았다.
③ 운동을 하니 **온갖** 걱정이 사라졌다.
④ 옛날 **어떤** 마을에 효자가 살고 있었다.

10 밑줄 친 부분이 관용어로 쓰이지 <u>않은</u> 것은?　2015년 2회

① 그는 작년부터 오락실에 <u>발을 끊었다</u>.
② 동생은 운동을 하다가 <u>허리를 다쳤다</u>.
③ 할아버지의 글 읽는 모습이 <u>눈에 밟혔다</u>.
④ 그녀는 네가 오기를 <u>목이 빠지게</u> 기다렸다.

11 다음 내용에 해당하는 말끼리 묶은 것은?　2014년 2회

> 다른 나라에서 온 말로, 국어처럼 쓰이는 말을 '외래어'라고 한다.

① 버스, 컴퓨터
② 몸짱, 공주병
③ 미리내, 시나브로
④ 방가방가, 안냐세여

12 다음 (　　) 안에 들어갈 공통된 말로 알맞은 것은?
　2014년 1회

> (　　)는 어느 한 시기에 사람들에 의해 널리 쓰이는 말로, 일정한 시간이 지나면 대부분 사라진다. (　　)는 대체로 그 시대상을 반영하여 '시대의 거울'이라고 한다.
> 예를 들어, '얼짱', '몸짱'은 외모를 중시하는 사회의 모습을 보여 주고 있다.

① 전문어　　　　② 고유어
③ 지시어　　　　④ 유행어

13 체언에 대한 설명으로 적절하지 <u>않은</u> 것은?

① 형태가 변하지 않는다.
② 명사, 대명사, 수사가 속한다.
③ 조사와 결합하여 쓰이기도 한다.
④ 문장에서 주로 서술어 역할을 한다.

14 단어의 기능에 따른 분류와 그에 속하는 품사가 바르게 연결된 것은?

① 체언 – 수사
② 용언 – 관형사
③ 수식언 – 감탄사
④ 관계언 – 명사

15 다음 단어들을 성질에 따라 비슷한 것끼리 바르게 분류한 것은?

신발, 먹다, 슬프다, 그녀, 하나, 높다

① 신발, 먹다, 슬프다 / 이것, 하나, 높다
② 신발, 그녀, 하나 / 먹다, 슬프다, 높다
③ 신발, 그녀 / 먹다, 슬프다, 하나, 높다
④ 신발, 슬프다, 그녀 / 먹다, 하나, 높다

16 다음 밑줄 친 단어에 대한 설명으로 적절하지 <u>않은</u> 것은?

친구<u>가</u> 사과를 먹는다.

① 형태가 변하지 않는다.
② 주로 용언을 꾸며 준다.
③ 홀로 쓰일 수 없지만 단어로 인정한다.
④ 체언 뒤에 붙어서 문법적인 관계를 나타낸다.

17 품사를 기능에 따라 분류했을 때, 그 설명으로 적절하지 <u>않은</u> 것은?

① 용언: 형태가 변한다.
② 체언: 명사, 대명사, 수사를 가리킨다.
③ 관계언: 단어와 단어 사이의 문법적인 관계를 나타낸다.
④ 수식언: 여러 성분으로 두루 쓰인다.

18 다음 밑줄 친 단어와 같은 품사가 쓰이지 <u>않은</u> 문장은?

산의 경치가 <u>매우</u> 좋다.

① 수학 과목이 특히 어렵다.
② 음식이 아주 맛있구나!
③ 일요일인데도 일찍 일어났구나.
④ 그가 가지고 있는 것은 옛 책이다.

19 〈보기〉의 설명에 해당하는 단어로만 묶은 것은?

> **보기**
>
> • 형태가 변함
> • 사람이나 사물의 움직임을 나타냄

① 멀리, 빨리, 너무
② 자유, 첫째, 수수께끼
③ 흐르다, 떠나다, 배우다
④ 그리다, 기쁘다, 즐겁다

20 다음 밑줄 친 말 중 품사가 나머지와 다른 하나는?

① 학생 둘이 서 있다.
② 두 사람이 동시에 대답했다.
③ 나는 동생에게 사탕 하나를 주었다.
④ 달리기 시합에서 나는 둘째로 들어왔다.

21 용언에 대한 설명으로 옳은 내용을 〈보기〉에서 골라 바르게 묶은 것은?

> **보기**
>
> ㄱ. 문장 안에서 활용한다.
> ㄴ. 관형사와 부사가 해당된다.
> ㄷ. 문장에서 서술어로 사용된다.
> ㄹ. 느낌, 부름, 대답 등을 나타낸다.

① ㄱ, ㄴ   ② ㄱ, ㄷ
③ ㄷ, ㄹ   ④ ㄴ, ㄹ

22 형태소에 대한 설명으로 가장 적절한 것은?

① 뜻을 가진 가장 작은 말의 단위
② 자립하여 쓰일 수 있는 말의 단위
③ 글을 쓸 때 띄어쓰기를 하는 기본 단위
④ 하나의 독립된 생각을 나타내는 말의 단위

[23~24] 다음 문장을 읽고 물음에 답하시오.

> 하늘이 매우 푸르다.

23 위 문장을 형태소 단위로 바르게 분석한 것은?

① 하늘이 / 매우 / 푸르다.
② 하늘 / 이 / 매우 / 푸르다.
③ 하늘이 / 매우/ 푸- / -르다.
④ 하늘 / 이 / 매우 / 푸르- / -다.

24 위 문장의 형태소 중 실질 형태소의 개수는?

① 1개   ② 2개
③ 3개   ④ 4개

25 다음 문장을 바르게 분석한 것은?

> 이 책상은 매우 낡았다.

① '은'과 '다'는 조사에 해당한다.
② 이 문장을 이루는 단어의 개수는 6개이다.
③ '매우'는 하나의 형태소로 이루어진 단일어이다.
④ '이'와 '았'은 홀로 쓰일 수 없는 형태소이다.

26 다음 말들에 대한 설명으로 가장 적절한 것은?

> 빵, 라디오, 스포츠, 뮤직, 디저트

① 다른 나라에서 들어온 말이다.
② 일정 기간 동안 쓰이다가 사라진다.
③ 전문가들 사이에서만 쓰이는 말이다.
④ 지나치게 사용하면 다른 사람들에게 소외감과 고립감을 준다.

주목

27 다음 설명과 밀접한 관련이 있는 어휘는?

> 병원에서 의사의 처방을 받아 본 사람이라면 처방전에 적힌 알 수 없는 말들을 본 적이 있을 것이다. 이처럼 전문 분야에서 지식이나 개념을 나타내기 위해 사용하는 말이다.

① 은어
② 전문어
③ 고유어
④ 유행어

28 ㉠~㉣ 중 나머지와 의미상 관련이 없는 하나는?

> 서인이는 ㉠발이 크고 덩치도 크다. 서인이는 성격도 화끈하고. ㉡발도 넓고 아는 사람도 많다. 또한 어려운 이웃을 만나면 ㉢발을 벗고 나선다. 서인이네 집에는 이 동네에서 보기 드문 ㉣발이 드리워져 있는데 대나무로 만들어진 것이다.

① ㉠   ② ㉡
③ ㉢   ④ ㉣

29 두 단어가 상하 관계를 맺고 있는 것은?

① 가끔 – 종종
② 출석 – 결석
③ 꽃 – 무궁화
④ 팔다 – 사다

30 단어들의 관계가 나머지와 <u>다른</u> 하나는?

① 주다 – 건네다
② 항상 – 언제나
③ 기쁘다 – 슬프다
④ 가난하다 – 궁핍하다

32 다음 단어들을 포함하는 상의어로 가장 적절한 것은?

진달래 개나리 장미 라일락

① 봄
② 꽃
③ 나무
④ 동물

주목
31 〈보기〉는 단어의 의미 관계에 대한 설명이다. 이에 해당하는 관계를 고른 것은?

> **보기**
> • 단어 간의 의미가 서로 대립한다.
> • 공통 요소를 바탕으로 대립 관계를 이룬다.

① 오다 – 가다
② 뛰다 – 달리다
③ 비슷하다 – 유사하다
④ 노랗다 – 노르스름하다

33 유행어의 특징으로 가장 적절한 것은?

① 암호의 성격이 강하다.
② 한자어나 외래어가 많다.
③ 특정 전문 분야에서 쓰는 말이다.
④ 사회적 상황이나 분위기를 반영한다.

04 문장

1 문장 성분

(1) 개념

① 문장을 구성하면서 문장 안에서 일정한 문법적 기능을 하는 각 부분

② 문장 성분 분석

문장	하늘이 푸르다.		
단어	하늘	이	푸르다
문장 성분	주어		서술어

➕ 문장 성분 분석 순서
1. 서술어를 찾는다.
2. 주어를 찾는다.
3. 나머지 성분을 찾는다.

(2) 종류

① 주성분
- 문장을 이루는 데 골격이 되는 문장 성분
- 주어, 서술어, 목적어, 보어

② 부속 성분
- 주로 주성분을 수식하는 문장 성분
- 관형어, 부사어

③ 독립 성분
- 문장의 다른 어느 성분과도 직접적인 관련이 없는 문장 성분
- 독립어

⭐ (3) 특성

주성분	주어	• '누가, 무엇이'에 해당하는 것으로, 문장에서 동작, 상태, 성질의 주체 • 주격 조사 '이/가, 께서'가 붙어 만들어짐 예 영수가 밥을 먹었다.
	서술어	• '어찌하다, 어떠하다, 무엇이다'에 해당하는 것 • 주어의 동작이나 상태, 성질을 풀이하는 기능을 함 • 동사, 형용사를 활용하거나 '체언+이다(서술격 조사)'의 형태로 나타남 예 채은이는 동생이 생긴 것을 알았다.
	목적어	• '누구를, 무엇을'에 해당하는 것으로, 서술어의 동작 대상 • '체언+을/를(목적격 조사)'의 형태로 나타남 예 나는 당근을 좋아한다.
	보어	• 주어와 목적어 외에 서술어가 요구하는 필수적인 성분 • 서술어 '되다, 아니다' 앞에 위치하여 뜻을 보충함 • 보격 조사 '이/가'가 붙어 만들어짐 예 쌀이 밥이 되었다.

부속 성분	관형어	• 체언을 꾸며 주는 성분 • 관형사, '체언+의(관형격 조사)' 등의 형태로 나타남 예 그곳은 평화로운 마을이었다.
	부사어	• 주로 서술어를 꾸며 주는 성분 • 다른 부사어·관형어·문장 전체를 꾸미거나, 문장이나 단어를 이어 줌 • 부사, '체언+에게/에/(으)로(부사격 조사)' 등의 형태로 나타남 예 매우 맛있는 식사를 하였다.
독립 성분	독립어	• 문장의 다른 성분과 직접적인 관련 없이 독립적 의미를 지닌 성분 • 부름, 감탄, 놀람, 응답 등에 해당함 • 감탄사, '체언+아/야(호격 조사)'의 형태로 나타남 예 어머나, 라디오가 고장 났네!

✚ **관형어와 부사어의 구분**
관형어는 체언을 꾸며 주고, 부사어는 주로 체언을 뺀 나머지를 꾸며 준다.

(4) 서술어의 자릿수: 특정 서술어가 온전한 문장을 구성하기 위해 필요로 하는 문장 성분의 개수

한 자리 서술어	주어만을 필수적으로 요구하는 서술어 예 예쁘다, 높다, 내리다
두 자리 서술어	주어 이외에 목적어, 보어, 부사어 중 하나를 필수적으로 요구하는 서술어 예 먹다, 되다, 입다
세 자리 서술어	주어 이외에 목적어와 부사어를 필수적으로 요구하는 서술어 예 주다, 보내다, 삼다

콕콕 개념 확인하기

1. 문장 성분은 크게 주성분, 부속 성분, 독립 성분으로 나뉜다. (O, X)
2. 주성분에는 주어, 서술어, 목적어, 관형어가 있다. (O, X)
3. 부속 성분에는 관형어와 부사어가 있다. (O, X)
4. _____는 주어의 동작, 상태, 성질 등을 풀이하는 기능을 하는 문장 성분이다.
5. '누구를', '무엇을'에 해당하는 말로, 풀이하는 말이 표현하는 동작의 대상이 되는 문장 성분은 _____이다.
6. 서술어 '되다', '아니다' 앞에 쓰이는 문장 성분은 _____이다.
7. 체언을 꾸며 주는 문장 성분은 _____이다.

답   1. O   2. X   3. O   4. 서술어   5. 목적어   6. 보어   7. 관형어

2 문장의 짜임

(1) 홑문장: 주어와 서술어의 관계가 한 번 나타나는 문장

  예 우리는 시험에 합격했다.

(2) 겹문장: 주어와 서술어의 관계가 두 번 이상 나타나는 문장

① 이어진문장

• 개념: 홑문장과 홑문장이 연결 어미에 의해 대등적 또는 종속적으로 결합된 문장

> 주어 + 서술어 + 연결 어미 + 주어 + 서술어

• 종류 ▌연결 어미에 따라 '대등'과 '종속'으로 구분할 수 있어요!

대등하게 이어진문장	• 이어진 홑문장들의 의미 관계가 대등한 문장 • 나열, 대조, 선택 등의 의미 관계를 지님 • 앞의 문장과 뒤의 문장의 순서를 바꾸어도 대체로 의미가 달라지지 않음 • '−고, −며'(나열), '−(으)나, −지만'(대조), '−든지'(선택) 예 인생은 짧고, 예술은 길다.
종속적으로 이어진문장	• 이어진 홑문장들의 의미 관계가 독립적이지 못하고 종속적인 문장 • 원인, 조건, 목적, 의도 등의 의미 관계를 지님 • 앞의 문장과 뒤의 문장의 순서를 바꾸면 의미가 달라짐 • '−(으)면'(조건), '−(으)러'(목적), '−(으)려고'(의도), '−(으)니'(원인·이유), '−더라도'(가정·양보) 예 비가 와서 길이 미끄럽다.

쏙쏙 이해 더하기 **대등적으로 이어진문장과 종속적으로 이어진문장 구분하기**

대등적으로 이어진문장은 앞 절과 뒤 절의 위치를 바꿔도 의미 변화가 없지만, 종속적으로 이어진문장은 그렇지 않다.

대등	산은 높고, 물은 맑다. = 물은 맑고, 산은 높다.
종속	비가 와서, 우리는 소풍을 연기했다. ≠ 우리는 소풍을 연기해서, 비가 왔다.

② 안은문장

• 개념: 다른 문장 속에 들어가 마치 하나의 문장 성분처럼 쓰이는 절을 안고 있는 문장으로, 안긴문장(=절)에는 명사절, 관형절, 부사절, 인용절, 서술절이 있음

> 주어 + 주어 + 서술어 + 서술어

• 종류 ▌안긴문장(절)의 서술어 끝을 보면 구분할 수 있어요!

명사절 (−(으)ㅁ, −기+조사)	• 절 전체가 명사처럼 쓰임 • 주로 '주어, 목적어, 보어, 부사어' 등의 기능을 함 예 나는 서영이가 우승하기를 바랐다.
관형절 (−(으)ㄴ, −는, −던, (으)ㄹ)	절 전체가 관형어의 기능을 함 예 유진이가 가장 좋아하는 동물은 강아지이다.

╋ 홑문장과 겹문장의 구별

① 서술어를 찾아본다. 기본형 '−다'로 만들 수 있는 단어에 밑줄을 긋는다.

② 밑줄이 하나일 경우 홑문장 혹은 서술절이다. '주어+주어+서술어'이면 서술절에 해당한다.

③ 밑줄이 두 개일 경우 먼저 나온 '서술어의 끝'을 살펴보고 구별한다.

부사절 (−게, −이, −도록, −듯(이))	절 전체가 부사어의 기능을 함 예 지수가 엄마의 허락도 없이 영화를 보러 갔다.
인용절 ("　"라고, −고)	다른 사람의 말을 인용한 것이 절의 형식으로 나타남 예 나는 놀라서 "무슨 일이야?"라고 물었다.
서술절 (주어+[주어+서술어])	절 전체가 서술어의 기능을 함 예 코끼리는 코가 길다.

＋ 전성 어미

용언의 서술 기능을 다른 기능으로 바꾸어 주는 어말 어미

명사형 어미	−(으)ㅁ, −기
관형사형 어미	−(으)ㄴ, −는, −던, −(으)ㄹ
부사형 어미	−게, −도록

쏙쏙 이해 더하기　　**홑문장과 겹문장을 사용할 때의 표현 효과**

홑문장을 주로 사용할 때	• 내용을 간결하고 명확하게 전달할 수 있음 • 사건이 빠르게 진행되는 느낌을 줄 수 있음
겹문장을 주로 사용할 때	• 내용을 집약적으로 전달할 수 있음 • 사건이나 사실의 논리적인 관계를 잘 드러낼 수 있음

콕콕 개념 확인하기

1. 주어와 서술어의 관계가 한 번만 나타나는 문장을 홑문장이라고 한다. (O, X)
2. '토끼는 귀가 길다.'라는 문장은 홑문장이다. (O, X)
3. _____은 문장에서 부사어의 기능을 하는 절로, 부사형 어미가 붙어 만들어진다.
4. 겹문장은 둘 이상의 홑문장이 결합되는 방식에 따라 _____문장과 _____문장으로 나뉜다.

답　1. O　2. X　3. 부사절　4. 이어진, 안은

탄탄 실력 다지기

01 밑줄 친 부분의 예로 적절하지 <u>않은</u> 것은? 2020년 1회

> 문장에서 주어와 서술어의 관계가 한 번만 나타나는 문장을 <u>홑문장</u>이라고 하며, 주어와 서술어의 관계가 두 번 이상 나타나는 문장을 겹문장이라고 한다.

① 새 옷이 무척 예쁘다.
② 비가 주룩주룩 내린다.
③ 동생이 노래를 부른다.
④ 사과는 빨갛고, 귤은 노랗다.

02 밑줄 친 부분의 예로 가장 적절한 것은? 2019년 1회

> 둘 이상의 홑문장이 연결 어미로 이어진 겹문장을 <u>이어진문장</u>이라고 한다.

① 동생이 그림책을 본다.
② 비가 소리 없이 내린다.
③ 바람에 꽃잎이 떨어진다.
④ 산은 푸르고 하늘은 높다.

03 밑줄 친 부분의 예로 가장 적절한 것은? 2018년 2회

> <u>안은문장</u>은 홑문장을 하나의 문장 성분으로 포함하는 전체 문장을 말한다.

① 우리는 집에 도착했다.
② 오빠는 운동을 아주 잘한다.
③ 나는 친구가 오기를 기다렸다.
④ 그는 밥을 먹고, 그녀는 빵을 먹는다.

04 다음 설명을 참고할 때, 밑줄 친 부분 중 주성분이 아닌 것은? 2018년 1회

> 문장을 이루는 데 꼭 필요한 주어, 서술어, 목적어, 보어를 주성분이라고 한다.

① 강아지는 집에서 <u>논다</u>.
② 우리는 <u>점심</u>을 먹는다.
③ 친구가 <u>소방관</u>이 되었다.
④ 착한 <u>사람</u>이 복을 받는다.

05 다음 설명에 해당하는 문장은? 2017년 2회

> 주어와 서술어의 관계가 한 번만 나타나는 문장

① 비가 오고 바람이 분다.
② 우리는 비가 오기를 빌었다.
③ 나는 닭백숙을 매우 좋아한다.
④ 눈이 내려서 도로가 미끄럽다.

06 밑줄 친 부분의 공통된 문장 성분으로 알맞은 것은? 2017년 1회

> • <u>승호</u>가 책을 샀다.
> • <u>토끼</u>는 거북이보다 빠르다.

① 주어
② 보어
③ 목적어
④ 서술어

07 〈보기〉의 밑줄 친 부분과 문장 성분이 같은 것은?

2016년 2회

> **보기**
>
> 언니가 꽃다발을 샀다.

① 동생이 식혜를 마신다.
② 소년은 어른이 되었다.
③ 우리는 식당으로 갔다.
④ 천둥 치는 소리가 들린다.

08 주어와 서술어의 관계가 두 번 이상 나타나는 문장은?

2015년 2회

① 꽃이 매우 예쁘다.
② 나는 중학생이 되었다.
③ 여름은 덥고 겨울은 춥다.
④ 학생들은 선생님을 좋아한다.

09 밑줄 친 부분과 문장 성분이 같은 것은? 2015년 1회

> 누나가 노래를 부른다.

① 영희의 눈이 정말 예쁘다.
② 나는 친구에게 꽃을 보냈다.
③ 거북이는 토끼보다 훨씬 느리다.
④ 철수가 드디어 고등학생이 되었다.

10 문장 성분에 대한 설명으로 적절하지 않은 것은?

① 관형어는 체언이나 문장 전체를 꾸며 준다.
② 독립어가 없어도 완결된 문장을 만들 수 있다.
③ 부사어는 주로 용언이나 다른 부사어를 꾸며 준다.
④ 보어는 '되다'와 '아니다' 앞에 필수적으로 요구되는 문장 성분이다.

11 다음 문장에서 부속 성분의 개수는?

> 귀여운 은솔이는 달콤한 음료수를 무척 좋아한다.

① 1개
② 2개
③ 3개
④ 4개

주목

12 의미의 중복이 없는 문장은?

① 그는 넥타이를 매고 있었다.
② 형은 나보다 영화를 더 좋아한다.
③ 친구들이 운동장에 다 오지는 않았다.
④ 그녀는 예의 바른 동생의 친구를 보았다.

13 어법에 맞고 자연스러운 문장은?

① 그는 학생으로서 할 일을 하였다.
② 말과 행동은 결코 일치해야 한다.
③ 나는 시간이 나면 운동과 책을 읽는다.
④ 내가 감기에 걸린 이유는 비를 맞았다.

주목

14 다음 문장과 동일한 오류가 드러난 것은?

> 그녀는 노래와 춤을 추었다.

① 그녀는 별로 아름답다.
② 선생님께서 너 오시라고 했어.
③ 내가 하고 싶은 말은 너를 사랑한다.
④ 나는 주말에 음악과 영화를 보았다.

15 밑줄 친 말 중 문장 성분이 다른 하나는?

① 하늘이 매우 파랗다.
② 올림픽은 꿈의 무대이다.
③ 지혜는 작가가 되었다.
④ 벚꽃이 아름답게 피었다.

16 다음과 같은 문장 구조를 가진 것은?

> 나는 멋진 선생님이 되겠다.

① 동규는 혼자 영화를 보았다.
② 멋진 원기는 꽃을 샀다.
③ 합격은 헛된 꿈이 아니다.
④ 기차가 매우 빠르게 달린다.

17 다음 문장에서 찾아볼 수 없는 문장 성분은?

> 어머나, 한빛이가 벌써 동화책을 읽는구나!

① 주어
② 독립어
③ 부사어
④ 관형어

18 〈보기〉의 괄호 안에 공통으로 들어갈 수 있는 문장 성분은?

보기
- 동식이는 (   ) 되었다.
- 이제 나는 더 이상 (   ) 아니다.
- 새미는 (   ) 되어 캐나다에 있대.

① 보어
② 관형어
③ 부사어
④ 목적어

19 〈보기〉에서 말하는 문장 성분이 쓰이지 않은 문장은?

보기
독립어는 다른 문장 성분과는 직접적인 관련 없이 독립적으로 쓰이는 문장 성분으로 '감탄, 부름, 응답' 등을 나타내는 문장 성분이다.

① 아차, 큰일 났네.
② 아, 벌써 가을이구나.
③ 영서야, 주말에 등산 갈래?
④ 이렇게 아름다운 세상이 있다니!

20 다음 중 홑문장에 해당하는 것은?

① 봄이 오니 날씨가 따뜻해졌다.
② 그가 소리도 없이 내게 다가왔다.
③ 네가 합격했다는 소문이 사실이었구나.
④ 예빈이는 서점에서 책을 샀다.

주목

23 다음 중 이어진문장의 종류가 <u>다른</u> 하나는?

① 산은 남쪽에 있고, 바다는 북쪽에 있다.
② 우리는 시골에 가려고 기차를 탔다.
③ 이 강아지는 매우 귀엽고 사랑스럽다.
④ 낮말은 새가 듣고, 밤말은 쥐가 듣는다.

21 다음 중 이어진문장에 해당하지 <u>않는</u> 것은?

① 인생은 짧고 예술은 길다.
② 가을이 되면 나뭇잎이 떨어진다.
③ 햇볕은 따뜻하고 바람은 싱그럽다.
④ 그는 우리가 돌아온 사실을 모른다.

24 다음 문장의 밑줄 친 부분에 대한 설명으로 알맞은 것은?

> 나는 진심으로 <u>농사가 잘되기</u>를 빌었다.

① '관형절'을 안고 있는 안은문장이다.
② 앞의 절에 종속적으로 이어진문장이다.
③ 안긴문장을 포함하고 있는 안은문장이다.
④ 안은문장 안에 포함되어 있는 안긴문장으로 '명사절'이다.

22 〈보기〉에 대한 설명으로 적절하지 <u>않은</u> 것은?

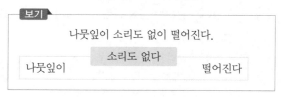

보기

나뭇잎이 소리도 없이 떨어진다.
소리도 없다
나뭇잎이 ─────── 떨어진다

① 안은문장의 예이다.
② '나뭇잎이 떨어진다.'는 안은문장이다.
③ '소리도 없다.'가 하나의 문장 성분처럼 들어가 있다.
④ '소리도 없다.'는 문장 속에서 서술절의 역할을 하고 있다.

25 다음 설명에 해당하는 문장은?

> 안은문장은 다른 홑문장을 하나의 문장 성분으로 안고 있는 문장이다. 이 가운데 '인용절'은 다른 사람의 말을 인용한 절을 의미한다.

① 친구가 도서관에 가자고 말했다.
② 그가 정당했음이 밝혀졌다.
③ 내가 읽던 책이 찢어졌다.
④ 나는 땀이 나도록 뛰었다.

05 Ⅳ 문법
올바른 발음과 표기

1 올바른 발음

(1) 표준 발음법: 표준어를 발음할 때 기준이 되는 발음상의 규칙과 규범

> [표준 발음법 제1항] 표준 발음법은 표준어의 실제 발음을 따르되, 국어의 전통성과 합리성을 고려하여 정함을 원칙으로 한다.

전통성	우리말은 역사적으로 보면 '말[馬][말]', '말[言][말:]'처럼 소리의 길이를 구별해 온 전통을 가지고 있다. 그래서 표준 발음법에 소리의 길이에 대한 규정을 포함하였는데, 이것이 바로 전통성을 고려한 것이다.
합리성	국어의 규칙이나 법칙에 따라 표준 발음을 정한다는 뜻이다.

(2) 주요 규정

  ① 모음의 발음

제4항	'ㅏ, ㅐ, ㅓ, ㅔ, ㅗ, ㅚ, ㅜ, ㅟ, ㅡ, ㅣ'는 단모음으로 발음한다. [붙임] 'ㅚ, ㅟ'는 이중 모음으로 발음할 수 있다. 예 금괴[금괴/금궤], 외가[외:가/웨:가]

  ② 이중 모음 'ㅢ'의 발음

제5항	'ㅑ, ㅒ, ㅕ, ㅖ, ㅘ, ㅙ, ㅛ, ㅝ, ㅞ, ㅠ, ㅢ'는 이중 모음으로 발음한다. 예 의사[의사], 의자[의자] [다만 1] 용언의 활용형에 나타나는 '져, 쪄, 쳐'는 [저, 쩌, 처]로 발음한다. 예 가지어 → 가져[가저], 다치어 → 다쳐[다처] [다만 2] '예, 례' 이외의 'ㅖ'는 [ㅔ]로도 발음한다. 예 시계[시계/시게], 혜택[혜:택/헤:택] [다만 3] 자음을 첫소리로 가지고 있는 음절의 'ㅢ'는 [ㅣ]로 발음한다. 예 희망[히망], 무늬[무니] [다만 4] 단어의 첫음절 이외의 '의'는 [ㅣ]로, 조사 '의'는 [ㅔ]로 발음함도 허용한다. 예 주의[주의/주이]

  ③ 받침의 발음(음절의 끝소리 규칙)

제8항	받침소리로는 'ㄱ, ㄴ, ㄷ, ㄹ, ㅁ, ㅂ, ㅇ'의 7개 자음만 발음한다.
제9항	받침 'ㄲ, ㅋ', 'ㅅ, ㅆ, ㅈ, ㅊ, ㅌ', 'ㅍ'은 어말 또는 자음 앞에서 각각 대표음 [ㄱ, ㄷ, ㅂ]으로 발음한다. 예 밖[박], 밭[받], 있다[읻따], 쫓다[쫃따], 잎[입]

꼼꼼 단어 돋보기

● 규범
인간이 행동하거나 판단할 때에 마땅히 따르고 지켜야 할 가치 판단의 기준

④ 겹받침의 발음

제10항	겹받침 'ㄳ', 'ㄵ', 'ㄼ, ㄽ, ㄾ', 'ㅄ'은 어말 또는 자음 앞에서 각각 [ㄱ, ㄴ, ㄹ, ㅂ]으로 발음한다. 예 넋[넉], 앉다[안따], 여덟[여덜], 없다[업ː따] [다만] '밟-'은 자음 앞에서 [밥]으로 발음하고, '넓-'은 다음과 같은 경우에 [넙]으로 발음한다. 예 밟다[밥ː따], 넓죽하다[넙쭈카다], 넓둥글다[넙뚱글다]
제11항	겹받침 'ㄺ, ㄻ, ㄿ'은 어말 또는 자음 앞에서 각각 [ㄱ, ㅁ, ㅂ]으로 발음한다. 예 닭[닥], 맑다[막따], 삶[삼ː], 읊고[읍꼬] [다만] 용언의 어간 말음 'ㄺ'은 'ㄱ' 앞에서 [ㄹ]로 발음한다. 예 맑고[말꼬], 읽고[일꼬]

⑤ 받침 'ㅎ'의 발음

제12항	받침 'ㅎ'의 발음은 다음과 같다. 1. 'ㅎ(ㄶ, ㅀ)' 뒤에 'ㄱ, ㄷ, ㅈ'이 결합되는 경우에는, 뒤 음절 첫소리와 합쳐서 [ㅋ, ㅌ, ㅊ]으로 발음한다. 예 놓고[노코], 않던[안턴] 2. 'ㅎ(ㄶ, ㅀ)' 뒤에 'ㅅ'이 결합되는 경우에는, 'ㅅ'을 [ㅆ]으로 발음한다. 예 닿소[다ː쏘], 많소[만ː쏘] 3. 'ㅎ' 뒤에 'ㄴ'이 결합되는 경우에는, [ㄴ]으로 발음한다. 예 놓는[논는], 쌓네[싼네] 4. 'ㅎ(ㄶ, ㅀ)' 뒤에 모음으로 시작된 어미나 접미사가 결합되는 경우에는, 'ㅎ'을 발음하지 않는다. 예 낳은[나은], 싫어도[시러도]

⑥ 연음 현상(연달아 발음되는 현상)

제13항	홑받침이나 쌍받침이 모음으로 시작된 조사나 어미, 접미사와 결합되는 경우에는, 제 음가대로 뒤 음절 첫소리로 옮겨 발음한다. 예 잎이[이피], 밭에[바테], 꽃을[꼬츨], 낮이[나지]
제14항	겹받침이 모음으로 시작된 조사나 어미, 접미사와 결합되는 경우에는, 뒤엣 것만을 뒤 음절 첫소리로 옮겨 발음한다(이 경우, 'ㅅ'은 된소리로 발음함). 예 닭을[달글], 흙이[흘기], 값을[갑쓸], 넋이[넉씨]
제15항	받침 뒤에 모음 'ㅏ, ㅓ, ㅗ, ㅜ, ㅟ'들로 시작되는 실질 형태소가 연결되는 경우에는, 대표음으로 바꾸어서 뒤 음절 첫소리로 옮겨 발음한다. 예 겉옷[거돋], 헛웃음[허두슴], 잎 아래[이바래] [다만] '맛있다, 멋있다'는 [마싣따], [머싣따]로도 발음할 수 있다.

＋ 형태소의 의미와 종류

- 형태소: 뜻을 가진 가장 작은 말의 단위
- 실질 형태소: 구체적인 대상이나 동작, 상태를 표시하는 실질적 의미를 지닌 형태소
- 형식 형태소: 실질 형태소에 붙어 주로 말과 말 사이의 관계, 즉 형태적·문법적 의미를 표시하는 형태소로 조사, 어미, 접사 등이 있음

예 학생/이/ 책/을/ 읽/었/다./
- 이, 을, -었-, -다: 형식 형태소
- 학생, 책, 읽-: 실질 형태소

콕콕 개념 확인하기

1. 표준 발음법은 우리말을 한글로 적을 때 지켜야 할 기준이다. (O, X)
2. 받침소리로는 7개의 자음만 발음한다. (O, X)
3. 표준 발음법은 국어의 전통성과 _____을 고려하여 정함을 원칙으로 한다.

답 1. X 2. O 3. 합리성

2 올바른 표기

(1) 한글 맞춤법: 우리말을 한글로 적을 때에 지켜야 할 기준

> [한글 맞춤법 제1항] 한글 맞춤법은 표준어를 소리대로 적되, 어법에 맞도록 함을 원칙으로 한다.

표준어를 소리대로 적음	어법에 맞도록 함
• 표준어를 발음하는 그대로 표기함 • 소리와 표기가 일치함 예 뻐꾸기, 구름, 하늘, 달리다	• 뜻을 파악하기 쉽도록 하기 위해 각 형태소의 본 모양을 밝혀 적음 • 소리와 표기가 일치하지 않음 예 놀이, 얼음

(2) 주요 표현

① 되다 – 돼다   '되어서'와 '돼서'는 동일한 의미로, 둘 다 맞아요!

- 되: '되어'로 풀 수 없는 말

  예 나는 자라서 선생님이 되고 싶어. (되-+-고 = 되고)

- 돼: '되어'로 풀 수 있는 말

  예 • 밥이 맛있게 되어서 좋아. = 밥이 맛있게 돼서 좋아.(되-+-어서 = 되어서 = 돼서)

    • 어느새 아침이 되었다. = 어느새 아침이 됐다.(되-+-었다 = 되었다 = 됐다)

쏙쏙 이해 더하기 | 한글 맞춤법 제35항

제35항	모음 'ㅗ, ㅜ'로 끝난 어간에 '-아/-어, -았-/-었-'이 어울려 'ㅘ/ㅝ, ㅙ/ㅞ'으로 될 적에는 준 대로 적는다. 예 두어 – 둬, 보아 – 봐, 꼬았다 – 꽜다, 주었다 – 줬다
붙임 2	'ㅚ' 뒤에 '-어, -었-'이 어울려 'ㅙ/ㅙ'으로 될 적에도 준 대로 적는다. 예 되어 – 돼, 쐬어 – 쐐, 뵈었다 – 뵀다

② 낫다 – 낳다

- 낫다[낟ː따]: 병이나 상처 등이 고쳐져 본래대로 되다.

  예 감기가 어서 낫기를 바란다.

- 낳다[나ː타]: 배 속의 아이, 새끼, 알을 몸 밖으로 내놓다.

  예 우리 집 소가 송아지를 낳았다.

③ 부치다 – 붙이다

- 부치다[부치다]
  - 편지나 물건 따위를 일정한 수단이나 방법을 써서 상대에게로 보내다.

    예 짐을 외국으로 부치다.

  - 어떤 문제를 다른 곳이나 다른 기회로 넘기어 맡기다.

    예 안건을 회의에 부치다.

🔍 **꼼꼼 단어 돋보기**

● **기준**

기본이 되는 표준

－ 프라이팬 따위에 기름을 바르고 음식을 익혀서 만들다.

　　（예）달걀을 부치다.

　• 붙이다[부치다]: 맞닿아 떨어지지 않게 하다.

　　（예）편지 봉투에 우표를 붙이다.

④ 마치다 – 맞히다

　• 마치다[마치다]: 어떤 일이나 과정, 절차 따위가 끝나다.

　　（예）우리 수업 마치고 간식 먹자.

　• 맞히다[마치다]: 문제에 대해 답을 틀리지 않게 하다.

　　（예）수수께끼의 정답을 맞혔다.

⑤ 반드시 – 반듯이

　• 반드시[반드시]: 틀림없이 꼭

　　（예）약속을 반드시 지켜라.

　• 반듯이[반드시]: 비뚤어지거나 기울거나 굽지 아니하고 바르게

　　（예）고개를 반듯이 들어라.

⑥ 안 – 않

　• 안: '아니'를 줄여서 쓴 말

　　（예）아침을 안 먹었다. (아니 → 안)

　• 않: '아니하-'를 줄여서 쓴 말

　　（예）책을 읽지 않았다. (아니하 → 않-)

⑦ 로서 – 로써

　• 로서: 지위나 신분 또는 자격을 나타내는 조사

　　（예）그것은 친구로서 할 일이 아니다.

　• 로써: 어떤 일의 수단이나 도구를 나타내는 조사

　　（예）말로써 천 냥 빚을 갚는다고 한다.

⑧ 너머 – 넘어

　• 너머[너머]: 높이나 경계로 가로막은 사물의 저쪽

　　（예）산 너머 강이 있다.

　• 넘어[너머]: 높은 부분의 위를 지나가

　　（예）도둑은 창문을 넘어 들어온 것이 틀림없다.

⑨ 이따가 – 있다가

　• 이따가[이따가]: 조금 지난 뒤에

　　（예）이따가 단둘이 있을 때 이야기하자.

　• 있다가[읻따가]: '있다'의 활용형. 어느 곳에 잠시 머무르거나 어떤 상태를 그대로 유지하다가

　　（예）집에 있다가 밖으로 나왔다.

🔍 꼼꼼 단어 돋보기

● 맞닿다
마주 닿다.

● 절차
일을 치르는데 거쳐야 하는 순서나 방법

⑩ 틀리기 쉬운 맞춤법

틀린 표현	고쳐보기	올바른 표현
바램		바람
웬지		왠지
왠일		웬일
왠만하면		웬만하면
금새		금세
마춤		맞춤
만듬		만듦
몇일		며칠
(눈에) 띠다		띄다
(문을) 잠궈 (김치를) 담궈		잠가 담가
설겆이		설거지
곰곰히		곰곰이
깨끗히		깨끗이
일찌기		일찍이
오뚜기		오뚝이
육계장		육개장
떡볶기		떡볶이
깍뚜기		깍두기
김치찌게		김치찌개
어의없다		어이없다

콕콕 개념 확인하기

1. 한글 맞춤법은 표준어를 소리대로 적되, 어법에 맞도록 함을 원칙으로 한다. (O, X)
2. 나는 학교를 (마치고 / 맞히고) 집으로 곧장 달려갔다.
3. (이따가 / 있다가) 친구와 함께 놀러 가기로 했어.

답 1. O 2. 마치고 3. 이따가

꼼꼼 단어 돋보기

● 금세
지금 바로

3 남북한의 언어

(1) 남한의 표준어와 북한의 문화어

남한의 표준어	• 교양 있는 사람들이 두루 쓰는 현대 서울말 • 한자어와 외래어의 사용이 많아 고유어가 위축되고 있음
북한의 문화어	• 평양말을 기준으로 하여 고유한 민족어를 바탕으로 이루어지고 발전한 언어 • 평양말을 중심으로 하여 노동자 계층에서 쓰는 말 • 한자어와 외래어를 고유어로 바꿔 사용하여 이해하기 쉽고 고유어를 보존하 는 데 이바지하나, 국제적 의사소통이 어렵다는 단점이 있음

(2) 표준어와 문화어의 차이

표준어	문화어
두음 법칙을 인정함 예 노동, 양심	두음 법칙을 인정하지 않음 예 로동, 량심
사잇소리를 표기함 예 촛불, 바닷가	사잇소리를 표기하지 않음 예 초불, 바다가
자음 동화를 인정함 예 심리[심니]	자음 동화를 인정하지 않음 예 심리[심리]
의존 명사를 띄어 씀 예 걷는 분, 좋은 것	의존 명사를 붙여 쓰는 경우가 많음 예 걷는분, 좋은것
본용언과 보조 용언을 띄어 씀 예 모르고 있다.	본용언에 보조 용언을 붙여 쓰는 경우가 많 음 예 모르고있다.
고유 명사와 호칭을 띄어 씀 예 김좌진 장군	고유 명사와 호칭을 붙여 씀 예 김좌진장군
외래어를 그대로 사용하는 경우가 많음 예 골키퍼, 잼, 출입문	대체로 외래어를 우리말로 바꾸어 사용함 예 문지기, 단졸임, 나들문
부드럽게 말하는 경향이 있음	단어나 어절을 끊어서 명확하게 말하는 경 향이 있음

(3) 남북한 언어 차이의 극복 방안

① 동일한 언어를 사용하고 표기를 통일하여 의사소통에 불편함이 없도록 함
② 북한과 교류를 확대하여 이질감을 해소하고 민족 공동체가 되도록 함

콕콕 개념 확인하기

1. 교양 있는 사람들이 두루 쓰는 현대 서울말을 표준어라 한다. (O, X)
2. 남한의 공용어는 표준어이고, 북한의 공용어는 _____이다.

답 1. O 2. 문화어

탄탄 실력 다지기

01 다음 중 밑줄 친 부분이 올바르게 쓰인 것은?

2021년 1회

① 그 일은 내가 먼저 <u>할께</u>.
② 이 <u>설겆이</u>는 누가 할래?
③ 감기가 어서 <u>낳기</u>를 바라.
④ 좋아하는 사진을 벽에 <u>붙이자</u>.

02 다음 규정을 적용할 수 있는 단어는?

2021년 1회

> **[표준 발음법]**
> 제12항 받침 'ㅎ'의 발음은 다음과 같다.
>   3. 'ㅎ' 뒤에 'ㄴ'이 결합되는 경우에는, [ㄴ]으로 발음한다.

① 놓는
② 입학
③ 각하
④ 쌓으니

03 다음 설명을 참고할 때 음절의 끝소리가 <u>다른</u> 단어는?

2018년 2회

> 우리말에서는 'ㄱ, ㄴ, ㄷ, ㄹ, ㅁ, ㅂ, ㅇ'의 7개 자음만 음절의 끝소리로 발음된다. 그 이외의 받침은 7개의 자음 중 하나로 바뀌어 발음되는데, 이를 '음절의 끝소리 규칙'이라고 한다.

① 낮
② 빛
③ 숲
④ 옷

04 다음 규정을 참고할 때, 제시된 단어의 발음이 올바르지 <u>않은</u> 것은?

> **[표준 발음법]**
> 제8항 받침소리로는 'ㄱ, ㄴ, ㄷ, ㄹ, ㅁ, ㅂ, ㅇ'의 7개 자음만 발음한다.
> 제9항 받침 'ㄲ, ㅋ', 'ㅅ, ㅆ, ㅈ, ㅊ, ㅌ', 'ㅍ'은 어말 또는 자음 앞에서 각각 대표음 [ㄱ, ㄷ, ㅂ]으로 발음한다.

① 옷[온]
② 솥[솓]
③ 키읔[키윽]
④ 닭다[닥따]

05 다음 중 단어의 받침에서 발음이 되는 대표음이 <u>잘못</u> 연결된 것은?

	자음	받침에서 발음되는 대표음
①	ㄱ, ㅋ, ㄲ	ㄱ
②	ㄷ, ㅌ	ㄷ
③	ㅂ, ㅍ	ㅂ
④	ㅅ, ㅆ, ㅈ, ㅊ	ㅅ

06 우리말 단어의 발음에 대한 설명으로 옳지 <u>않은</u> 것은?

① 받침 'ㅅ, ㅈ, ㅊ'은 모두 [ㄷ]으로 발음된다.
② 받침 'ㄴ, ㄹ, ㅁ, ㅇ'은 표기와 발음이 동일하다.
③ '히읗'의 받침과 '났다'의 받침의 발음은 동일하다.
④ 'ㄱ, ㄴ, ㄷ, ㄹ, ㅁ, ㅂ, ㅅ, ㅇ'의 8개 자음만 음절의 끝에서 발음될 수 있다.

07 단어의 표기와 발음이 바르게 연결된 것은?

① 꽃을–[꼬츨]
② 팥을–[파슬]
③ 옷 안–[오산]
④ 닭이–[다기]

08 이중 모음 'ㅢ'의 발음이 두 가지로 나는 단어가 <u>아닌</u> 것은?

① 희망
② 주의
③ 협의
④ 우리의

09 단어의 표준 발음으로 적절하지 <u>않은</u> 것은?

① 의문[의문]
② 흰색[힌색]
③ 주의[주이]
④ 띄엄띄엄[띠엄띠엄]

10 밑줄 친 'ㅢ'의 공통된 발음이 바르게 연결된 것은?

① [ㅢ]: <u>틔</u>우다, <u>흰</u>머리
② [ㅣ]: <u>의</u>자, 상<u>의</u>
③ [ㅢ]: <u>의</u>견, 나<u>의</u> 마음, 유<u>의</u>점
④ [ㅔ]: 국어<u>의</u> 핵심, <u>의</u>미

11 받침의 발음이 나머지와 <u>다른</u> 하나는?

① 낫다
② 짚다
③ 있다
④ 맡다

12 겹받침의 발음이 <u>잘못된</u> 것은?

① 닭[닥]
② 맑다[막따]
③ 앉다[안따]
④ 넓다[넙따]

13 단어의 끝소리의 발음이 나머지와 <u>다른</u> 하나는?

① 꽃
② 끝
③ 잎
④ 낮

14 다음 규정에 따라 올바르게 발음한 것은?

> 겹받침 'ㄳ', 'ㄵ', 'ㄼ, ㄽ, ㄾ', 'ㅄ'은 어말 또는 자음 앞에서 각각 [ㄱ, ㄴ, ㄹ, ㅂ]으로 발음한다.
> 다만, '밟–'은 자음 앞에서 [밥]으로 발음하고, '넓–' 은 파생어나 합성어의 경우에 [넙]으로 발음한다.

① 삯[삿]
② 외곬[외곤]
③ 훑다[홀따]
④ 넓적하다[널쩌카다]

15 ㉠~㉣의 발음으로 올바르지 <u>않은</u> 것은?

> 어느 일요일이었습니다. ㉠창밖을 내다보던 막내 돼지가 말했습니다.
> "날씨가 아주 좋아. 우리 소풍 가자."
> 아기 돼지 삼 형제는 옷을 예쁘게 차려입고 집을 나섰습니다. 들판에는 꽃이 활짝 피어 있었고, ㉡꽃 위에는 나비들이 날고 있었습니다.
> 도시락을 먹고 나서 삼 형제는 흙장난을 시작했습니다. ㉢흙은 부드러웠고 햇볕을 받아 따뜻했습니다. 첫째와 둘째는 흙을 파며 놀았고, 막내는 ㉣겉옷을 벗고 흙 위를 굴렀습니다.

① ㉠: [창바끌]
② ㉡: [꼬뒤]
③ ㉢: [흘근]
④ ㉣: [거토슬]

16 다음 규정에 따라 올바르게 발음한 것은?

> 받침 뒤에 모음 'ㅏ, ㅓ, ㅗ, ㅜ, ㅟ'들로 시작되는 실질 형태소가 연결되는 경우에는, 대표음으로 바꾸어서 뒤 음절 첫소리로 옮겨 발음한다.

① 늪 앞[느밥]
② 밭 아래[바타래]
③ 맛없다[마덥따]
④ 헛웃음[헛우슴]

17 다음 중 단어를 올바르게 발음한 것의 개수는?

> 꽃이[꼬치], 차례[차례], 잃고[일코], 발밑에서[발미테서], 다쳐[다처], 읊고[을꼬], 무늬[무늬], 꽃 위에[꼬뒤에], 값있다[갑씨따]

① 4개　　② 5개　　③ 6개　　④ 7개

18 밑줄 친 단어의 표기와 발음이 잘못 연결된 것은?

① 너희들의 몫을[목쓸] 나누어 주마.
② 너는 참 생각이 넓고[넙꼬] 깊구나.
③ 오늘따라 하늘이 맑고[말꼬] 푸르다.
④ 나는 마음을 솔직하게 털어놓는[터러논는] 편이다.

19 다음 밑줄 친 부분에 해당하는 단어는?

> 표준어를 소리대로 적되, <u>어법에 맞도록 함을 원칙</u>으로 한다.

① 오늘　　　　　② 하루
③ 발걸음　　　　④ 노래

20 표준어에 대한 설명으로 알맞지 않은 것은?

① 교양 있는 사람들이 사용하는 말이어야 한다.
② 우리나라 사람들이 공통적으로 사용하는 말이다.
③ 두루 쓰이는 말이어야 하며, 보편성을 띠어야 한다.
④ 국어 생활의 중심적인 역할을 하는 서울말로만 한정한다.

21 밑줄 친 부분의 표기가 올바른 것은?

① 배고파서 아기가 <u>욺</u>.
② 추운 날씨에 얼음이 <u>엄</u>.
③ 지금까지 큰 이상 <u>없슴</u>.
④ 철수와 영희가 함께 <u>만듬</u>.

22 다음 빈칸에 들어갈 말을 알맞게 묶은 것은?

> ㄱ. 우리 수업 [　　　] 간식 먹으러 갈래?
> ㄴ. 이번 축제에는 [　　　] 흥미로운 행사를 준비할 거야.
> ㄷ. 형은 콧노래를 흥얼거리며 달걀을 [　　　] 있었다.

	ㄱ	ㄴ	ㄷ
①	마치고	반듯이	붙이고
②	맞히고	반드시	부치고
③	마치고	반드시	부치고
④	맞히고	반듯이	붙이고

23 다음 밑줄 친 부분 중 바르게 쓰인 표현을 알맞게 묶은 것은?

> ㄱ. 밥이 맛있게 <u>되서</u> 좋아.
> ㄴ. 어느새 밤이 <u>돼</u> 어두워졌다.
> ㄷ. 나는 자라서 선생님이 <u>돼고</u> 싶어.
> ㄹ. 씨앗이 자라 꽃이 <u>되는</u> 과정이 흥미롭다.

① ㄱ, ㄴ　　　　　② ㄱ, ㄷ
③ ㄴ, ㄷ　　　　　④ ㄴ, ㄹ

24 다음 중 잘못된 표기를 찾아 바르게 고친 것은?

① 뒤를 돌아보아선 안 돼. → 뒤를 돌아보아선 안 되.
② 그 일마저 그만두면 어떡해? → 그 일마저 그만두면 어떻해?
③ 내일 아침부터는 일찍 일어나도록 할게. → 내일 아침부터는 일찍 일어나도록 할께.
④ 그 이야기를 듣자 웬지 불길한 예감이 들었다. → 그 이야기를 듣자 왠지 불길한 예감이 들었다.

25 다음 밑줄 친 단어 중 맞춤법에 맞게 표기된 것은?

① 오늘이 몇일이지?
② 선생님, 내일 뵈요.
③ 웬만하면 내가 할게.
④ 오늘은 웬지 쉬고 싶어.

26 밑줄 친 말의 표기가 바르지 않은 것은?

① 너무 늦게 들어오면 안 돼.
② 이 옷에 운동화는 안 어울려.
③ 영화가 아직도 끝나지 않았어.
④ 오늘 숙제 않 해 온 사람 누구야?

27 단어를 한글 표기 원칙에 따라 바르게 분류한 것은?

	표준어를 소리 나는 대로 적는 방법	단어의 원래의 형태를 밝혀 적는 방법
①	칠판	책꽂이
②	설거지	창문
③	연필깎이	가위
④	꽃이	꽃만

[28~29] 다음 문장을 읽고 물음에 답하시오.

- 학생이 공부하지 (㉠ 안/않)으면 (㉡ 안/않) (㉮ 되/돼)지.
- 사람으로서 그런 행동은 (㉢ 안/않) (㉯ 되/돼).

28 ㉠~㉢에 알맞은 말이 바르게 짝지어진 것은?

	㉠	㉡	㉢
①	않	안	안
②	안	않	않
③	않	않	안
④	안	안	않

29 ㉮와 ㉯에 알맞은 말이 바르게 짝지어진 것은?

① 되 – 되 ② 되 – 돼
③ 돼 – 돼 ④ 돼 – 되

30 밑줄 친 낱말이 바르게 사용된 문장은?

① 옷을 다린다.
② 고무줄을 더 늘린다.
③ 우산을 바치고 걸어간다.
④ 편지 봉투에 우표를 부치다.

31 다음 예를 통해 알 수 있는 남북한 언어의 차이를 설명한 것으로 알맞은 것은?

남한	북한
골키퍼	문지기

① 북한은 순우리말을 많이 사용한다.
② 북한은 두음 법칙을 인정하지 않는다.
③ 북한의 정치적 이념이 남한과 다르다.
④ 북한은 단어나 어절을 끊어서 명확하게 말하는 경향이 있다.

06 Ⅳ 문법
한글의 창제 원리와 가치

1 훈민정음의 의미와 창제 정신

(1) 훈민정음의 의미: 백성을 가르치는 바른 소리(1443년 창제, 1446년 반포)

(2) 훈민정음의 창제 정신

자주정신	우리나라 말이 중국과 달라 한자와는 서로 통하지 않는다고 생각함
애민 정신	백성이 말하고자 하는 바가 있어도 제 뜻을 펴지 못하는 사람이 많음을 가엾게 생각함
창조 정신	새로 스물여덟 글자를 독창적으로 만듦
실용 정신	모든 사람들이 글자를 쉽게 익혀서 날마다 쓰는 데 편하게 하고자 함

2 한글의 창제 원리

(1) 자음(초성)의 창제 원리

구분	상형(발음 기관 모양을 본떠 만듦)	기본자	가획자	이체자
어금닛소리 자 [아음(牙音)]	혀뿌리가 목구멍을 막는 모양	ㄱ	ㅋ	ㆁ
혓소리 자 [설음(舌音)]	혀끝이 윗잇몸에 붙는 모양	ㄴ	ㄷ, ㅌ	ㄹ
입술소리 자 [순음(脣音)]	입술의 모양	ㅁ	ㅂ, ㅍ	
잇소리 자 [치음(齒音)]	이의 모양	ㅅ	ㅈ, ㅊ	ㅿ
목구멍소리 자 [후음(喉音)]	목구멍의 모양	ㅇ	ㆆ, ㅎ	

+ 현재는 소멸한 글자

ㆆ	여린히읗
ㆁ	옛이응
ㅿ	반치음
·	아래아

> #### 쏙쏙 이해 더하기 ｜ 자음 운용 방법
>
> **병서와 연서:** 초성 17자에는 속하지 않으나 다양한 소리를 적기 위해 기존의 글자를 합하여 쓰는 방법
>
> | 병서(가로) | 각자 병서 | 같은 자음을 나란히 씀 | ㄲ, ㄸ, ㅃ, ㅆ, ㅉ |
> |---|---|---|---|
> | | 합용 병서 | 다른 자음을 나란히 씀 | ㅅㄱ, ㅅㄷ, ㅄ, ㅴ, ㅵ, ㅶ, ㅷ, ㅺ, ㅼ 등 |
> | 연서(세로) | | 세로로 나란히 씀 | ㅸ, ㆄ, ㅹ, ㅱ |

① 상형의 원리: 발음 기관의 모양을 본떠 기본자 'ㄱ, ㄴ, ㅁ, ㅅ, ㅇ'을 만듦
② 가획의 원리: 소리가 거세지면 기본자에 획을 더하여 'ㅋ, ㄷ, ㅌ, ㅂ, ㅍ, ㅈ, ㅊ, ㆆ, ㅎ'을 만듦
③ 이체자: 'ㆁ, ㄹ, ㅿ'은 기본자보다 소리가 세지지 않았기 때문에 가획의 원리에 포함하지 않고 따로 이체자라고 함

☆(2) 모음(중성)의 창제 원리

상형	기본자	초출자	재출자
천(天)	ㆍ		
지(地)	ㅡ	ㅗ, ㅏ, ㅜ, ㅓ	ㅛ, ㅑ, ㅠ, ㅕ
인(人)	ㅣ		

① 상형의 원리: '하늘, 땅, 사람'의 모양을 본떠 기본자 'ㆍ, ㅡ, ㅣ'를 만듦
② 합성의 원리: 기본자를 서로 합하여 초출자 'ㅗ, ㅏ, ㅜ, ㅓ'를 만들고, 초출자에 'ㆍ'를 한 번 더 결합하여 재출자 'ㅛ, ㅑ, ㅠ, ㅕ'를 만듦

✚ 합용의 원리
모음 11자(기본자, 초출자, 재출자)를 서로 합하여 더 많은 글자를 만들었다.

(3) 세종어제훈민정음 | 고등 과정에서 학습하게 되는 자료입니다. 훈민정음 창제와 관련하여 참고하세요.

世·솅宗종御·엉製·졩訓·훈民민正·졍音흠

나·랏 :말ㅆ·미 中듕國·귁·에 달·아 文문字·쫑·와·로 서르 ㅅ뭇·디 아·니홀·씨
(우리나라 말이 중국과 달라 한자와는 서로 통하지 아니하여서)

·이런 젼·ᄎ·로 어·린 百·빅姓·셩·이 니르·고·져 ·홇 ·배 이·셔·도
(이런 까닭으로 어리석은 백성이 말하고자 하는 바가 있어도)

ᄆᆞ·춤:내 제 ·ᄠᅳ·들 시·러 펴·디 :몯홇·노·미 하·니·라
(마침내 제 뜻을 펴지 못하는 사람이 많다.)

·내 ·이·를 爲·윙·ᄒᆞ·야 :어엿·비 너·겨 ·새·로 ·스·믈 여·듧 字·쫑·를 ᇰᆡᆼ·ᄀᆞ노·니
(내가 이것을 가엾게 생각하여 새로 스물여덟 글자를 만드니)

:사ᄅᆞᆷ:마·다 :히·ᅇᅧ :수·비 니·겨 ·날·로 ·ᄡᅮ·메 便뼌安한·킈 ᄒᆞ·고·져 홇 ᄯᆞᄅᆞᆷ·미니·라
(모든 사람들로 하여금 쉽게 익혀서 날마다 쓰는 데 편하게 하고자 할 따름이다.)

– 「월인석보」 –

✚ 한글 창제 이전의 문자
향찰은 한자의 소리와 뜻을 빌려 우리말의 문장 전체를 표기하는 방식으로, 한글 창제 이전에 사용되었다.

(4) 한글 창제의 의의
① 우리 민족이 우리의 말에 맞는 고유 문자를 가지게 됨
② 백성들도 쉽게 글을 읽고 쓸 수 있게 됨

3 한글의 우수성과 가치

(1) 한글의 우수성

독창성	다른 나라의 문자를 빌려 와서 쓰지 않고, 독창적인 원리로 새로 만들어 냄
과학성, 체계성	• 발음 기관의 모양을 상형하여 기본자를 만듦 • 획을 더해 소리 세기를 나타냄으로써 글자 모양에 소리의 자질을 반영함 • 체계적인 음성 분류에 따라 조직된 문자로, 같은 계열의 소리를 나타내는 문자끼리 모양이 비슷함
효율성	• 한글은 음소 문자이지만 음절 단위로 모아쓰기를 하므로 의미를 빠르고 정확하게 인식할 수 있어 정보 처리의 효율이 높음 • 글자만으로 문법 요소까지 쉽게 파악할 수 있음
경제성	몇 개의 기본 글자로 많은 소리를 표현할 수 있어 경제적임
학습 용이성	적은 수의 문자를 체계적으로 만들었기 때문에 배우기 쉬움

✚ 한글의 우수성

한글은 다양한 문자들 중 창제한 인물과 창제된 연도가 밝혀진 몇 안 되는 문자이다. 또한 다른 글자를 모방하지 않고 독창적이고 과학적으로 만들어진 글자라는 점에서도 한글의 우수성을 알 수 있다.

(2) 한글의 가치

① **문맹 퇴치에 기여**: 한글은 상대적으로 배우기 쉬운 문자여서 우리나라에 문맹이 거의 없음. 창제 당시에도 백성들이 쉽게 익혀서 문자 생활을 할 수 있도록 하였음

② **정보화 사회에 적합**: 한글은 컴퓨터나 휴대 전화에서 입력과 출력이 간편하여 정보의 처리 및 전달 속도가 빠름

③ **문화 발전에 이바지**: 한글은 문학 작품의 발전에 절대적인 역할을 하였으며, 우리의 역사와 문화가 담긴 소중한 문화유산임

콕콕 개념 확인하기

1. 훈민정음은 자음 17자, 모음 11자로 총 28자의 글자이다. (O, X)
2. 'ㄱ'에 획을 더하여 만든 'ㅋ'은 획이 더해지면서 소리가 더 약해진다. (O, X)
3. 'ㄴ'은 혀뿌리가 목구멍을 막는 모양을 본뜬 글자이다. (O, X)
4. 'ㆍ, ㅡ, ㅣ'는 다른 모음을 만드는 데 기본이 되는 글자로, 모음 기본자라고 한다. (O, X)
5. '훈민정음'이 만들어지기 전에는 한자가 사용되고 있었다. (O, X)
6. 훈민정음 창제 정신에는 '자주, _____, 창조, 실용'이 있다.
7. 자음과 모음의 기본자는 모두 _____의 원리를 통해 만들어졌다.

답 1. O   2. X   3. X   4. O   5. O   6. 애민   7. 상형

01 밑줄 친 부분에 해당하는 글자는?　　　　　2020년 1회

> 훈민정음 해례본에 따르면, 한글의 <u>모음 기본자</u>는 상형의 원리에 따라 하늘의 둥근 모양, 땅의 평평한 모양, 사람이 서 있는 모양을 본떠 만들었다.

① ·, ㅡ, ㅣ
② ·, ㅏ, ㅗ
③ ㅏ, ㅓ, ㅡ
④ ㅗ, ㅜ, ㅣ

02 한글이 만들어진 원리에 대한 설명으로 적절하지 <u>않은</u> 것은?

① 자음 기본자는 발음 기관의 모양을 본떠서 만들었다.
② 모음 기본자는 하늘, 땅, 사람의 모양을 본떠서 만들었다.
③ 모음자는 발음할 때 혀의 상태와 모양을 고려하여 만들었다.
④ 자음 가획자는 소리의 세기에 따라 기본 글자에 획을 추가하여 만들었다.

주목

03 자음 기본자에 대한 설명으로 적절하지 <u>않은</u> 것은?

	자음 기본자	글자를 만든 원리
①	ㄱ	혀뿌리가 목구멍을 막는 모양을 본뜸
②	ㄴ	혓바닥이 윗입술에 닿는 모양을 본뜸
③	ㅁ	입술 모양을 본뜸
④	ㅅ	이 모양을 본뜸

04 다음 글자들의 공통점으로 가장 알맞은 것은?

> ㅌ, ㅍ, ㅊ, ㅎ

① 한글의 자음 기본자이다.
② 상형의 원리에 의해 만들어졌다.
③ 자연의 모습을 본떠서 만든 글자이다.
④ 자음 기본자에 획을 두 번 더해서 만들어졌다.

05 다음 글자를 만든 원리로 알맞은 것은?

> ㄲ, ㄸ, ㅃ, ㅆ, ㅉ

① 자연의 모양을 본떠서 만들었다.
② 자음 기본자에 획을 더해 만들었다.
③ 기본자를 가로로 나란히 쓴 것이다.
④ 같은 글자를 가로로 나란히 쓴 것이다.

06 자음의 기본자에 획을 더해 글자를 만들 때, 그 과정이 옳지 <u>않은</u> 것은?

① ㄱ → ㅋ

② ㅅ → ㅿ → ㅈ

③ ㅁ → ㅂ → ㅍ

④ ㄴ → ㄷ → ㅌ

07 한글에 대한 설명으로 적절하지 <u>않은</u> 것은?

① 경제적이고 효율적이다.

② 제자 원리가 과학적이고 체계적이다.

③ 모음은 환경에 따라 소릿값이 달라진다.

④ 창제한 인물과 창제 연도가 밝혀진 문자이다.

08 「세종어제훈민정음」에 담긴 한글 창제 정신이 <u>아닌</u> 것은?

① 애민 정신

② 자주 정신

③ 창조 정신

④ 자유 정신

09 다음에서 설명하는 원리를 활용해 만들어진 글자가 <u>아닌</u> 것은?

> 기본 글자에 획을 더하여 만든 글자이다. 획을 더하여 만들어진 글자는 기본 글자에 비해 소리가 거세다는 특징이 있다.

① ㄹ

② ㅈ

③ ㅋ

④ ㄷ

10 한글의 자음 글자 중 기본자가 <u>아닌</u> 것은?

① ㄱ

② ㄴ

③ ㄷ

④ ㅁ

11 창제 원리가 나머지와 <u>다른</u> 하나는?

① ㅁ

② ㅇ

③ ㅡ

④ ㅂ

12 다음 빈칸에 들어갈 말을 알맞게 나열한 것은?

> 자음의 기본자는 (   )을 상형하여 만들었고, 그 기본자에 획을 더해서 (   )를 만들었는데, 그 이유는 소리가 세지기 때문이다. 그리고 모음의 기본자는 (   )을 본떠 만들었다.

① 발음 기관, 가획자, 천지인
② 자연물, 가획자, 천지인
③ 발음 기관, 이체자, 천지인
④ 자연물, 이체자, 천지인

13 다음 글자 중 자음과 모음의 기본자로만 이루어진 것은?

① 즈   ② 기
③ 르   ④ 모

14 모음의 재출자가 포함되어 있는 단어로 알맞은 것은?

① 약국   ② 구두
③ 우리   ④ 고민

15 다음은 모음 기본자의 창제 원리를 설명한 것이다. 이에 해당하는 글자로 알맞은 것은?

> 혀가 오그라들고 소리는 깊으니 그 모양이 둥근 것은 하늘을 본떠서이다.

① ㅡ   ② ㅣ
③ ·   ④ ㅛ

16 병서의 원리가 적용되지 <u>않은</u> 단어는?

① 구름
② 딸
③ 아빠
④ 값

17 다음 글에서 ㉠과 ㉡에 해당하는 글자를 바르게 묶은 것은?

> 훈민정음에서 모음의 기본 글자는 하늘과 땅과 사람의 모양을 본떠서 만들었다. 기본 글자를 제외한 나머지 글자에는 'ㅡ'나 'ㅣ'에 'ㆍ'가 하나만 결합된 ㉠초출자와 각각의 초출자에 'ㆍ'가 하나씩 더 붙어 만들어진 ㉡재출자가 있다.

	㉠	㉡
①	ㅣ	ㆍ
②	ㅑ	ㅛ
③	ㅡ	ㅕ
④	ㅜ	ㅠ

18 단어와 그 뜻풀이의 연결이 바르지 <u>않은</u> 것은?

① 이체: 다른 모양임
② 병서: 위아래로 붙여 씀
③ 가획: 글자에 획을 더함
④ 상형: 어떤 대상의 형상을 본뜸

19 한글의 우수성에 대한 설명으로 적절하지 <u>않은</u> 것은?

① 배우기 쉬워 문맹을 줄일 수 있다.
② 이체자를 통해 소리의 세기를 드러내었다.
③ 28개의 글자로 무수히 많은 소리를 표현할 수 있다.
④ 한자를 모방하지 않고 독창적으로 글자를 만들었다.

20 다음을 통해 알 수 있는 한글의 우수성으로 가장 적절한 것은?

> 한글은 받침 없는 음절 399자, 받침 있는 음절 10,733자로 한글의 글자 총수는 11,172자이다. 이는 세계에서 가장 많은 음을 가진 글자이다.

① 가로쓰기와 세로쓰기가 모두 가능한 효율적인 문자
② 문자 입력 속도가 빨라 정보화 시대에 유리한 문자
③ 발음 기관과 천지인의 생김새를 본떠 만든 독창적인 문자
④ 적은 글자 수로도 무수히 많은 음을 표기할 수 있는 경제적인 문자

모바일 OMR
채점 & 성적 분석

QR 코드를 활용하여, 쉽고 빠른
응시 – 채점 – 성적 분석을 해 보세요!

STEP 1   QR 코드 스캔

STEP 2   모바일 OMR 작성

STEP 3   채점 결과 & 성적 분석 확인

해당 서비스는 2025. 08. 31까지만 이용하실 수 있습니다.

▶ **QR 코드는 어떻게 스캔하나요?**

① 네이버앱 ⇨ 그린닷 ⇨ 렌즈

② 카카오톡 ⇨ 더보기 ⇨ 코드 스캔(우측 상단 ⠿ 모양)

③ 스마트폰 내장 카메라 사용(촬영 버튼을 누르지 않고 카메라
  화면에 QR 코드를 비추면 URL이 자동으로 뜬답니다.)

최종
실력점검

⏱ 제한시간: 40분

정답과 해설 **40쪽**

01 다음 대화에서 장현이가 ㉠과 같은 상황에 처하게 된 이유로 적절하지 <u>않은</u> 것은?

> 장현이는 텔레비전에서 방영하고 있는 '상반기 농업 정책 평가회'를 시청하였다.
> 사회자: 다음은 방청객의 의견을 들어 보겠습니다.
> 방청객: 저는 농사를 짓는 정성환입니다. 제가 올해 졸을 심었는데 병충해 때문에⋯⋯. 농약을 쳐 봐도 영 개갈이 안 나고. 아무튼 병충해 방제를 위한 방안을 제시해 주시면 좋겠습니다.
>
> ㉠장현이는 '졸', '개갈이 안 나다'라는 말의 의미를 몰라서 방청객의 의견을 제대로 이해하지 못하였다.

① 텔레비전 방송과 같은 공식적인 상황에서는 표준어를 사용해야 한다.
② 공식적인 상황에서 표준어를 사용하지 않는다면, 의사소통에 혼란이 생길 수 있다.
③ 방청객이 사용하고 있는 말은 농사를 짓는 사람들끼리만 알 수 있는 전문어에 해당한다.
④ 모두가 알고 있는 표준어를 사용하는 것은 의사소통의 효율을 높이는 방안이 될 수 있다.

02 보고서를 쓸 때 유의할 점으로 가장 적절한 것은?

① 보조 자료는 이용하지 않는다.
② 조사자의 의견을 중심으로 작성한다.
③ 한 가지 방법으로만 자료를 수집한다.
④ 조사 결과를 과장하거나 왜곡하지 않는다.

03 다음 단어들의 공통점으로 가장 적절한 것은?

> 수박, 바다, 첫째, 나, 이것

① 문장 안에서 주로 서술어로 쓰인다.
② 문장 안에서 형태가 변하지 않는다.
③ 문장 속 단어들의 관계를 나타내 준다.
④ 용언이나 체언 등 뒤에 오는 말을 꾸며 준다.

04 학교 교복 디자인을 바꾸기 위해 다음과 같이 면담 계획을 수립할 때, ㉠~㉣ 중 적절하지 <u>않은</u> 것은?

면담 대상	㉠교장 선생님
면담 목적	㉡교복 디자인 변경을 설득하기 위한 면담
질문 내용	• 우리 학교 교복 디자인에 대한 학생들의 불만이 많은데 이에 대해 어떻게 생각하시나요? • ㉢예쁜 교복 종류에는 어떤 것이 있나요?
면담 시 유의점	㉣상대방을 설득할 수 있는 적절한 근거와 분명한 주장을 제시하며 질문한다. • 상대방의 입장을 배려하고, 예의를 갖춰 질문한다.
필요한 도구	면담 내용을 녹음할 녹음기

① ㉠   ② ㉡   ③ ㉢   ④ ㉣

05 다음 중 홑문장이 아닌 것은?

① 배가 아프다.
② 산이 무척 푸르다.
③ 인생은 짧고, 예술은 길다.
④ 나는 동생에게 일기장을 선물했다.

06 〈보기〉의 밑줄 친 단어와 반의 관계를 이루는 단어가 쓰이지 않은 문장은?

> **보기**
>
> 우리 반이 축구 경기에서 3반을 <u>이겼다</u>.

① 이번 내기는 내가 <u>진</u> 것 같군.
② 해가 <u>지는</u> 모습은 참 아름다워.
③ 올해 운동회에서는 백군이 <u>졌다</u>.
④ 형과 싸우면 매번 <u>져서</u> 속상해요.

07 문장의 주성분으로만 이루어진 문장은?

① 빨리 와.
② 이것은 새 책이다.
③ 하늘이 무척 맑다.
④ 그는 막내가 아니다.

08 다음 규정의 밑줄 친 부분을 적용할 수 있는 단어는?

> **[표준 발음법]**
>
> 제5항 'ㅑ, ㅒ, ㅕ, ㅖ, ㅘ, ㅙ, ㅛ, ㅝ, ㅞ, ㅠ, ㅢ'는 이중 모음으로 발음한다.
> 다만, <u>자음을 첫소리로 가지고 있는 음절의 'ㅢ'는 [ㅣ]로 발음한다.</u>

① 의사   ② 혜택
③ 무늬   ④ 민주주의

09 관용 표현이 사용되지 않은 문장은?

① 친구는 시험을 잘 봐서 입이 귀에 걸렸다.
② 손자들이 재롱부리는 모습이 눈에 밟히네.
③ 문제 해결을 위해 우리 모두 머리를 맞대자.
④ 그는 농구공을 한 손으로 잡을 만큼 손이 크다.

10 다음에 해당하는 언어의 특성으로 가장 적절한 것은?

> 언어는 대상을 가리키는 말소리와 대상 사이에 직접적인 연관이 없다. '하늘'이라는 대상을 우리말에서는 '하늘[하늘]'로, 영어에서는 'sky[스카이]'로 표현하는 것처럼 각기 다른 말소리로 표현하는 것이 그 예이다.

① 자의성   ② 창조성
③ 사회성   ④ 역사성

11 〈보기〉의 (가)와 (나)에 나타난 시적 화자의 정서상 공통점으로 가장 적절한 것은?

> **보기**
>
> (가) 동짓달 기나긴 밤을 한 허리를 베어 내어
>   춘풍 이불 안에 서리서리 넣었다가
>   어룬 임 오신 날 밤이어든 굽이굽이 펴리라.
>   – 황진이, 「동짓달 기나긴 밤을」 –
>
> (나) 마음이 어린 후니 하는 일이 다 어리다.
>   만중운산(萬重雲山)에 어느 임 오리마는
>   지는 잎 부는 바람에 행여 그인가 하노라.
>   – 서경덕, 「마음이 어린 후니」 –

① 부재한 임을 원망하고 있다.
② 임이 오는 순간을 설레어하고 있다.
③ 사랑하는 임을 간절하게 그리워하고 있다.
④ 임을 붙잡지 못한 것에 대해 후회하고 있다.

[12~13] 다음 글을 읽고 물음에 답하시오.

> 내 벗이 몇인고 하니 수석(水石)과 송죽(松竹)이라.
> 동산에 달 오르니 그 더욱 반갑구나.
> 두어라, 이 다섯밖에 또 더하여 무엇하리.
>
> 구름 빛이 깨끗타 하나 검기를 자주 한다.
> 바람 소리 맑다 하나 그칠 때가 많구나.
> 깨끗고 그칠 적 없기는 물뿐인가 하노라.
>
> 꽃은 무슨 일로 피면서 쉬이 지고
> 풀은 어찌하여 푸르는 듯 누렇게 되니
> 아마도 변치 아니하기는 바위뿐인가 하노라.
>
> 더우면 꽃 피고 추우면 잎 지거늘
> 솔아 너는 어찌 눈서리를 모르느냐.
> 땅 깊이 뿌리 곧은 줄을 그로 하여 아노라.
>
> – 윤선도, 「오우가」 –

12 윗글에 대한 감상으로 적절하지 <u>않은</u> 것은?

① 4음보의 운율을 지니고 있다.
② 자연 친화적 정서를 담고 있다.
③ 사람과는 다른 특성을 지닌 자연물의 덕을 예찬한다.
④ 다섯 벗을 소중하게 여기는 화자의 태도가 나타난다.

13 윗글의 표현상 특징으로 가장 적절한 것은?

① 문답법을 사용하고 있다.
② 시적 대상을 예찬하고 있다.
③ 점층적 표현을 사용하고 있다.
④ 문장 순서를 뒤집어 배치하고 있다.

[14~16] 다음 글을 읽고 물음에 답하시오.

> 먼 훗날 당신이 찾으시면
> 그때에 내 말이 '잊었노라'
>
> 당신이 속으로 나무라면
> '무척 그리다가 잊었노라'
>
> 그래도 당신이 나무라면
> '믿기지 않아서 잊었노라'
>
> 오늘도 어제도 아니 잊고
> 먼 훗날 그때에 '잊었노라'
>
> – 김소월, 「먼 후일」 –

14 윗글의 표현상 특징으로 가장 적절한 것은?

① 반어의 표현 방법으로 정서를 드러내고 있다.
② 일어난 일을 시간의 흐름에 따라 서술하고 있다.
③ 청각적 이미지를 활용하여 주제를 강조하고 있다.
④ 단정적 어조로 시련을 극복할 의지를 표현하고 있다.

15 윗글에 나타난 말하는 이의 정서로 가장 적절한 것은?

① 망설임
② 미안함
③ 후련함
④ 그리움

16 윗글의 운율을 형성하는 요소로 적절하지 <u>않은</u> 것은?

① 유사한 문장 구조가 반복된다.
② 같은 단어를 여러 차례 제시한다.
③ 3음보의 규칙적인 율격이 느껴진다.
④ 각 연이 모두 동일한 자음으로 시작한다.

[17~18] 다음 글을 읽고 물음에 답하시오.

아버지의 호통 소리에 명선이는 비죽비죽 울기 시작했다. 우는 명선이를 아버지는 또 부드러운 말로 달래기 시작했다.

"말은 안 혔어도 너를 친자식 진배없이 생각혀 왔다. 너 같은 어린것이 그런 물건을 갖고 있으면은 덜 좋은 법이다. 이 아저씨가 잘 맡아 놨다가 후제 크면 줄 테니께 어따 숨겼는지 바른대로 대거라."

아무리 달래고 타일러도 소용이 없자, 아버지는 마침내 화를 버럭 내면서 명선이의 몸뚱이를 뒤지려 했다. 아버지의 손이 옷에 닿기 전에 명선이는 미꾸라지같이 안방을 빠져나가 자취를 감추어 버렸다. 그리고 그날 밤 끝내 우리 집에 돌아오지 않았다.

"틀림없다. 몇 개나 되는지는 몰라도 더 있을 게다. 어디다 감췄는지 니가 살살 알아봐라. 혼자서 어딜 가거든 눈치 안 채게 따라가 봐라."

입맛을 쩝쩝 다시던 아버지는 나한테 이렇게 분부했다.

(중략)

"요, 요것이, ㉠개패같이 달린 요것이 뭣이디야!"

명선이의 하얀 가슴께를 들여다보며 어머니가 소리를 질렀다. 곁에 있던 아버지가 얼른 그것을 가리려는 명선이의 손을 뿌리치고 뚝 잡아챘다. 줄에 매달린 이름표 같은 것이었다. 아직도 한 줌의 빛살이 옹색하게 남아 있는 서쪽 하늘에 대고 거기에 적힌 글씨를 읽은 다음, 아버지는 마치 무슨 보물섬의 지도나 되듯 소중스레 바지춤에 찔러 넣었다. 그리고 마을 사람들을 향해 돌아서면서 눈을 딱 부릅떠 엄포를 놓는 것이었다.

"나허고 원수 척질 생각 아니면 앞으로 야한티 터럭손 하나 건딜지 마시오!"

언젠가 가뭄 흉년 때 이웃 논의 임자하고 물꼬 싸움을 벌이면서 시퍼렇게 삽날을 들이대던 그때의 그 표정보다 훨씬 더 포악해 보였다. 우리 논에 떨어지는 빗물이나 마찬가지로 아버지는 우리 집안에 우연히 굴러들어 온 명선이의 소유권을 마을 사람들 앞에서 우격다짐으로 가리고 있었다.

"우리가 친자식 이상으로 애끼고 길르는 아요. 만에 일이라도 야한티 해꼳이 헐라거든 앙화가 무섭다는 걸 멩심허시오!"

덩달아 어머니도 위협을 잊지 않았다. 명선이가 입은 손해는 바로 우리 집안의 손해나 마찬가지라는 주장이었다. 물론 어머니는 명선이 때문에 생기는 이익이 곧바로 우리 이익이란 말을 입 밖에 비치지도 않았다. 사람들을 따돌리고 집 안에 들어서자마자 어머니는 더 이상 참지를 못하고 아버지한테 다그쳤다.

"개패에 무슨 사연이 적혔든가요?"

"갸네 부모가 쓴 편지여."

"누구한티요?"

"누구긴 누구여, 나지."

"오매, 그 사람들이 어떻게 알고 당신한티 편지를……."

"이런 딱헌 사람 봤나. 아, 갸를 맡어서 기를 사람한티 쓴 편지니께 받는 사람이 나지 누구겄어."

"뭐라고 썼습디여?"

"자기네가 혹 난리 바람에 무슨 일이라도 당허게 되면 무남독녀 혈육을 잘 부탁한다고, 저승에 가서도 그 은혜는 잊지 않겠다고, 서울 어디 사는 누네 딸이고, 본관이 어디고, 생일이 언제라고……."

– 윤흥길, 「기억 속의 들꽃」 –

17 명선이를 대하는 아버지의 심리 상태로 가장 적절한 것은?

① 명선이에게 금반지가 더 없다니 아쉽군.
② 명선이의 사치스러운 버릇을 고쳐 주어야겠군.
③ 다른 어른들로부터 명선이를 보호해 주어야겠군.
④ 명선이의 금반지를 빼앗아서 내가 차지해야겠군.

18 ㉠에 적힌 내용을 가장 바르게 추측한 것은?

① 명선이 가족의 행방에 대한 내용이다.
② 금반지가 보관된 장소를 알려 주는 내용이다.
③ 명선이가 금반지를 더 이상 가지고 있지 않다는 내용이다.
④ 명선이를 잘 돌보아 달라는 부탁과 그에 걸맞은 보답을 하겠다는 내용이다.

[19~20] 다음 글을 읽고 물음에 답하시오.

관찰사가 각 고을을 순시하다가 환자 장부를 열람하고는 몹시 노하여 말했다.

"어떤 놈의 양반이 관아 곡식을 이처럼 축냈단 말이냐!"

관찰사는 양반을 옥에 가두도록 명했다. ㉠군수는 양반이 가난해서 빌린 곡식을 갚을 길이 없는 형편임을 딱하게 여겨 차마 가두지 못했지만, 그렇다고 해서 달리 뾰족한 방법을 찾을 수도 없었다. ㉡양반은 밤낮으로 울기만 할 뿐 아무런 대책이 없었다. 그러자 양반의 아내가 책망했다.

㉢"평생 당신은 책 읽기를 좋아하더니만 환자 갚는 데는 아무 소용도 없구려. 쯧쯧, 양반! 양반은 한 푼어치도 안 되는구려!"

그 마을의 부자가 가족과 상의하며 이렇게 말했다.

"양반은 가난하다 할지라도 늘 존귀하지만, 나는 부자라도 항상 비천해서 감히 말도 탈 수 없고, 양반을 보면 몸을 움츠리고 숨을 죽인 채 설설 기어가 바닥에 엎드려 절해야 하고, 코가 땅에 닿도록 엎어져 무릎으로 기어야 해. 나는 항상 이런 수모를 겪으며 살아왔어. 지금 양반 하나가 가난해서 환자를 갚지 못하다가 큰 곤욕을 치르게 생겼으니, 필시 양반 신분을 유지하지 못할 듯싶어. 내가 장차 그 양반 신분을 사서 가졌으면 해."

ⓐ마침내 양반 집을 찾아가 환자를 대신 갚아 주겠다고 하니 양반은 몹시 기뻐하며 승낙했다.

– 박지원, 「양반전」 –

19 윗글을 통해 짐작할 수 있는 사실과 거리가 <u>먼</u> 것은?

① 신분 제도의 질서가 동요하고 있었다.
② 경제력에 따라 신분이 달라질 수 있었다.
③ 양반이 경제적인 압박에 시달리는 경우가 있었다.
④ 사회의 구조적 모순을 없애기 위한 노력이 있었다.

20 ㉠~㉣에 대한 이해로 적절하지 <u>않은</u> 것은?

① ㉠: 군수는 같은 신분인 양반을 동정하고 있군.
② ㉡: 현실 문제에 대처하지 못하는 양반의 무능함을 드러내고 있군.
③ ㉢: 양반의 아내는 양반의 경제적 무능함과 비생산성을 비판하고 있군.
④ ㉣: 부자는 양반의 처지를 불쌍히 여겨 그를 도와주려 하고 있군.

[21~22] 다음 글을 읽고 물음에 답하시오.

ⓐ소음은 특정 음높이를 유지하는 '컬러 소음'과 비교적 넓은 음폭을 갖는 '백색 소음'으로 나뉜다. 백색 소음이란 백색광에서 유래됐다. 백색광을 프리즘에 통과시키면 일곱 가지 무지개 빛깔로 나뉘듯, 다양한 음높이의 소리를 합하면 넓은 음폭을 갖는 백색 소음이 된다. 백색 소음은 우리 주변에서 쉽게 만날 수 있다. 우리 생활 주변에서 들리는 백색 소음에는 비 오는 소리, 폭포수 소리, 파도 소리, 시냇물 소리, 나뭇가지가 바람에 스치는 소리 등이 있다. 또한, 텔레비전이나 라디오 등 가전제품에서 나오는 소음 중에도 백색 소음에 해당하는 소리가 있다.

그럼 백색 소음은 우리에게 어떤 영향을 미칠까? 일반적인 소음과 마찬가지로 우리에게 나쁜 영향을 미치지는 않을까? 결과부터 말하면 백색 소음은 집중도를 높이고 심신을 안정시켜 업무 효율을 높여 준다. 이런 결과는 다양한 실험을 통해 밝혀졌다.

백색 소음을 들려주었을 때의 뇌파 반응 검사는 이들 실험 결과를 좀 더 과학적으로 설명할 수 있게 한다. 한 의과 대학의 도움을 받아 피실험자에게 백색 소음을 들려주고 뇌파를 측정했더니 베타파가 줄어들면서 집중력의 정도를 나타내는 알파파가 많이 증가했다. 이는 뇌파의 활동성이 감소하고 심리적인 안정도가 많이 높아졌다는 의미다.

한편 생후 3, 4개월 된 아기가 울 때 태아 때부터 들었음직한 심장 박동 소리, 숨 쉬는 소리, 엄마 아빠의 목소리 등을 녹음해서 들려주었더니, 뜻밖에 아기는 점점 더 불안해하고 엄마의 품을 찾아 더 애타게 울었다. 이때 텔레비전의 빈 채널에서 나오는 '쉬이익' 하는 소리를 들려주면 울던 아기가 울음을 멈추고 안정감을 찾는다. 어떤 부모는 진공청소기 소리를 들려주었더니 울던 아기가 안정을 찾았다고 하고, 또 어떤 부모는 부드러운 비닐봉지를 만지면서 부스럭거리는 소리를 들려주었더니 아기가 밝은 표정을 지었다고 한다. 신생아를 달래는 이런 소리 역시 인공적으로 만들어진 일종의 백색 소음이다.

– 배명진, 「좋은 소음도 있다? 백색 소음 효과」 –

21 윗글의 내용과 일치하지 <u>않는</u> 것은?

① 백색 소음은 넓은 음폭을 가진다.
② 백색 소음은 심신을 안정시키고 업무 효율을 높여 준다.
③ 가전제품에서 나오는 모든 소음은 백색 소음에 해당한다.
④ 백색 소음은 집중력의 정도를 나타내는 알파파를 증가시킨다.

22 ㉠에서 활용된 설명 방법은?

① 정의   ② 분석
③ 분류   ④ 예시

[23~25] 다음 글을 읽고 물음에 답하시오.

인류 역사는 구석기, 신석기, 청동기, 철기 시대를 거쳐 오늘날에 이르렀다. 그렇다면 지금 우리는 어떤 시대를 살고 있을까? 전문가들은 플라스틱 시대라고 말한다. 전자 제품뿐 아니라 각종 주방 용품이나 생활용품 등 다양한 물건에 플라스틱이 쓰이고 있기 때문이다. 이런 상황에서 과연 플라스틱이 없는 생활을 상상할 수 있을까?

플라스틱은 석유에서 추출한 원료를 결합하여 만든 고분자 화합물의 한 종류이다. 이 고분자 물질은 대부분 합성수지인데, 합성수지를 열 가공하거나 경화제, 촉매, 중합체 등을 사용하여 일정한 형상으로 성형한 것 또는 그 원료인 고분자 재료를 플라스틱이라고 한다. 플라스틱은 매우 가벼운 데다 모양을 변형하기도 쉽고 다양한 빛깔로도 만들 수 있다. 게다가 절연성도 뛰어나니 플라스틱이 우리 생활 깊숙이 자리 잡은 것은 어쩌면 당연한 일처럼 보인다.

이렇듯 일상생활에서 흔히 사용하는 플라스틱이 문제가 되는 이유는 바로 플라스틱이 잘 썩지 않는 물질이라는 데 있다. 플라스틱이 분해되려면 500년 혹은 그 이상의 기간이 걸린다고 한다. 어떤 전문가들은 플라스틱이 분해되는 기간을 정확히 알 수 없다고도 말한다. 즉, 플라스틱이 만들어진 지 100년 정도밖에 되지 않았다는 점을 감안하면, 인간이 생산한 플라스틱은 어딘가에 아직 그대로 남아 있는 것이다. 하지만 사람들은 플라스틱을 재활용할 수 있다는 생각에 플라스틱 제품을 편하게 쓰고 쉽게 버린다. ㉠그것이 소탐대실하는 것인지도 모른 채 말이다.

사람들의 생각과 달리 재활용되는 플라스틱의 양은 그리 많지 않다. 페트병, 요구르트 병, 블록, 비닐봉지, 스티로폼 등도 각기 재질이 다르고, 이것 외에도 플라스틱의 종류가 다양하다 보니 재질별로 선별하는 것이 쉽지 않기 때문이다. 더구나 이물질이 많이 묻어 있거나 세척되지 않은 채 버려지는 용기류가 많아, 재활용을 하더라도 플라스틱 함지나 정화조처럼 품질이 떨어지는 제품을 만들 수밖에 없다. 재활용률이 70퍼센트 정도로 비교적 높은 편인 페트병도 다시 페트병이 되지는 못하고 화학솜이나 노끈 등으로 만들어진다. 재활용되지 않은 플라스틱 쓰레기는 태우거나 매립장에 묻는데, 이는 그나마 수거된 플라스틱 쓰레기에 국한된 이야기이다. 수거되지 않은 플라스틱은 산과 들에 아무렇게나 묻히거나 어딘가를 떠돌아다니다 바다로 흘러들어 간다.

– 박경화, 「플라스틱은 전혀 분해되지 않았다」 –

23 윗글과 같은 글의 특징으로 적절하지 <u>않은</u> 것은?

① 글쓴이의 주장과 근거로 이루어져 있다.
② 대상에 대한 정보 전달을 목적으로 한다.
③ 설득적, 논리적, 비판적인 성격을 지닌 글이다.
④ '서론 – 본론 – 결론'의 구성 단계로 이루어져 있다.

24 윗글에서 알 수 있는 플라스틱의 문제점으로 적절하지 <u>않은</u> 것은?

① 사람들의 예상과 달리 재활용되는 플라스틱의 양이 많지 않다.
② 재활용되지 않은 플라스틱을 매립장에 묻는 것이 현실적으로 어렵다.
③ 플라스틱은 잘 썩지 않기 때문에 분해되려면 500년 이상의 기간이 걸린다.
④ 플라스틱을 재활용하더라도 대개 품질이 낮은 제품으로 만들 수밖에 없다.

25 문맥을 고려할 때, ㉠의 의미로 알맞은 것은?

① 플라스틱을 사용하지 않는 것
② 플라스틱이 잘 썩지 않는다는 것
③ 플라스틱을 재활용할 수 있다는 것
④ 플라스틱 제품을 편하게 쓰고 쉽게 버리는 것

01 〈보기〉에서 지역 방언을 사용하기에 적절한 상황을 골라 바르게 묶은 것은?

> **보기**
>
> ㄱ. 고향 친구를 만나서 이야기하는 상황
> ㄴ. 관광 명소를 안내하는 책을 편찬하는 상황
> ㄷ. 선생님이 수업 시간에 한글을 가르치는 상황
> ㄹ. 특정 지역을 배경으로 한 영화 속에서 대사를 하는 상황

① ㄱ, ㄴ   ② ㄱ, ㄹ
③ ㄴ, ㄷ   ④ ㄴ, ㄹ

02 토의의 목적으로 가장 적절한 것은?

① 공동의 문제를 합리적으로 해결하기 위해
② 정서를 표현하고 서로에게 공감을 얻기 위해
③ 정확한 정보를 전달해 상대방을 이해시키기 위해
④ 자신의 의견에 따르도록 상대방을 설득하기 위해

03 〈보기〉의 공통점으로 가장 적절한 것은?

> **보기**
>
> ㅋ, ㄷ, ㅂ, ㅈ

① 한글의 자음 기본자이다.
② 이체의 원리에 의해 만들어졌다.
③ 병서의 방법을 사용한 글자이다.
④ 자음 기본자에 획을 한 번 더해서 만들어졌다.

04 다음 규정을 적용할 수 있는 단어는?

> **[표준 발음법]**
>
> 제13항 홑받침이나 쌍받침이 모음으로 시작된 조사나 어미, 접미사와 결합되는 경우에는, 제 음가대로 뒤 음절 첫소리로 옮겨 발음한다.

① 꽃을   ② 겉옷
③ 늪 앞   ④ 밭 아래

05 ㉠~㉣과 밑줄 친 단어의 품사가 같은 것은?

> 여우: 내가 생일에 ㉠초대한 친구는 오직 ㉡너 ㉢하나야.
> 두루미: 우와, ㉣정말 기뻐.

① ㉠: 영철이는 안타까운 표정을 지었다.
② ㉡: 그 빵은 내가 먹던 거야.
③ ㉢: 세 살 버릇이 여든까지 간다.
④ ㉣: 막상 일을 시작하려니 겁이 덜컥 났다.

06 다음 중 홑문장이 아닌 것은?

① 바람이 씽씽 분다.
② 형은 만화를 좋아한다.
③ 부모는 아이에게 영향을 준다.
④ 눈이 밤새 소리도 없이 내렸다.

07 다음 개요에서 ㉠의 세부 내용으로 가장 적절한 것은?

> 제목: 학생들의 인터넷 게임 중독
>
> | 처음 | 학생들의 인터넷 게임 중독 실태 |
> |---|---|
> | 중간 | • 인터넷 게임 중독이 가져오는 문제
• 해결 방안 ·················· ㉠ |
> | 끝 | 인터넷 게임 중독의 심각성 인식 및 올바른 사용을 위한 노력 촉구 |

① 부모님과의 관계 악화
② 신체 및 정신 건강 문제 발생
③ 인터넷 게임 중독 치료 프로그램 제공
④ 학습 시간 부족으로 인한 성적 하락

08 ㉠~㉣에 대한 고쳐쓰기 방안으로 적절하지 <u>않은</u> 것은?

> 안녕하세요? 저는 영화 ㉠동아리에게 카메라 촬영을 담당하고 있습니다. 영화 동아리 ㉡구성원으로서 열심히 활동합니다. 저의 ㉢바램은 ㉣방학 기간 동안 좋은 영화를 만드는 것입니다.

① ㉠: 조사의 사용이 어색하므로 '동아리에서'로 바꾼다.
② ㉡: 자격을 의미하는 '구성원으로써'로 바꾼다.
③ ㉢: 한글 맞춤법에 어긋나므로 '바람'으로 바꾼다.
④ ㉣: 의미가 중복되므로 '기간'은 삭제한다.

[09~12] 다음 글을 읽고 물음에 답하시오.

> ⓐ높은 가지를 흔드는 매미 소리에 묻혀
> ㉠내 울음 아직은 노래 아니다.
>
> ⓑ차가운 바닥 위에 토하는 울음,
> 풀잎 없고 이슬 한 방울 내리지 않는
> 지하도 콘크리트 벽 좁은 틈에서
> 숨 막힐 듯, 그러나 나 ⓒ여기 살아 있다
> 귀뚜르르 뚜르르 보내는 타전 소리가
> 누구의 마음 하나 울릴 수 있을까.

> 지금은 매미 떼가 하늘을 찌르는 시절
> 그 소리 걷히고 맑은 가을이
> 어린 풀숲 위에 내려와 뒤척이기도 하고
> 계단을 타고 ⓓ이 땅 밑까지 내려오는 날
> 발길에 눌려 우는 내 울음도
> 누군가의 가슴에 실려 가는 노래일 수 있을까.
>
> – 나희덕, 「귀뚜라미」 –

09 윗글의 표현상 특징으로 가장 적절한 것은?

① 반어적 표현을 사용하여 주제를 강조하고 있다.
② 의태어를 사용하여 역동적인 분위기를 살리고 있다.
③ 청각적 이미지를 사용하여 시를 감각적으로 표현하고 있다.
④ 인간과 자연을 대조하여 바람직한 삶의 태도를 드러내고 있다.

10 ㉠에 대한 설명으로 적절하지 <u>않은</u> 것은?

① 자신의 소리에 대한 겸손한 태도를 드러낸다.
② 자신의 소리가 다른 대상보다 못하다고 생각한다.
③ 자신의 소리가 사람들을 힘들게 한다고 생각한다.
④ 자신의 소리가 일정한 수준에 도달하지 못했다고 생각한다.

11 윗글의 화자가 추구하는 것과 가장 유사한 삶의 태도를 지닌 사람은?

① 남을 위해 자신을 기꺼이 희생하는 헌신적인 사람
② 열등감에서 벗어나 남보다 자기를 낮게 여기는 사람
③ 오랜 방황과 무기력한 삶에서 벗어나고자 하는 사람
④ 힘든 처지에서도 꿈을 잃지 않고 소망을 위해 노력하는 사람

12 ⓐ~ⓓ 중 성격이 나머지와 <u>다른</u> 하나는?

① ⓐ   ② ⓑ   ③ ⓒ   ④ ⓓ

누군가가 뒤에서 "빌어. 이놈아. 그저 잘못했다고 무조건 빌어." 하고 속삭인다. 수남이는 여러 사람이 자기를 동정하고 있다고 느끼자 적이 용기가 난다.

"아저씨, 잘못했습니다. 한 번만 용서해 주십시오. 네, 아저씨."

제법 또렷한 소리로 용서를 빈다.

"용서라니, 이만큼 했으면 됐지 어떻게 더 용서를 해."

"아저씨, 그러시지 말고 한 번만 봐주셔요. 네, 아저씨."

수남이는 주머니에 든 만 원을 생각하면 얼굴이 화끈대고 공연히 무섭기까지 하다. 그렇지만 주인 영감님을 위해 그 돈만은 죽기를 무릅쓰고 지킬 각오를 단단히 한다.

"아니 윤석이 이제 보니 이런 큰일을 저지르고 그냥 내뺄 심사 아냐? 요런 악질 녀석 같으니라고."

신사의 표정은 은은히 감돌던 연민이 싹 가시고 점잖게 무표정해진다.

수남이는 바보가 돼 버린 아이처럼 조용히 멍청히 서 있었다. 누군가가 나직이 속삭였다.

"토껴라 토껴. 그까짓 것 갖고 토껴라."

그것은 악마의 속삭임처럼 은밀하고 감미로웠다. 수남이의 가슴은 크게 뛰었다. 이번에는 좀 더 점잖고 어른스러운 소리가 나섰다.

"그래라, 그래. 그까짓 거 들고 도망가렴. 뒷일은 우리가 감당할게."

그러자 모든 구경꾼이 수남이의 편이 되어 와글와글 외쳐 댔다.

"도망가라, 어서어서 자전거를 번쩍 들고 도망가라, 도망가라."

수남이는 자기편이 되어 준 이 많은 사람들을 도저히 배반할 수 없었다. 이상한 용기가 솟았다. 수남이는 자전거를 마치 검부러기처럼 가볍게 옆구리에 끼고 질풍같이 달렸다. 정말이지 조금도 안 무거웠다. 타고 달릴 때보다 더 신나게 달렸다. 달리면서 마치 오래 참았던 오줌을 시원스레 내깔기는 듯한 쾌감까지 느꼈다.

그런데 왜 그때, 그렇게 떨리고 무서우면서도 짜릿하니 기분이 좋았던 것인가? 문제는 그때의 그 쾌감이었다. 자기 내부에 도사린 부도덕성이었다. 오늘 한 짓이 도둑질이 아닐지 모르지만 앞으로 도둑질을 할지도 모르겠다는 생각이 들었다. 형의 일이 자기와 정녕 무관한 일이 아니란 생각이 들었다.

소년은 아버지가 그리웠다. 도덕적으로 자기를 견제해 줄 어른이 그리웠다. 주인 영감님은 자기가 한 짓을 나무라기는커녕 손해 안 난 것만 좋아서 "오늘 운 텄다."라고 좋아하지 않았던가. 수남이는 짐을 꾸렸다. 아아, 내일도 바람이 불었으면. 바람이 물결치는 보리밭을 보았으면.

마침내 결심을 굳힌 수남이의 얼굴은 누런 똥빛이 말끔히 가시고, 소년다운 청순함으로 빛났다.

— 박완서, 「자전거 도둑」 —

13 윗글의 갈래에 대한 설명으로 가장 적절한 것은?

① 인물의 일생을 기록한다.
② 여정, 견문, 감상이 드러난다.
③ 작가의 상상력으로 꾸며 쓴 글이다.
④ 인물의 대사와 행동을 통해 사건이 전개된다.

14 윗글에서 알 수 있는 내용이 <u>아닌</u> 것은?

① 신사는 인정이 많고 온화한 성격이다.
② 수남이는 자전거를 들고 달리면서 쾌감을 느꼈다.
③ 구경꾼들은 수남이의 잘못된 행동을 부추기고 있다.
④ 구경꾼들이 부추기는 소리에 수남이는 마음이 흔들렸다.

15 윗글에 드러난 갈등 양상은?

① 수남이와 신사의 외적 갈등
② 주인 영감과 아버지의 외적 갈등
③ 신사와 구경꾼 사이의 외적 갈등
④ 수남이와 구경꾼 사이의 외적 갈등

16 〈보기〉에 해당하는 인물은?

> **보기**
>
> 도덕성을 중시하는 인물로, 수남이를 도덕적으로 이끌어 줄 존재

① 사람들　　　　② 신사
③ 형　　　　　　④ 아버지

길동이 점점 자라 여덟 살이 되자, 총명하기가 보통이 넘어 하나를 들으면 백 가지를 알 정도였다. 그래서 공은 더욱 귀여워하면서도 출생이 천해, 길동이 늘 아버지니 형이니 하고 부르면 즉시 꾸짖어 그렇게 부르지 못하게 하였다. 길동이 열 살이 넘도록 감히 부형(父兄)을 부르지 못하고 종들로부터 천대받는 것을 뼈에 사무치게 한탄하면서 마음 둘 바를 몰랐다.

길동은 서당에서 글을 읽다가 문득 책상을 밀치고 탄식하기를,

"대장부가 세상에 나서 공맹(孔孟)을 본받지 못할 바에야, 차라리 병법이라도 익혀 대장인을 허리춤에 비스듬히 차고 동정서벌하여 나라에 큰 공을 세우고 이름을 만대에 빛내는 것이 장부의 통쾌한 일이 아니겠는가. 나는 어찌하여 일신(一身)이 적막하고, 부형이 있는데도 아버지를 아버지라 부르지 못하고 형을 형이라 부르지 못하니 심장이 터질지라, 이 어찌 통탄할 일이 아니겠는가!"

하고, 말을 마치며 뜰에 내려와 검술을 익히고 있었다.

그때 마침 공이 또한 달빛을 구경하다가, 길동이 서성거리는 것을 보고 즉시 불러 물었다.

"너는 무슨 흥이 있어서 밤이 깊도록 잠을 자지 않느냐?"

길동은 공경하는 자세로 대답했다.

"소인은 마침 달빛을 즐기는 중입니다. 그런데 만물이 생겨날 때부터 오직 사람이 귀한 존재인 줄 아옵니다만, 소인에게는 귀함이 없사오니, 어찌 사람이라 하겠습니까?"

공은 그 말의 뜻을 짐작은 했지만, 일부러 책망하는 체하며,

"네 무슨 말이냐?"

했다. 길동이 절하고 말씀드리기를,

"소인이 평생 설워하는 바는, 소인이 대감의 정기를 받아 당당한 남자로 태어났고, 또 낳아 길러 주신 어버이의 은혜를 입었음에도 불구하고, 아버지를 아버지라 못 하옵고 형을 형이라 못 하오니, 어찌 사람이라 하겠습니까?"

하고, 눈물을 흘리며 적삼을 적셨다. ㉠공이 듣고 나자 비록 불쌍하다는 생각은 들었으나, 그 마음을 위로하면 마음이 방자해질까 염려되어, 크게 꾸짖어 말했다.

"재상 집안에 천한 종의 몸에서 태어난 자식이 너뿐이 아닌데, 네가 어찌 이다지 방자하냐? 앞으로 다시 이런 말을 하면 내 눈앞에 서지도 못하게 하겠다."

— 허균, 「홍길동전」 —

17 윗글에 대한 설명으로 적절하지 않은 것은?

① 역사적 사실을 객관적으로 전달한다.
② 시간의 흐름에 따라 사건이 전개된다.
③ 능력이 뛰어난 인물이 중심인물로 등장한다.
④ 영웅의 일대기 구조에 따라 사건이 전개된다.

18 윗글에서 길동이 갈등하는 이유로 적절하지 않은 것은?

① 입신양명을 할 수 없다.
② 호부호형을 할 수 없다.
③ 종들에게 천대를 받는다.
④ 아버지에게 미움을 받는다.

19 ㉠에서 알 수 있는 공의 성격으로 가장 적절한 것은?

① 현실을 인정하고 받아들인다.
② 자신의 이익에만 관심이 있다.
③ 상대의 마음을 헤아리지 못한다.
④ 자기주장을 끝까지 굽히지 않는다.

요즘 우리는 ㉠시련이나 고통이 찾아오면 지레 겁부터 먹는다. 어떻게든 도전할 생각을 하는 게 아니라 좌절하고 다시 못 일어나지 않을까부터 염려한다. 그런 두려움은 결국 도전을 무조건 회피하는 현상으로 나타난다.

"저는 중학생인데요. 이사를 가고 싶어요. 제가 사는 곳은 분위기도 저와 맞지 않는 것 같고, 학교도 집과 너무 멀리 떨어져 있어요. 게임을 하다가 생각대로 잘되지 않을 때, 그 게임을 삭제하고 새롭게 시작하면 그 전보다 나은 경우가 많거든요. 지금 문제도 이사를 가서 새롭게 출발하면 해결될 것으로 생각해요."

리셋(reset) 증후군을 보이는 중학생의 이야기이다. 리셋 증후군이란 컴퓨터가 원활하게 돌아가지 않거나 제대로 작동하지 않을 때 리셋 버튼만 누르면 처음부터 다시 시작할 수 있는 것처럼 현실 세계에서도 리셋이 가능할 것이라고 착각하는 현상을 일컫는 말이다. 힘들고 고통스러운 상황에서 벗어나 다시 새롭게 시작하고 싶은 마음이야 이해하지만 다른 상황이 된다 한들 역경이 없을까? 어떤 환경이든 고통스러운 과정은 있게 마련인데 그때마다 다시 새롭게 시작할 수는 없는 노릇 아닌가.

그렇다면 청소년기에 적절한 좌절을 경험하지 않으면 어떠한 문제가 생길 수 있을까? 당시에는 힘들고 고통스러운 상황을 겪지 않는다고 좋아할지 모르나, 어른이 되었을 때 오히려 더 큰 위기에 봉착할 수 있다. 2, 30대가 되어 그 나이에 겪어야 할 고통에서 사춘기의 고통까지 함께 겪게 될 수도 있기 때문이다.

어떤 사람들은 잘하지 못할 바엔 처음부터 도전하지 않는 게 낫다고 말한다. 중간에 그만두면 괜히 시간만 낭비하는 셈이라고 주장하면서 말이다. 그러나 그것은 도전이 두려워 포

기해 버리는 자의 변명에 불과하다. '늙은 매'의 말처럼 폭풍이 불어닥칠 때에는 그냥 서 있을 정도로만 강해도 된다. 이렇게 생각한다면 할 수 없다고만 말할 게 아니라 뭐든 해 볼 수 있지 않을까? 포기하고 싶은 마음이 들 때는 더도 말고 덜도 말고 딱 한 발자국만 앞으로 나아가 보라. 시련을 이겨 내고 더 단단해진 나를 상상하면서 말이다.

– 이정현, 「포기하고 싶을 때 딱 한 걸음만 더 나아가라」 –

20 위와 같은 글의 특징으로 가장 적절한 것은?

① 정확하고 객관적인 내용을 전달한다.
② 글쓴이의 주장을 논리적으로 제시한다.
③ 글쓴이의 정서를 함축적 언어로 표현한다.
④ 정보와 지식을 전달하는 것을 목적으로 한다.

21 ㉠에 대한 글쓴이 태도로 가장 적절한 것은?

① 부정적　　　　② 긍정적
③ 냉소적　　　　④ 비판적

22 글쓴이가 중학생에게 조언할 말로 가장 적절한 것은?

① 현재 상황을 인정하고 해결하려 노력해야 해.
② 부모님께 상황을 말씀드린 후에 이사를 준비해.
③ 시간이 지나면 해결될 문제니까 너무 고민하지 마.
④ 다른 일에 몰두하면서 지금 상황을 잊으려고 노력해 봐.

[23~25] 다음 글을 읽고 물음에 답하시오.

미국의 제35대 대통령이었던 케네디는 ㉠취임식 연설에서 다음과 같이 말했다.

"국가가 여러분을 위해 무엇을 해 줄 것인지 묻지 말고, 여러분이 국가를 위해서 무엇을 할 것인지 물으십시오."

국가가 국민을 위해서 무엇인가를 해 주는 것은 물론 중요하다. 하지만 케네디 대통령의 말처럼 국민이 국가를 위해 해야 할 의무 역시 중요하다. 대한민국 헌법이 정한 국민의 의무에는 납세의 의무가 포함되어 있다. 세금을 내는 것이 국민이 지킬 의무 가운데 하나라는 뜻이다.

세금이란 무엇일까? 우리나라를 지키고 여러분이 안심하고 학교에 다닐 수 있으려면 많은 돈이 필요하다. 이러한 돈은 국민이 내는 세금으로 마련한다. 즉 세금이란 국가가 나라 살림을 잘 꾸려 나갈 수 있도록 국민이 법에 따라 내는 돈을 말한다.

그럼 국민이 내는 세금은 주로 어디에 쓰일까? 정부가 많은 일을 하는 것은 대부분 알고 있을 것이다. 먼저 쉽게 볼 수 있는 것이 도로를 건설하거나 여러 공공시설을 짓는 일이다. 나라를 지키는 국방, 국민의 안전과 질서를 유지하는 치안도 정부가 하는 일이다. 여러분이 받는 교육은 말할 것도 없다. 정부에서는 중학교까지 무상 교육을 하도록 지원하며, 무상은 아니지만 고등학교나 대학 교육도 지원한다. 건강 보험 같은 사회 보장 제도도 정부가 운영한다. 이러한 많은 일을 하기 위해 세금이 꼭 필요하다.

세금에는 여러 가지 종류가 있다. 먼저 세금은 누가 거두어들이느냐에 따라 크게 국세와 지방세로 나뉜다. 국세는 중앙 정부 기관인 국세청과 관세청에서 걷는 세금이고, 지방세는 지방 자치 단체에서 걷는 세금이다.

– 조준현, 「세금, 얼마나 알고 있나요」 –

23 윗글에 대한 설명으로 적절하지 **않은** 것은?

① 설문 조사 자료를 활용하고 있다.
② 일정한 기준에 따라 세금을 나누고 있다.
③ 묻고 답하는 방식으로 정보를 전달하고 있다.
④ 유명인의 말을 인용하여 관심을 유도하고 있다.

24 ㉠을 인용한 글쓴이의 의도로 가장 적절한 것은?

① 세금이 필요한 이유를 알려 주기 위해
② 세금 징수의 어려움을 부각하기 위해
③ 세금 납부가 국민의 의무임을 강조하기 위해서
④ 세금 납부가 국가 재정에 미치는 영향을 드러내기 위해

25 윗글을 바탕으로 '세금'에 대해 이해한 내용으로 적절하지 **않은** 것은?

① 세금을 납부하는 것은 국민의 의무 중 하나이다.
② 세금은 국방이나 교육 등 다양한 곳에 사용된다.
③ 세금은 국가가 나라 살림을 잘 꾸려 가는 데 필요한 돈이다.
④ 세금을 거두어들이는 곳은 중앙 정부 기관인 국세청 한 곳이다.

memo

memo

memo

memo

memo

끝이 좋아야 시작이 빛난다.

– 마리아노 리베라(Mariano Rivera)

2025 중졸 검정고시 기본서 국어

발 행 일	2024년 7월 26일 초판
편 저 자	김지상
펴 낸 이	양형남
개 발	정상욱, 김민서, 김성미
펴 낸 곳	(주)에듀윌
등록번호	제25100-2002-000052호
주 소	08378 서울특별시 구로구 디지털로34길 55
	코오롱싸이언스밸리 2차 3층

www.eduwill.net

대표전화 1600-6700

여러분의 작은 소리
에듀윌은 크게 듣겠습니다.

본 교재에 대한 여러분의 목소리를 들려주세요.
공부하시면서 어려웠던 점, 궁금한 점,
칭찬하고 싶은 점, 개선할 점, 어떤 것이라도 좋습니다.

에듀윌은 여러분께서 나누어 주신 의견을
통해 끊임없이 발전하고 있습니다.

에듀윌 도서몰 book.eduwill.net
· 부가학습자료 및 정오표: 에듀윌 도서몰 → 도서자료실
· 교재 문의: 에듀윌 도서몰 → 문의하기 → 교재(내용, 출간) / 주문 및 배송

중졸 · 고졸 검정고시 답안지

답란

문번	답 란
1	① ② ③ ④
2	① ② ③ ④
3	① ② ③ ④
4	① ② ③ ④
5	① ② ③ ④
6	① ② ③ ④
7	① ② ③ ④
8	① ② ③ ④
9	① ② ③ ④
10	① ② ③ ④

문번	답 란
11	① ② ③ ④
12	① ② ③ ④
13	① ② ③ ④
14	① ② ③ ④
15	① ② ③ ④
16	① ② ③ ④
17	① ② ③ ④
18	① ② ③ ④
19	① ② ③ ④
20	① ② ③ ④

문번	답 란
21	① ② ③ ④
22	① ② ③ ④
23	① ② ③ ④
24	① ② ③ ④
25	① ② ③ ④

※ 수학 과목은 20문항임.

학력구분	
중졸	○
고졸	○

교시	표기란	과목명
1	○	
2	○	
3	○	
4	○	
5	○	
6	○	
7	○	

※ 중졸 검정고시는 6과목임.

성명 (한글)

수험번호

(1)						
(2)	⓪①②③④⑤⑥⑦⑧⑨	⓪①②③④⑤⑥⑦⑧⑨	⓪①②③④⑤⑥⑦⑧⑨	⓪①②③④⑤⑥⑦⑧⑨	⓪①②③④⑤⑥⑦⑧⑨	⓪①②③④⑤⑥⑦⑧⑨

※ 응시자는 표기하지 마시오.

결시자표기란 ○

감독관확인란

※ 응시화자, 학력, 교시 확인 후 감독관 날인

중졸 · 고졸 검정고시 답안지

문번	답 란			
1	①	②	③	④
2	①	②	③	④
3	①	②	③	④
4	①	②	③	④
5	①	②	③	④
6	①	②	③	④
7	①	②	③	④
8	①	②	③	④
9	①	②	③	④
10	①	②	③	④

문번	답 란			
11	①	②	③	④
12	①	②	③	④
13	①	②	③	④
14	①	②	③	④
15	①	②	③	④
16	①	②	③	④
17	①	②	③	④
18	①	②	③	④
19	①	②	③	④
20	①	②	③	④

문번	답 란			
21	①	②	③	④
22	①	②	③	④
23	①	②	③	④
24	①	②	③	④
25	①	②	③	④

※ 수학 과목은 20문항임.

응시자 유의 사항

1. 답안지는 지정된 필기도구(컴퓨터용 수성사인펜)만을 사용하여 아래 예시와 같이 표기해야 합니다.
("예시" ① 정답일 경우 : ● ② ③ ④)
2. 수험번호 (1)란에는 아라비아 숫자를 쓰고, (2)란은 해당 숫자란에 까맣게 표기(●)해야 합니다.
3. 응시회차, 학력구분 및 교시란에는 반드시 까맣게 표기(●)해야 하고, 과목란에는 해당 응시과목명("예시" 국어)을 기재해야 합니다.
4. 답안지를 굵거나 구기면 안 되며 수정하거나 두개 이상 표기한 문항은 무효처리됩니다.

학력구분	
중졸	○
고졸	○

교시	표기란	과목명
1	○	
2	○	
3	○	
4	○	
5	○	
6	○	
7	○	

※ 중졸 검정고시는 6과목임.

성명 (한 글)						

수험번호						
(1)						
(2)	⓪	⓪	⓪	⓪	⓪	⓪
	①	①	①	①	①	①
	②	②	②	②	②	②
	③	③	③	③	③	③
	④	④	④	④	④	④
	⑤	⑤	⑤	⑤	⑤	⑤
	⑥	⑥	⑥	⑥	⑥	⑥
	⑦	⑦	⑦	⑦	⑦	⑦
	⑧	⑧	⑧	⑧	⑧	⑧
	⑨	⑨	⑨	⑨	⑨	⑨

※ 응시자는 표기하지 마시오.

결시자표기란
○

감독관확인란

※ 응시회차, 학력, 교시 확인 후 감독관 날인.

중졸 · 고졸 검정고시 답안지

문번	답 란			
1	①	②	③	④
2	①	②	③	④
3	①	②	③	④
4	①	②	③	④
5	①	②	③	④
6	①	②	③	④
7	①	②	③	④
8	①	②	③	④
9	①	②	③	④
10	①	②	③	④

문번	답 란			
11	①	②	③	④
12	①	②	③	④
13	①	②	③	④
14	①	②	③	④
15	①	②	③	④
16	①	②	③	④
17	①	②	③	④
18	①	②	③	④
19	①	②	③	④
20	①	②	③	④

문번	답 란			
21	①	②	③	④
22	①	②	③	④
23	①	②	③	④
24	①	②	③	④
25	①	②	③	④

※ 수학 과목은 20문항임.

응시자 유의사항

1. 답안지는 지정된 필기도구(컴퓨터용 수성사인펜)만을 사용하여 아래 예시와 같이 표기해야 합니다.
   ("예시" ① 정답일 경우 : ● ② ③ ④)
2. 수험번호 (1)란에는 아라비아 숫자를 쓰고, (2)란은 해당 숫자란에 까맣게 표기(●)해야 합니다.
3. 응시회차, 학력구분 및 교시란에는 반드시 까맣게 표기(●)해야 하고, 과목명란에는 해당 교시 응시과목명("예시" 국어)을 기재해야 합니다.
4. 답안지를 긁거나 구기면 안 되며 수정하거나 두개 이상 표기한 문항은 무효처리됩니다.

학력구분		과목명
중졸	○	
고졸	○	

교시	표기란	과목명
1	○	
2	○	
3	○	
4	○	
5	○	
6	○	
7	○	

※ 중졸 검정고시는 6과목임.

성 명 (한 글)						
수 험 번 호						
(1)						
(2)	⓪	⓪	⓪	⓪	⓪	⓪
	①	①	①	①	①	①
	②	②	②	②	②	②
	③	③	③	③	③	③
	④	④	④	④	④	④
	⑤	⑤	⑤	⑤	⑤	⑤
	⑥	⑥	⑥	⑥	⑥	⑥
	⑦	⑦	⑦	⑦	⑦	⑦
	⑧	⑧	⑧	⑧	⑧	⑧
	⑨	⑨	⑨	⑨	⑨	⑨

※ 응시자는 표기하지 마시오.

결시자표기란
○

감독관확인란

※ 응시회차, 학력, 교시 확인 후 감독관 날인.

2025 최신판

에듀윌
중졸 검정고시
기본서 국어

정답과 해설

정답과 해설

탄탄 실력 다지기

I 문학

01 현대 시

18쪽

01	④	02	④	03	①	04	③	05	③
06	④	07	④	08	②	09	③	10	③
11	③	12	④	13	④	14	①	15	②
16	④	17	①	18	③	19	④	20	③
21	④	22	②	23	④	24	②	25	①
26	③	27	②	28	②	29	①	30	③
31	②	32	④	33	②	34	④	35	①
36	④	37	④	38	③	39	④	40	③
41	②	42	④	43	④	44	②	45	③

01 ④

| 정답해설 | 윗글은 처음과 끝을 같거나 비슷하게 하는 구성인 수미상관을 활용하여 의미를 강조하고, 운율을 형성하며, 안정감을 주고 있다.

02 ④

| 정답해설 | 시적 화자인 '나'는 떠난 '당신'을 간절히 기다리고 있다.

03 ①

| 정답해설 | 윗글이 일제에 조국을 빼앗긴 일제 강점기 상황에서 쓰였다는 점을 고려하면, '당신'은 일제에 빼앗긴 '조국'을 상징한다고 볼 수 있다.

04 ③

| 정답해설 | ㉠에는 '나=나룻배, 당신=행인'의 형식으로 비유하는 방법인 은유법이 사용되었다. ④에서도 '내 마음=호수'의 형식으로 비유하고 있다.
| 오답해설 |
① 의인법이 사용되었다.
② 직유법이 사용되었다.
④ 반어법이 사용되었다.

05 ③

| 정답해설 | 윗글에는 3음보의 민요적 율격이 나타나 있다.

06 ④

| 정답해설 | ㉠에는 반어법이 사용되었다. '나 보기가 역겨워 / 가실 때에는 / 죽어도 아니 눈물 흘리우리다.'에도 반어법이 사용되었다.
| 오답해설 |
① 은유법이 사용되었다.
② 설의법이 사용되었다.
③ 직유법이 사용되었다.

07 ④

| 정답해설 | ㉠은 결코 잊을 수 없는 임을 향한 애틋한 그리움을 '잊었노라.'라는 시어를 사용하여 반어적으로 표현하고 있다. 따라서 ㉠을 화자의 속마음이 직접 드러나도록 바꾸려면 '잊지 못하겠다.'라는 내용이어야 한다.

08 ②

| 정답해설 | 윗글은 사랑하는 임과의 이별을 노래한 작품으로, 시대적 현실과는 관련이 없다.

09 ③

| 정답해설 | 윗글에서 화자는 임과 이별하는 상황에 있으므로 ㉠이 밝은 미래를 암시한다는 설명은 적절하지 않다.

10 ③

| 정답해설 | ㉡에는 역설적 표현이 아닌 반어적 표현이 사용되었다. 역설적 표현은 표현에 논리적 모순이 나타난다는 점에서 반어적 표현과 구분된다.

2 정답과 해설

11 ③

| 정답해설 | '아무개 씨'는 '나'가 아버지로 섬기는 이고, '아무개 씨'와 '의원'은 막역지간이다. 그러나 '나'와 '의원'은 북관에서 처음 만난 사이이다.

| 오답해설 |

① '나'는 타향(북관)에서 앓아누워 고향과 가족을 그리워하고 있다.

② 의원이 '나'를 보고 빙긋이 웃는 것은 막역지간인 아무개 씨의 고향과 '나'의 고향이 같다는 데서 느끼는 친근감의 표현이다.

④ '나'는 의원을 만나기 전 홀로 타향(북관)에서 앓아누워 쓸쓸함과 서러움을 느끼다가, 의원의 따뜻한 손길을 통해 고향과 가족을 떠올리고는 친근감과 따스함을 느끼고 있다.

12 ④

| 정답해설 | 시적 화자는 의원의 손길을 따뜻하고 부드럽게 느끼며 '고향도 아버지도 아버지의 친구도 다 있었다'라고 하였다. 이를 통해 화자가 고향과 가족을 떠올리며 따뜻함을 느끼고 있음을 알 수 있다.

13 ④

| 정답해설 | 윗글에서 ㉠, ㉢은 '의원'의 말이고, ㉡, ㉣은 '나'의 말이다.

14 ①

| 정답해설 | 의성어는 소리를 흉내 내는 말로, 윗글에서는 사용되지 않았다. '주저리주저리'는 모양을 흉내 내는 의태어이다.

15 ②

| 정답해설 | 화자는 '손님'을 간절한 마음으로 기다리고 있다.

16 ④

| 정답해설 | '하이얀 모시 수건'에 사용된 심상은 '시각적 심상'이다. '붉은 파밭의 푸른 새싹'은 '붉은'과 '푸른'에 시각적 심상이 사용되었다.

| 오답해설 |

①, ② 후각적 심상이 사용되었다.

③ 청각적 심상이 사용되었다.

17 ①

| 정답해설 | 윗글은 자연의 아름다움이 아니라 부끄러움이 없는 순수한 삶에 대한 소망을 노래하고 있다.

18 ③

| 정답해설 | '별'은 '바람'과 대립되며, 희망과 이상·시적 화자가 추구하고자 하는 순수함을 의미하는 시어이다.

| 오답해설 |

① '하늘'은 삶의 절대적이고 숭고한 기준을 의미하는 시어이다.

② '잎새'는 작은 갈등에도 흔들리는 나약한 존재를 의미하는 시어이다.

④ '밤'은 일제 강점기라는 암담한 현실을 의미하는 시어이다.

19 ④

| 정답해설 | 윗글에서 현실의 부정적 현상이나 모순 따위를 빗대어 비웃는 풍자적 성격은 드러나지 않는다.

20 ③

| 정답해설 | 어구를 확장하는 표현은 나타나 있지 않다.

| 오답해설 |

① 1연과 5연을 같게 하는 수미상관의 구성을 취하고 있다.

② '길'이라는 시어를 반복하여 사용하고 있다.

④ '내를 건너서 숲으로 / 고개를 넘어서 마을로', '민들레가 피고 ~ 바람이 일고'에서 유사한 문장 구조를 반복하고 있다.

21 ④

| 정답해설 | 자신에게 주어진 길을 늘 '새로운 길'로 여기는 시적 화자의 모습에서 항상 새로운 마음으로 살아가려는 의지적 태도를 엿볼 수 있다.

22 ②

| 정답해설 | 윗글에서 시적 화자는 어제도 오늘도 길을 가고 있다. 화자는 가는 길을 항상 새로운 길이라고 여기며 날마다 새로운 마음으로 길을 걸어갈 것을 다짐하고 있다.

23 ③

| 정답해설 | 윗글은 꽃이 피고 열매를 맺는 자연 현상을 인간의 삶과 연관 지어 이별의 고통을 통해 영혼이 성숙할 수 있다는 깨달음을 형상화하고 있다.

24 ②

| 정답해설 | 윗글은 꽃이 진 후에 열매가 맺듯이, 이별의 아픔을 겪은 후에 '샘터에 물 고이듯' 영혼이 성숙해질 수 있다는 깨달음을 전달하고 있다.

25 ①

| 정답해설 | ㉠에서는 낙화를 통해 지금이 이별의 때임을 인식하고 이별을 자연의 섭리로 받아들이고 있으므로 저항의 의지를 의미한다고 볼 수 없다.

26 ③

| 정답해설 | 윗글은 '~하자.'라는 형태의 청유형 어조를 사용하여 화자의 의지를 나타내고 있다.

27 ②

| 정답해설 | 윗글에서 시적 화자는 현실을 부정적으로 인식하고, 부정적 현실 속에서도 따뜻한 마음으로 이웃들과 사랑을 나누며 살고 싶은 소망을 드러내고 있다. 자신의 삶에 대한 후회를 드러내고 있지는 않다.

28 ②

| 정답해설 | '가장 낮은 곳'은 지리적으로 지대가 낮은 곳이 아니라 소외된 사람들이 모여 힘들게 살아가는 곳을 의미한다.

29 ①

| 정답해설 | '함박눈'은 어렵고 소외된 사람들에게 '행복, 기쁨, 희망, 위로'가 되는 존재이다. 이와 유사한 의미의 시어는 '편지, 새살'이다.

30 ③

| 정답해설 | 화자는 시장에 간 엄마를 홀로 기다리며 외로움과 쓸쓸함을 느꼈던 어린 시절을 회상하고 있다. 따라서 윗글에서는 외로움과 쓸쓸함의 분위기가 드러나며, 밝고 희망적인 분위기는 나타나지 않는다.

31 ②

| 정답해설 | ㉠에는 촉각적 심상이 사용되었다. ② 역시 촉각적 심상이 사용되었다.
| 오답해설 |
①, ③ 시각적 심상이 사용되었다.
④ 청각적 심상이 사용되었다.

32 ④

| 정답해설 | 윗글의 1연에서는 외로움과 두려움이, 2연에서는 어린 시절에 대한 서글픔과 애틋함이 나타난다.

33 ②

| 정답해설 | '꽃'은 수많은 사물들 중 하나가 아니라, '나'가 대상의 본질을 인식하고 이름을 불러 주는 행위를 통해 관계를 맺은 의미 있는 존재를 가리킨다.

34 ①

| 정답해설 | ㉠은 '나'가 이름을 부르기 전의 '그'로, 무의미한 존재를 의미한다.
| 오답해설 | ㉡, ㉢, ㉣은 모두 의미 있는 존재를 나타낸다.

35 ①

| 정답해설 | '그'는 '나'에게 무의미한 존재였지만, 이름 부르기(참된 모습을 인식하는 과정)를 통해 '나'에게 의미 있는 존재가 된다. 그리고 '나'는 자신도 누군가에게 의미 있는 존재가 되고 싶어 한다. 즉 누군가와 진정한 관계를 맺고 싶어 하는 것이다.

36 ④

| 정답해설 | 4연에서 타인과 진정한 관계를 맺고 싶다는 '나'의 소망이 '우리'의 소망으로 확대되고 있다.

37 ④

| 정답해설 | 윗글의 화자는 남에게는 너그럽고 포용력 있지만 제 몸은 모질게 채찍질하는 바다의 모습을 보고, 자신도 바다처럼 남에게는 관대하고 자신에게는 엄격한 마음을 가지기를 소망하고 있다.

38 ③

| 정답해설 | 윗글에서 화자는 남에게는 엄격하고 자신에게는 관대한 자기 자신의 모습을 잘고 굳은 '돌'에 비유하고 있다.

39 ④

| 정답해설 | ㉠은 남의 잘못은 크게 느끼고 자신의 잘못은 작게 느끼는 시적 화자의 마음을 표현하고 있다. ④ 역시 나의 잘못은

작게 느끼고 남의 잘못은 크게 느낀다는 의미를 지니고 있다.

| 오답해설 |

①, ③ '작은 것이라도 모이면 큰 덩어리가 된다.'라는 의미이다.

② '남의 것이 제 것보다 더 좋아 보인다.'라는 의미이다.

40 ③

| 정답해설 | 윗글은 '귀뚜라미'를 의인화하여 화자로 설정하고, 화자가 시련의 시간을 지나 다른 존재에게 감동을 주는 노래를 들려줄 수 있기를 소망하는 마음을 표현하고 있다.

| 오답해설 |

① '있을까'로 끝나는 의문형 문장이 있지만, 이는 설의적 표현이므로 묻고 답하는 형식이라고 할 수 없다.

② 첫 연을 마지막 연에서 다시 제시하고 있지 않다.

④ 직유법은 사용하고 있지 않다.

41 ②

| 정답해설 | '차가운 바닥 위에 토하는 울음, / 풀잎 없고 이슬 한 방울 내리지 않는 / 지하도 콘크리트 벽 좁은 틈'은 화자인 귀뚜라미가 열악한 환경에 처해 있다는 것을 나타낸다.

42 ④

| 정답해설 | ㉠, ㉢, ㉣은 청각적 이미지를 드러내고, ㉡은 촉각적 이미지를 드러낸다.

43 ④

| 정답해설 | 윗글은 '나무'가 몸이 아팠다고 하거나 '나무'를 '그'라고 표현하는 등 의인법을 사용해 시련을 견디며 가치 있는 것을 추구하는 삶의 자세를 나타내고 있다.

44 ②

| 정답해설 | 헌데 자리에 이파리를 피운 것은 나무가 아픈 다음에 이루어 낸 결과이다.

45 ③

| 정답해설 | 윗글의 '나무'는 시련을 겪은 뒤에 이파리를 피워 냈다. ③에서 '한여름 뙤약볕'은 바깥에서 운동을 하는 운동선수에게는 시련을 의미하므로, 운동선수도 나무와 같이 시련을 견디며 가치 있는 것을 추구하는 삶을 살고 있다고 볼 수 있다.

01	①	02	③	03	②	04	①	05	②
06	②	07	③	08	②	09	②	10	①
11	②	12	①	13	③	14	③	15	③
16	④	17	④	18	①	19	③	20	④
21	④	22	③	23	④						

01 ①

| 정답해설 | 윗글의 갈래는 향가로, 작자는 승려인 월명사이다. 향가는 신라 시대에 학식과 덕망을 겸비한 승려, 화랑 등에 의해 주로 창작되고 향유되었다.

02 ③

| 정답해설 | 화자는 누이의 죽음으로 인해 큰 슬픔과 안타까움을 느끼지만, 누이와 재회하기를 기대하며 종교적 신념으로 슬픔을 극복하고자 한다.

03 ②

| 정답해설 | 윗글에서 이른 바람에 '떨어질 잎'은 죽은 누이를 의미하며, 높은 곳에서 아래로 향하여 내려오는 '하강적 이미지'를 드러내어 죽음의 분위기를 효과적으로 형상화한다.

04 ①

| 정답해설 | (가), (나) 모두 '까마귀'와 '백로'의 색깔에 주목하였다. 다만 (가)는 보이는 색깔에만 주목하였고, (나)는 보이는 색깔과 내면의 색깔을 나누었다는 점에서 차이가 있다.

| 오답해설 |

② (가)와 (나)는 고려 말, 조선 초에 지어진 시조이다.

③ (가)에서는 '까마귀'를 부정적으로 생각하고 '백로'를 긍정적으로 생각하는 반면, (나)에서는 '까마귀'를 긍정적으로 생각하고 '백로'를 부정적으로 생각하고 있다.

④ (가)와 (나)는 모두 말하고자 하는 바를 잘 전달하고 있다.

05 ②

| 정답해설 | (가)에서는 고려 왕조를 무너뜨리려 하는 이성계 일파를 부정적 존재인 '까마귀'에, 고려 왕조를 지키려고 하는 정몽주를 긍정적 존재인 '백로'에 비유하고 있다.

06 ②

| 정답해설 | 시조의 초장, 중장, 종장은 각각 4음보로 이루어져 있고, 이와 같은 일정한 소리의 마디를 통해 운율을 형성한다.

07 ③

| 정답해설 | '구만 리'는 시적 화자와 '임'이 멀리 떨어져 있음을 보여 주는 시어이다.

08 ②

| 정답해설 | 제시된 자료를 참고하면 정철은 고향에서도 임금을 그리워했음을 알 수 있다. 따라서 윗글의 '고운 임'을 임금으로 해석할 수 있으므로 이 시조는 임금에 대한 그리움과 충성심을 표현하기 위해 창작한 것이라고 볼 수 있다.

09 ②

| 정답해설 | 윗글은 임금에 대한 충정을 노래한다는 점에서 내용 상 '연군가'로 분류할 수 있다. '자연 친화적인 삶의 태도'와는 거리가 멀다.
| 오답해설 |
① 윗글은 평시조로, 3장 6구의 기본 형식으로 되어 있다.
③ 시적 화자인 '나'는 천만리 머나먼 곳에서 임(어린 단종)과 이별하여 애통한 심정을 느끼고 있다.
④ 윗글은 단종 복위 운동 실패와 영월 유배라는 역사적 상황을 배경으로 하고 있다.

10 ①

| 정답해설 | 윗글에는 슬픔, 애통함, 상실감, 안타까움, 그리움, 죄책감 등의 정서가 나타난다. 원망은 나타나지 않는다.

11 ②

| 정답해설 | 윗글은 임(임금)과 이별하고 느끼는 화자의 슬픔과 비통함, 안타까움 등의 감정을 '물'에 이입하여 표현하고 있다.

12 ①

| 정답해설 | 윗글에서 '백송골'은 중앙 관리, '두꺼비'는 탐관오리, '파리'는 힘없는 백성을 의미한다. 두꺼비가 파리를 물고, 백송골을 보자 놀라는 모습을 통해 ①이 적절함을 알 수 있다.

13 ③

| 정답해설 | '두꺼비'는 백송골을 보고 혼자 놀라 자빠진 후, 자신이 날래서 피멍이 들지 않았다며 잘난 체를 하고 있다. 이는 '실속은 없으면서도 허세를 부림'이라는 의미의 '허장성세'와 가장 관계가 깊다.
| 오답해설 |
① '조삼모사'는 '간사한 꾀를 써서 남을 속임'을 의미한다.
② '설상가상'은 '어려운 일이 겹침'을 의미한다.
④ '타산지석'은 '다른 사람의 하찮은 언행이라도 자기의 덕을 닦는 데 도움이 됨'을 의미한다.

14 ③

| 정답해설 | 윗글은 시조의 한 종류인 사설시조로, 시조는 초장이 아니라 종장의 첫 음보가 3음절로 고정되어 있다.

15 ③

| 정답해설 | 윗글은 사설시조이다. 사설시조는 종장의 첫 3음절은 지키되, 초장과 중장의 길이가 길어지는 형식적 파격이 나타난다.

16 ④

| 정답해설 | 윗글에는 임을 기다리는 화자의 마음이 드러나고 있다. 그러므로 말하는 이가 궁극적으로 바라는 것은 임이 오면 개가 반갑게 짖는 것이 아니라 '고운 임'이 오는 것이다.
| 오답해설 |
① 의태어를 통해 개의 행동이 해학적으로 묘사되고 있다.
② 초장에서 화자가 개를 열 마리 이상 키우고 있음을 알 수 있다.
③ 화자는 '고운 임'이 오면 쫓아내는 개의 행동을 보고 '고운 임'이 오지 않는 것이 개 때문이라고 생각하며 개를 원망하고 있다.

17 ④

| 정답해설 | 윗글에서 화자는 임이 오지 않는 것을 개의 탓으로 돌리고 있을 뿐, 자신의 감정을 개에게 이입하여 표현하지는 않았다.

18 ①

| 정답해설 | 윗글은 시조이다. 시조는 일반적으로 45자 내외로 이루어져 있으며, 종장의 첫 음보는 세 글자(3음절)로 고정되어

있다. 따라서 글자 수에 제약이 없다는 설명은 적절하지 않다.

19 ③

| 정답해설 | 제1수에서 수(물)·석(돌)·송(소나무)·죽(대나무)·월(달)이 시적 화자의 다섯 벗임을 파악할 수 있다. 해는 화자가 벗으로 삼은 대상이 아니다.

20 ④

| 정답해설 | 화자는 ㉠에서 '수, 석, 송, 죽, 월' 외에 벗이 필요하지 않다고 말하며 만족감을 드러내고 있다.

21 ④

| 정답해설 | 윗글에서 4수에는 명령형 어미를 사용하고 있지만 13수에는 청유형 어미를 사용하여 설득력을 강화하고 있으므로, ④는 적절하지 않다.

22 ③

| 정답해설 | 4수에서는 부모에 대한 효를, 13수에서는 근면함과 상부상조를, 16수에서는 노인에 대한 공경을 강조하고 있다. 이를 통해 화자가 백성들에게 유교적 윤리와 도덕을 권장하기 위해 윗글을 지었음을 알 수 있다.

23 ④

| 정답해설 | 윗글은 순우리말을 사용하여 백성들이 내용을 쉽게 이해할 수 있도록 하였다.

03 현대 소설
67쪽

01	②	02	①	03	③	04	④	05	①
06	②	07	③	08	①	09	①	10	④
11	①	12	②	13	③	14	②	15	①
16	②	17	②	18	①	19	①	20	①
21	②	22	④	23	①	24	③	25	④

01 ②

| 정답해설 | 윗글은 전지적 작가 시점으로, 서술자가 인물과 사건에 대해 서술하고 있다. 결말 부분에 등장하는 김 첨지의 말은 죽은 아내를 향한 김 첨지의 혼잣말에 해당하므로, 인물 간의 대화를 중심으로 이야기가 전개된다고 할 수 없다.

02 ①

| 정답해설 | 윗글은 1920년대 일제 강점기의 가난한 하층민의 비참한 현실을 고발한 작품이다. ㉠ '인력거꾼'은 그 시대를 드러내는 소재이다.

03 ③

| 정답해설 | '병이 이대도록 ~ 체한 때문이다.'를 통해 아내가 조밥을 먹고 체한 것이 병이 심해지는 계기가 되었음을 알 수 있다.
| 오답해설 |
① 김 첨지는 가난한 형편과 약을 쓰는 것이 좋지 않다는 고집 때문에 아내에게 약을 써 본 일이 없다.
② 김 첨지는 자신의 인력거에 앞집 마마님을 태우기 전 근 열흘 동안 돈을 벌지 못했다.
④ 김 첨지는 마마님에게 삼십 전, 양복쟁이에게 오십 전을 받아 총 팔십 전을 벌었다.

04 ④

| 정답해설 | 윗글은 산골 마을 남녀의 순박한 사랑을 소재로 한 소설로, '현재 – 과거 – 현재'로 사건이 전개된다. 서술자인 '나'가 주관적으로 사건을 전달하는 1인칭 주인공 시점으로 이야기가 전개되고 있다.

05 ①

| 정답해설 | '감자'는 '나'에 대한 점순이의 관심과 애정을 보여

주는 소재이다. 윗글은 '나'가 점순이가 준 감자를 거절하면서 갈등이 시작된다.

06 ②

| 정답해설 | ㉠에서는 윗글의 주제인 젊은 남녀의 순수하고 풋풋한 사랑을 '향긋한 그 냄새'라는 후각적 심상을 통해 감각적으로 드러내고 있다. ㉠은 내적 갈등이 깊어지는 부분이 아니라 인물 사이의 갈등이 해소되는 부분이다.

07 ③

| 정답해설 | 윗글의 서술자는 '옥희'로, 서술자가 소설 속에 등장하는 1인칭 관찰자 시점으로 이야기를 전개하고 있다.

08 ①

| 정답해설 | 아저씨가 옥희에게 하는 질문은 대부분 옥희 어머니에 대한 것으로, 이를 통해 아저씨가 옥희의 어머니에 대해 궁금해 하고 있음을 알 수 있다. 서술자인 옥희는 이를 인지하지 못하지만 독자는 작가가 어머니를 향한 아저씨의 관심을 전달하고 있음을 느낄 수 있다.

09 ①

| 정답해설 | 옥희의 어머니는 자신이 재혼했을 경우 옥희가 세상 사람들에게 손가락질을 받게 되고 시집도 훌륭한 데로 못 가게 될 것이라고 말하고 있다. 따라서 어머니가 아저씨와의 사랑을 단념한 이유는 옥희의 장래에 대한 걱정 때문임을 짐작할 수 있다.

10 ④

| 정답해설 | 윗글은 평범한 이웃들의 삶에 관한 성찰을 주제로 한 소설이다. 자신의 삶을 열심히 살아가는 김밥 아줌마와 빵떡모자 아저씨의 모습에서 아름다움을 느낄 수 있다. 대조적인 인물을 제시하여 주제 의식을 강조하지는 않는다.

11 ①

| 정답해설 | '나'는 김밥 아줌마의 김밥이 돈 몇 푼의 이익을 얻기 위해서가 아니라 김밥 만드는 것 자체에 몰두하여 만들어 낸 환상적인 맛의 김밥이라는 점에서 김밥 아줌마의 김밥을 작품이라 부르고 있다. 어떤 재료를 사용해서 김밥을 만들었는지는 알수 없다.

12 ②

| 정답해설 | ㉠, ㉡을 통해 빵떡모자 아저씨가 최고의 물건만 취급한다는 자부심을 지닌 사람임을 알 수 있다. 그는 자신이 파는 물건에 대해 이야기하기를 좋아하고, 혹시라도 고객이 만족하지 못한 경우에는 그 원인을 명확히 파악하여 자신의 일에 책임을 다하려 한다.

13 ③

| 정답해설 | 윗글에는 금반지를 지키려는 명선이와 빼앗으려는 어른들 사이의 외적 갈등이 드러날 뿐, 인물 간의 외적 갈등이 해소되는 모습은 나타나지 않는다.

14 ②

| 정답해설 | ㉡에는 예쁜 꽃을 보고 좋아하는 명선이의 순수한 면모가 드러난다.

15 ①

| 정답해설 | 명선이가 '나'가 얼떨결에 지어낸 꽃 이름을 믿는 장면을 통해 명선이가 '나'를 신뢰하고 있음을 알 수 있다.

16 ②

| 정답해설 | '나'는 명선이 앞에서 자신도 모르는 꽃 이름을 엉겁결에 지어내어 말한다. 이는 '나'가 시골에서 볼 수 있는 것이라면 무엇이든 알 것이라고 믿는 명선이의 기대를 저버리고 싶지 않은 심리와 꽃 이름을 모른다는 사실을 명선이에게 들키고 싶지 않은 '나'의 심리가 드러나는 것일 뿐 사회·문화적 상황과는 관련이 없다.

17 ②

| 정답해설 | 윗글에서 긍정적인 대상은 수남이를 도덕적으로 견제해 줄 수 있는 인물인 아버지, 즉 어른이다.

18 ①

| 정답해설 | 수남이는 도덕과 양심을 중요하게 여기라는 아버지

의 말을 떠올리며 자신의 잘못을 반성하게 된다.

19 ①

| 정답해설 | 소설 전체에서 돈이 굳었다며 수남이가 자전거를 들고 도망친 행동을 칭찬하는 주인 영감, 도둑질을 한 형, 자신의 행동에 대해 고민하는 수남이의 얼굴이 '누런 똥빛'으로 표현된다. 따라서 '누런 똥빛'은 부도덕한 마음을 상징한다.

20 ①

| 정답해설 | 윗글은 1970년대 급격한 도시화·산업화가 이루어지던 우리나라의 모습이 잘 나타난 소설이다. 이와 같은 작품을 감상할 때에는 작품 속에 반영된 과거 삶의 모습을 살펴보고, 이를 바탕으로 오늘날의 삶을 성찰해 보는 것이 적절한 감상 방법이다.

21 ②

| 정답해설 | '변두리'는 어떤 지역의 가장자리가 되는 곳을 의미하는 말로, 특정한 시대적 배경을 드러내지는 않는다. '마차, 문화 주택, 슬래브 집'은 윗글이 1970년대를 배경으로 하고 있음을 보여 준다.

22 ④

| 정답해설 | 윗글에서 '노새'는 근대화, 산업화가 진행되는 도시에서 '아버지'와 함께 과거의 방식으로 고단하게 연탄 배달을 하고 있다. 이처럼 '노새'는 '아버지'와 동일시되어 도시에서 이질적인 존재이자 시대의 변화에 뒤처지는 존재로 그려진다. 동물원은 '아버지'와 '나'가 '노새'를 찾다가 들른 장소일 뿐, 이상적 공간으로서의 의미를 지니지는 않는다.

23 ①

| 정답해설 | '조약돌'은 소년을 향한 소녀의 관심, 소녀를 향한 소년의 관심과 그리움을 의미한다. '대추'는 소년에게 주는 소녀의 이별 선물로, 소년을 위하는 소녀의 마음을 의미한다.
| 오답해설 |
• '분홍 스웨터'는 소년을 계속 기억하고 싶어 하는 소녀의 마음, 소년과 소녀의 맑고 순수한 사랑의 추억을 의미한다.
• '호두'는 소녀를 위하는 소년의 마음을 의미한다.

24 ③

| 정답해설 | 윗글에서 소녀가 이사를 가게 된 까닭은 윤 초시네 가세가 기울어 집을 팔아야 했기 때문이라고 제시되어 있다.
| 오답해설 |
① 원래 병을 앓고 있던 소녀는 소년과 소나기를 맞은 뒤 병세가 악화되어 죽음을 맞게 된다.
② '소나기'는 잠시 내렸다가 그치는 비로, 짧았던 소년과 소녀의 사랑을 의미하기도 한다.
④ 갑자기 내리는 소나기로 인해 소설의 분위기가 어두워지면서 불길한 일이 있을 것임을 암시한다.

25 ④

| 정답해설 | 소녀는 자신이 죽거든 소년과의 추억이 담긴 분홍 스웨터를 그대로 입혀서 묻어 달라는 유언을 남긴다. 이를 통해 소년을 계속 기억하고 싶어 하는 소녀의 마음을 짐작할 수 있다.

01	②	02	③	03	①	04	③	05	①
06	④	07	③	08	③	09	②	10	③
11	①	12	②	13	③	14	③	15	②
16	②	17	②						

01 ②

| 정답해설 | 육지에 도착한 토끼는 별주부를 향해 자신이 거짓말로 용왕을 속였음을 밝히고, 이를 알게 된 별주부는 스스로 목숨을 끊는다. 따라서 별주부가 토끼에게 속은 것을 뒤늦게 알았음을 알 수 있다.

02 ③

| 정답해설 | 토끼의 꾀에 넘어가지 않고 용왕에게 간언을 한 자가사리는 소신 있고 지혜로운 신하를 상징한다. 용왕이 자가사리의 간언을 들었다면 토끼가 죽었을 것이기 때문에 자가사리의 발언은 극의 긴장감을 고조시키고, 간언을 듣지 않은 용왕의 어리석음을 드러낸다.

03 ①

| 정답해설 | 윗글은 지배 계층을 상징하는 '용왕'이 서민을 상징하는 '토끼'의 꾀에 속아 넘어가는 어리석은 모습을 보여 줌으로써 지배 계층에 대한 비판을 드러내고 있다. 토끼가 욕심을 부려 죽을 뻔한 것은 지배 계층에 대한 비판과 직접적인 관련이 없다.

04 ③

| 정답해설 | 윗글의 처음 부분에 나타난 '양반'에 대한 설명을 통해 알 수 있다. 양반이 벼슬을 했다고 소개되지는 않았으므로 정부에서 중요한 역할을 수행한 적이 있다고 볼 수 없다.

05 ①

| 정답해설 | 양반의 아내는 양반이 평생 글을 읽었지만 관곡을 갚는 데 도움이 되지 않는다고 하면서 양반이라는 것이 한 푼어치도 안 된다고 말하고 있다. 이는 양반의 경제적 무능을 풍자하고 있는 것이다.

06 ④

| 정답해설 | 윗글에서 양반과 평민의 신분이 구별되어 있고 양반이 특권을 누리는 것은 언급되어 있지만, 양반과 평민의 사회적 갈등이 점차 심해졌다는 것은 확인할 수 없다.

07 ③

| 정답해설 | 윗글은 고전 소설이다. 고전 소설은 주로 행복한 결말을 맺으며, 권선징악을 주제로 한다. 사건은 우연적이고 비현실적으로 일어나며, 인물은 전형적이고 평면적인 성격을 지닌다. 또한 시간의 흐름에 따라 사건이 전개된다.

08 ③

| 정답해설 | '오래된 집 지붕 얹어 주기'와 관련된 내용은 언급되지 않았다.
| 오답해설 |
① '상하 전답 김매기'는 논과 밭의 잡초를 뽑는 것을 뜻한다.
② '대장간 풀무 불기'는 대장간에서 불을 피우는 것을 뜻한다.
④ '초상난 집 부고 전하기'는 돌아가신 분의 소식을 전하는 것을 뜻한다.

09 ②

| 정답해설 | 어사또는 '춘향'의 마음을 떠보면서 자신을 향한 '춘향'의 마음이 변하지 않았음을 확인하고 싶었기 때문에 ㉠처럼 말한 것이다.

10 ③

| 정답해설 | 바람이 불어도 무너지지 않는 '층층이 높은 절벽 높은 바위'와 눈이 와도 변하지 않는 '푸른 솔 푸른 대'는 시련에도 변함없는 춘향의 지조와 절개를 나타내는 소재이다. 여기서 '바람'은 '시련'으로 볼 수 있다.

11 ①

| 정답해설 | '가을'은 변학도의 횡포를 의미한다. '어사또, 어사낭군, 봄바람에 핀 오얏꽃'은 모두 이몽룡을 의미한다.

12 ②

| 정답해설 | 용골대는 왕비의 조언을 무시하고, 피화당을 침범하려다가 박씨 부인의 능력에 놀라 무릎을 꿇는다. 이로 보아 용골대가 박씨 부인의 능력을 알고 대비했다고 보기는 어렵다.

13 ③

| 정답해설 | '박씨 부인'은 조선의 운수가 사나워 청나라에 패배를 당했지만 왕비는 데려가지 말 것을 요구하고 있다. 만약 왕비를 데리고 갈 경우에는 병사들을 몰살시키겠다고 말하였다.

14 ③

| 정답해설 | 청나라 장수 '용골대'가 '박씨 부인'에게 무릎을 꿇고 목숨을 애걸하는 모습을 통해 병자호란이라는 굴욕적 패배의 아픔을 문학 작품을 통해서나마 보상받고자 하는 의도를 파악할 수 있다.

15 ②

| 정답해설 | 윗글은 조선 시대의 '적서 차별'을 다루고 있는 한글 소설이다.

16 ②

| 정답해설 | '공맹'을 본받지 못할 바에야 차라리 '병법'이라도 익힌다는 말을 통해 무인보다 문인이 더 인정받았음을 알 수 있다.

17 ②

| 정답해설 | 길동이 내적 갈등을 겪는 근본적인 원인은 적서 차별 제도이다. 길동은 서자이기 때문에 호부호형하지 못하고 입신양명의 꿈을 이룰 수 없었다.

---

01 ③

| 정답해설 | 윗글은 수필이다. 수필은 글쓴이의 체험을 바탕으로 자유롭게 쓴 글이다.
| 오답해설 |
① 설득하는 글의 특징이다.
② 감상문의 특징이다.
④ 설명하는 글의 특징이다.

02 ①

| 정답해설 | 글쓴이는 깨엿 장수 아저씨의 말을 듣고 세상이 그런대로 살 만한 곳이라고 생각하고 있다. 이를 통해 글쓴이가 혼자서 살아가는 것이 아닌 함께 살아가는 삶에 대해 긍정적인 관점을 가지고 있음을 알 수 있다.

03 ③

| 정답해설 | 친구들은 놀 때마다 '나'에게 심판을 시키거나, 신발 주머니와 책가방을 맡겼다. 술래잡기를 할 때는 '나'에게 어디 숨을지를 말해 주고 숨기도 했다. 이를 통해 친구들이 '나'가 소외감이나 박탈감을 느끼지 않도록 배려해 준 것을 알 수 있다.

04 ①

| 정답해설 | 윗글은 수필이다. 수필은 글쓴이의 경험을 바탕으로 깨달음을 전달한다.

05 ②

| 정답해설 | 막내는 야구 경기에서 우승하고자 친구들과 늦은 시간까지 연습을 하였다.

06 ②

| 정답해설 | 윗글에서 막내에 대한 노여움은 찾을 수 없다. 막내가 학교에서 공부보다 더 소중한 가치를 스스로 배워 가는 것에 대한 감동이 주된 정서이다.

07 ②

| 정답해설 | '이 세계 동화 전집은 ~ 수없이 읽고 또 읽었다.'를 통해 '나'가 세계 동화 전집을 여러 번 반복해서 읽었음을 알 수 있다.

08 ③

| 정답해설 | 윗글에 세계 동화 전집을 읽고 글을 빠르고 정확하게 읽는 능력이 길러졌다는 내용은 나타나 있지 않다.

09 ④

| 정답해설 | 안 다니는 곳이 없을 정도로 천방지축 쏘다니며 놀았다는 내용을 고려할 때, ⓒ에는 구속이나 통제에서 벗어나 몸이 자유로움을 이르는 말인 '고삐 풀린 망아지'가 들어가는 것이 가장 적절하다.

| 오답해설 |

① '약방에 감초'는 어떤 일에나 빠짐없이 끼어드는 사람, 또는 꼭 있어야 할 물건을 비유적으로 이르는 관용 표현이다.

② '개밥에 도토리'는 따돌림을 받아서 여럿의 축에 끼지 못하는 사람을 비유적으로 이르는 관용 표현이다.

③ '빛 좋은 개살구'는 겉만 그럴듯하고 실속이 없는 경우를 비유적으로 이르는 관용 표현이다.

10 ①

| 정답해설 | '원래 여행할 때 빗이나 화장품을 찬찬히 챙겨 가지고 다니지 않는 데다'라고 한 것으로 보아 글쓴이는 꼼꼼하지 못하고 덜렁대는 성격임을 알 수 있다.

11 ④

| 정답해설 | 글쓴이는 악의가 섞이지 않은 실수는 봐줄 만하다면서 자신이 저지르는 실수가 자신을 곤경에 빠뜨린 것이 아니라 상대방이 자신의 모자란 구석을 발견하고 긴장을 풀어 관계가 형성되는 데 좋은 역할을 했음을 말하고 있다.

12 ④

| 정답해설 | ⊙은 빗을 빌려 달라는 글쓴이의 말을 들은 스님의 반응이다. 머리카락이 없어 빗이 필요 없는 자신에게 빗을 빌리려는 글쓴이의 엉뚱한 행동에 스님은 당황하고 어리둥절했을 것이다.

13 ②

| 정답해설 | 윗글의 글쓴이는 자신의 도서반 특별 활동 경험을 바탕으로 책 읽기의 중요성에 대해 말하고 있다.

14 ①

| 정답해설 | 글쓴이는 중학교 때 읽은 한 권의 책 때문에 자신이 소설가가 되었다고 말하며 그 책이 자신의 일생을 바꾸었다고 하였으므로 ①이 가장 적절하다.

15 ④

| 정답해설 | 윗글의 제목은 두 가지 의미를 담고 있다. 첫째, '맛있는 책'에서 책이 맛있다는 것은 책이 재미있다는 것을 의미한다. 둘째, 책이 '일생의 보약'이 된다는 것은 보약이 몸을 건강하게 하듯이 책이 정신세계를 건강하게 한다는 의미이다. 따라서 ④가 가장 적절하다.

16 ④

| 정답해설 | 글쓴이는 집을 수리한 경험을 먼저 제시한 후, 이에 대한 깨달음을 이야기하고 있다. 즉, 윗글은 '사실(경험)-의견(주장)'의 순서로 구성되어 있다.

17 ②

| 정답해설 | ②는 아무리 재주가 뛰어나다 하더라도 그보다 더 뛰어난 사람이 있다는 뜻으로, 스스로 뽐내는 사람을 경계하여 이르는 말이다. 따라서 잘못을 바로 고쳐야 한다는 윗글의 주제와는 거리가 멀다.

| 오답해설 |

① '소 잃고 외양간 고친다.'는 소를 도둑맞은 다음에서야 빈 외양간의 허물어진 데를 고치느라 수선을 떤다는 뜻으로, 일이 이미 잘못된 뒤에는 손을 써도 소용이 없음을 비꼬는 말이다. 따라서 잘못을 알면 바로 고쳐야 한다는 윗글의 교훈과 관련이 있다.

③ '버스 지나간 후에 손 흔든다.'는 버스가 지나간 후에는 손을 흔들어도 소용이 없다는 의미로, 잘못이 있으면 바로 고쳐야 한다는 윗글의 교훈과 관련이 있다.

④ '호미로 막을 것을 가래로 막는다.'는 커지기 전에 처리하였으면 쉽게 해결되었을 일을 방치하여 두었다가 나중에 큰 힘을 들이게 된 경우를 비유적으로 이르는 말이므로 윗글의 교훈과 관련이 있다.

18 ④

| 정답해설 | 글쓴이는 사람의 경우도 잘못을 알고 바로 고치면 다시 착한 사람이 될 수 있다고 말하고 있다.

| 오답해설 |

① '나'의 행랑채 중 퇴락하여 지탱할 수 없게 된 것이 세 칸이다.

② 비가 샌 지 오래되었으나 손을 대지 않았던 행랑채가 있으므로 지은 지 오래되었을 것이라고 유추할 수 있다.

③ 한 번밖에 비가 새지 않았던 목재는 다시 사용하였다.

19 ②

| 정답해설 | ㉠은 '어떤 일을 하는 데 드는 사람의 힘이나 노력, 기술'을 의미한다.

| 오답해설 |

① '사람의 수완이나 꾀'를 의미한다.

③ '손가락'을 의미한다.

④ '사람의 팔목 끝에 달린 부분'을 의미한다.

06 희곡 및 시나리오
132쪽

01	①	02	②	03	②	04	③	05	④
06	④								

01 ①

| 정답해설 | 윗글은 희곡이다. 희곡은 서술자의 서술과 묘사 없이 인물의 대사와 지시문으로 사건이 전개된다.

02 ②

| 정답해설 | 윗글에 등장하는 '벽, 전망대, 총' 등은 형제간의 갈등을 상징적으로 보여 주는 소재이다.

03 ②

| 정답해설 | 윗글은 서로 싸우고 화해를 미루다가 많은 것을 잃는 형제의 이야기를 다루고 있으므로, 화해를 망설이는 문경이에게 가장 도움이 될 것이다.

04 ③

| 정답해설 | 희곡의 해설은 첫 부분에서 때와 장소, 등장인물, 배경, 무대 장치 등을 설명하는 역할을 한다. 주제 및 작가의 의도는 인물의 대사와 행동을 통해 드러난다.

05 ④

| 정답해설 | '강태국'이 세탁소에 잠입한 사람들에게 당신들은 사람이 아니라고 한 것은 그들이 물질에 현혹되어 인간의 기본적인 도리를 잊고, 욕망만을 좇는 짐승 같은 모습을 보이고 있기 때문이다.

06 ④

| 정답해설 | (A)는 돈에 눈먼 사람들을 세탁기 안에 넣고 세탁을 하는 장면이다. 이는 현실에서는 있을 수 없는 비현실적인 장면으로, 문학적 장치이다. (A)는 탐욕스러운 사람들의 마음이 깨끗하고 순수하게 바뀌는 과정을 상징하며, 이러한 비현실적인 장치를 통해 갈등이 해결되고 있다.

| 오답해설 |

ㄱ. 세탁기에 사람들을 넣고 세탁하는 것은 탐욕적인 사람들을 징계하기 위한 것이 아니라 이기적이고 탐욕스러운 마음을 가진 사람들이 순수하고 깨끗하게 바뀌는 과정을 드러내고

자 하는 것이다.

ㄷ. 세탁기에 사람들을 넣고 세탁하는 장면이 웃음을 유발하고 있지는 않다.

Ⅱ 비문학

01 설명하는 글   144쪽

01	④	02	④	03	②	04	④	05	①
06	②	07	④	08	④	09	④	10	③
11	③	12	④	13	②	14	④	15	③
16	③	17	④	18	①	19	③	20	③
21	③	22	①	23	④	24	④	25	③
26	②	27	③	28	④	29	④		

01 ④

| 정답해설 | 윗글은 설명하는 글로, 설명하는 글은 어떤 개념이나 현상에 대한 정보를 전달하는 글이다. 글쓴이의 체험을 바탕으로 하는 글의 갈래는 수필이다.

02 ④

| 정답해설 | 읽기 전 활동으로는 읽는 목적 확인하기, 예측하기, 배경지식 떠올리며 질문 만들어 보기와 같은 활동이 적절하다.
| 오답해설 |
①, ② 읽기 중 활동에 해당한다.
③ 읽기 후 활동에 해당한다.

03 ②

| 정답해설 | (가)에서 사람들이 첫인상을 형성할 때 사용하는 정보는 상대의 얼굴 생김새, 체격, 키 등의 겉모습과 몸짓, 말투 정도로 대단히 제한적이라고 하였다.

04 ④

| 정답해설 | (라)에서 육지는 바다에 비해 쉽게 데워지고 쉽게 식는데, 남극은 이러한 육지가 밑에 있어서 북극보다 훨씬 춥다고 설명하고 있다. ④는 남극과 북극의 내용이 서로 반대로 서술되어 있다.

05 ①

| 정답해설 | (바)와 (사)에서는 펭귄과 북극곰이 각각 남극과 북극에 살고 있는 이유에 대해 설명하고 있다. 따라서 생태적 특징을 요약한 것이라고 볼 수 있다.

| 오답해설 |
② 지역적 특징은 (나)와 (다)에서 알 수 있다.
③ 기후적 특징은 (라)와 (마)에서 알 수 있다.
④ 역사적 특징은 윗글에 나타나 있지 않다.

06 ②

| 정답해설 | ⊙은 '대부분이 숨겨져 있고, 외부로 나타나 있는 것은 극히 일부분에 지나지 않음을 비유적으로 이르는 말'로 사용된다. 이러한 뜻을 활용한 문장이 아닌 것은 ②이다. ②는 오랜 시간 동안 움직임이 거의 없는 것을 비유한 것이다.

07 ④

| 정답해설 | 윗글은 (가)에서 책 읽기와 관련된 경험을 질문함으로써 독자의 공감을 유도하고 있을 뿐, 독자에게 자신의 독서 태도를 반성하도록 하고 있지는 않다.

08 ④

| 정답해설 | '이덕무'가 말한 책 읽기의 유익함은 (나)에 제시되어 있다. '이덕무'는 책 읽기가 벼슬길에 나아가게 해 준다고 말하지 않았다.

09 ④

| 정답해설 | '돌연'은 '예기치 못한 사이에 급히'라는 의미이다. '틀림없이 꼭'이라는 의미를 지닌 단어는 '반드시'이다.

10 ③

| 정답해설 | (마)에서 김치 발효에 중요한 역할을 하는 젖산균은 아미노산이 아닌 포도당을 분해하여 젖산을 만든다고 하였다.

11 ③

| 정답해설 | 발효와 부패는 모두 미생물이 유기물에 작용하여 물질의 성질을 변하게 하는데, 식품의 저장성을 높이기 위한 것은 발효이다. 부패는 식품을 오래 저장하지 못하게 만든다.

12 ④

| 정답해설 | (마)에서는 젖산이 약한 산성 물질이어서(원인) 유해균이 증식하는 것을 억제하고 김치가 잘 썩지 않게 한다(결과)고 하였다. 이는 인과의 설명 방법을 사용한 것이다.

13 ②

| 정답해설 | (바)에서는 간장을 만드는 방법을 순서대로 설명하는 '과정'의 설명 방법을 사용하였다. ②의 '떡볶이 요리법' 역시 떡볶이를 만드는 과정을 순서대로 설명하기에 적절하다.
| 오답해설 |
① 분류의 설명 방법을 사용하기에 적절하다.
③ 분석의 설명 방법을 사용하기에 적절하다.
④ 인과의 설명 방법을 사용하기에 적절하다.

14 ④

| 정답해설 | 촉각, 통각, 압각, 진동각 등 여러 감각과의 연관성이 간지럼의 원인으로 제시되고 있다.

15 ③

| 정답해설 | 간지럼 증상을 방어할 수 있는 방법은 본문에 제시되어 있지 않다.
| 오답해설 |
① 가려움이 발생하면 '벅벅' 긁거나 문지르고 싶어진다고 하였다.
② 목, 겨드랑이, 옆구리 등이 쉽게 간지럼을 타는 부위라고 하였다.
④ 가려움은 아토피 피부염, 두드러기 등 관련된 피부 질환이 많고, 하나같이 견디기 어렵기 때문에 가려움과 관련된 연구가 많이 진행되었다고 하였다.

16 ③

| 정답해설 | 가려움과 관련된 질환이 많고 견디기 어렵기 때문에 가려움에 관한 연구가 많이 진행되었다는 설명에서 인과의 설명 방법이 사용되었고, 피부 질환의 예로 아토피 피부염, 두드러기 등이 있다고 한 것에서 예시의 설명 방법이 사용되었다.
| 오답해설 |
① 정의에 대한 설명이다.
② 대조에 대한 설명이다.
④ 분석에 대한 설명이다.

17 ④

| 정답해설 | (나)에서 정전기는 그냥 머물러 있는 전기로, 전압은 수만 볼트에 달하지만 전류가 거의 없어 치명적이지 않다고 하였다.

18 ①

| 정답해설 | ⊙은 정전기의 개념에 대해 그 뜻을 밝혀 설명하고 있으므로 '정의'의 방법이 사용되었다.

19 ③

| 정답해설 | (다)에서 플라스틱 빗으로 머리를 빗을 때는 그냥 빗는 것이 아니라 물에 적셨다가 쓰면 정전기를 줄일 수 있다고 하였다.

20 ③

| 정답해설 | 윗글은 설명하는 글이므로, 설명 대상과 설명 내용을 파악하며 읽어야 한다.
| 오답해설 |
① 설득하는 글을 읽는 방법이다.
② 문학 작품 중 시를 읽는 방법이다.
④ 문학 작품 중 소설을 읽는 방법이다.

21 ③

| 정답해설 | (나)에서 주택이냐 아파트냐에 상관없이 현관문은 보통 밖으로 열리지만 방향을 결정하는 요인이 서로 다르다고 하였다.

22 ①

| 정답해설 | (다)에서 은행 문을 안으로 열게 만든 까닭은 도둑이나 강도가 범죄를 저지르고 도망갈 상황이 생겼을 때 도망 시간을 조금이라도 지연하기 위해서라고 하였다.

23 ④

| 정답해설 | 윗글은 설명하는 글이다. ④는 설득하는 글을 읽는 방법이다.

24 ④

| 정답해설 | (라)에서는 상리 공생을 하며 살아가는 동물의 예인 개미들의 모습을 확인할 수 있다. 동식물들이 상리 공생을 하며 살아가는 까닭은 나타나 있지 않다.

25 ③

| 정답해설 | 제시된 문장에 사용된 설명 방법은 '정의'이다. '정의'의 설명 방법이 쓰인 것은 ㉢이다. ㉢에서는 편리 공생의 개념을 정의하고 있다.
| 오답해설 |
① 대조의 설명 방법을 사용하고 있다
② 분류의 설명 방법을 사용하고 있다.
④ 비교의 설명 방법을 사용하고 있다.

26 ②

| 정답해설 | 글쓴이는 자연에서 공존의 지혜를 배워야 함을 이야기하고 있다.

27 ③

| 정답해설 | 윗글은 설명하는 글이므로, 설명 대상을 충분히 이해하며 읽어야 한다. 글에 대한 자신의 견해를 정리하며 읽는 것은 글쓴이의 의견이 주로 드러난 설득하는 글을 읽는 방법이다.

28 ④

| 정답해설 | (마)에서 탈세하는 사람들이 있음을 제시하고 탈세로 인한 문제점과 탈세를 막기 위한 정부의 노력을 언급하고 있지만, 탈세가 일어난 원인에 대해서는 언급하고 있지 않다.

29 ④

| 정답해설 | 세금은 국민이 국가에 내는 것으로 세금을 내는 것은 국민의 의무라 할 수 있다. 따라서 국가가 국민을 위해서 행하는 활동이 아니라, 국민이 국가를 위해 행하는 의무라고 하는 것이 적절하다.

01	③	02	③	03	②	04	②	05	②
06	④	07	④	08	①	09	②	10	①
11	④	12	③	13	④	14	②	15	②
16	①	17	①	18	④	19	②	20	①
21	③	22	②	23	③	24	④		

01 ③

| 정답해설 | 윗글에서는 야간의 인공 불빛이 식물과 사람에게 어떠한 부정적 영향을 주는지를 원인과 결과의 방식으로 자세히 제시하고 있다.

02 ③

| 정답해설 | 나무가 인공 불빛의 영향을 받으면 생체 리듬이 어지럽혀져 밤을 낮으로 인식하게 되어 낮에 일어나야 할 광합성을 밤에 하게 된다고 하였다. 이러한 작용은 나무의 생체 대사 균형을 깨뜨린다.

03 ②

| 정답해설 | ㉠은 야간 조명으로 인해 도시의 밤이 환하게 빛나는 상황을, ㉡은 야간의 인공 불빛으로 인해 별을 볼 수 없게 된 상황을 나타낸 것이다. 글쓴이는 과도한 인공 불빛 때문에 별을 볼 수 없는 현실을 안타깝게 여기고 있다.

04 ②

| 정답해설 | 윗글에서는 여행의 긍정적인 면을 무시할 수 없다고 하며 여행의 부정적인 면을 해결하기 위한 대안으로 공정 여행을 제시하고 있다.

05 ②

| 정답해설 | 관광 산업이 발달하고 여행자가 늘어나면 여행지가 무분별하게 개발되면서 현지인들이 삶의 터전을 빼앗기고 밀려나기도 한다고 하였다.

06 ④

| 정답해설 | 글쓴이는 환경 파괴를 최소한으로 줄이면서 여행을 즐길 수 있는 대안으로 공정 여행을 소개하면서, 바람직한 여행은 여행자와 현지인, 환경이 바람직한 관계를 지속할 수 있어야 한다는 점을 강조하고 있다.

07 ④

| 정답해설 | 카이밥고원에서 포식 동물의 수가 줄어든 이유는 화재 때문이 아니라, 인간이 고의적으로 포식 동물을 잡아 죽였기 때문이다.

08 ①

| 정답해설 | 먹이는 한정되어 있는데 포식 동물이 사라져 사슴 수가 많아지자 먹이가 모자라 굶어 죽는 사슴이 늘어났다.

09 ②

| 정답해설 | 윗글에서 글쓴이는 인간이 생태계에 개입하여 생태계의 질서가 훼손된 사례를 통해 생태계 보전의 필요성을 주장하고 있다.

10 ①

| 정답해설 | 윗글에서는 프랑스 철학자 미셸 세르의 말을 인용하여 근거의 신뢰성을 높였다.

11 ④

| 정답해설 | 글쓴이는 디지털 치매 현상을 정보화 시대에 피할 수 없는 자연스러운 추세로 보고 있다.

12 ③

| 정답해설 | ㉢이 포함된 문장에서 '단면'의 의미는 '사물이나 사건의 여러 현상 가운데 한 부분적인 측면'이다. '물체의 잘라 낸 면'은 '단면'의 다른 의미이다.

13 ④

| 정답해설 | 읽는 이의 일상생활에 도움을 주는 실용적인 글은 '안내문'과 같은 정보를 전달하는 글이다. 윗글은 설득하는 글이다.
| 오답해설 | ①, ②, ③ 윗글은 설득하는 글로, 어떠한 주제에 관하여 일관성 있는 태도를 가지고 주장과 근거를 논리적으로 펼쳐 상대방을 설득하고자 한다. 설득하는 글은 '서론-본론-결론'의 짜임새 있는 구성을 통해 자신의 주장과 근거를 효과적으로 드러내는 글이다.

14 ②

| 정답해설 | 윗글의 글쓴이는 지금의 물 소비 행태에 대해 비판하고 미래를 위해 물을 경제적으로 써야 한다고 주장하고 있다.

15 ②

| 정답해설 | 기후 변화로 인해 가뭄이 심화되어 물 부족으로 인한 위기에 봉착할 것이라고 말하고 있다.

16 ①

| 정답해설 | (가)에서 글쓴이는 요즘 청소년들이 즉석식품을 자주 섭취하는 것에 대해 문제를 제기하고 있다.

17 ①

| 정답해설 | (다)에서 글쓴이는 5대 필수 영양소를 골고루 갖춘 균형 잡힌 식사를 위해 노력할 것을 당부하고 있다.
| 오답해설 |
② 즉석 면류를 포함한 즉석식품은 비타민, 무기질 및 섬유소 함량이 매우 낮은 '텅 빈 열량 식품'이라고 하였다.
③ 즉석식품을 만들고 유통하는 과정에서 위생 문제가 발생할 수 있다고 하였다.
④ 즉석식품에 들어 있는 식품 첨가물을 지나치게 섭취하면 우리 몸에 해로울 수 있다고 하였다.

18 ④

| 정답해설 | (나)에서 대부분의 즉석식품은 열량과 지방의 함량이 높은 반면 비타민, 무기질 및 섬유소 함량이 매우 낮은 '텅 빈 열량 식품'이라고 하였다.

19 ②

| 정답해설 | (가)에서는 '인간의 마음'이 아닌 '아름다움의 성질'에 대해 설명하고 있다.

20 ①

| 정답해설 | 윗글에서는 (다)~(라)에 제시된 개별적인 사실을 바탕으로 (마)에서 결론을 이끌어 내고 있다. 즉 귀납법이 사용되었다.

21 ③

| 정답해설 | 윗글에서는 다양한 예시를 통해 아름다움이 주관적임을 이야기하고 있다. 아름다워지기 위한 사람들의 노력을 소개하고 있지는 않다.

22 ②

| 정답해설 | 글의 전체적인 문맥상 아름다움이 주관적인 성질임을 알 수 있다.

23 ③

| 정답해설 | 윗글에서 '유추'의 방법은 나타나지 않는다.
| 오답해설 |
① 설문 조사 전문 기관인 □□□□의 설문을 객관적인 근거로 제시하였다.
② 디지털 치매와 노인성 치매의 차이점을 제시하였다.
④ 디지털 치매를 예방하는 방법을 제시하였다.

24 ④

| 정답해설 | '다른 신체와 마찬가지로 뇌도 낮에 일하고 밤에 쉬는 것이 가장 자연스럽다.'라고 했으므로 다른 신체와 뇌 모두 낮에 일하고 밤에 쉬는 것이 자연스럽다.

Ⅲ 듣기·말하기·쓰기

01 듣기·말하기

196쪽

01	①	02	②	03	③	04	③	05	②
06	②	07	④	08	③	09	③	10	①
11	③	12	③	13	④	14	④	15	②
16	③	17	③	18	④	19	①	20	④
21	④	22	②	23	③	24	④	25	③
26	②	27	③	28	①	29	④	30	④
31	④	32	④	33	④	34	③	35	②
36	②	37	③	38	④				

01 ①

| 정답해설 | '수의사'라는 직업에 대한 정보를 얻기 위한 면담이므로, '수의사'라는 직업과 관련한 질문을 하는 것이 적절하다. 직업의 장점, 필요한 자격증, 직업적 보람은 모두 목적에 부합하는 질문이지만, '수의사의 가족 관계'는 직업과 관련한 질문이 아닌, 면담 대상에 대한 개인적 질문에 해당하므로 적절하지 않다.

02 ②

| 정답해설 | 협상은 개인이나 집단 간에 존재하는 의견 차이나 갈등을 해소하기 위하여 당사자 또는 집단의 대표가 의견과 주장의 차이를 조정하고 만족스러운 대안을 찾는 의사 결정 과정이다.

| 오답해설 |
① 강연은 일정한 주제에 대하여 청중 앞에서 강의 형식으로 진행하는 말하기이다.
③ 소개는 잘 알려지지 아니하였거나, 모르는 사실이나 내용을 잘 알도록 하여 주는 설명하는 말하기이다.
④ 발표는 어떤 사실이나 결과, 작품 따위를 세상에 널리 드러내어 알리는 말하기이다.

03 ③

| 정답해설 | 토의에서 사회자는 주제와 순서를 안내하고, 토의 참가자들에게 발언 기회를 제공하거나 발언 내용을 정리하는 역할을 한다. 또한 의견 충돌을 조정하고 토의를 마무리하기도 한다. 토의의 사회자는 객관적이고 중립적인 태도를 지녀야 한다. 자신의 주장을 내세워 말하는 것은 토의 참가자들의 역할이다.

04 ③

| 정답해설 | 영수는 지민에게 창문을 닫아 달라는 요청을 하고 있다.

| 오답해설 |
① 감사는 고마움을 나타내는 의도를 가지는 말하기이다.
② 설명은 어떤 일이나 대상의 내용을 전달하려는 의도를 가지는 말하기이다.
④ 위로는 따뜻한 말이나 행동으로 괴로움을 덜어 주거나 슬픔을 달래 주려는 의도를 가지는 말하기이다.

05 ②

| 정답해설 | 토론에 참여하여 자신의 주장을 내세우는 것은 '토론자'의 역할이다. 토론에서 사회자는 논제를 제시하고, 토론의 시작과 끝을 알린다. 또한 토론의 규칙과 순서를 안내하고, 토론자들의 발표 내용을 정리하거나 보충 질문을 한다. 사회자는 찬성과 반대 중 어느 입장으로 치우치지 않고 토론을 공정하게 진행해야 한다.

06 ②

| 정답해설 | 방송인은 지역 방언을 사용하여 사장님과의 친밀감을 높이고 있다.

07 ④

| 정답해설 | 여학생과 남학생은 처음 만나 자기를 소개하고 있다. 이는 관계 발전을 위한 말하기로, '친교'의 목적을 지닌다.

08 ③

| 정답해설 | 화자는 전학을 간 학교에서 자신을 소개하고 있다.

09 ③

| 정답해설 | 지갑을 잃어버려 속상한 동생의 마음에 공감하며 동생을 위로해 주는 말로 가장 적절한 것은 ③이다.

10 ①

| 정답해설 | 보조 자료를 활용하여 말할 때에는 주제에 맞는 자료를 제시해야 한다.

11 ③

| 정답해설 | 학생 1과 학생 2는 청소년들의 연예계 진출에 대해 각각 반대와 찬성의 입장을 주장하고 있다.

12 ③

| 정답해설 | 강석이는 자신의 고민을 이야기하면서, 연수가 자신을 위로해 주기를 바라고 있다. 그런데 연수는 강석이가 원하는 바를 파악하지 못하고 있다.

13 ④

| 정답해설 | 강석이의 고민에 대해 연수는 공감적 말하기의 자세로 강석이를 위로하고 격려해 주는 것이 적절하다.

14 ④

| 정답해설 | 대화 상대가 '친해지고 싶었지만 아직은 별로 친하지 않은 친구'라는 것에 초점을 둔다면, 대화의 목적은 '정서적 공감대를 형성하여 친밀도를 높이기 위해서'가 가장 적절하다.

15 ②

| 정답해설 | '오늘 새로 전학 온 친구'라면 아주 개인적인 이야기를 하기에는 친밀도가 떨어지는 상대라고 할 수 있다. 따라서 '진학에 대한 고민'과 같은 깊이 있는 이야기는 조금 더 친한 친구와 하는 것이 적절하다.

16 ③

| 정답해설 | 청중 앞에서 말할 때 적절한 몸동작을 취하면 청중의 주의를 끌 수 있고 전달력을 높일 수 있다. 하지만 너무 과장된 몸동작은 오히려 청중의 집중력을 해치고 거부감을 줄 수 있으므로 ③은 적절하지 않다.

17 ③

| 정답해설 | 손자와 할머니는 열공, 자리끼 등 서로 모르는 어휘를 사용하여 의사소통이 원활하지 않은 상태이다. 손자가 사용하는 신조어는 할머니에게 생소한 단어이고, 할머니가 사용한 단어는 요즘에는 거의 쓰이지 않는다.

18 ④

| 정답해설 | 세대 간에 대화를 할 때에는 상대방을 배려하고 서로의 문화를 공유하며 대화해야 한다.

19 ①

| 정답해설 | 아버지는 딸이 사용하는 '랜선, 테더링' 등 컴퓨터와 관련된 단어에 대한 배경지식이 없기 때문에 딸의 말을 이해하지 못하고 있다.

20 ④

| 정답해설 | 공감하며 듣고 말하기 위해서는 말을 할 때 상대방과 유대감을 형성할 수 있도록 우호적인 태도를 취하는 것이 바람직하다. 상대와 거리를 유지하는 것은 상대의 말에 공감하는 태도로 보기 어렵다.

21 ④

| 정답해설 | 수업 시간에 친구들 앞에서 말하는 것은 공적인 말하기 상황이므로 높임말을 사용해야 한다.

22 ②

| 정답해설 | 두 대화 모두 '시험'에 대해 이야기하고 있다.

23 ④

| 정답해설 | 면담 질문을 만들 때에는 면담 목적에 맞는 질문인지 고려해야 한다. '학교 폭력 예방을 주제로 하는 보고서에 쓸 내용 마련'이 목적이므로 학교 폭력 예방을 위해 실질적인 도움이 될 만한 정보를 얻을 수 있는 질문을 해야 한다. 학교 폭력의 범위, 예방 방법과 대처 방법 등을 질문할 수 있다.
| 오답해설 |
① 면담 대상자의 개인적인 경험보다는 학교 폭력 예방을 위해 실질적인 도움이 될 만한 정보가 필요하다.
② 폭력 사건은 학교 폭력보다 넓은 범주이다. 질문의 의도를 명확히 하기 위해 범위를 좁히는 게 좋다.
③ 진로 탐색이 목적인 면담에 적합한 질문이다.

24 ④

| 정답해설 | 토론은 논제에 대해 찬성과 반대로 나뉘어 각각 자기 측 주장의 타당함을 내세워 상대방을 설득하기 위한 말하기

이다. ④는 우리가 일반적으로 받아들이고 있는 당연한 행동 양식이므로 토론의 논제로 적절하지 않다.

25 ③

| 정답해설 | 제시된 두 사례는 모두 궁금한 점에 대해 정보를 얻거나 전문적인 조언을 구하려는 목적의 면담 상황이다.

26 ②

| 정답해설 | 제시된 글은 외국인들이 우리나라에서 생활하면서 겪었던 특이한 언어문화에 대한 내용이 담겨 있다. 외국인들이 우리나라의 언어문화 중에서 낯설게 느끼는 부분이 있는 것은 사회·문화적 경험의 차이 때문이다.

27 ③

| 정답해설 | 식당 주인과 손님이 방금 마친 식사와 관련하여 나누는 대화이므로 손님의 대답으로는 ③이 적절하다.
| 오답해설 | ①, ②, ④ 치과 의사와 환자 사이의 대화 상황일 때 어울린다.

28 ①

| 정답해설 | 준언어적 표현은 목소리의 크기, 빠르기, 높낮이, 말투 등을 조절하는 다양한 표현을 의미한다. '쌀쌀맞은 말투로'가 이에 해당한다.
| 오답해설 | ②, ③, ④ 비언어적 표현이다.

29 ④

| 정답해설 | 학급 회의와 같은 공적인 상황에서는 높임말을 사용하는 것이 바람직하므로 반말을 사용하는 선구에게 공적인 상황에서는 높임말을 사용하는 것이 좋겠다는 조언을 해 줄 수 있다.

30 ④

| 정답해설 | 삼촌은 초등학생인 조카에게는 다소 어려울 수 있는 개념인 '자전'에 대해 말하고 있다. 삼촌은 조카의 지식수준을 고려하지 못하였다고 할 수 있다.

31 ④

| 정답해설 | 상대를 배려하며 말하는 것은 자기중심적인 생각에

서 벗어나 상대의 관점에서 생각하고, 상대의 입장이나 처지 등을 고려하여 말하는 것이다. 상대방이 밝히기 싫어하는 정보까지를 묻는 것은 상대방에 대한 예의가 아니다.

32 ④

| 정답해설 | 말하기 불안은 여러 사람 앞에서 말을 하기에 앞서 또는 말을 하는 과정에서 경험하는 불안 증상이다. 말하기 준비를 제대로 하지 않았을 때, 공식적인 상황에 익숙하지 않을 때, 청중이 낯설거나 말하기 환경에 익숙하지 않아 말하기에 과도한 부담을 느낄 때 말하기 불안을 경험한다. 청중과 친밀도가 높고 말하기 환경에 익숙할수록 말하기 불안을 느끼지 않을 수 있다.

33 ④

| 정답해설 | 말하기 불안을 극복하기 위해서는 말할 내용에 대해 충분히 준비하고 발표 연습을 많이 해야 한다. 그러나 실수했던 경험을 자주 떠올리거나, 실수 없이 완벽하게 발표해야 한다는 생각은 오히려 불안을 유발하는 요인이 될 수 있다.

34 ③

| 정답해설 | 발표자와 의견이 다를 때 청중이 발표자에게 바로 질문을 하면 발표의 흐름이 끊겨 발표자의 긴장이나 불안이 더 심해질 수 있다. 궁금한 점은 정리해 두었다가 발표를 마친 뒤에 물어보는 것이 좋다.

35 ②

| 정답해설 | 토의는 협력적인 말하기로, 여러 해결안 중 최선의 방안을 찾는 과정으로 볼 수 있다. '학교 내 CCTV를 설치해야 하는가?'는 찬성과 반대의 의견이 나뉘는 주제이므로, 토론의 주제로 적절하다.

36 ②

| 정답해설 | 토론은 찬성 측과 반대 측이 논리적인 근거를 통해 상대방을 설득하는 말하기이다. 참여자는 서로 경쟁 관계에 있으므로 참여자는 상대측의 말에 논리적인 허점이 없는지 판단하며 비판적으로 들어야 한다.
| 오답해설 |
① 참여자는 자신의 주장을 논리적으로 발표해 상대측을 설득해야 한다.
③ 찬성 측과 반대 측은 각각 자신의 주장이 타당함을 내세워

서로를 설득하는 것을 말한다.

④ 토론의 절차와 규칙은 하나로 고정되어 있지 않다. 다만 원활한 토론을 위해서는 토론의 준비 과정이 필요하다.

37 ③

| 정답해설 | 토론에서는 상대방의 주장을 논리적으로 반박할 수 있어야 한다. 따라서 상대방의 의견을 최대한 수용하기보다는 상대방의 주장과 근거의 신뢰성, 타당성, 공정성 등을 비판적으로 분석하고 이를 근거로 들어 논리적 허점이나 오류를 밝혀야 한다.

38 ④

| 정답해설 | 토론을 할 때에는 상대측 토론자의 주장에 의문이 있더라도 끝까지 경청하고 자신의 차례가 되었을 때 질문해야 한다.

01	②	02	④	03	①	04	①	05	①
06	④	07	③	08	④	09	②	10	③
11	③	12	④	13	④	14	②	15	③
16	②	17	④	18	④	19	③	20	③
21	④	22	①	23	①	24	②	25	③
26	③	27	③	28	③	29	④	30	①
31	①	32	③	33	④	34	③	35	③
36	②								

01 ②

| 정답해설 | '풍부하다'라는 서술어에 해당하는 주어는 '먹이'이므로 ⓒ '먹이가'는 적절한 표현이다.

| 오답해설 |

① 윗글은 '독도 강치'에 대해 설명하고 있다. ㉠은 독도의 암석, 지형, 지질 구조에 관한 설명으로 주제에서 벗어난 문장이므로 삭제하는 것이 적절하다.

③ '멸망'은 망하여 없어지는 것을 의미하며, '멸종'은 생물의 한 종류가 아주 없어지는 것을 의미한다. 독도 강치는 생물의 한 종류에 해당하므로 '멸종'이 적절하다.

④ '볼 수 없다.'의 '수'는 의존 명사로, 그 앞에 꾸며 주는 말과 띄어 쓰는 것이 적절하다.

02 ④

| 정답해설 | ㉠ '우리 고장의 행사'에 가장 적절한 세부 내용은 '우리 고장의 농산물 축제'이다. 산업 시설, 인구 밀도, 재정 현황은 '행사'에 어울리지 않는 내용들이다.

03 ①

| 정답해설 | ㉠에는 신입 회원을 뽑아 모은다는 의미의 단어가 어울리므로 '모집'으로 바꾸는 것이 적절하다. '응모'는 모집에 응하거나 지원한다는 의미이다. 또한 '소집'은 단체나 조직체의 구성원을 불러서 모은다는 의미이다.

| 오답해설 |

② '온정'은 따뜻한 정을 의미하므로 '따뜻한'과 의미가 중복된다. '따뜻한'을 삭제하면 올바른 표현이 된다.

③ 제시된 글은 춤 동아리에서 신입 회원을 모집하는 글이다. 동아리의 특징과 어울리지 않는 문장이므로 삭제하는 것이 적절하다.

④ 문맥상 '어떤 일이 이루어지기를 기다리는 간절한 마음'을 의미하는 '바람'이 적절하다. '바램'은 '바래다'의 명사형으로 색이 변하거나 빛깔을 희게 함을 의미한다.

04 ①

| 정답해설 | '보고서'는 어떤 목적을 가지고 실시한 관찰, 조사, 실험의 결과를 정리하여 쓴 글이다. 보고서에 다른 사람의 자료나 정보 등을 인용할 때에는 반드시 출처를 정확하게 밝혀야 한다.

| 오답해설 |

②, ③ 보고서의 내용은 과장하거나 왜곡하지 않고 사실에 근거하여 객관적으로 작성해야 한다.

④ 보고서는 글쓴이가 직접 실시한 관찰, 조사, 실험의 결과를 정리해야 한다. 또한 다른 사람의 연구 결과를 인용할 때는 수정해서는 안 된다.

05 ①

| 정답해설 | 글쓴이가 자신의 삶의 과정을 성찰하여 기록하는 글은 '자서전'이다.

06 ④

| 정답해설 | 다른 곳에서 가져온 자료는 반드시 출처를 밝히고 사용해야 한다.

07 ③

| 정답해설 | ③에는 옷을 따뜻하게 입어 에너지를 아껴 쓰자는 의미가 드러나 있다. 또한 '올리다'라는 단어를 반복하고, '올리세요'라는 명령형 문장으로 표현하고 있다.

08 ④

| 정답해설 | 블로그 글에서 진달래는 장기 자랑 시간에 친한 친구들과 노래를 부르고 춤을 춘 경험을 이야기하며 '좋은 추억'이 될 것 같다고 말하고 있다. 따라서 장기 자랑과 관련된 제목이 들어가는 것이 적절하다.

09 ②

| 정답해설 | ⓛ은 팬클럽 문화의 긍정적인 모습에 해당하므로 상위 항목인 '팬클럽 문화의 부정적인 모습'에 포함될 수 없다.

10 ③

| 정답해설 | '독도 방문객 수 월별 그래프'는 조사 내용과 관련이 없다.

| 오답해설 |

① 독도의 자원을 조사하는 데 필요한 자료이다.

② 독도의 위치를 조사하는 데 필요한 자료이다.

④ 독도의 생물을 조사하는 데 필요한 자료이다.

11 ③

| 정답해설 | '우리 학교 2학년 학생 300명'은 '조사 대상'에 해당한다.

12 ④

| 정답해설 | '역할 분담'의 세부 내용인 '설문 조사, 면담 자료 정리'를 통해 '면담 및 설문 조사'를 진행할 것임을 알 수 있다.

13 ④

| 정답해설 | '수정해야겠다'를 통해 제시된 내용과 관련 있는 글쓰기의 과정이 '고쳐쓰기'라는 것을 알 수 있다.

14 ②

| 정답해설 | '쓰기 윤리'란 글을 쓰는 과정에서 글쓴이가 준수해야 할 윤리 규범을 의미한다. 글을 쓸 때 활용한 자료의 출처는 반드시 명확하게 밝혀야 한다.

| 오답해설 |

① 조사한 자료는 과장하지 않고 사실 그대로 써야 한다.

③ 사실은 있는 그대로 왜곡하지 말고 밝혀야 한다.

④ 인터넷에서 검색한 내용은 필요한 경우에만 인용해야 하며, 출처를 밝히고 사용해야 한다.

15 ③

| 정답해설 | 윗글은 텔레비전의 긍정적인 측면을 쓴 글이다. ⓒ은 텔레비전의 부정적인 측면이므로 글의 통일성을 깨뜨리는 문장이다.

16 ②

| 정답해설 | 유찐찐은 다른 사람의 마음을 생각하지 않고 비난하

는 내용을 기분 나쁜 말투로 작성하였다. 이는 인터넷 게시판 이용 예의에 어긋난다.

17 ④

| 정답해설 | 댓글을 쓸 때에는 타인을 존중하는 표현을 사용해야 한다. 강호와 같이 타인의 외모를 비하하는 댓글은 적절하지 않다.

18 ④

| 정답해설 | 글쓴이는 교내의 쓰레기 문제가 심각한 상황을 제시한 후, 쓰레기통 개수를 늘리고 쓰레기를 함부로 버리지 못하도록 쓰레기와 관련된 규칙을 정했으면 좋겠다고 했으므로 ④가 적절하다.

19 ③

| 정답해설 | ⓒ은 '물의 중요성'과 직접적인 관련이 없다.

20 ③

| 정답해설 | ⊙은 모둠원이 각자 맡은 역할을 정리해 놓은 것이므로 '역할 분담'이 가장 적절하다.

21 ④

| 정답해설 | 보고서는 어떤 목적을 가지고 실시한 관찰, 조사, 실험 등의 결과를 정리하여 쓴 객관적인 글이므로 글쓴이의 주장과 근거가 드러나지 않는다. 글쓴이의 주장이 드러나는 글은 설득하는 글(논설문)이다.

22 ①

| 정답해설 | ①은 정부 차원의 대책에 해당한다.

23 ①

| 정답해설 | 제시된 내용에서 글의 주제와 목적을 정하고 있으므로 '계획하기' 단계에 해당한다.

24 ②

| 정답해설 | 독도를 사랑하는 사람들의 모임을 홍보하는 광고 자료는 독도에 대한 관심을 불러일으키기에는 적절하나, 작성하

고자 하는 글의 주제와는 거리가 멀다.

25 ③

| 정답해설 | ⊙은 환경·생태학적 가치와 위치적 가치를 모두 포함할 수 있는 내용이어야 하므로 '독도의 가치'가 들어가는 것이 적절하다.

26 ③

| 정답해설 | 글의 내용 요소들이 하나의 주제로 모아지는 것과 관련이 깊은 것은 '통일성'이다.

27 ③

| 정답해설 | 기사문은 육하원칙에 따라 있는 그대로의 사실을 빠르게 전달해 주는 글이다. 다양한 사람들이 보기 때문에 쉽고 분명하게 내용을 전달해야 한다.

28 ③

| 정답해설 | 물 자원의 사정이 계속 나빠질 것이라는 전망과 그에 대비해 빗물 자원을 적절히 관리·활용하는 자세가 필요하다는 내용이므로 ⊙에 들어갈 제목으로는 '물 자원 전망과 우리의 자세'가 가장 적절하다.

29 ④

| 정답해설 | '쟁반같이'에 직유법이 사용되었고, '있을까?'라는 의문형 표현으로 문장을 마무리했다.
| 오답해설 |
① 은유법을 사용한 평서형 문장이다.
② 의인법을 사용한 평서형 문장이다.
③ 직유법을 사용한 감탄형 문장이다.

30 ①

| 정답해설 | ⊙처럼 대용량 파일을 첨부하려면 전자 우편을 이용하는 것이 적합하고, ⓒ과 같이 이동 중에 일대일로 급한 메시지를 전할 때에는 문자 메시지가, ⓒ과 같이 동일한 내용에 대해 여러 명이 의견을 나눌 때에는 온라인 대화가 가장 적합하다.

31 ①

| 정답해설 | 영상, 음성 등 복합적 정보를 얻을 수 있는 매체는

방송 매체이다. 인쇄 매체는 고정된 형태의 이미지와 텍스트만 얻을 수 있다.

32 ③

| 정답해설 | 보고서는 정보를 체계적으로 정리해 알려 주는 글이므로 필요한 내용만 간결하게 작성해야 한다.
| 오답해설 | ①, ②, ④ 보고서는 정확성과 객관성을 갖추어야 하며, 쓰기 윤리를 지켜 간결하고 명확하게 작성해야 한다.

33 ④

| 정답해설 | 시험에서 좋지 않은 결과를 얻은 친구를 응원하는 말이므로 용기를 북돋아줄 수 있는 표현이 적절하다. '실패는 성공의 어머니'라는 표현은 실패를 통해 좋은 결과를 얻을 수 있다는 의미이므로 제시된 상황에서 사용하기에 적절하다.

34 ③

| 정답해설 | 윗글은 학교 선생님들의 좋은 점에 관한 내용인데, ⓒ은 학교 교문 앞의 음식점에 관한 내용이므로 글의 통일성을 깨뜨리는 문장이다.

35 ③

| 정답해설 | 종이 신문의 독자 수가 감소한 것은 '신문 읽기의 성공적인 사례'와 관련이 없는 내용이다. ⓒ은 '처음' 부분의 내용으로 들어가는 것이 적절하다.

36 ②

| 정답해설 | 축구의 역사는 제시된 주제인 축구의 '재미'와 관련이 없으므로 글에 들어갈 내용으로 적절하지 않다.

Ⅳ 문법

01 언어의 특성과 기능   219쪽

01	③	02	②	03	②	04	③	05	②
06	②	07	③	08	④	09	①	10	②
11	①	12	①	13	④	14	③	15	④
16	②	17	③	18	①	19	③	20	④

01 ③

| 정답해설 | 한국어에서 '나무'라고 부르는 것을 영어와 중국어에서는 다르게 부르는 것과 관련된 언어의 특성은 '자의성'이다. 언어의 자의성이란 언어의 형식과 의미의 결합 관계가 필연적이지 않다는 것을 말한다. 그래서 같은 의미를 나타내는 언어가 각 나라마다 다르게 표현되는 것이다.

02 ②

| 정답해설 | 언어는 사회적 약속이므로 개인이 마음대로 바꿀 수 없다는 특성은 사회성이다.
| 오답해설 |
① 자의성은 언어의 내용과 형식의 결합 관계가 필연적이지 않고 자의적이라는 특성이다.
③ 역사성은 언어가 시간의 흐름에 따라 생성, 소멸, 변화한다는 특성이다.
④ 창조성은 제한된 말과 글로 새로운 단어와 문장을 무한히 만들어 사용할 수 있다는 특성이다.

03 ②

| 정답해설 | 언어의 내용과 형식 사이에는 꼭 그렇게 결합해야 하는 이유, 즉 필연성이 없다. 그래서 각각의 언어마다 내용과 형식의 결합 관계가 다르다. 이는 언어의 특성 중 자의성에 해당한다.

04 ③

| 정답해설 | '즈믄'은 '천'이 들어오면서 쓰이지 않게 되었다. 이렇게 언어가 시간의 흐름에 따라 변화한다는 특성을 언어의 역사성이라고 한다.

05 ②

| 정답해설 | '어리다'와 같이 언어의 의미가 시간의 흐름에 따라 변화하는 특성을 언어의 역사성이라고 한다.

① 규칙성은 단어나 문장 등을 만들 때 적용되는 일정한 규칙이 있다는 특성이다.

③ 자의성은 언어의 내용과 형식의 결합 관계가 필연적이지 않고 자의적이라는 특성이다.

④ 창조성은 제한된 말과 글로 새로운 단어나 문장을 무한히 만들 수 있다는 특성이다.

06 ②

| 정답해설 | 언어는 같은 언어를 사용하는 사람들 사이의 약속이므로 개인이 함부로 바꾸어 사용할 수 없다. 이는 언어의 특성 중 사회성과 관련된 것이다.

| 오답해설 |

① 언어의 정의이다.

③ 언어의 자의성에 대한 설명이다.

④ 언어의 역사성에 대한 설명이다.

07 ③

| 정답해설 | 언어의 역사성은 시간이 흐르면서 언어가 새로 생기기도 하고, 사라지기도 하고, 소리나 의미가 변하기도 한다는 특성을 말한다. ③은 제한된 음운이나 어휘를 가지고 무한한 문장을 만들어서 사용할 수 있다는 특성인 '창조성'과 관련된 내용이다.

08 ④

| 정답해설 | '나무'라는 단어를 활용하여 여러 문장을 만드는 것은 인간이 한정된 단어를 가지고 새로운 문장을 무한히 만들 수 있다는 특성인 '창조성'과 관련이 있다.

09 ①

| 정답해설 | 제시된 사례는 시간이 흐르면서 언어의 의미가 변화한 것을 보여 준다. 이는 언어가 시간이 흐르면서 새로 생기기도 하고 사라지기도 하며, 소리나 의미가 변하기도 한다는 특성인 '역사성'과 관계가 깊다.

10 ②

| 정답해설 | 언어는 시간이 흐르면서 새로 생기기도 하고 사라지기도 한다. 따라서 대교가 한 말은 적절하지 않다.

| 오답해설 |

① 정두의 말은 언어의 자의성에 대한 설명이다.

③, ④ 지윤이와 민경이의 말은 언어의 사회성에 대한 설명이다.

11 ①

| 정답해설 | 제시된 문장은 언어의 규칙성과 관련 있는 내용이다. 단어들을 아무렇게나 나열하면 그 의미를 이해하기 어렵기 때문에 언어에는 지켜야 할 규칙이 있다.

12 ①

| 정답해설 | 제시된 단어들은 기존에 없던 사물이 생겨나면서 새로 만들어진 말이다.

13 ④

| 정답해설 | '즈믄, 가람, 미리내'는 모두 시간의 흐름에 따라 다른 말로 대체되어 지금은 쓰이지 않는 말이지만, '인터넷'은 기존에 없던 대상이나 개념이 생기면서 새로 만들어진 말이다.

14 ③

| 정답해설 | 새로운 단어나 문장을 무한대로 만들 수 있다는 내용은 언어의 창조성과 관련된 설명이다.

15 ④

| 정답해설 | 앵무새는 인간의 언어를 흉내 낼 수는 있지만 새로운 단어나 문장을 만들어 낼 수는 없다. 이처럼 창조적인 언어 사용은 동물과 인간을 구분 짓는 특징이다. 인간은 말을 처음 배울 때에도 한정된 단어로 여러 문장 표현을 만들어 낼 수 있다.

16 ②

| 정답해설 | ②에는 새로운 정보를 알려 주는 내용이 제시되지 않았으므로 정보적 기능이 나타난 표현이 아니다. 상대방에게 창문을 닫아 달라고 요청하는 명령적 기능이 나타난 표현이다.

17 ③

| 정답해설 | 제시된 대화에서 두 사람은 '멋지다'라는 감정이나 느낌을 표현했으므로 정서적 기능이 드러나고 있음을 알 수 있다.

| 오답해설 |

① 정보적 기능은 어떤 사실이나 정보, 지식을 전달하는 기능이다.

② 명령적 기능은 말하는 이가 듣는 이에게 무엇인가를 하도록 요구하는 기능이다.
④ 심미적 기능은 말이나 글을 아름답게 표현하여 표현 효과를 높여 주는 기능이다.

18 ①

| 정답해설 | 해설사가 문화재를 해설하며 정보를 전달하고 있으므로 정보적 기능이 두드러지게 나타난다.

19 ③

| 정답해설 | "오늘은 15일이야."는 ㉠의 상황에서는 날짜에 대한 정보를 전달하는 것이므로 정보적 기능을 수행하고, ㉡의 상황에서는 듣는 이가 어떤 행동을 하도록 요구하는 것이므로 명령적 기능을 수행하는 것으로 볼 수 있다.

20 ④

| 정답해설 | 서로 인사말을 주고받는 것은 언어의 친교적 기능의 대표적인 예이다.

02 음운 체계

227쪽

01	③	02	④	03	④	04	②	05	③
06	④	07	④	08	②	09	③	10	①
11	③	12	③	13	②	14	①	15	①
16	①	17	②	18	④	19	④	20	①
21	①								

01 ③

| 정답해설 | '탄탄'은 거센소리 'ㅌ'이 쓰였다.
| 오답해설 |
①, ② 된소리이다.
④ 예사소리이다.

02 ④

| 정답해설 | 음운은 말의 뜻을 구별해 주는 소리의 가장 작은 단위로, 자음과 모음, 소리의 길이 등이 이에 해당한다.
| 오답해설 |
① 음운은 띄어쓰기 단위와 일치하지 않는다.
② 음운은 자음과 모음, 소리의 길이까지 모두 해당한다.
③ 뜻을 가진 말의 가장 작은 단위는 형태소이다.

03 ④

| 정답해설 | 동물을 가리키는 말[馬]은 [말]과 같이 짧게 발음하고 언어를 뜻하는 말[語]은 [말:]과 같이 길게 발음한다. 두 단어는 자음과 모음이 같으나 소리의 길이의 차이로 뜻이 다른 것이다.
| 오답해설 |
① '벌'과 '발'은 모음 'ㅓ'와 'ㅏ'의 차이로 뜻이 다르다.
② '물'과 '불'은 자음 'ㅁ'과 'ㅂ'의 차이로 뜻이 다르다.
③ 음절에 관한 설명이다.

04 ②

| 정답해설 | 첫소리의 'ㅇ'은 음운으로 인정하지 않으므로 양(ㅑ+ㅇ)은 2개의 음운으로 이루어진 단어이다.
| 오답해설 |
① 물(ㅁ+ㅜ+ㄹ)은 3개의 음운으로 이루어져 있다.
③ 산(ㅅ+ㅏ+ㄴ)은 3개의 음운으로 이루어져 있다.
④ 빛(ㅂ+ㅣ+ㅊ)은 3개의 음운으로 이루어져 있다.

05 ③

| 정답해설 | 입술소리에는 'ㅁ, ㅂ, ㅃ, ㅍ'이 있다. '국'에는 입술소리가 포함되어 있지 않다.

06 ④

| 정답해설 | 발음할 때 공기의 흐름이 발음 기관의 방해를 받지 않고 나는 소리는 모음이다. 'ㄱ'은 자음으로, 공기의 흐름이 발음 기관에서 장애를 받고 나는 소리이다.

07 ④

| 정답해설 | ㉠~㉣ 중 단어의 뜻을 구별해 주는 소리의 가장 작은 단위인 '음운'에 해당하는 것은 ㉠ 자음, ㉡ 모음, ㉣ 소리의 길이이다.

08 ②

| 정답해설 | 'ㄱ-ㄲ-ㅋ'은 소리의 세기에 따라 예사소리, 된소리, 거센소리로 나눌 수 있다.

09 ③

| 정답해설 | 'ㄴ'은 잇몸소리, 'ㅇ'은 여린입천장소리로 소리 나는 위치가 다르지만, 입안의 통로를 막고 공기를 코로 내보내면서 소리 내는 비음이라는 점에서 소리 내는 방법은 같다.

10 ①

| 정답해설 | 국어의 모음은 단모음 10개, 이중 모음 11개로 총 21개이다.
| 오답해설 |
② 모음은 자음 없이 홀로 음절을 이룰 수 있다.
③ 모음은 반모음과 어울려 이중 모음을 이룰 수 있다.
④ 모음은 발음할 때 공기의 흐름이 발음 기관에서 장애를 받지 않고 나온다.

11 ③

| 정답해설 | 발음할 때 입술 모양이 둥근 것은 원순 모음, 'ㅡ'보다 입을 더 많이 벌려 발음하는 것은 중모음이나 저모음, 혀의 최고점 위치가 'ㅔ'보다 뒤쪽인 것은 후설 모음이다. 이 세 가지 조건에 모두 해당하는 모음은 'ㅗ'다.
| 오답해설 |
① 평순 모음, 고모음, 전설 모음이다.

② 원순 모음, 중모음, 전설 모음이다.
④ 원순 모음, 고모음, 전설 모음이다.

12 ③

| 정답해설 | 제시된 자료는 발음할 때 입술의 모양이 둥근지, 아니면 평평한지에 따라 모음을 구분한 것이다. 'ㅏ, ㅐ, ㅓ, ㅔ, ㅡ, ㅣ'는 입술의 모양이 평평한 평순 모음이고, 'ㅗ, ㅚ, ㅜ, ㅟ'는 입술의 모양이 둥근 원순 모음이다.
| 오답해설 |
① 혀의 높낮이에 따라 고모음, 중모음, 저모음으로 나눌 수 있다.
② 소리의 세기는 자음을 분류하는 기준이다.
④ 혀의 위치에 따라 전설 모음과 후설 모음으로 나눌 수 있다.

13 ②

| 정답해설 | 자음은 소리의 성질에 따라 세 가지로 나뉜다. 가장 자연스럽게 발음되는 것을 예사소리라 하고, 발음 기관을 긴장시켜 강하게 내는 소리를 된소리라 한다. 또한 숨이 거세게 터져 나오는 소리를 거센소리라 한다. 'ㅍ'은 거센소리이다.
| 오답해설 | ①, ③, ④ 'ㄷ, ㅂ, ㅈ'은 예사소리이다.

14 ①

| 정답해설 | 자음은 발음할 때 목청의 울림이 있는 울림소리와 발음할 때 목청의 울림이 없는 안울림소리로 나뉜다. 'ㅎ'은 안울림소리이다.

15 ①

| 정답해설 | ㉠ '밥'에 쓰인 'ㅂ'은 두 입술 사이에서 나는 소리인 입술소리이다. 따라서 'ㅂ'은 입술소리이면서 파열음이다. ㉡ '국'에 쓰인 'ㄱ'은 공기의 흐름을 막았다가 터뜨리면서 내는 소리인 파열음이다. 따라서 'ㄱ'은 여린입천장소리이면서 파열음이다.

16 ①

| 정답해설 | 먹는 '밤[栗]'은 [밤:]으로 길게 발음한다.
| 오답해설 | ②, ③, ④ 짧게 발음하는 단어이다.

17 ②

| 정답해설 | '해가 져서 어두워진 때부터 다음 날 해가 떠서 밝아지기 전까지의 동안'을 뜻하는 '밤'은 짧게 발음하고, '밤나무 열매'를 뜻하는 '밤'은 길게 발음한다.

| 오답해설 |
① '잘못하거나 죄를 지은 사람에게 주는 고통'을 뜻하는 '벌'은 짧게 발음하고, '벌목의 곤충 가운데 개미류를 제외한 곤충을 통틀어 이르는 말'인 '벌'은 길게 발음한다.

③ '굴과의 연체동물을 통틀어 이르는 말'인 '굴'은 짧게 발음하고, '자연적으로 땅이나 바위가 안으로 깊숙이 패어 들어간 곳'을 뜻하는 '굴'은 길게 발음한다.

④ '주로 액체나 가루를 담는 데에 쓰는 목과 아가리가 좁은 그릇'을 뜻하는 '병'은 짧게 발음하고, '생물체의 전신이나 일부분에 이상이 생겨 정상적 활동이 이루어지지 않아 괴로움을 느끼게 되는 현상'을 뜻하는 '병'은 길게 발음한다.

18 ④

| 정답해설 | ㉡에서 '시작'과 '시장'은 그 받침에 쓰인 자음 'ㄱ'와 'ㅇ'의 차이로 뜻이 구별된다.

| 오답해설 |
① ㉠의 두 단어는 음운의 개수가 3개로, 서로 같다.
② ㉡의 두 단어는 음운의 개수가 5개로, 서로 같다.
③ ㉠에서 단어의 뜻을 구별해 주는 말소리는 'ㅊ'과 'ㅈ'이다.

19 ④

| 정답해설 | 발음할 때 입술 모양이나 혀의 위치가 변하는 모음은 이중 모음이다. '개미'에는 이중 모음이 사용되지 않았다.

| 오답해설 |
① 이중 모음 'ㅕ, ㅠ'가 사용되었다.
② 이중 모음 'ㅘ'가 사용되었다.
③ 이중 모음 'ㅕ'가 사용되었다.

20 ①

| 정답해설 | 공기가 흐르는 통로를 좁혀 소리 내는 자음은 마찰음으로 'ㅅ, ㅆ, ㅎ'이 있다. 입술을 동그랗게 모으지 않고 발음하는 모음은 평순 모음으로 'ㅏ, ㅐ, ㅓ, ㅔ, ㅡ, ㅣ'가 있다. 혀의 뒷부분과 여린입천장 사이에서 소리 나는 자음은 여린입천장소리로 'ㄱ, ㄲ, ㅋ, ㅇ'이 있다. 따라서 '색'이 세 가지 조건을 모두 충족시킨다.

| 오답해설 |
② 초성 'ㅇ'은 음운으로 인정하지 않는다. 따라서 초성은 없고, 중성은 평순 모음, 종성은 입술소리를 사용하여 만든 단어이다.
③ 초성은 파열음, 중성은 원순 모음, 종성은 입술소리를 사용하여 만든 단어이다.
④ 초성은 마찰음, 중성은 이중 모음, 종성은 여린입천장소리를 사용하여 만든 단어이다.

21 ①

| 정답해설 | 'ㄱ, ㄲ, ㅋ, ㅇ'은 여린입천장과 혀 뒤에서 소리 나는 여린입천장소리(연구개음)이다.

| 오답해설 |
② 'ㄴ'은 혀끝이 윗잇몸에 닿아서 나는 소리인 잇몸소리(치조음)이다.
③ 'ㅁ'은 두 입술 사이에서 나는 소리인 입술소리(순음)이다.
④ 'ㅊ'은 혓바닥과 센입천장 사이에서 나는 소리인 센입천장소리(경구개음)이다.

01	②	02	②	03	④	04	③	05	①
06	①	07	③	08	④	09	①	10	②
11	①	12	④	13	④	14	①	15	②
16	②	17	④	18	④	19	③	20	②
21	②	22	①	23	④	24	②	25	③
26	①	27	②	28	④	29	③	30	③
31	①	32	②	33	④						

01 ②

| 정답해설 | '활짝'은 용언인 '피었다'를 꾸며 주고, '방긋'은 용언인 '웃는다'를 꾸며 준다. 이 두 단어는 모두 용언을 꾸며 주는 '부사'이다.
| 오답해설 |
① 관형사에 대한 설명이다.
③ 동사에 대한 설명이다.
④ 감탄사에 대한 설명이다.

02 ②

| 정답해설 | 제시된 관용 표현에 공통적으로 들어가기에 가장 적절한 단어는 '눈'이다. '눈을 씻고 찾아보다.'는 '(사람이 무엇을) 몹시 애타게 찾다.'라는 의미의 관용 표현이고, '눈에 밟히다.'는 '잊히지 않고 자꾸 눈에 떠오르다.'라는 의미의 관용 표현이다. '눈 밖에 나다.'는 '신임을 잃고 미움을 받게 되다.'라는 의미의 관용 표현이다.

03 ④

| 정답해설 | 제시된 단어들은 '형용사'이다. 형용사는 사람이나 사물의 상태나 성질을 나타내는 단어이다.
| 오답해설 |
① 명사에 대한 설명이다.
② 수사에 대한 설명이다.
③ 동사에 대한 설명이다.

04 ③

| 정답해설 | 제시된 관용 표현에 공통적으로 들어가기에 가장 적절한 단어는 '손'이다. '손이 크다.'는 '씀씀이가 후하고 크다.'라는 의미의 관용 표현이고, '손에 달리다'는 '어떤 일을 하는 데 드는 사람의 힘이나 노력, 기술에 의존하다.'라는 의미의 관용

표현이다. '손이 부족하다'는 '어떤 일을 하는 데 필요한 노동력이 부족하다.'라는 의미의 관용 표현이다.

05 ①

| 정답해설 | '그'는 수사인 '둘'을 꾸며 주고, '헌'은 명사인 '운동화'를 꾸며 주며, '온갖'은 명사인 '꽃'을 꾸며 준다. 이들은 모두 체언을 꾸며 주는 '관형사'이다.
| 오답해설 |
② 부사에 대한 설명이다.
③ 동사에 대한 설명이다.
④ 대명사에 대한 설명이다.

06 ①

| 정답해설 | '관용어'는 둘 이상의 낱말이 결합하여 특별한 의미로 사용되는 말로, 관습적으로 굳어진 말을 의미한다. ①의 '손을 씻다.'는 표현 그대로 신체의 일부분인 손에 더러운 것이 없게 하는 것을 의미하므로 관용어로 쓰이지 않았다.
| 오답해설 |
② '눈에 밟히다.'는 '잊히지 않고 자꾸 눈에 떠오르다.'라는 의미의 관용 표현이다.
③ '머리를 맞대다.'는 '어떤 일을 의논하거나 결정하기 위하여 서로 마주 대하다.'라는 의미의 관용 표현이다.
④ '발이 묶이다.'는 '몸을 움직일 수 없거나 활동할 수 없는 형편이 되다.'라는 의미의 관용 표현이다.

07 ③

| 정답해설 | 제시된 단어들은 '동사'이다. 동사는 사람이나 사물의 움직임을 나타내는 단어이다.
| 오답해설 |
① 명사에 대한 설명이다.
② 수사에 대한 설명이다.
④ 형용사에 대한 설명이다.

08 ④

| 정답해설 | 제시된 단어들은 '대명사'이다. 대명사는 사람, 사물, 장소의 이름을 대신하는 말이다.
| 오답해설 |
① 동사에 대한 설명이다.
② 수사에 대한 설명이다.
③ 형용사에 대한 설명이다.

09 ①

| 정답해설 | ㉠은 용언을 꾸며 주는 '부사'이다. '활짝'은 동사 '피었다'를 꾸며 주고 있으므로 부사이다.
| 오답해설 | ②, ③, ④ 체언을 꾸며 주는 관형사이다.

10 ②

| 정답해설 | ②의 '허리를 다쳤다'는 신체의 일부분인 허리에 이상이 생긴 것을 의미한다. 단어가 가진 본래의 의미 그대로 사용되었으므로 관용어에 해당하지 않는다.
| 오답해설 |
① '발을 끊다.'는 '오가지 않거나 관계를 끊다.'라는 의미의 관용 표현이다.
③ '눈에 밟히다.'는 '잊히지 않고 자꾸 눈에 떠오르다.'라는 의미의 관용 표현이다.
④ '목이 빠지게 기다리다.'는 '몹시 안타깝게 기다리다.'라는 의미의 관용 표현이다.

11 ①

| 정답해설 | '버스'와 '컴퓨터'는 외래어이다.
| 오답해설 |
② 유행어이다.
③ 고유어이다.
④ 통신어이다.

12 ④

| 정답해설 | 제시된 글에서 설명하고 있는 어휘는 '유행어'이다. 유행어는 비교적 짧은 어느 한 시기에 걸쳐 널리 쓰이는 말을 뜻한다.

13 ④

| 정답해설 | 체언은 문장에서 주로 주어, 목적어, 보어의 역할을 한다. ④는 동사와 형용사가 속한 용언에 대한 설명이다.

14 ①

| 정답해설 | 체언에는 명사, 대명사, 수사가 속한다.
| 오답해설 |
② 용언에는 동사, 형용사가 속한다.
③ 수식언에는 관형사, 부사가 속한다.
④ 관계언에는 조사가 속한다.

15 ②

| 정답해설 | 제시된 단어들은 문장에서 사용할 때 형태가 변하느냐 변하지 않느냐에 따라 분류할 수 있다. 즉, 기본형 '-다'로 만들 수 있는 가변어와 그렇지 않은 불변어로 나눌 수 있다. '신발(명사), 그녀(대명사), 하나(수사)'는 형태가 변하지 않는 불변어이고 '먹다(동사), 슬프다(형용사), 높다(형용사)'는 형태가 변하는 가변어이다.

16 ②

| 정답해설 | '가'와 '를'은 '조사'이다. 조사는 문장에서 홀로 쓰이지 못하고(자립성이 없음), 주로 체언 뒤에 붙어서 단어 사이의 관계를 나타내거나 특별한 뜻을 더해 준다. 주로 용언을 꾸며 주는 것은 부사이다.

17 ④

| 정답해설 | 수식언은 문장에서 다른 말을 꾸며 주는 역할을 하는 말로, 문장에서 관형어·부사어로 쓰인다. 여러 성분으로 두루 쓰이는 것은 체언이다.

18 ④

| 정답해설 | '매우'는 '좋다'라는 형용사(용언)를 꾸며 주는 '부사'이다. ④의 '옛'은 '책'이라는 명사(체언)를 꾸며 주는 관형사이다.
| 오답해설 | ①, ②, ③ '특히, 아주, 일찍'은 부사이다.

19 ③

| 정답해설 | 〈보기〉는 '동사'에 대한 설명이다. 동사끼리 묶인 선택지는 ③이다.
| 오답해설 |
① 부사이다.
② 명사(자유, 수수께끼), 수사(첫째)이다.
④ 동사(그리다), 형용사(기쁘다, 즐겁다)이다.

20 ②

| 정답해설 | '두'는 체언 '사람'을 꾸며 주는 관형사이다.
| 오답해설 | ①, ③, ④ 수량이나 순서를 나타내는 수사이다.

21 ②

| 정답해설 | '용언'은 문장에서 쓰일 때 형태가 변하는 '활용'을 한다. 또한 문장에서 주로 서술어로 쓰인다.

| 오답해설 |

ㄴ. 용언에는 동사와 형용사가 있다. 관형사와 부사는 수식언이다.

ㄹ. 느낌, 부름, 대답 등을 나타내는 것은 독립언이다.

22 ①

| 정답해설 | 형태소는 일정한 뜻을 지닌 가장 작은 말의 단위를 의미한다.

23 ④

| 정답해설 | 형태소는 뜻을 지닌 가장 작은 말의 단위이다. 올바르게 분석한 것은 ④이다.

| 오답해설 |

① 문장을 어절 단위로 분석한 것이다.

② 문장을 단어 단위로 분석한 것이다.

24 ③

| 정답해설 | 실질적인 의미를 가진 형태소는 '하늘, 매우, 푸르-'로, 총 3개이다.

25 ③

| 정답해설 | '매우'는 더 이상 쪼갤 수 없는 하나의 형태소로 이루어진 단일어이다.

| 오답해설 |

① '은'은 조사이고, '다'는 어미이다.

② '이, 책상, 은, 매우, 낡았다'의 총 5개 단어로 이루어진 문장이다.

④ '이'는 관형사로, 홀로 쓰일 수 있는 형태소이다.

26 ①

| 정답해설 | 제시된 말들은 외래어와 외국어이다. 외래어와 외국어는 모두 다른 나라에서 들어온 말이다.

| 오답해설 |

② 유행어에 대한 설명이다.

③ 전문어에 대한 설명이다.

④ 은어에 대한 설명이다.

27 ②

| 정답해설 | 제시된 설명은 병원에서 의사들이 사용하는 전문어에 관한 내용이다.

28 ④

| 정답해설 | ㉣은 '가늘고 긴 대를 줄로 엮거나, 줄 따위를 여러 개 나란히 늘어뜨려 만든 물건'을 뜻한다. ㉠~㉢은 '사람이나 동물의 다리 맨 끝부분'과 관련이 있다. 따라서 ㉠, ㉡, ㉢은 다의 관계이며, 이들과 ㉣은 동음이의 관계이다.

29 ③

| 정답해설 | '무궁화'는 '꽃'의 한 종류이다. 따라서 '무궁화'와 '꽃'은 상하 관계에 있는 단어들이고, 이때 '꽃'이 상의어, '무궁화'가 하의어에 해당한다.

| 오답해설 |

① 유의 관계를 맺는 단어들이다.

②, ④ 반의 관계를 맺는 단어들이다.

30 ③

| 정답해설 | ③은 의미가 서로 대립하는 반의 관계의 단어들이다.

| 오답해설 | ①, ②, ④ 의미가 비슷한 유의 관계에 있는 단어들이다.

31 ①

| 정답해설 | 〈보기〉는 '반의 관계'에 대한 설명이다. '오다'와 '가다'는 '이동'이라는 공통성이 있으면서 '방향'이라는 점에서만 대립하는 반의 관계의 단어이다.

| 오답해설 | ②, ③, ④ 유의 관계에 있는 단어들이다.

32 ②

| 정답해설 | 제시된 단어들을 모두 포함할 수 있는 상의어는 '꽃'이다.

33 ④

| 정답해설 | '유행어'는 비교적 짧은 어느 한 시기에 걸쳐 널리 쓰이는 말로, 사회적 상황이나 분위기를 반영한다.

| 오답해설 |

① 은어에 대한 설명이다.

②, ③ 전문어에 대한 설명이다.

01	④	02	④	03	③	04	①	05	③
06	①	07	①	08	③	09	①	10	①
11	③	12	③	13	①	14	④	15	③
16	③	17	④	18	①	19	④	20	④
21	④	22	④	23	②	24	④	25	①

01 ④

| 정답해설 | 홑문장은 주어와 서술어의 관계가 한 번만 나타나는 문장이다. '사과는 빨갛고, 귤은 노랗다.'는 '사과는 빨갛다.'와 '귤은 노랗다.'라는 두 문장이 대등하게 이어진 겹문장이다.
| 오답해설 | ①, ②, ③ 홑문장이다.

02 ④

| 정답해설 | '산은 푸르다.'와 '하늘은 높다.'가 연결 어미 '-고'에 의해 대등하게 이어진문장이다.
| 오답해설 |
①, ③ 홑문장이다.
② 부사절을 안은문장이다.

03 ③

| 정답해설 | ③은 '나는 (　　)을 기다리다.'라는 문장 안에 '친구가 오다.'라는 문장이 명사절로 안기어 목적어 역할을 하고 있다. 즉, 명사절을 안은문장이다.
| 오답해설 |
①, ② 홑문장이다.
④ 대등하게 이어진문장이다.

04 ①

| 정답해설 | '집에서'는 '논다'를 꾸며 주는 부사어로, 부속 성분이다.
| 오답해설 |
② 밑줄 친 부분은 주성분인 목적어이다.
③ 밑줄 친 부분은 주성분인 보어이다.
④ 밑줄 친 부분은 주성분인 주어이다.

05 ③

| 정답해설 | 주어와 서술어의 관계가 한 번만 나타나는 문장은 '홑문장'이다. ③은 '나는(주어)-좋아한다(서술어)'로 이루어진 홑문장이다.
| 오답해설 |
① 대등하게 이어진문장이다.
② 명사절을 안은문장이다.
④ 종속적으로 이어진문장이다.

06 ①

| 정답해설 | 밑줄 친 부분의 문장 성분은 문장에서 동작 또는 상태, 성질의 주체를 나타내는 '주어'이다. 책을 산 동작의 주체는 '승호'이며, 거북이보다 빠른 것의 주체는 '토끼'이므로 모두 주어이다.
| 오답해설 |
② 보어는 서술어 '되다', '아니다' 앞에 위치하여 뜻을 보충하는 문장 성분이다.
③ 목적어는 서술어의 동작 대상을 나타내는 문장 성분이다.
④ 서술어는 주어의 동작이나 상태, 성질을 풀이하는 문장 성분이다.

07 ①

| 정답해설 | '꽃다발'은 언니가 산 동작의 대상, 즉 목적어이다. ①의 '식혜' 역시 동생이 마시는 동작의 대상으로, 목적어에 해당한다.
| 오답해설 |
② 보어이다.
③ 부사어이다.
④ 주어이다.

08 ③

| 정답해설 | ③은 '여름은 덥다.'와 '겨울은 춥다.'라는 두 문장이 대등하게 이어진문장이다.
| 오답해설 | ①, ②, ④ 홑문장이다.

09 ①

| 정답해설 | '누나'는 노래를 부르는 주체이므로 '주어'이다. ①의 '눈'도 '예쁘다'의 주체이므로 주어이다.
| 오답해설 |
②, ③ 부사어이다.
④ 보어이다.

10 ①

| 정답해설 | 문장 전체를 꾸며 주는 문장 성분은 부사어이다.

11 ③

| 정답해설 | '귀여운', '달콤한'은 관형어이고 '무척'은 부사어이므로 제시된 문장에 사용된 부속 성분의 개수는 3개이다.

12 ③

| 정답해설 | 친구들이 몇 명만 오고 몇 명은 안 왔다는 의미로, 중의적으로 해석되지 않는다.
| 오답해설 |
① 그가 넥타이를 매는 중인지, 맨 상태인지 중의적이다.
② '나'와 '영화'를 비교한 것인지, '형'과 '나'를 비교한 것인지 중의적이다.
④ '예의 바른'이 꾸며 주는 대상이 '동생'인지 '동생의 친구'인지 중의적이다.

13 ①

| 정답해설 | 신분, 자격, 지위를 나타내는 조사는 '(으)로서'이므로 '학생으로서'는 올바른 표현이다.
| 오답해설 |
② 말과 행동은 반드시 일치해야 한다.(부사어와 서술어의 호응)'가 옳다.
③ '나는 시간이 나면 운동을 하고 책을 읽는다.(목적어와 서술어의 호응)'가 옳다.
④ '내가 감기에 걸린 이유는 비를 맞았기 때문이다.(주어와 서술어의 호응)'가 옳다.

14 ④

| 정답해설 | 제시된 문장은 목적어 '노래'와 호응하는 서술어가 생략되어 올바르지 않다. '노래'와 호응하는 서술어 '부르고'를 넣어야 올바른 문장이 된다. 즉, '그녀는 노래를 부르고 춤을 추었다.'로 고쳐야 한다. 이와 동일한 오류가 드러난 문장은 ④이다. '나는 주말에 음악을 듣고 영화를 보았다.'라는 문장이 올바른 표현이다.
| 오답해설 |
① '그녀는 아주 아름답다.(부사어와 서술어의 호응)'가 옳다.

② '선생님께서 너 오라고 하셨어.(잘못된 높임 표현)'가 옳다.
③ '내가 하고 싶은 말은 너를 사랑한다는 것이다.(주어와 서술어의 호응)'가 옳다.

15 ③

| 정답해설 | '작가가'는 서술어 '되었다'를 보충해 주는 '보어'이다.
| 오답해설 | ①, ②, ④ 주어이다.

16 ③

| 정답해설 | '나는(주어) – 멋진(관형어) – 선생님이(보어) – 되겠다(서술어)'와 동일한 구조를 가진 문장은 '합격은(주어) – 헛된(관형어) – 꿈이(보어) – 아니다(서술어)'이다.
| 오답해설 |
① 주어 – 부사어 – 목적어 – 서술어의 구조이다.
② 관형어 – 주어 – 목적어 – 서술어의 구조이다.
④ 주어 – 부사어 – 부사어 – 서술어의 구조이다.

17 ④

| 정답해설 | 제시된 문장은 '어머나(독립어) – 한빛이가(주어) – 벌써(부사어) – 동화책을(목적어) – 읽는구나(서술어)'로 이루어져 있으므로 '관형어'를 찾아볼 수 없다.

18 ①

| 정답해설 | 〈보기〉의 괄호에는 서술어 '되다, 아니다'의 의미를 보충하는 문장 성분이 들어가야 한다. 따라서 괄호 안에 공통으로 들어갈 수 있는 문장 성분은 '보어'이다. 보어는 '되다, 아니다' 앞의 '누가, 무엇이'에 해당하는 문장 성분이다.

19 ④

| 정답해설 | '이렇게(부사어) – 아름다운(관형어) – 세상이(주어) – 있다니(서술어)'로 이루어져 있으므로 '독립어'를 찾아볼 수 없다.

20 ④

| 정답해설 | ④는 주어(예빈이는)와 서술어(샀다)의 관계가 한 번만 나타나므로 홑문장이다.
| 오답해설 |
① 종속적으로 이어진문장이다.
② 부사절을 안은문장이다.

③ 관형절을 안은문장이다.

21 ④

| 정답해설 | ④는 '그는 (   ) 사실을 모른다.'라는 문장이 '우리가 돌아오다.'라는 문장을 관형절로 안고 있는 문장이다.
| 오답해설 |
①, ③ 대등하게 이어진문장이다.
② 종속적으로 이어진문장이다.

22 ④

| 정답해설 | '소리도 없다.'는 문장 속에서 부사어의 역할을 하고 있다. 즉, 〈보기〉의 문장은 부사절을 안은문장이다.

23 ②

| 정답해설 | ②는 앞 문장이 뒤에 오는 문장의 의도와 목적을 나타내는 종속적으로 이어진문장이다.
| 오답해설 | ①, ③, ④ 대등하게 이어진문장이다.

24 ④

| 정답해설 | '나는 (   )을 빌었다.'라는 문장에 '농사가 잘되다.'라는 문장이 명사절로 안기어 목적어의 역할을 하고 있다.

25 ①

| 정답해설 | ①은 친구가 한 말인 "도서관에 가자."를 간접적으로 인용하고 있는 인용절을 안은문장이다.
| 오답해설 |
② 명사절을 안은문장이다.
③ 관형절을 안은문장이다.
④ 부사절을 안은문장이다.

<table>
<tr><td colspan="11">05 올바른 발음과 표기　　　　　257쪽</td></tr>
<tr><td>01</td><td>④</td><td>02</td><td>①</td><td>03</td><td>③</td><td>04</td><td>③</td><td>05</td><td>④</td></tr>
<tr><td>06</td><td>④</td><td>07</td><td>①</td><td>08</td><td>①</td><td>09</td><td>④</td><td>10</td><td>③</td></tr>
<tr><td>11</td><td>②</td><td>12</td><td>④</td><td>13</td><td>③</td><td>14</td><td>③</td><td>15</td><td>④</td></tr>
<tr><td>16</td><td>③</td><td>17</td><td>②</td><td>18</td><td>②</td><td>19</td><td>③</td><td>20</td><td>④</td></tr>
<tr><td>21</td><td>①</td><td>22</td><td>③</td><td>23</td><td>④</td><td>24</td><td>④</td><td>25</td><td>③</td></tr>
<tr><td>26</td><td>④</td><td>27</td><td>①</td><td>28</td><td>①</td><td>29</td><td>②</td><td>30</td><td>①</td></tr>
<tr><td>31</td><td>①</td><td></td><td></td><td></td><td></td><td></td><td></td><td></td><td></td></tr>
</table>

01 ④

| 정답해설 | '붙이자'의 기본형 '붙이다'는 '맞닿아 떨어지지 않게 하다.'라는 의미를 지닌 '붙다'의 사동사이다. 사진을 벽에 떨어지지 않게 하자는 의미이므로 '붙이자'라는 표현은 적절하다.
| 오답해설 |
① '그 일은 내가 먼저 할게.'가 옳다.
② '이 설거지는 누가 할래?'가 옳다.
③ '감기가 어서 낫기를 바라.'가 옳다.

02 ①

| 정답해설 | '놓는'의 발음은 [논는]이다. '놓'의 'ㅎ' 뒤에 'ㄴ'이 결합되는 경우이므로, 'ㅎ'을 [ㄴ]으로 발음한다.
| 오답해설 |
②, ③ 'ㅎ'이 첫소리에 오는 경우에 해당한다.
④ 'ㅎ' 뒤에 'ㄴ'이 아닌 'ㅇ'이 결합되므로 제시된 규정을 적용할 수 없다.

03 ③

| 정답해설 | '숲[숩]'은 'ㅂ'이 음절의 끝소리로 발음된다.
| 오답해설 | ①, ②, ④ '낮[낟], 빛[빋], 옷[옫]'으로 모두 'ㄷ'이 음절의 끝소리로 발음된다.

04 ③

| 정답해설 | 표준 발음법 제9항에서 받침 'ㅋ'은 어말 또는 자음 앞에서 대표음 [ㄱ]으로 발음한다고 하였다. 따라서 '키읔'은 [키윽]으로 발음한다.

05 ④

| 정답해설 | 받침으로 쓰이는 글자는 'ㄱ, ㄴ, ㄷ, ㄹ, ㅁ, ㅂ, ㅇ'

7개의 대표음으로 바꾸어 발음한다. 'ㅅ, ㅆ, ㅈ, ㅊ'은 모두 대표음 [ㄷ]으로 바꾸어서 발음하는 자음이다.

06 ④

| 정답해설 | 우리말 음절의 끝에서 발음되는 자음은 'ㄱ, ㄴ, ㄷ, ㄹ, ㅁ, ㅂ, ㅇ' 7개이다.

07 ①

| 정답해설 | 표준 발음법에 따르면 홑받침이나 쌍받침이 모음으로 시작된 조사나 어미와 결합할 경우에는 제 음 그대로 뒤 음절 첫소리로 옮겨 발음한다. 따라서 '꽃을'의 받침 'ㅊ'은 제 음 그대로 뒤 음절 첫소리로 옮겨 [꼬츨]로 발음한다.
| 오답해설 |
② [파틀]이 올바른 발음이다.
③ [오단]이 올바른 발음이다.
④ [달기]가 올바른 발음이다.

08 ①

| 정답해설 | '희망'의 'ㅢ'는 자음을 첫소리로 가지고 있는 음절의 'ㅢ'이므로 [ㅣ]로 발음한다.
| 오답해설 |
②, ③ '주의', '협의'의 '의'는 단어의 첫음절 이외의 '의'이므로 [ㅢ]로 발음하는 것이 원칙이지만 [ㅣ]로 발음하는 것도 허용한다.
④ '우리의'의 'ㅢ'는 [ㅢ]로 발음하는 것이 원칙이지만 조사 '의'이므로 [ㅔ]로 발음하는 것도 허용한다.

09 ④

| 정답해설 | 자음을 첫소리로 가지고 있는 음절의 'ㅢ'는 [ㅣ]로 발음한다(표준 발음법 제5항). 따라서 '띄엄띄엄'의 올바른 발음은 [띠엄띠엄]이다.

10 ③

| 정답해설 | '의'가 단어의 첫음절에 쓰이는 '의자, 의견, 의미'의 경우는 [ㅢ]로 발음하고, '상의, 유의점'과 같이 의가 단어의 첫 음절 이외에 쓰일 때는 [ㅢ]와 [ㅣ]로 모두 발음할 수 있다. 그리고 자음을 첫소리로 가지고 있는 '흰머리, 틔우다'의 'ㅢ'는 [ㅣ]로 발음해야 한다. 이외에 '나의 마음, 국어의 핵심'의 조사 '의'는 [ㅢ]뿐 아니라 [ㅔ]로도 발음할 수 있다.

11 ②

| 정답해설 | 어말이나 자음 앞에서 'ㄲ, ㅋ'은 'ㄱ'으로, 'ㅅ, ㅆ, ㅈ, ㅊ, ㅌ'은 'ㄷ'으로, 'ㅍ'은 'ㅂ'으로 바꾸어서 발음한다. 따라서 ②의 '짚다[집따]'의 '짚'은 받침을 'ㅂ'으로 바꿔 발음한다.
| 오답해설 | ①, ③, ④ 받침을 'ㄷ'으로 바꿔 발음한다.

12 ④

| 정답해설 | '넓다'의 올바른 발음은 [널따]이다.

13 ③

| 정답해설 | '잎[입]'은 음절의 끝소리를 'ㅂ'으로 발음한다.
| 오답해설 | ①, ②, ④ '꽃[꼳], 끝[끋], 낮[낟]'은 음절의 끝소리를 'ㄷ'으로 발음한다.

14 ③

| 정답해설 | 겹받침 'ㄿ'의 경우 대표음이 'ㄹ'이므로 ③의 '훑다'는 [훌따]가 표준 발음이다.
| 오답해설 |
① '삯'은 [삭]으로 발음된다.
② '외곬'은 [외골/웨골]으로 발음된다.
④ '넓적하다'는 [넙쩌카다]로 발음된다.

15 ④

| 정답해설 | '겉옷을'은 받침 'ㅌ' 뒤에 '옷'이라는 모음 'ㅗ'로 시작되는 실질 형태소가 연결되었으므로, 표준 발음법 제15항에 따라 'ㅌ'을 대표음 [ㄷ]으로 바꾸어 뒤 음절 첫소리로 옮겨 발음한다. 따라서 '겉옷을'은 [거도슬]로 발음한다.

16 ③

| 정답해설 | '맛없다'의 올바른 발음은 [마덥따]이다.
| 오답해설 |
① '늪 앞'의 올바른 발음은 [느밥]이다.
② '밭 아래'의 올바른 발음은 [바다래]이다.
④ '헛웃음'의 올바른 발음은 [허두슴]이다.

17 ②

| 정답해설 | 올바른 발음은 '꽃이[꼬치], 잃고[일코], 발밑에서[발미테서], 다쳐[다처], 꽃 위에[꼬뒤에]로 5개이다.

| 오답해설 | '차례[차례], 읊고[읍꼬], 무늬[무니], 값있다[가빋따]'가 올바른 발음이다.

18 ②

| 정답해설 | '넓고'의 올바른 발음은 [널꼬]이다.

19 ③

| 정답해설 | '발걸음'을 소리 나는 대로 적으면 [발꺼름]이 되므로, 그 의미를 한눈에 파악하기 어렵다. 따라서 ③의 '발걸음'은 어법에 맞게 형태소의 본 모양을 밝혀 적은 단어에 해당한다.
| 오답해설 | ①, ②, ④ 표준어를 소리 나는 대로 적은 단어들이다.

20 ④

| 정답해설 | 표준어는 국어 생활의 중심적인 역할을 하는 서울말을 기본으로 하지만, '멍게'나 '빈대떡'처럼 특정 지역에서 쓰는 말이더라도 많은 사람이 사용하는 말이 되면 표준어가 될 수 있다.

21 ①

| 정답해설 | 'ㄹ' 받침인 용언의 어간 뒤에 서술어를 명사형으로 만들어 주는 '-ㅁ'이 붙어서 '울-+-ㅁ → 욺'이 된다.
| 오답해설 |
② '얼-+-ㅁ → 얾'이 바른 표기이다.
③ '없-+-음 → 없음'이 바른 표기이다.
④ '만들-+-ㅁ → 만듦'이 바른 표기이다.

22 ③

| 정답해설 | ㄱ에는 '어떤 일이나 과정, 절차 따위가 끝나다.'라는 의미의 단어가 들어가야 하므로 '마치고'가 적절하다. ㄴ에는 '틀림없이, 꼭'이라는 의미의 단어가 들어가야 하므로 '반드시'가 적절하다. ㄷ에는 '번철이나 프라이팬 따위에 기름을 바르고 빈대떡, 전병 따위의 음식을 익혀서 만들다.'라는 의미의 단어가 들어가야 하므로 '부치고'가 적절하다.

23 ④

| 정답해설 | '돼'는 '되-' 뒤에 '-어'가 붙은 '되어'가 줄어서 된 말이다. ㄴ의 '돼'는 '되어'로 바꾸어 쓸 수 있으므로 바른 표현이다. ㄹ의 '되'는 '되어'로 바꾸어 쓸 수 없으므로 바른 표현이다.
| 오답해설 |
ㄱ. '돼서'가 바른 표현이다.
ㄷ. '되고'가 바른 표현이다.

24 ④

| 정답해설 | '왠지'는 '왜인지'가 줄어든 말로, '왜 그런지 모르게' 또는 '뚜렷한 이유도 없이'라는 뜻을 나타낸다. '웬지'는 잘못된 표기이다.
| 오답해설 |
① '돼'가 들어간 자리에 '되어'를 넣었을 때 '뒤를 돌아봐선 안 되어.'로 쓸 수 있으므로 맞는 표기이다.
② '어떡해'는 '어떻게 해'가 줄어든 말로, '어떻해'가 아니라 '어떡해'가 맞는 표기이다.
③ 한글 맞춤법 제53항에 따라 '-(으)ㄹ게'는 예사소리로 적는다.

25 ③

| 정답해설 | '정도나 형편이 표준에 가깝거나 그보다 약간 낫다.', '허용되는 범위에서 크게 벗어나지 아니한 상태에 있다.'라는 의미의 단어는 '웬만하다'이므로 '웬만하면'이 맞는 표기이다.
| 오답해설 |
① '며칠'이 맞는 표기이다.
② '뵈어요'의 준말이므로, '봬요'가 맞는 표기이다.
④ '왠지'가 맞는 표기이다.

26 ④

| 정답해설 | '안'은 '아니'를 줄여서 쓴 말이고, '않-'은 '아니하-'를 줄여서 쓴 말이다. 따라서 '안'과 '않-'을 '아니'와 '아니하-'로 바꾸었을 때 어색한 것을 찾으면 된다. '숙제 않 해 온 사람'의 경우 '숙제 아니 해 온 사람'이 맞기 때문에 '않-'을 '안'으로 고쳐야 한다.

27 ①

| 정답해설 | 표준어를 소리 나는 대로 적어 발음과 표기가 일치하는 단어는 '칠판[칠판], 설거지[설거지], 창문[창문], 가위[가위]'이고, 단어의 의미를 쉽게 파악하기 위해 원래의 형태를 밝혀 적어 발음과 표기가 일치하지 않는 단어는 '연필깎이[연필까끼], 꽃이[꼬치], 책꽂이[책꼬지], 꽃만[꼰만]'이다.

28 ①

| 정답해설 | '안'은 '아니-'를 줄여 쓴 말이고, '않-'은 '아니하-'를 줄여 쓴 말이다. 각 문장의 의미를 고려하면 '공부를 하지 아니하면 아니 되지.', '사람으로서 그러면 아니 돼.'이므로 'ㄱ 않, ㄴ 안, ㄷ 안'이 들어가야 한다.

29 ②

| 정답해설 | '돼' 대신 '되어'를 넣었을 때 문장이 어색하지 않을 때 '돼'를 사용할 수 있다. ㉮의 경우 '되어지'는 어색하므로 '되'를 써야 하고, ㉯의 경우 '되어'가 가능하므로 '돼'를 써야 한다.

30 ①

| 정답해설 | '옷이나 천 따위의 주름이나 구김을 펴다.'라는 의미를 가지는 낱말은 '다리다'이므로 ①은 올바른 표현이다.
| 오답해설 |
② '늘이다'가 올바른 표현이다.
③ '받치다'가 올바른 표현이다.
④ '붙이다'가 올바른 표현이다.

31 ①

| 정답해설 | 제시된 예를 통해 북한에서는 외국어를 순우리말로 바꾸어 사용하고 있음을 알 수 있다.

06 한글의 창제 원리와 가치

01	①	02	③	03	②	04	④	05	④
06	②	07	③	08	④	09	①	10	③
11	④	12	①	13	②	14	①	15	③
16	①	17	④	18	②	19	②	20	④

01 ①

| 정답해설 | 한글의 모음은 '하늘, 땅, 사람'의 모양을 본떠 기본자 'ㆍ, ㅡ, ㅣ'를 만들었다.
| 오답해설 | ②, ③, ④ 'ㅏ, ㅗ, ㅓ, ㅜ'는 모음의 기본자인 'ㆍ, ㅡ, ㅣ'를 서로 합하여 만들어진 초출자이다.

02 ③

| 정답해설 | 모음자는 '하늘, 땅, 사람'의 모양을 본떠서 기본 모음자를 만들고, 기본 모음자에 'ㆍ'를 합하여 다른 모음자를 만들었다.

03 ②

| 정답해설 | 'ㄴ'은 혀끝이 윗잇몸에 붙는 모양을 본떠서 만든 글자이다.

04 ④

| 정답해설 | 제시된 글자들은 자음 기본자인 'ㄴ, ㅁ, ㅅ, ㅇ'에 획을 두 번 더해서 만들어졌다.
| 오답해설 |
① 한글의 자음 기본자는 'ㄱ, ㄴ, ㅁ, ㅅ, ㅇ'이다.
② 상형의 원리에 의해 만들어진 것은 자음과 모음의 기본자이다. 'ㅌ, ㅍ, ㅊ, ㅎ'은 가획자이다.
③ 자연의 모습을 본떠 만든 것은 모음 기본자이다.

05 ④

| 정답해설 | 제시된 글자는 'ㄱ, ㄷ, ㅂ, ㅅ, ㅈ'을 가로로 나란히 쓴 것으로, 병서의 원리로 만들어진 글자이다.
| 오답해설 |
① 자연의 모양을 본떠서 만든 글자는 모음 기본자이다.
② 자음 기본자에 획을 더해 만든 가획자는 'ㅋ, ㄷ, ㅌ, ㅂ, ㅍ, ㅈ, ㅊ, ㆆ, ㅎ' 등이다.

③ 자음의 기본자는 'ㄱ, ㄴ, ㅁ, ㅅ, ㅇ'이다.

06 ②

| 정답해설 | 자음은 5개의 기본자를 바탕으로, 소리가 조금 더 거세지면 획을 하나씩 더해서 다른 글자를 만들었다. 하지만 'ㅿ'은 이러한 가획의 원리로 만든 글자가 아닌 이체자이다. 'ㅅ'에 획을 더해 만든 글자는 'ㅈ'과 'ㅊ'이다.

07 ③

| 정답해설 | 영어의 모음은 환경에 따라 소릿값이 달라지지만, 한글의 모음은 언제나 일정한 소리를 가진다.

08 ④

| 정답해설 | 훈민정음에 '자유 정신'은 담겨 있지 않다. 훈민정음에는 '자주정신, 애민 정신, 창조 정신, 실용 정신'이 담겨 있다.

09 ①

| 정답해설 | 'ㄹ'은 기본 글자에 획을 더한 글자이지만, 소리가 거세어지는 특징을 가지고 있지 않은 '이체자'에 해당한다.

10 ③

| 정답해설 | 'ㄷ'은 기본자 'ㄴ'에 획을 더하여 만든 가획자이다. 기본자는 'ㄱ, ㄴ, ㅁ, ㅅ, ㅇ'이다.

11 ④

| 정답해설 | 'ㅂ'은 기본자 'ㅁ'에 획을 더하여 만든 가획자이다.
| 오답해설 | ①, ②, ③ 상형의 원리에 의해 만들어진 기본자이다.

12 ①

| 정답해설 | 한글의 자음은 '발음 기관'을 상형하여 기본자를 만들었으며, 기본자에 획을 더해 '가획자'를 만들었다. 또한 모음의 기본자는 '천지인'을 상형하여 만들었다.

13 ②

| 정답해설 | 자음의 기본자는 'ㄱ, ㄴ, ㅁ, ㅅ, ㅇ'이며, 모음의 기본자는 'ㆍ, ㅡ, ㅣ'이다. 기본자로만 이루어진 글자는 '기'이다.

| 오답해설 |
① 가획자+기본자로 이루어진 글자이다.
③ 이체자+기본자로 이루어진 글자이다.
④ 기본자+초출자로 이루어진 글자이다.

14 ①

| 정답해설 | 모음의 재출자는 'ㅛ, ㅑ, ㅠ, ㅕ'이다. '약국'은 재출자가 포함되어 있는 단어이다.
| 오답해설 |
② 초출자로 구성되어 있다.
③, ④ 초출자와 기본자로 구성되어 있다.

15 ③

| 정답해설 | 'ㆍ(아래아)'는 하늘을 본떠서 만든 모음의 기본자이다.

16 ①

| 정답해설 | 병서는 자음을 가로로 나란히 쓰는 방법이다. '구름'에는 병서의 원리가 적용된 글자가 없다.
| 오답해설 |
② 'ㄸ'이 병서의 원리가 적용된 글자이다.
③ 'ㅃ'이 병서의 원리가 적용된 글자이다.
④ 'ㅆ'이 병서의 원리가 적용된 글자이다.

17 ④

| 정답해설 | 초출자에는 'ㅗ, ㅏ, ㅜ, ㅓ'가 있고 재출자에는 'ㅛ, ㅑ, ㅠ, ㅕ'가 있다.

18 ②

| 정답해설 | '병서'는 자음을 나란히 붙여 쓰는 방법이다. 위아래로 붙여 쓰는 방법은 '연서'이다.

19 ②

| 정답해설 | 이체자 'ㆁ, ㄹ, ㅿ'은 예외적으로 만든 글자로, 다른 가획자와 다르게 소리의 세기를 드러내지 않는다.

20 ④

| 정답해설 | 한글은 40개(자음 19개, 모음 21개)의 음운으로 매우 많은 소리를 표현할 수 있는 경제적인 글자이다.

실전 모의고사

01	③	02	④	03	②	04	③	05	③
06	②	07	④	08	③	09	④	10	①
11	③	12	③	13	②	14	①	15	④
16	④	17	④	18	④	19	④	20	④
21	③	22	③	23	②	24	②	25	④

01 ③

| 정답해설 | 장현이는 텔레비전으로 방영되는 공식적인 평가회 상황에서 방청객이 사용하는 말을 이해하지 못해 곤란을 겪었다. '졸'은 부추의 충청도 방언이고, '개갈이 안 나다'는 신통치 않다는 뜻의 충청도 방언이다. 이는 전문어가 아니라 지역 방언에 해당한다. 공식적인 상황에서는 모두가 알아들을 수 있는 표준어를 사용해야 한다.

02 ④

| 정답해설 | 보고서를 쓸 때에는 조사 결과를 과장하거나 왜곡하지 않고 사실대로 기록해야 한다.
| 오답해설 |
① 조사 내용과 관련된 적절한 보조 자료를 이용하면 더욱 풍성한 보고서를 작성할 수 있다.
② 보고서는 정확하고 객관적인 사실을 중심으로 작성해야 한다.
③ 한 가지 방법으로만 자료를 수집해야 하는 것은 아니다.

03 ②

| 정답해설 | '수박, 바다'는 명사, '첫째'는 수사, '나, 이것'은 대명사이다. 이 품사들은 문장에서 주어·목적어·보어의 역할을 하는 체언으로, 형태가 변하지 않는다.
| 오답해설 |
① 용언에 대한 설명이다.
③ 관계언에 대한 설명이다.
④ 수식언에 대한 설명이다.

04 ③

| 정답해설 | 예쁜 교복의 종류를 물어보는 것은 교복 디자인 변경을 설득하려는 면담 목적에 적절하지 않다. ⓒ은 정보를 얻기위한 면담에 적절한 질문이다.
| 오답해설 |
① 면담 대상으로는 학교 교복 디자인을 바꾸는 결정을 내리는 교장 선생님이 적절하다.
② 제시된 면담은 학교 교복 디자인을 바꾸려는 목적을 가진 면담이다.
④ 면담 시에는 상대방을 설득할 수 있는 적절한 주장과 근거를 제시해야 하며, 상대방에게 예의를 갖춰 질문해야 한다.

05 ③

| 정답해설 | '인생은 짧고, 예술은 길다.'는 '인생은 짧다.'와 '예술은 길다.'라는 문장이 이어져 주어와 서술어의 관계가 두 번 나타나는 겹문장이다.
| 오답해설 | ①, ②, ④ 홑문장이다.

06 ②

| 정답해설 | 〈보기〉의 '이기다'는 '내기나 시합, 싸움 따위에서 재주나 힘을 겨루어 우위를 차지하다.'라는 의미로 쓰였다. ②의 '지다'는 '해나 달이 서쪽으로 넘어가다.'라는 의미로 쓰였다.
| 오답해설 | ①, ③, ④ 문장에 사용된 '지다'는 '내기나 시합, 싸움 따위에서 재주나 힘을 겨루어 상대에게 꺾이다.'라는 의미로, 〈보기〉의 '이기다'와 반의 관계에 있는 단어이다.

07 ④

| 정답해설 | '그는 막내가 아니다.'는 '주어+보어+서술어'로, 주성분으로만 이루어진 문장이다.
| 오답해설 |
① 부사어 '빨리'가 사용되었다.
② 관형어 '새'가 사용되었다.
③ 부사어 '무척'이 사용되었다.

08 ③

| 정답해설 | '무늬'의 '늬'는 자음인 'ㄴ'을 첫소리로 가지고 있는 음절이므로 [무니]로 발음한다.

09 ④

| 정답해설 | ④의 '손이 크다.'는 신체의 일부인 손이 크다는 것을 의미하므로 관용 표현에 해당하지 않는다.

| 오답해설 |

① '입이 귀에 걸리다.'는 '기분이 너무 좋아 싱글벙글하다.'라는 의미의 관용 표현이다.

② '눈에 밟히다.'는 '잊히지 않고 자꾸 눈에 떠오른다.'라는 의미의 관용 표현이다.

③ '머리를 맞대다.'는 '어떤 일을 의논하거나 결정하기 위하여 서로 마주 대하다.'라는 의미의 관용 표현이다.

10 ①

| 정답해설 | 언어 형식과 의미의 관계가 필연적이지 않다는 것을 의미하는 언어의 특성은 '자의성'이다.

| 오답해설 |

② 창조성은 제한된 말과 글을 가지고 새로운 단어나 문장을 무한히 만들 수 있다는 특성이다.

③ 사회성은 언어는 사회 구성원들 사이의 약속이므로 개인이 마음대로 바꿀 수 없다는 특성이다.

④ 역사성은 언어가 시간의 흐름에 따라 생성, 소멸, 변화한다는 특성이다.

11 ③

| 정답해설 | (가)와 (나)의 시적 화자는 모두 임에 대한 간절한 그리움을 드러내고 있다.

12 ③

| 정답해설 | 화자는 '오우(五友)'에 해당하는 다섯 자연물의 덕을 예찬하며 작가가 생각하는 인간의 이상적인 덕성을 다섯 자연물의 특성과 관련짓고 있다.

| 오답해설 |

① 윗글은 시조로, 4음보의 운율을 지닌 우리 고유의 정형시이다.

② 윗글은 자연물의 덕을 예찬하며 자연 친화적 정서를 담고 있다.

④ 윗글에는 물, 바위, 소나무, 대나무, 달의 다섯 벗을 소중하게 여기는 화자의 태도가 나타난다.

13 ②

| 정답해설 | 화자는 '물, 바위, 소나무'를 차례대로 나열하여 각 자연물이 지닌 덕성을 예찬하고 있다.

| 오답해설 |

① 윗글에서 문답법은 사용하지 않았다.

③ 윗글에서 점층적 표현은 사용하지 않았다.

④ 윗글에서 도치된 문장은 사용하지 않았다.

14 ①

| 정답해설 | 윗글에서는 화자의 실제 속마음과 반대되는 표현인 '잊었노라'를 반복하여 화자의 정서를 효과적으로 드러내고 있다.

| 오답해설 |

② 미래의 상황을 가정하여 말하고 있을 뿐, 시간 순서에 따른 사건의 서술은 나타나지 않는다.

③ 청각적 이미지는 드러나 있지 않다.

④ 화자는 이별의 상황에서 헤어진 임에 대한 간절한 그리움을 드러내고 있다. 시련을 극복할 의지는 시의 내용과 거리가 멀다.

15 ④

| 정답해설 | 시의 화자는 이별한 당신을 미래에야 잊을 수 있을 것이라고 하며 당신을 잊지 못하고 간절히 그리워하고 있음을 노래하고 있다.

16 ④

| 정답해설 | 각 연이 동일한 자음으로 시작하지 않는다.

| 오답해설 |

① '~ 면 / ~ 잊었노라'와 같은 유사한 문장 구조가 반복되고 있다.

② '잊었노라'라는 단어를 반복하고 있다.

③ '먼 훗날 ∨ 당신이 ∨ 찾으시면 / 그때에 ∨ 내 말이 ∨ 잊었노라'와 같이 3음보의 규칙적인 율격이 나타나 있다.

17 ④

| 정답해설 | 윗글에서 아버지는 호통을 치고 명선이의 몸을 강제로 뒤져서 금반지를 빼앗으려고 한다. 이 장면에서 아버지가 명선이의 금반지를 빼앗아서 차지해야겠다고 생각하는 것을 알 수 있다.

18 ④

| 정답해설 | 개패는 부잣집 딸인 명선이의 신분을 밝혀 주는 소재이다. 개패를 보고 나서 명선이를 감싸는 아버지의 태도로 볼 때 개패에 명선이를 잘 돌보아 달라고 부탁하는 내용과 그에 따른 보상이 있음을 암시하는 내용이 담겨 있을 것이라고 추측할 수 있다.

19 ④

| 정답해설 | 양반의 신분을 사고파는 행위를 사회의 구조적 모순을 없애기 위한 노력이라고 보기는 어렵다.

| 오답해설 |

①, ② 윗글의 배경이 되는 조선 후기에는 신분 질서가 동요하였고, 경제력이 있으면 돈으로 신분을 살 수 있었다.

③ 윗글에서 환자를 갚지 못하는 양반의 모습을 통해 양반이 경제적인 압박에 시달리는 경우가 있었음을 알 수 있다.

20 ④

| 정답해설 | 부자는 그동안 양반이 아니어서 당했던 수모를 떠올리며 양반의 신분을 사기 위해 양반의 환자를 대신 갚아 주겠다고 하였다. 양반을 불쌍히 여겨 그를 도와주려 한 것이 아니다.

21 ③

| 정답해설 | 윗글에서 가전제품에서 나오는 소음 중에서도 백색 소음에 해당하는 것이 있다는 내용과 텔레비전의 빈 채널에서 나오는 '쉬이익' 소리가 안정감을 준다는 내용을 통해 가전제품의 모든 소리가 백색 소음은 아님을 알 수 있다.

22 ③

| 정답해설 | ㉠에서는 소음을 '컬러 소음'과 '백색 소음'으로 나누는 '분류'의 방법을 활용하였다.

| 오답해설 |

① 정의는 대상이나 용어의 뜻을 밝혀서 설명하는 방법이다.

② 분석은 어떤 대상을 구성 요소나 부분으로 나누어 설명하는 방법이다.

④ 예시는 구체적인 예를 들어 설명하는 방법이다.

23 ②

| 정답해설 | 윗글은 '플라스틱을 사용하지 말자.'라는 글쓴이의 주장이 잘 드러나 있는 글이다. 주장하는 글(논설문)은 독자를 설득하는 것이 목적이다. 대상에 대한 정보 전달을 목적으로 하는 글은 설명하는 글이다.

24 ②

| 정답해설 | 재활용되지 않은 플라스틱 쓰레기는 태우거나 매립장에 묻는다고 하였다.

| 오답해설 |

① 플라스틱을 재활용할 수 있다는 사람들의 생각과 달리 재활용되는 플라스틱의 양은 그리 많지 않다고 하였다.

③ 플라스틱이 문제가 되는 이유는 바로 플라스틱이 잘 썩지 않는 물질이라는 데 있다고 하였다. 또한 플라스틱이 분해되려면 500년 혹은 그 이상의 기간이 걸린다고 하였다.

④ 플라스틱은 이물질이 많이 묻어 있거나 세척되지 않은 채 버려지는 용기류가 많아 재활용을 하더라도 품질이 떨어지는 제품을 만들 수밖에 없다고 하였다.

25 ④

| 정답해설 | 글을 읽다가 문장의 의미를 파악하기 어려울 때에는 해당 문장의 앞뒤 부분에 나타나는 정보를 바탕으로 이해할 수 있다. '그것'은 바로 앞 문장에 나와 있는 '플라스틱 제품을 편하게 쓰고 쉽게 버린다.'를 지칭하는 지시어이다.

01	②	02	①	03	④	04	①	05	④
06	④	07	③	08	②	09	③	10	③
11	④	12	①	13	④	14	①	15	①
16	④	17	①	18	④	19	①	20	②
21	②	22	①	23	①	24	③	25	④

01 ②

| 정답해설 | 지역 방언은 비공식적인 상황이나 지역 방언의 사용이 효과적이라고 생각되는 상황에서 사용할 수 있다.
| 오답해설 | ㄴ, ㄷ. 수업을 하는 상황이나 책을 편찬하는 상황은 공적인 상황으로 볼 수 있으므로 지역 방언보다는 표준어를 사용하는 것이 적절하다.

02 ①

| 정답해설 | 토의는 여러 사람이 모여 공동의 문제를 합리적으로 해결하기 위해 협의하는 활동이다.
| 오답해설 |
② 토의는 정서를 표현하는 것이 아니라 합당한 근거를 바탕으로 의견을 제시하는 과정이다.
③ 상대방에게 정확한 정보를 전달하는 것은 정보를 전달하는 말하기의 목적이다.
④ 토의는 나의 의견에 상대방이 따르도록 설득하는 것이 목적이 아니라 공동의 문제를 함께 해결하는 것이 목적이다.

03 ④

| 정답해설 | 〈보기〉의 글자들은 자음 기본자인 'ㄱ, ㄴ, ㅁ, ㅅ'에 획을 한 번 더해서 만들어졌다.
| 오답해설 |
① 한글의 자음 기본자는 'ㄱ, ㄴ, ㅁ, ㅅ, ㅇ'이다.
② 이체의 원리에 의해 만들어진 글자는 'ㆁ, ㄹ, ㅿ'이다.
③ 병서는 기존의 글자를 나란히 합하여 쓰는 방법이다.

04 ①

| 정답해설 | '꽃'의 'ㅊ'이 모음으로 시작된 조사 '을'을 만나, 제음가대로 뒤 음절 첫소리로 옮겨 [꼬츨]로 발음된다.
| 오답해설 |
② '겉'의 'ㅌ'이 'ㄷ'으로 바뀌어 [거돋]으로 발음된다.
③ '늪'의 'ㅍ'이 'ㅂ'으로 바뀌어 [느밥]으로 발음된다.
④ '밭'의 'ㅌ'이 'ㄷ'으로 바뀌어 [바다래]로 발음된다.

05 ④

| 정답해설 | ㄹ은 뒤에 있는 용언인 '기뻐'를 꾸며 주는 부사이다. '덜컥'도 부사이다.
| 오답해설 |
① '초대한'은 동사이고, '안타까운'은 형용사이다.
② '너'는 대명사이고, '그'는 관형사이다.
③ '하나'는 수사이고, '세'는 관형사이다.

06 ④

| 정답해설 | ④는 '소리도 없다.'라는 문장이 '눈이 밤새 내렸다.'라는 문장에 부사절로 안긴 겹문장이다.
| 오답해설 | ①, ②, ③ 홑문장이다.

07 ③

| 정답해설 | 인터넷 게임 중독이 가져오는 문제에 대한 해결 방안으로 가장 적절한 것은 '인터넷 게임 중독 치료 프로그램 제공'이다.
| 오답해설 | ①, ②, ④ 인터넷 게임 중독이 가져오는 문제의 세부 내용에 해당한다.

08 ②

| 정답해설 | 지위나 신분 또는 자격을 나타내는 조사는 '(으)로서'이다. 그러므로 '구성원으로서'가 올바른 표현이다. '(으)로써'는 수단, 도구, 방법을 나타내는 조사이다.

09 ③

| 정답해설 | 윗글은 '소리', '울음', '노래' 등의 청각적 이미지를 사용하여 시를 감각적으로 표현하고 있다.
| 오답해설 |
① 속마음을 반대로 표현하는 반어적 표현은 나타나지 않는다.
② 모양을 흉내 낸 의태어는 사용되지 않았다. '귀뚜르르 뚜르르'는 소리를 흉내 낸 의성어이다.
④ 인간과 자연의 대조는 나타나지 않는다.

10 ③

| 정답해설 | 화자인 '귀뚜라미'는 자신의 소리가 '매미 소리'에 묻혀 있기 때문에 아직 '울음' 수준일 뿐, '노래' 수준에 이르지 못

한다고 말하고 있다. 그러나 시에서 화자가 자신의 소리가 사람들을 힘들게 한다고 생각하는 부분은 나타나 있지 않다.

| 오답해설 |

①, ② '귀뚜라미'는 자신의 소리가 '매미'의 소리보다 못하다고 말하는 겸손한 태도를 보이고 있다.

④ '귀뚜라미'는 자신의 소리가 '울음' 수준으로, 아직 '노래' 수준에 도달하지 못하였다고 생각한다.

11 ④

| 정답해설 | 윗글의 화자는 현재는 비록 지하도 콘크리트 벽 좁은 틈에서 살고 있지만, 언젠가는 자신의 울음이 누군가의 가슴에 실려 가는 노래가 되기를 바라고 있다. 따라서 화자가 추구하는 것과 가장 유사한 삶의 태도를 지닌 사람은 힘든 처지에서도 꿈을 잃지 않고 소망을 위해 노력하는 사람이라고 할 수 있다.

12 ①

| 정답해설 | ⓐ는 '매미'가 있는 공간이고, ⓑ~ⓓ는 모두 '귀뚜라미'가 있는 공간이다.

13 ③

| 정답해설 | 윗글은 현실에서 있음 직한 일을 작가가 허구적 상상력으로 꾸며 쓴 '소설'이다.

| 오답해설 |

① 전기문에 대한 설명이다.

② 기행문에 대한 설명이다.

④ 희곡 및 시나리오에 대한 설명이다.

14 ①

| 정답해설 | 신사는 처음에는 수남이를 불쌍하게 여겼지만 수남이가 빌기만 하자 표정이 냉정하게 바뀐다. 또한 어린 수남이에게 자동차 수리비를 무리하게 받아 내려는 것에서 인정이 많은 성격이 아님을 알 수 있다.

15 ①

| 정답해설 | 수남이가 신사에게 용서를 구하고, 신사가 이를 봐주지 않는 것에서 신사와 수남이의 외적 갈등이 드러난다.

16 ④

| 정답해설 | 도덕성을 중시하는 인물로, 수남이를 도덕적으로

이끌어 줄 존재는 '아버지'이다. 수남이가 도덕적으로 자기를 견제해 줄 어른인 '아버지'를 그리워하는 것에서 알 수 있다.

17 ①

| 정답해설 | 윗글은 소설이다. 소설은 작가의 상상력을 바탕으로 현실에 있을 법한 이야기를 허구적으로 꾸며 낸 것이다. 따라서 역사적 사실이 반영될 수는 있지만 이를 객관적으로 전달한다고 보기는 어렵다.

| 오답해설 |

② 시간의 흐름에 따라 사건이 전개되고 있다.

③, ④ 윗글은 영웅 소설로 '홍길동'이라는 능력이 뛰어난 중심 인물이 등장하고, 홍길동의 일대기 구조에 따라 사건이 전개된다.

18 ④

| 정답해설 | 윗글에서 길동의 아버지인 공이 길동을 미워한다는 내용은 찾을 수 없다. 길동이 아버지나 형을 부르면 공이 길동을 꾸짖는 것은 당시 사회 현실에 따르는 모습이며, 그 외의 내용에서 공이 총명한 길동을 귀여워함을 알 수 있다.

| 오답해설 |

① '대장부가 세상에 나서 ~ 나는 어찌하여 일신(一身)이 적막하고'에서 알 수 있다.

② '길동이 열 살이 넘도록 감히 부형(父兄)을 부르지 못하고', '부형이 있는데도 ~ 형이라 부르지 못하니'에서 알 수 있다.

③ '(길동이) 종들로부터 천대받는 것을 뼈에 사무치게 한탄하면서'에서 알 수 있다.

19 ①

| 정답해설 | 공은 길동의 처지를 이해하고 불쌍하게 여기면서도 사회 현실에 따라야 한다고 생각하기 때문에 길동을 꾸짖었다. 여기에서 공이 현실을 인정하고 받아들이는 성격임을 알 수 있다.

20 ②

| 정답해설 | 윗글은 설득하는 글이다. 설득하는 글은 글쓴이가 자신의 주장을 논리적으로 제시하여 다른 사람을 설득하는 것을 목적으로 하는 글이다.

| 오답해설 |

①, ④ 설명하는 글에 대한 설명이다.

③ 문학 작품 중 시에 대한 설명이다.

21 ②

| 정답해설 | 글쓴이는 시련과 좌절을 겪고 나면 더 단단해질 수 있다고 말하고 있다. 따라서 글쓴이는 '시련과 고통'에 대해 긍정적인 태도를 가졌다고 할 수 있다.

| 오답해설 |

① '부정적'은 그렇지 아니하다고 단정하거나 옳지 아니하다고 반대하는 태도이다.

③ '냉소적'은 쌀쌀한 태도로 업신여기어 비웃는 태도이다.

④ '비판적'은 사물의 옳고 그름을 판단하여 밝히거나 잘못된 점을 지적하는 태도이다.

22 ①

| 정답해설 | 윗글의 중학생은 사는 곳에 대한 불만을 해소하기 위해 이사를 가서 새 출발을 하고 싶다고 말하고 있다. 글쓴이는 '리셋 증후군'에 대해 부정적인 생각을 가지고 있으며, 힘들고 고통스러운 상황을 회피하기보다는 이겨 내야 한다고 생각한다. 따라서 현재 상황에서 문제점을 해결하기 위해 노력하라고 조언할 것이다.

23 ①

| 정답해설 | 윗글에서는 설문 조사 자료를 활용하고 있지 않다.

| 오답해설 |

② 세금은 누가 거두어들이느냐에 따라 국세와 지방세로 나뉜다고 설명하였다.

③ '세금이란 무엇일까?', '그럼 국민이 내는 세금은 주로 어디에 쓰일까?' 등의 질문을 하고 이에 대한 답을 제시하며 세금에 대해 설명하고 있다.

④ 케네디의 말을 인용하여 독자의 관심을 유도하고 세금 납부의 필요성을 강조하고 있다.

24 ③

| 정답해설 | 윗글에서 글쓴이는 케네디의 취임식 연설을 인용하며 국민이 국가를 위해 해야 할 의무의 중요성을 드러내고 있다. 그리고 이와 관련하여 국민의 의무에는 납세의 의무가 있고, 세금을 내는 것이 국민이 지킬 의무임을 제시하고 있다. 이를 통해 글쓴이가 케네디의 취임식 연설을 인용한 것은 세금을 납부하는 것이 국민의 당연한 의무임을 강조하기 위해서임을 알 수 있다.

25 ④

| 정답해설 | 세금을 누가 거두어들이느냐에 따라 국세와 지방세로 나누어지고, 국세는 중앙 정부 기관인 국세청과 관세청에서, 지방세는 지방 자치 단체에서 거두어들인다고 말하고 있다. 따라서 세금을 거두어들이는 곳은 국세청뿐만 아니라 관세청, 지방 자치 단체도 있음을 알 수 있다.

| 오답해설 |

① 케네디의 취임식 연설을 인용하여 국민이 세금을 내야 하는 의무를 지고 있다는 것을 강조하고 있다.

② 국민이 내는 세금은 정부가 공공시설 건설, 국방, 치안, 교육 등 다양한 일을 하는 데 사용한다고 하였다.

③ 세금은 국가가 나라 살림을 잘 꾸려 나갈 수 있도록 국민이 법에 따라 내는 돈이라고 하였다.

memo

memo

memo

2025 최신판

에듀윌
중졸 검정고시
기본서 **국어**

고객의 꿈, 직원의 꿈, 지역사회의 꿈을 실현한다

펴낸곳 (주)에듀윌　　**펴낸이** 양형남　　**출판총괄** 오용철　　**에듀윌 대표번호** 1600-6700
주소 서울시 구로구 디지털로 34길 55 코오롱싸이언스밸리 2차 3층　　**등록번호** 제25100-2002-000052호
협의 없는 무단 복제는 법으로 금지되어 있습니다.

에듀윌 도서몰
book.eduwill.net
　|　• 부가학습자료 및 정오표: 에듀윌 도서몰 > 도서자료실
　|　• 교재 문의: 에듀윌 도서몰 > 문의하기 > 교재(내용, 출간) / 주문 및 배송

꿈을 현실로 만드는
에듀윌

DREAM

공무원 교육
- 선호도 1위, 신뢰도 1위! 브랜드만족도 1위!
- 합격자 수 2,100% 폭등시킨 독한 커리큘럼

자격증 교육
- 8년간 아무도 깨지 못한 기록 합격자 수 1위
- 가장 많은 합격자를 배출한 최고의 합격 시스템

직영학원
- 직영학원 수 1위
- 표준화된 커리큘럼과 호텔급 시설 자랑하는 전국 22개 학원

종합출판
- 온라인서점 베스트셀러 1위!
- 출제위원급 전문 교수진이 직접 집필한 합격 교재

어학 교육
- 토익 베스트셀러 1위
- 토익 동영상 강의 무료 제공

콘텐츠 제휴 · B2B 교육
- 고객 맞춤형 위탁 교육 서비스 제공
- 기업, 기관, 대학 등 각 단체에 최적화된 고객 맞춤형 교육 및 제휴 서비스

부동산 아카데미
- 부동산 실무 교육 1위!
- 상위 1% 고소득 창업/취업 비법
- 부동산 실전 재테크 성공 비법

학점은행제
- 99%의 과목이수율
- 16년 연속 교육부 평가 인정 기관 선정

대학 편입
- 편입 교육 1위!
- 최대 200% 환급 상품 서비스

국비무료 교육
- '5년우수훈련기관' 선정
- K-디지털, 산대특 등 특화 훈련과정
- 원격국비교육원 오픈

에듀윌 교육서비스   **공무원 교육** 9급공무원/7급공무원/소방공무원/계리직공무원   **자격증 교육** 공인중개사/주택관리사/감정평가사/노무사/전기기사/경비지도사/검정고시/소방설비기사/소방시설관리사/사회복지사1급/건축기사/토목기사/직업상담사/전기기능사/산업안전기사/위험물산업기사/위험물기능사/유통관리사/물류관리사/행정사/한국사능력검정/한경TESAT/매경TEST/KBS한국어능력시험/실용글쓰기/IT자격증/국제무역사/무역영어   **어학 교육** 토익 교재/토익 동영상 강의   **세무/회계** 회계사/세무사/전산세무회계/ERP정보관리사/재경관리사   **대학 편입** 편입 교재/편입 영어·수학/경찰대/의치대/편입 컨설팅·면접   **직영학원** 공무원학원/소방학원/공인중개사 학원/주택관리사 학원/전기기사 학원/세무사·회계사 학원/편입학원   **종합출판** 공무원·자격증 수험교재 및 단행본   **학점은행제** 교육부 평가인정기관 원격평생교육원(사회복지사2급/경영학/CPA)/교육부 평가인정기관 원격 사회교육원(사회복지사2급/심리학)   **콘텐츠 제휴·B2B 교육** 교육 콘텐츠 제휴/기업 맞춤 자격증 교육/대학 취업역량 강화 교육   **부동산 아카데미** 부동산 창업CEO/부동산 경매 마스터/부동산 컨설팅   **국비무료 교육 (국비교육원)** 전기기능사/전기(산업)기사/소방설비(산업)기사/IT(빅데이터/자바프로그램/파이썬)/게임그래픽/3D프린터/실내건축디자인/웹퍼블리셔/그래픽디자인/영상편집(유튜브)디자인/온라인 쇼핑몰광고 및 제작(쿠팡, 스마트스토어)/전산세무회계/컴퓨터활용능력/ITQ/GTQ/직업상담사

교육문의 **1600-6700**   www.eduwill.net